Legende zur nebenstehenden Übersichtskarte

D1662020

Seite 408

Helga Quadflieg und Christine Boving

LONDON

ARTEMIS
Kunst & Reisen

Inhalt

›Noblesse oblige‹:
Schaufensterauslage in Knightsbridge

Tower Bridge, vom Nordufer der Themse gesehen

WELCOME TO HM
TOWER OF LONDON

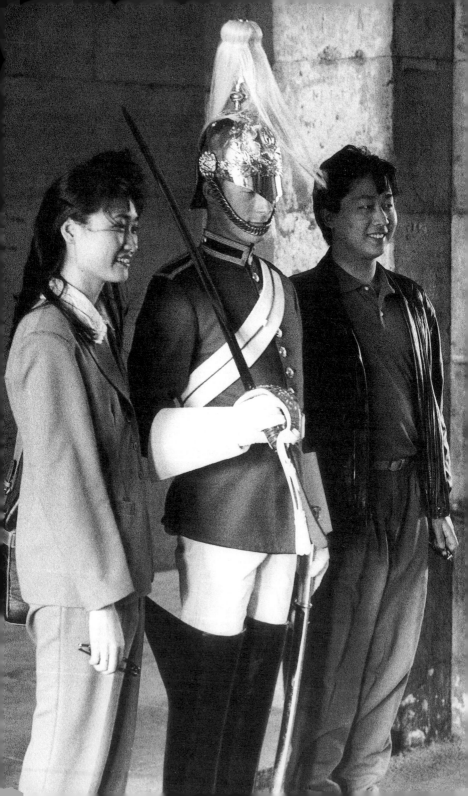

Warum London?

Rom, Paris, New York und ... natürlich London: Auf der Hitliste der meistbesuchten Städte der Welt stehen diese Namen seit vielen Jahren auf den ersten Plätzen. Die Stadt an der Themse hält dabei – zumindest rein statistisch gesehen – seit einiger Zeit unangefochten den Spitzenplatz: Über 70 Millionen Besucher zählte man 1990, fast elfmal soviel, wie London Einwohner hat.

Die Antwort auf die Frage nach dem Grund für diese scheinbar nie versiegende Popularität der britischen Hauptstadt fällt leicht: Kaum eine Metropole der Welt bietet ein derart breites und dabei doch so unverwechselbares Angebot an Erlebnismöglichkeiten. London, das ist eine Art Inbegriff für das Nebeneinander von schrulligem Traditionalismus und postindustrieller Avantgarde, von Millionendorf und Weltstadtkultur. London ist »relaxed« und »exciting«, ewig jung und liebenswert altmodisch zugleich.

Natürlich ist eine solche Stadt ein Dschungel, in den man sich seine Schneisen schlagen muß. Dabei möchte dieses Buch behilflich sein, denn unvorbereitet hat man von London noch viel weniger als nur halb soviel. Pflichtprogramme vorzuschreiben würde London, das man am besten schlendernd entdeckt, jedoch nicht gerecht; und deshalb ist der Grundbaustein dieses Buches der Spaziergang: durch traditionsreiche Stadtviertel, am Fluß entlang und durch die weltberühmten Parks, durch Paläste, Museen und Kathedralen. Jede dieser Touren zeigt andere Facetten Londons, und jeder Gang möchte zu neuen Entdeckungstouren – warum nicht auf eigene Faust? – animieren. Und wer nach der Besichtigung von Big Ben und Tower Bridge, nach dem Gang durch die Tate Gallery oder das skurrile Museum des Sir John Soane raus möchte ins Grüne, dem bietet dieses Buch zahlreiche Ausflugsmöglichkeiten: nach Greenwich zum Beispiel, wo das Empire noch lebendig ist, nach Hampstead mit seinen romantischen Parks und Dichterklausen, nach Kew zum Botanischen Garten oder schließlich – per Ausflugsboot auf der Themse – zu den prachtvollen Schloßanlagen von Hampton Court oder Windsor.

Besucherinnen und Besucher, die sich diesem Abenteuer zum erstenmal aussetzen dürfen, sind zu beneiden. Sie werden, wenn sie sich auf London einlassen, gewiß nicht zum letztenmal dort sein.

◁ »Smile!« Ein Londoner und seine Gäste ...

»A modern Babylon«

Die Geschichte, Kunst und Stadtentwicklung Londons im Überblick

Zur Kunstgeschichte s. auch *S. 371 ff.*

London, diese ›teuflische und alles verschlingende Stadt‹ (William Cobbett), dieses ›moderne Babylon‹ (Benjamin Disraeli), dieses ›seltsam widersprüchliche Monstrum‹ (Henry James), zieht seit nunmehr 2000 Jahren die Menschen in seinen Bann. Trotz aller Kritik, die immer wieder an diesem scheinbar unförmigen Moloch mit seinen 7 Millionen Einwohnern, seinen immer wieder chaotischen Verkehrsverhältnissen, seiner oft nur mit mangelhafter Perfektion funktionierenden Verwaltungsmaschinerie geübt wird, gewinnt die Stadt Jahr für Jahr neue Bewunderer.

Die günstige geographische Lage am Ausgang der Themse in die Nordsee ist sicher einer der wichtigsten der Faktoren, die London zur ersten neuzeitlichen Großstadt Europas werden ließen. Entscheidender aber ist vielleicht ein ganz anderes Moment: die von den Londonern seit jeher gepflegte Vorliebe für die Opposition gegen die Krone und das Beharren auf eine gewisse Autonomie innerhalb des Vereinigten Königreichs – eine Haltung, die ihrerseits herrührt von einem Wettkampf, den die Stadt im Verlauf ihrer Geschichte gewissermaßen innerhalb ihrer eigenen Mauern mit sich ausgetragen hat: die Rivalität von City und Westminster.

Das älteste dieser beiden Kernstücke der heutigen Riesenstadt ist die City. Rechts und links des heute zugeschütteten Flüßchens Walbrook, das etwa 500 m oberhalb der London Bridge in die Themse mündete, liegen ihre Ursprünge. Ihre heutige Ausdehnung erreichte sie gegen Ende des 10. Jh. Zu dieser Zeit jedoch war das zweite, westlich der City gelegene Kernstück Groß-Londons bereits entstanden: die City of Westminster. Die Annäherung dieser beiden Rivalen aneinander dauerte Jahrhunderte. Erst ab dem 16. Jh. jedenfalls wuchs London auch über die beiden Ursprungsgebiete hinaus, kam der Selbstbehauptungswille, den die Gegnerschaft zwischen City und Westminster ihre Bewohner gelehrt hatte, der sich langsam zum heutigen Greater London entwickelnden Stadt zugute. So entstand eine Stadt, die – bei aller berechtigten Skepsis, mit der die anderen Kommunen Großbritanniens heute die Übermacht der Hauptstadt betrachten – wohl noch lange bleiben wird, was sie spätestens seit dem ersten Streit zwischen den Bürgern der City und denen Westminsters irgendwann im 10. Jh. gewesen ist: eine der vitalsten Metropolen der Welt.

Das vorgeschichtliche London

Obwohl man heute davon ausgeht, daß Großbritannien schon zur Steinzeit besiedelt war, fehlen für London eindeutige Beweise für eine menschliche Besiedlung in dieser Zeit. Bodenfunde wie z. B. die Waffen oder Tongefäße, die im Museum of London *(S. 185)* zu besichtigen sind, legen aber die Vermutung nahe, daß es dort zumindest seit dem 8. oder 7. Jh. v. Chr. eine oder mehrere keltische Siedlungen gegeben hat. Daß Chelsea, Fulham, Hammersmith, Battersea, Barnes und Wandsworth schon von Kelten besiedelt wurden, kann jedenfalls als gesichert gelten.

Auch der Name ›London‹ geht aller Wahrscheinlichkeit nach auf einen keltischen Begriff zurück. Die genaue Etymologie des Wortes ist allerdings umstritten: Im 18. Jh. schloß man auf eine Kontraktion der zwei gälischen Wörter ›Lon‹ (›Ebene‹) und ›Don‹ (›Hügel‹) und meinte, dahinter die Beschreibung der Geographie Londons zu erkennen. Gleiches gilt für die Ableitung vom keltischen ›Llyn Din‹ (›Stadt am See‹). Neuere Auffassungen dagegen gehen eher von der Ableitung von einem keltischen Personennamen aus, der einen in der Gegend Londons angesiedelten besonders ›wilden‹ oder ›kühnen‹ Mann bezeichnet haben soll.

Das römische London

Auf gesichertem historischen Boden steht die Geschichte Londons seit der Eroberung Britanniens durch die Römer. *Julius Caesars* erster Versuch der Eroberung war im Jahre 55 v. Chr. zwar gescheitert, im Jahre 43 n. Chr. jedoch drangen römische Truppen unter *Claudius* nach Britannien vor. Das Gebiet an der Themsemündung war – unabhängig davon, ob die Invasoren dort eine keltische Besiedlung vorfanden oder nicht – ideal für eine Niederlassung. Hier lag die Gezeitengrenze – eine wichtige Voraussetzung für den Schiffsverkehr von und nach dem Festland –, und hier bot der Kiesboden im Gegensatz zum lehmigen Boden am oberen Themselauf festen Halt für eine Brücke, die im Interesse einer effizienten Kontrolle des neu eroberten Landes schnell errichtet werden mußte. Von dieser Brücke, vermutlich einer hölzernen Zugbrücke, sind zwar keinerlei Reste erhalten, jedoch weisen der Verlauf der rekonstruierten römischen Straßen, Münzfunde und anderweitige Funde darauf hin, daß sie etwa auf Höhe der heutigen London Bridge gestanden haben muß.

Unter der Herrschaft der Römer wuchs London zu einer blühenden Handelsstadt mit einem gut ausgebauten Straßensystem heran, und schon bald hatte *Londinium* etwa 10000 Einwohner. Das Zusammenleben der ursprünglichen Einwohner und der Römer gestaltete sich zunächst durchaus friedlich. Römische Provokationen jedoch machten diesem Frieden ein Ende. In East Anglia hatten sie versucht, das keltische Königtum der Icener zu konfiszieren. Dabei hatten sich römische Soldaten zu brutalen Ausschreitungen hinreißen lassen, und die Icener unter ihrer *Königin Boadiccea* nahmen grausame Rache. Mit einem verbündeten Stamm vernichteten sie im Jahre 61 St Albans, dann das von den Römern zur Hauptstadt erkorene Colchester und fielen schließlich auch in London ein. Boadiccea, so heißt es, vernichtete alles, was sich ihr in den Weg stellte, bevor sie sich angesichts der sich abzeichnenden Niederlage selbst tötete. Ihr Denkmal ziert heute die Auffahrt der Westminster Bridge *(S. 69)*.

Die Römer lernten aus diesen Erfahrungen. In der Gegend des Cripplegate legten sie ein *Fort* an, das gegen Ende des 2. Jh. in die neu entstehende, heute noch in Bruchstücken erhaltene Stadtmauer integriert wurde. Gleichzeitig entstanden auf dem Cornhill das *Forum* und eine *Basilika* (von der leider nichts mehr erhalten ist) sowie zwischen Walbrook und Bucklesbury ein *Tempel* für den von den römischen Soldaten besonders verehrten Gott *Mithras*. Die Überreste dieses Tempels wurden erst 1954 zufällig bei Bauarbeiten entdeckt. Die Fundstücke sind heute im Museum of London zu besichtigen *(S. 186)*, die gefundenen Grundrißsteine hat man westlich des Fundortes in der Queen Victoria Street originalgetreu wieder aufgebaut *(S. 196)*. Die *Stadtmauer*, die für etwa 1000 Jahre die Grenze Londons markieren sollte, wies ursprünglich vier Tore auf: Das *Aldgate* empfing die Reisenden aus Richtung Colchester, das *Bishopsgate* lag an der Straße nach Lincoln und damit zum römischen Zentrum York, das *Newgate* an der Straße nach Silchester und Winchester, und das *Ludgate* stellte vermutlich die südliche Begrenzung der Mauer dar, wo diese sich mit der Mündung des Fleet, eines heute ebenfalls zugeschütteten Flusses, traf.

Im Jahre 240 wurde Londinium neben Colchester und York drittes Verwaltungszentrum der Provinz Britannia. Man zählte bereits 30000 Einwohner, und das Leben in der Stadt, deren Gesellschaftsordnung weitgehend der des Mutterlandes entsprochen zu haben scheint, dürfte von einem gewissen Komfort, teilweise sogar Luxus gekennzeichnet gewesen sein. Offizielle Hauptstadt wurde London erstmals im Jahre 270 – allerdings als Folge eines Aufstands des römischen Flottenadmirals *Carausius*, der sich von Kaiser Diokletian lossagte, sich in Britannien zum Gegenkaiser erhob und London zu seiner Hauptstadt machte. Nur neun Jahre später jedoch hatte Rom seine Vorherrschaft (vorübergehend) wiederhergestellt.

10

Die Rebellion des Carausius kann in mehrfacher Weise als richtungsweisend für die weitere Entwicklung Londons betrachtet werden. Zum einen ist sie Symptom der beginnenden Auflösungserscheinungen des römischen Weltreiches, die schließlich zum Abzug der römischen Truppen aus Britannien führten. Zum anderen war Carausius ursprünglich Befehlshaber der Flotte, die gegen die immer häufiger werdenden Piratenstücke der Pikten und der Sachsen in der Nordsee vorgehen sollte, gegen jene Stämme also, die das weitere Schicksal Britanniens und Londons mitbestimmen sollten.

Das angelsächsische London

Als Rom im Jahre 410 seine letzten Legionen aus Britannien zurückbeorderte, hatten die *Angriffe der Pikten und Scoten* aus dem Norden und der aus Germanien eindringenden *Angeln, Sachsen und Jüten* bereits ein bedrohliches Ausmaß erreicht. Wie sich die Invasoren zu London verhielten, ist aber bis heute nicht ganz klar. Die frühen angelsächsischen Siedlungen, die man in den Vororten Croydon und Mitcham entdeckt hat (frühes 5. Jh.), lassen vermuten, daß die Einwohner Londons sich mit den Sachsen zum Schutz gegen die Pikten und Scoten verbündeten. Jedoch ist wahrscheinlicher, daß London auch nach der Invasion weiterhin von einer keltisch-romanischen Bevölkerungsschicht bewohnt war und seine Unabhängigkeit wahren konnte. Der Name des Flusses, der zwischen Cornhill, dem Zentrum des romanokeltischen London, und Ludgate Hill, wo sich seit dem 6. Jh. die Angelsachsen niederließen, gibt dieser Theorie Nahrung: ›Walbrook‹ nämlich bedeutet in der Sprache der Sachsen ›Fluß der Briten‹.

Die nächste urkundliche Erwähnung sieht London im Zeichen der *Christianisierung* Britanniens durch *Papst Gregor* gegen Ende des 6. Jh., namentlich durch den von ihm ausgesandten Missionar *Augustinus*. Diese Bestrebungen knüpften an Bemühungen aus spätrömischer Zeit an. Schon für das Jahr 314 wird von der Teilnahme eines ›Bischofs von London‹ an einem Konzil in Arles berichtet. Auch St Peter's auf Cornhill geht möglicherweise schon auf eine spätrömische Gründung zurück.

Ursprünglich scheint Augustinus geplant zu haben, London neben York zum wichtigsten Bischofssitz Britanniens zu machen. (604 wurde *Mellitus* erster Bischof von London.) Um sich jedoch der Unterstützung des einflußreichen *Ethelberts von Kent* zu versichern, der als einer der ersten angelsächsischen Könige zum Christentum übergetreten war, wurde schließlich Canterbury, das im Einflußbereich Ethelberts lag, diese Rolle zuteil. Der Übertritt der Londoner zum Christentum ging

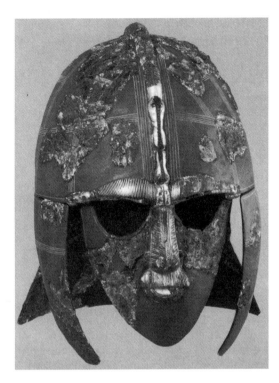

Zu den eindrucks-
vollsten Relikten aus
angelsächsischer Zeit
zählt der Königs-
helm (7. Jh.) aus
dem ›Schatz von
Suton Hoo‹, heute
im Britischen Mu-
seum *(S. 258)*

ohnehin eher zögernd vonstatten und dürfte großenteils eine Folge der
Bestrebungen Ethelberts gewesen sein, der 610 die *erste St. Pauls-
Kirche* (später ›*East Minster*‹ genannt) auf dem Gebiet eines ehemaligen römischen Friedhofs gründete, sowie seines Neffen *Sibert*, der als
König der Ostsachsen beträchtlichen Einfluß auf London hatte. Nach
dem Tod dieser beiden Herrscher jedenfalls kehrten die Londoner
vorläufig weitgehend wieder zu ihren früheren Glaubensformen zurück.

Ethelberts und Siberts Nachfolger und ebenso die westsächsischen
Könige zeigten – von *König Offa* (757–96) einmal abgesehen – kaum
Interesse an London. Zum Nutzen der Stadt: Denn im Verlauf des 8.
und des 9. Jh. erlangte London eine politische Unabhängigkeit, die
seinem Wirtschaftsleben sehr förderlich sein sollte. So war es im 10. Jh.
wieder jenes Zentrum des internationalen Handels, das es in römischer
Zeit bereits gewesen war. Wie damals wurden wieder Rohmaterialien
exportiert, Geschirr, Schmuck, Gewürze und Wein importiert.

Das 9. Jh. ist jedoch auch die Zeit der *Wikingerüberfälle.* Mehrmals (etwa 851 und 872) bemächtigten sie sich der Stadt, und erst König *Alfred der Große* konnte sie 883 endgültig zurückerobern. Er ließ die Stadtmauern erneuern, förderte die Besiedlung und den Zuzug ›deutscher‹ und französischer Kaufleute, so daß die Stadt in nördlicher und westlicher Richtung weit über ihre ursprünglichen Grenzen hinaus wuchs. Eine Maßnahme gegen erneute Däneneinfälle am Ende des 10. Jh. und Anfang des 11. Jh. war auch die Einteilung der Stadt in sog. ›wards‹ (Bezirke), die jeweils bestimmte Verteidigungsleistungen zu erbringen hatten. Diese ›wards‹ sind bis heute Grundlage der administrativen Einteilung Londons.

All diesen Maßnahmen zum Trotz jedoch gelang dem Dänenführer *Knut* (Canute) die Eroberung Londons. Im Jahre 1016 ließ er sich zum König krönen. Seine Residenz ließ er westlich von London errichten – ein Entschluß, der für die Geschichte der Stadt richtungsweisend werden sollte. Denn hier, an einer Stelle, an der vermutlich König Offa schon ein Kloster errichtet hatte, entstand das neue *Westminster*. London verlor nun seine Unabhängigkeit und wurde dem König in Westminster tributpflichtig, der wiederum nichts unversucht ließ, um die Neuankömmlinge in das Leben Londons zu integrieren. Die Zeugnisse dieser Bemühungen sind allerdings spärlich: Im Museum of London gibt es einen Grabstein für einen Dänen namens ›Tosti‹, der im Friedhof von St Paul's gefunden wurde; und ›Husting‹, die angelsächsische Bezeichnung für ein Handelsgericht, ist ein dänisches Wort. Die meisten Ansiedlungen der Dänen dürften sich jedoch außerhalb der Stadtmauern befunden haben, wobei es in dieser Zeit auch erstmals zu einer Ausdehnung der Stadt auch südlich der Themse kam. So geht, wie der Name schon vermuten läßt, *St Clement Danes (S. 157)*, das sich im Gebiet des heutigen *Strand* (also außerhalb der Stadtmauern) befand, mit Sicherheit auf die Dänen zurück, und auch der heutige Stadtteil *Clapham* verdankt seinen Namen seinem dänischen Gründer Clapa.

Nach dem Ende der dänischen Herrschaft übte sich London erstmals in der Rolle des Königmachers, die es in späteren Jahren noch häufiger einnehmen sollte. 1042 unterstützte es *Edward the Confessor (›den Bekenner‹)*, der aus seiner Exilzeit enge Verbindungen zum normannischen Königshaus hatte, in seinen Thronansprüchen gegen den *Earl Godwin aus Essex*. Dann aber wandte sich die launische Stadt doch Godwin zu, und Edward, dem es gelang, seine Thronansprüche zumindest nominell durchzusetzen, revanchierte sich mit dem verstärkten Ausbau der Rivalin Westminster. Er veranlaßte den Bau einer Abtei in Westminster und wählte den ›Vorort‹ – wie vor ihm der Däne Knut – zur königlichen Residenz.

Doch nicht nur die Trennung in das Regierungszentrum Westminster

13

und das Finanzzentrum City sowie der wohl damals schon in der City erworbene Sinn für auf Handel basierendem Wohlstand und für eine relative Unabhängigkeit vom jeweiligen nationalen Herrscher sind als Vermächtnis der angelsächsischen Zeit anzusehen. Auch dem Kunsthistoriker hinterließen die Angelsachsen ein reiches Erbe. Über 100 ihrer kleinen, wenig ausgeschmückten Kirchen (›Saxon Style‹) bauten sie vom 9. bis 11. Jh., und auch die Einteilung Londons in die heute noch gültigen Kirchenbezirke ist das Werk ihrer anfangs so bekehrungsunwilligen angelsächsischen Bewohner.

Das mittelalterliche London

Das Selbstbewußtsein, das London in der angelsächsischen Zeit erworben hatte, bekam auch *William the Conqueror* (Wilhelm der Eroberer), der im berühmten Jahr 1066 die Herrschaft der *Normannen* in England begründete, zu spüren. Selbst nachdem der von dem kinderlos gestorbenen Edward ins Land gerufene William seinen Konkurrenten Harold, den Favoriten der Londoner, besiegt hatte, unterwarf sich die Stadt erst, als William ihr die Wahrung alter Freiheiten und Rechte zusicherte. Doch William seinerseits traute den Londonern ebensowenig. Schon bald nach seiner Krönung begann er mit dem Bau diverser Festungen innerhalb und außerhalb Londons: An der westlichen Stadtmauer entstand Baynard's Castle und am rechten Ufer das Fleet Montfichet Castle. (Beide sind heute nicht mehr erhalten.) In Windsor begann er mit dem Bau einer Festung, und im Osten, nahe bei der Stadt, aber außerhalb der Stadtmauern, entstand ab 1078 eines der eindrucksvollsten Beispiele normannischer Baukunst (›Norman Style‹): der White Tower *(S. 228)*, Zentrum des Tower of London und bis heute eines der markantesten Wahrzeichen der Stadt.

Der White Tower diente als Festung, als Gefängnis und als Palast, eigentliche Londoner Residenz auch der Normannenkönige aber war Westminster. Hier hatte William sich krönen lassen und damit eine Tradition inauguriert, die bis zum heutigen Tag Bestand hat. Williams Sohn *William Rufus* betrieb den weiteren Ausbau des Westminster Palace, dessen Kernstück die heute noch erhaltene Westminster Hall *(S. 60)* darstellte.

Mehr und mehr wurden fortan die Regierungsgeschäfte von Westminster aus erledigt – eine Aufwertung, die die Londoner auch unter den *Plantagenet-Königen*, den Nachfolgern der Normannen, geschickt auszunutzen verstanden. Bereits unter dem Normannen *Henry I* (1100–35) hatte London begonnen, Winchester in seinen Hauptstadtfunktionen abzulösen, hatte die Stadt das Privileg erhalten, selbst

König Richard Löwenherz (1189–99) in kriegerischer ▷
Pose vor dem Londoner Parlamentsgebäude *(S. 55 f.)*

Steuern einzuziehen, sowie das Recht, den Sheriff, d. h. den Vertreter der königlichen Gewalt in der Stadt, selbst zu wählen. *Henry II* (1154–89), der erste der Plantagenets, bestätigte diese Privilegien. Mehr noch: Im Jahre 1156 erklärte er London offiziell zur Hauptstadt seines Reiches. Sein Nachfolger *Richard I ›Löwenherz‹* (1189–99; *Abb. S. 15*) verbriefte darauf den Londonern die Rechte an der Themse – freilich gegen Zahlung einer erklecklichen Summe, die Richard zur Finanzierung seiner Kreuzzüge benötigte. *Johann ›Ohneland‹* (John Lackland) schließlich (1199–1216) mußte sich jener auch von den Londonern unterstützten Allianz der Barone beugen, die ihn zur Unterzeichnung der berühmten *Magna Carta libertatum* (1215) zwangen, die die Freiheiten und Rechte der Barone gegenüber der Krone ebenso sicherstellte wie die Sonderrechte der Hauptstadt.

Eines der Privilegien, die in der Magna Carta bestätigt wurden, war das 1192 erstmals wahrgenommene Recht der Wahl des ›*Mayor*‹, des Bürgermeisters von London. (Bezeichnenderweise war *Henry Fitz Ailwin*, der erste Mayor, schon namentlich ein Angehöriger der ›britischen‹ Bevölkerungsschicht gewesen, nicht der kulturell und politisch dominierenden Normannen.) Zwar mußte der jährlich neu zu wählende Mayor zur formellen Bestätigung seines Amtes nach Westminster reisen, jedoch war Westminster als Residenzort des Königs und des Parlaments nicht – wie die City – unabhängig.

Die Wahl des Bürgermeisters – so sah die Magna Carta es vor – sollte durch die ›*folkmoot*‹ erfolgen, eine auf angelsächsische, vermutlich auch schon romano-keltische Zeit zurückgehende Volksversammlung. Doch die politischen Führer Londons veränderten auch dies zu ihren Gunsten: Wahlberechtigt waren nun die der privilegierten Führungsgruppe entstammenden Vorstände der einzelnen ›wards‹ (*S. 13*), die sog. ›*aldermen*‹. Diese Ratsherren stärkten ihre Unabhängigkeit gegenüber dem König, und der Sheriff als Vertreter der königlichen Hoheitsrechte in der Stadt versank zunehmend in die politische Bedeutungslosigkeit. Dagegen bauten sich um das Amt des Bürgermeisters königsähnliche Rituale und Insignien auf. Nicht von ungefähr etwa wird der Mayor seit Ende des 15. Jh. automatisch als *Lord Mayor* tituliert. Auf wirtschaftlichem Gebiet schließlich verteidigten die regierenden Bürgerschichten ihre Position, indem sie alle ›ausländischen‹ Händler – unabhängig davon, ob sie aus England oder wirklich aus dem ›Ausland‹ kamen – strengen Handelsbeschränkungen unterwarfen. Sie durften sich nur bis zu maximal vierzig Tagen in der Stadt aufhalten, mußten in speziellen Hotels wohnen, durften ihre Waren nur an ›Bürger‹ verkaufen und auch den Handel untereinander nur über die Vermittlung von einheimischen Händlern treiben.

Ausdruck des gewachsenen Wohlstands der Stadt waren auch die zahlreichen Neugründungen von Klöstern, die vom 11. bis 13. Jh. vor den Stadtmauern entstanden. Infolge der *Säkularisation* (1536–39) unter Henry VIII ist leider nur wenig von ihnen enthalten: die Kirche von *St Helen's Bishopsgate* etwa oder die Kirche des Augustinerklosters von *St Mary Overie* in Southwark *(S. 213)*, die die Wirren der Reformation dadurch überstand, daß sie in Southwark Cathedral integriert wurde. Schließlich der Chor der Klosterkirche *St Bartholomew's the Great in Smithfield (S. 178)*, die von Rahere, einem Höfling Henrys I gegründet wurde, mit ihren typisch normannischen Pfeilern und Bögen.

In das 12. Jh. fällt auch die Gründung der großen Ordenshäuser der *Knights Templar* (Tempelritter) und der *Knights of the Hospital of St James of Jerusalem* (Johanniterorden). Die Anlage des Johanniterordens in *Clerkenwell* wurde während des großen Bauernaufstandes des Jahres 1381 bis auf Pforte und Krypta zerstört. An der Krypta jedoch, die in zwei Etappen erbaut wurde (westlicher Teil in den 1140er Jahren, östlicher Teil in den 1180er Jahren) läßt sich fast lehrbuchartig der Wandel vom runden normannischen Bogen zum spitzen gotischen beobachten. Ähnliches gilt auch für die *Temple Church (S. 154)*, die in den 1160er Jahren als zentrales Gebäude der Anlage der Tempelritter als Nachbildung der Heiligen Grabeskirche in Jerusalem außerhalb der Stadtmauern westlich des Fleet (noch heute ›Temple‹) entstand. Der Gebäudekomplex ist fast vollständig erhalten, dank – mehr oder weniger – eines königlichen Gewaltaktes: 1312 hatte Edward II auf Geheiß des Papstes den Orden aufgelöst und seinen Besitz den rivalisierenden Johannitern zugeschlagen. In die Gebäude aber zogen die ›Inns of Court‹, die königlichen Rechtsschulen, ein, was eine Zerstörung während der Reformation verhinderte.

Es ist symptomatisch für die ständige Ausbreitung der City seit dem späten 11. Jh., daß die Klöster und Ordenshäuser außerhalb der Stadtmauern errichtet wurden. Innerhalb der Mauern wurde es für die ständig wachsende Bevölkerung immer enger, und der sich in östlicher Richtung ausbreitende Nachbar Westminster rückte zunehmend näher – Anlaß natürlich für fortgesetzte Streitereien und Querelen. Im Jahre 1222 aber fand man zu einer – für die City wieder einmal günstigen – Einigung: Die Grenzen der City, die sich immer noch ausschließlich ›London‹ nannte, wurden neu abgesteckt, was nahezu zu einer Verdoppelung ihres ursprünglichen Gebiets führte und damit zu jener berühmten Quadratmeile, als die sie auch heute noch oft bezeichnet wird.

Das große historische Ereignis des 13. Jh. ist die Erhebung der Barone unter Führung von *Simon de Montfort* gegen König *Henry III* (1216–72) im Jahre 1263. Dabei stellte sich das ›Volk‹ von London auf

die Seite der Rebellen, die Ratsherren hingegen unterstützten den
König. Um aber einem völligen Autoritätsverlust entgegenzuwirken,
zeigten sich die Ratsherren zur Erfüllung der Forderungen nach Wie-
dereinrichtung der ›folkmoots‹ und nach Anerkennung der erstarken-
den *Handwerksgilden* bereit. Die Erfüllung dieser Konzessionen blieb
den Ratsherren jedoch zunächst erspart: Nach Wiederherstellung seiner Macht nämlich entzog der König den wankelmütigen Londonern
das Recht auf Selbstverwaltung schlichtweg bis zum Jahr 1270. Und
Henrys sehr viel energischerer Nachfolger *Edward I* (1272–1307) versuchte gar, die Stellung der Krone zu festigen, indem er die Privilegien
der Stadt völlig aufhob, das Amt des Bürgermeisters abschaffte und das
Handelsmonopol der ›Bürger‹ dadurch unterlief, daß er italienische
Händler in London ansiedelte, denen er gegen Zahlung hoher Summen
Handelsmonopole verlieh. Damit war die Vormachtstellung der wenigen Familien, die bislang die Ratsherren gestellt hatten, zugunsten der
Gilden gebrochen. Im Jahre 1309 setzten diese sogar durch, daß die
Zugehörigkeit zu einer Gilde oder Zunft künftig die Voraussetzung für
die Verleihung des Bürgerrechts sein sollte. So schälte sich im Verlauf
des 14. Jh., in dem London seine alte Rechtsposition wieder erreichte,
eine neue politische Führungsschicht wohlhabender Händler und
Handwerker heraus, deren Durchlässigkeit aber sehr viel größer war als
zu früheren Zeiten. Zu den berühmtesten ›Aufsteigern‹ jener Tage
gehört wohl *Richard (Dick) Whittington.* Einst mehr oder weniger
mittellos vom Land in die Stadt gekommen (und insofern symptomatisch für die relativ große Fluktuation zwischen Stadt und Land in
dieser Zeit), brachte Whittington *(S. 278)* es zwischen 1397 und 1420
viermal zum Mayor. Bedeutendstes Zeichen des gewachsenen Selbst-
bewußtseins der Gilden aber stellte das 1411 erbaute Rathaus der Stadt,
die *Guildhall,* dar *(S. 188).* Mit mehreren Renovierungen ist sie bis
heute erhalten und dient weiterhin als administratives Zentrum der
Stadt. Noch heute stattet der Premierminister einmal jährlich dem
Bürgermeister und den Ratsherren einen Besuch ab und berichtet über
die Regierungspolitik des abgelaufenen Jahres.

Angesichts der ständig wachsenden Unabhängigkeit der City aber
ließen nunmehr die Versuche der Monarchen, die Stellung ihres Regie-
rungssitzes Westminster zu stärken, nicht mehr auf sich warten. Zwar
hatte Henry III noch 1248 seine Kronjuwelen an die reiche City verpfän-
det, um seinen Neubau der Westminster Abbey fortsetzen zu können;
zwar hatten Edward I und Edward II ihre Politik auf den Norden und
Schottland – und damit auf York als Regierungszentrum – konzentriert;
jedoch wandte *Edward III* (1327–77) seine Aufmerksamkeit wieder
gänzlich Westminster zu. Nach und nach beorderte er alle Regierungs-

Das Wappen der City of London

ämter von York zurück, das Parlament schuf sich hier seinen regelmäßigen Versammlungsort, die königliche Rechtssprechung etablierte sich am Ort, und Holborn, wo auch die Rechtsschulen *Lincoln's Inn* und *Gray's Inn (S. 144–45)* ansässig waren, wurde Sitz der Hofkanzlei. (In der nach ihr benannten Chancery Lane befindet sich noch heute das *Public Record Office.*) Auch wirtschaftlich erfuhr Westminster zeitweise eine bewußte Förderung gegen die Interessen der City. So ordnete z. B. Henry III 1248 an, daß während des Jahrmarkts in Westminster alle Geschäfte der City geschlossen halten müßten, und Edward III verlieh Westminster 1353 das Monopol für die Ausfuhr von Wolle. Richard II hingegen trieb zwar den Ausbau der Westminster Abbey voran – die berühmte Hammerbalkendecke von Westminster Hall *(S. 60)* geht auf seine Regierungszeit zurück –, gleichzeitig jedoch profitierte der Handel der City von seinem äußerst luxuriösen Lebensstil und die dadurch notwendige Versorgung des Hofes mit Kleidung und Vorräten.

Doch das Leben im mittelalterlichen London war nicht nur vom wirtschaftlichen und politischen Aufstieg, sondern auch von deutlicher werdenden sozialen Unterschieden gekennzeichnet. Während die *Gilden* zu einer neuen Elite heranwuchsen, die Uniformen trug, sich in ›livery companies‹ organisierte und riesige ›halls‹ errichtete, lebten zahlreiche der vielköpfigen ärmeren Familien zusammengepfercht in einem Raum ihrer winzigen Häuser, in denen sie zum großen Teil auch noch ihrem Beruf nachgingen. Die mangelhaften hygienischen Bedingungen und die Problematik der Wasserversorgung und der Abwasserbeseitigung führten immer wieder zu *Pestepidemien*, deren größte (>The Black Death<) 1348 zwischen 50000 und 60000 Opfer forderte, d. h. die Bevölkerung um etwa 50% reduzierte.

Eine weitere Gefahr für die fast ausschließlich aus schindelbedeckten und ohne erkennbares System aneinandergereihten Holzbauten bestehende Stadt stellten die häufig ausbrechenden *Brände* dar. Mehrfach – so etwa 1087, als auch die alte sächsische Paulskirche zerstört wurde, oder 1135 – weiteten sich diese Feuer zu Großbränden aus. Zwar dekretierte 1189 ein Erlaß des Bürgermeisters, daß der untere Teil der Häuser in Zukunft nur noch aus Stein und die Dächer nur noch aus Ziegeln sein dürften, doch wurde dieses Verbot kaum beachtet.

Das London der Tudors und der frühen Stuarts

Mit dem Regierungsantritt *Henry Tudors*, der die sog. *Rosenkriege* zwischen den Herrscherhäusern der Lancaster und York durch seine Wahl zum König *Henry VII* 1485 beendete, begann für England eine wirtschaftliche, wissenschaftliche und kulturelle Blüte, von der die Hauptstadt in besonderer Weise profitierte. Zwischen 1500 und 1650 etablierte London – und das heißt vorläufig immer noch die heutige >City< – jene wirtschaftliche und kulturelle Vormachtstellung, die es trotz aller Dezentralisierungsbemühungen bis heute nicht verloren hat. Neun Zehntel des englischen Überseehandels liefen im 16. Jh. über London. Die Einrichtung der *Royal Exchange*, der ersten Börse Londons, die 1567–70 zwischen Cornhill und Threadneedle Street entstand *(S. 192)*, fällt folgerichtig in diese Zeit. Gewaltig waren auch die Bevölkerungsschübe, die London in diesen Jahren erlebte: Hatte die Stadt im Jahre 1500 noch 75000 Einwohner gezählt, so waren es fünfzig Jahre darauf bereits 220000. 1650 schließlich dürften etwa 450000 Menschen innerhalb ihrer Grenzen gelebt haben. Natürlich zog diese Entwicklung enorme Versorgungsprobleme nach sich. Die Lebensmittel, die die Gärten Londons und die Bauernhöfe der Umgebung bereitstellten, reichten nicht mehr aus; und vor allem der Wohnraum wurde beängstigend knapp. Zwar war durch die *Säkularisierung* ehemals kirchlicher Besitztümer unter *Henry VIII* (1509–47) vorübergehend etwas Wohnraum geschaffen worden, jedoch blieb langfristig nur die weitere Ausbreitung der Wohngebiete nach Westen und Osten. Die Differenzierung, die sich hierbei andeutete, bestimmt noch heute die soziale Geographie Londons: die Trennung zwischen dem *East End* als dem

Wohngebiet der unteren Schichten und dem ›West End‹ als der Domäne der begüterten Schichten. Im Osten der Stadt, vor allem im heutigen Stepney, wohnten vor allem Seeleute und die Angehörigen verwandter Berufe. Zwar lebten hier auch einige Offiziere, jedoch drängten die sozial Höherstehenden bereits in die ›bessere‹ Gegend der westlich der Stadtgrenzen entstehenden Vorstädte. Ausgangspunkt für diese Entwicklung war die Umwandlung der seit dem 14. Jh. längs der Themse entstandenen Bischofspaläste in säkularisierte Adelsresidenzen. Der Adel fand Gefallen an der guten Wohnlage und richtete sich nach und nach, auch mit einigen Neubauten, am Fluß ein.

Eine neu errichtete Residenz war es auch, die *Kardinal Wolsey*, der zunächst einflußreichste Minister Henrys VIII, in Westminster bezog. Doch *York Palace* erhielt schon bald einen neuen Besitzer – den König selbst, der den wegen Widerstandes gegen die königlichen Reformationspläne in Ungnade gefallenen Kardinal hinrichten ließ und einen neuen Namen· *Whitehall Palace*, neben Greenwich fortan Hauptresidenz des Königs und heute bis auf das wunderschöne Banqueting House *(S. 80)* wieder verschwunden.

So war Westminster im 16. Jh. bis zum heutigen Trafalgar Square gewachsen. Gleichzeitig hatten die Adeligen der City nach Möglichkeiten gesucht, sich stärker vom handeltreibenden Bürgertum zu unterscheiden, indem sie nach neuen Wohnplätzen in den noch unbesiedelten Gebieten zwischen City und Westminster Ausschau hielten. Zu Beginn des 17. Jh. nahm diese Bewegung deutliche Konturen an. 1608 etwa vergab *James I* (1603–25), der erste der Stuart-Könige, Land in der Gegend der heutigen Kirche St Martin-in-the-Fields an den *Earl of Salisbury*. Die Folge war, daß *St Martin's Lane*, an der der Earl seinen Wohnsitz errichtete, zu einer modischen Wohngegend aufstieg. 1631 wurde das ehemals zur Westminster Abbey gehörige Gebiet von *Co(n)vent Garden* im Auftrag des *Earl of Bedford* zu einer exklusiven Wohngegend umgestaltet. Es verlor diesen Hauch des Exklusiven erst, als sich der 5. Earl of Bedford 1670 aus Geldmangel entschloß, für den offenen Platz vor den Häusern Marktlizenzen zu vergeben. So wurde der Covent Garden *(S. 136)* Obst- und Gemüsemarkt – eine Funktion, die er bis in die sechziger Jahre des 20. Jh. hinein behielt.

Der bedeutendste Architekt des frühen 17. Jh. war *Inigo Jones* (1573–1652). Unter dem Einfluß der italienischen Renaissancearchitektur und Andrea Palladios führte er fort vom ›*Perpendicular Style*‹, dem dominanten Stil der Tudorzeit. Die bekanntesten Werke, für die Jones verantwortlich zeichnete, sind die 1622 entstandene und fast vollständig erhaltene *Banqueting Hall* im Palast von Whitehall *(S. 80)* sowie der Entwurf des *Queen's House* in Greenwich *(S. 242)*. Nicht

›The Cholmondely Sisters‹ (ca. 1600–10), ein anonymes Porträt aus dem frühen 17. Jh., zeigt die Kleidermode zur Zeit der Stuart-Könige (Tate Gallery, *S. 64*)

erhalten ist dagegen – von der *Paulskirche* abgesehen *(S. 136)* – die großzügige ursprüngliche Anlage von Covent Garden, wie Jones sie konzipiert hatte: eine offene Piazza im Stil der italienischen Renaissance, umgeben von vornehmen Häusern.

Die Schaffenszeit des Inigo Jones ist aber – bei aller Pracht, die sich unter den frühen Stuarts entfalten konnte – auch die Zeit, in der erste Anzeichen von *Slumbildungen* in London vermeldet werden. Der Erwerb von Grundbesitz zum Zwecke der möglichst gewinnbringenden Weiterveräußerung entwickelte sich erstmals zum regelrechten Erwerbszweig, und die von der so einsetzenden Grundstücksverteuerung Betroffenen wurden in die außerhalb von City und Westminster entstehenden regierungs- und verwaltungslosen Vorstädte verdrängt. Kein König und kein Bürgermeister fühlten sich für diese Viertel verantwortlich. Den Gilden der Stadt hingegen waren sie ein Dorn im Auge. Sie drängten darauf, die neuen Vorstädte unter die Jurisdiktion der City zu stellen, da sie um ihren Einfluß auf die in diesem Bereich lebenden Arbeiter fürchteten. Der Mayor und die Ratsherren jedoch lehnten jegliche Verantwortung ab. *Charles I* (1625–49) richtete zwar 1636 kurzfristig eine eigene Verwaltung für die neuen Vorstädte ein, doch nach seinem Sturz, zu dem auch die mangelnde Unterstützung der City beitrug, wurde auch diese Regelung wieder zurückgenommen. Erst gegen Ende des 19. Jh. wurde wieder ein ernsthafter Versuch zur Lösung dieses Problems gemacht.

Die Rolle, die London im *Englischen Bürgerkrieg* (1642–48) spielte, hing mit der insgesamt sehr unglücklichen Politik der Stuarts gegenüber den mächtigen Ratsherren der Stadt zusammen. Hatte Elizabeth I noch alles getan, um den aufblühenden Londoner Überseehandel zu fördern – 1598 etwa vertrieb sie die letzten Vertreter der Hanse aus der Stadt, und 1581 bzw. 1601 veranlaßte sie die Gründung der Handelsgesellschaften *Levant Company* und *East India Company* –, so kümmerten sich die Stuarts kaum um Marine und Kaufleute. Im Gegenteil: Während sie es einerseits einigen Angehörigen der ›better sorts‹ ermöglichten, durch Zahlung enormer Summen Vorschriften wie etwa die von Elizabeth verfügte Einschränkung der Bautätigkeit in der City zu umgehen, zwangen sie andererseits die Inhaber von Handelsmonopolen zur Entrichtung hoher Sonderzahlungen. So durfte es niemanden überraschen, daß der Bürgerkrieg die Hauptstadt zunächst auf seiten der puritanischen Rebellen sah – zumal diese sowohl den etablierten Führungskreisen der Stadt als auch den niedrigeren Schichten etwas zu bieten hatten: Das Establishment konnte sich durch die puritanische Prädestinationslehre bestätigt fühlen, und für die Arbeiter in den Vorstädten waren die zum Teil radikal-demokratischen Bestrebungen einiger puritanischer Gruppierungen durchaus attraktiv. Dazu kam, daß in der Opposition zum König auch diejenige zum Rivalen Westminster ausgetragen werden konnte. *Oliver Cromwell* bedankte sich nach seinem Sieg im Bürgerkrieg denn auch bei der Stadt u. a. mit einer verstärkten Förderung ihres Kolonialhandels. Als allerdings die radikal-demokratischen Kräfte der Puritaner in den 1650er Jahren die Oberhand zu gewinnen schienen, wandte sich das Londoner Bürgertum verschreckt von diesen ab, um, u. a. durch die kräftige Mithilfe bei der Auszahlung von Cromwells Armee in den sechziger Jahren, zur Restauration der Stuarts beizutragen.

Das Ende der puritanischen Revolution war in London von zwei großen Katastrophen begleitet, die das Gesicht der Metropole entscheidend veränderten: der *Pestepidemie* von 1665, der binnen fünf Monaten zwischen 70000 und 100000 Menschen zum Opfer fielen, und dem ›*Great Fire*‹ des Jahres 1666, in dem vier Fünftel und fast alle mittelalterlichen Gebäude der City zerstört wurden *(S. 197)*. Die Pestepidemie, die im Slumviertel St Giles in the Fields ausbrach, breitete sich anders als vorhergegangene Epidemien rasch über die ganze Stadt aus. Da die wohlhabenden und einflußreichen Londoner, die Gegenmaßnahmen hätten organisieren können, die Stadt fluchtartig verlassen hatten, waren Versuche zur Eindämmung der Epidemie weitgehend ausgeblieben. Auch der große Brand, der nur ein Jahr später, am 2. September 1666, in einer Bäckerei in der Pudding Lane seinen Ausgang genommen hatte und fünf Tage lang in der City wütete, war zum Teil auf mangelhafte Verwaltungsarbeit zurückzuführen. Trotz mehrerer gegenteiliger Erlasse hatte man weiterhin an der traditionellen Holzbauweise festgehalten, und in den immer noch mittelalterlich engen Gassen kamen die Löschtrupps, die zudem mit unzulänglichen Mitteln wie Ledereimern arbeiten mußten, kaum voran. Zwar gab es kaum Tote zu beklagen, jedoch wurden Zehntausende durch diese gewaltige Katastrophe obdachlos.

Vom ›Great Fire‹ zur Regency-Zeit

Das große Feuer, dem auch die alte, allerdings auch vorher schon als baufällig geltende Kathedrale St Paul's zum Opfer gefallen war, bot die Chance zu einem systematischen und planvollen Neuaufbau. Die traditionsverhafteten Londoner jedoch ließen dies nur zum Teil zu. *Christopher Wren* (1632–1723), der für das neue Gesicht der Stadt in besonderer Weise verantwortlich werden sollte, hatte zunächst einen völligen Neubeginn mit breiten, geraden Straßen und vielen Freiflächen vor. Eine neu zu erbauende Börse (die ebenfalls vom ›Great Fire‹ zerstört worden war) und die neue St Paul's Cathedral sollten die zentralen Punkte darstellen. Die Fleet Street sollte im Stil einer italienischen Piazza gestaltet und der Fleet selbst kanalisiert und an beiden Seiten von einer breiten Promenade begrenzt werden. Dieser umfassende Plan Wrens scheiterte jedoch am Widerstand der vielen privaten Grundbesitzer. So lehnte sich der neue, von einer Kommission, in der Wren nur eines unter mehreren Mitgliedern war, entworfene Plan von 1667 stärker an das mittelalterliche Stadtbild an. Man unterschied jetzt zwischen vier verschiedenen Häusertypen, deren erlaubte Höhen sich an den Breiten der Straßen orientierten, an denen sie standen. Um den Wiederaufbau zu beschleunigen, lockerte die Stadt ihre immer noch restriktiven Reglementierungen und ließ auch Handwerker von außerhalb Londons mitwirken. Die notwendigen Geldmittel wurden zum größten Teil aus der Besteuerung der Kohleeinfuhr bezogen, und so war der Wiederaufbau bis 1670 weitgehend abgeschlossen.

Nur wenige der in dieser Zeit entstandenen nicht-öffentlichen Gebäude sind heute zu besichtigen (z. B. *Crane Court No. 5 und 6*). Weitgehend erhalten blieb jedoch der neue Straßenverlauf, der erstmals seit spätrömischer Zeit einen einigermaßen planvollen Eindruck machte. Entscheidend geprägt wurde das neue Stadtbild auch von den etwa 52 Kirchen, die auf Entwürfe Wrens zurückgingen. Neben St Paul's sind von ihnen noch 23 innerhalb der City erhalten. Wrens Kirchen stellten sich dabei dar als Kompromiß zwischen katholischen

Die Kuppel von St Paul's, Wahrzeichen des Wiederaufbaus ▷
der City nach dem ›Great Fire‹ von 1666 *(S. 171)*

und reformatorischen Vorstellungen: Die Altäre etwa waren zwar vom übrigen Kirchenraum abgetrennt, jedoch befanden sie sich nicht in einer speziellen Apsis, sondern waren direkt an die östliche Mauer gebaut. Nur die *neue St Paul's Cathedral*, die heute als ein Musterbeispiel der englischen Barockarchitektur gilt, war in ihrem ursprünglichen Entwurf vom Stadtrat abgelehnt worden, da dieser auf der Kreuzform der alten Kathedrale bestand. Wren legte dann zwar einen neuen Entwurf zur Genehmigung vor, wich aber während des Bauens immer wieder davon ab, so daß er allmählich seinen ursprünglichen Vorstellungen relativ nahe kommen konnte *(vgl. S. 170)*.

Viele der Einwohner, die London während des Feuers verlassen hatten, kehrten nicht wieder in die Stadt zurück. Trotzdem stieg die Gesamtbevölkerungszahl der City weiter an: von 575000 im Jahre 1700 über 675000 um 1750 auf etwa 900000 um das Jahr 1800. Dieser neuerliche Zuwachs war – neben der weiteren Zuwanderung der arbeitsuchenden Landbevölkerung – auch auf eine Veränderung des Gentleman-Ideals des 18. Jh. zurückzuführen: Auch in adeligen Kreisen gehörte das Haus in der Stadt allmählich zu den unabdingbaren Voraussetzungen, wollte man modisch auf der Höhe seiner Zeit sein. Als besonders elegant war das Gebiet um den St James's Park bekannt, wo der *Earl of St Albans* den *St James's Square* als rein aristokratisches Viertel zu etablieren versuchte. Bedingt war die besondere Attraktivität dieser Gegend durch die Nähe des Königs *Charles II* (1660–85), der St. James's Palace dem Palast von Whitehall als Residenz vorzog und sich im Park von St James's häufig mit dem aus Italien importierten Spiel *paglio e maglio* vergnügte – einem Spiel, das der Straße, die durch den Park führte, ihren Namen geben sollte: *Pall Mall (S. 108)*.

Doch der Grund und Boden, den die Aristokraten für ihre hochfliegenden Pläne benötigten, war knapp. Im Osten, wo sich die Produktionsstätten des Hafens befanden, wollte man nicht wohnen – die soziale Differenzierung zwischen East End und West End wurde also weiter beschleunigt –, im Westen jedoch befanden sich die Gebiete, die einst zur Westminster Abbey gehört hatten, jetzt im Besitz der Krone und in der Hand einiger weniger Adliger. Also entwickelte man ein neuartiges Bausystem: Man teilte größere Grundstücke in mehrere Einzelparzellen auf, die an verschiedene Pächter vergeben wurden, die dann wiederum für den Aufbau der Häuser sorgten. So entstanden die ersten Londoner ›terraces‹, jene anfangs den Aristokraten vorbehaltenen, später auch von wohlhabenden Bürgern bewohnten Stadt-Reihenhäuser, wie sie sich in keiner anderen Großstadt finden und die sich, nach heftiger Ablehnung in der viktorianischen Zeit, heute wieder zunehmender Beliebtheit erfreuen.

Einflußreichste Architekten dieser Zeit waren *William Kent* (1685–1748) und *Robert Adam* (1728–92). Relativ frühzeitig aber zeichnete sich eine Tendenz zur Nachahmung und damit zur Standardisierung ab, die unterstützt wurde durch eine Serie von Bauverordnungen, die z. B. die Gestaltung der Fenster und Fassaden regelten und neue Brände verhüten helfen sollten. Zwei Phasen der von rein privaten Finanzierungsinitiativen getragenen Bautätigkeit im Westen Londons lassen sich dennoch unterscheiden: Die erste (ab 1713 – der Friede von Utrecht hatte Englands koloniale Besitzungen erweitert) war stark von der italienischen Renaissancearchitektur beeinflußt. Sie führte u. a. zur Entwicklung von Mayfair als vornehmes Wohnviertel *(S. 280)*. Die zweite Phase (nach 1763 – der Friede von Paris hatte den Siebenjährigen Krieg beendet –) bevorzugte stärker neoklassizistische Bauten (z. B. die *Adelphi Terrace* am Strand, nach diversen ›Modernisierungsversuchen‹ der Viktorianer 1936 abgerissen, und die fast vollständig erhaltene Häuserreihe des *Bedford Square, S. 258*).

Durch die fortschreitende Besiedlung dieser Gebiete waren nun auch City und Westminster endgültig zusammengewachsen – ein Prozeß, dem durch das Niederreißen der Stadttore zwischen 1760 und 1777 fast symbolhaft Rechnung getragen wurde. Zu Beginn des 19. Jh. schließlich war diese Entwicklung so weit fortgeschritten, daß die Stadt begann, sich nunmehr auch nach Nordwesten auszudehnen. Wiederum agierte dabei ein Monarch als Initiator: der *Prince of Wales* und spätere König *George IV* (1820–30), der bereits 1811 an die Stelle seines geisteskranken Vaters trat und als ›Prinzregent‹ einer ganzen Epoche ihr architektonisches Gesicht und ihren Namen gegeben hat: der *Regency-Zeit*. Wie Charles II einst Mayfair, so machte der Prinz nun *Regent's Park* zum exklusiven Wohnviertel *(S. 268)*. 1811 waren zufällig die Pachtverträge für das von der Krone verpachtete Gebiet um Marylebone Park ausgelaufen und George beschloß eine umfangreiche Neugestaltung. Eine wichtige Rolle spielte dabei der Architekt *John Nash* (1752–1835), der, ausgehend von Carlton House, dem nobel ausgestatteten Stadtsitz des Prinzregenten am Nordrand von St James's Park, die neue *Regent Street* als Verbindung zum neuen Regent's Park plante. Am Regent's Park selbst war eine großzügig angelegte Villenanlage geplant, deren typische weiße Stuckfassaden noch heute in *Hanover Terrace* (im Westen des Parks) und *Cumberland Terrace* (östlich) zu sehen sind. Wenig erhalten ist dagegen von der ursprünglichen Regent Street, die nicht als ›terrace‹, sondern als eine Reihe einzelstehender Häuser in unterschiedlichsten Stilen angelegt war.

Nash entwarf auch die Pläne für den *Buckingham Palace (S. 95)* als neuer Residenz des Königs. Doch obwohl der Bau u. a. dadurch finan-

27

ziert wurde, daß die alte Residenz *Carlton House* abgerissen und durch eine Reihe von verkauften bzw. verpachteten Häusern *(Carlton House Terrace, S. 88)* ersetzt wurde, kam der Bau, dessen Fertigstellung sich auch erheblich verzögerte, entschieden teurer als ursprünglich geplant und war lange Zeit sehr umstritten. Auch Königin *Victoria* (1837–1901), die als erste Monarchin im Buckingham Palace wohnte, war mit dem Gebäude nie sehr glücklich.

Erfolgreicher als Nash mit Buckingham Palace waren seine Zeitgenossen *John Soane (1753–1837; Bank of England, S. 198)*, *Robert Smirke (1780–1867; British Museum, S. 250)* und *William Wilkins (1778–1839; University College, National Gallery, S. 260, 102)*. Die 1830er Jahre, die das Ende der georgianischen und den Beginn der viktorianischen Ära markierten, waren auch der Beginn des ›Clubland‹ *(S. 91)*, jener Reihe von exklusiven Clubs, deren erster Anfang der dreißiger Jahre von *Charles Barry* an der Pall Mall für den *Travellers' Club* im Stil eines italienischen Palazzo errichtet wurde. Das Bürgertum, das den Aristokraten mit einem gewissen zeitlichen Abstand in die neu entstandenen Wohngegenden folgte und sich in neuen Vergnügungsparks wie *Vauxhall* und *Ranelagh* mit dem Adel vermischte, gewann in dieser Zeit an Einfluß und Wohlstand. Von dieser Entwicklung weitgehend ausgeschlossen blieb hingegen die im Zuge der Industriellen Revolution anwachsende Schicht der Arbeiter. Seit dem Bau der Westminster Bridge Mitte des 18. Jh. und weiterer Themsebrücken Anfang des 19. Jh. zogen sie verstärkt in Gebiete südlich der Themse. Jedoch lebten viele von ihnen auch in Slums, die sich zum Teil in unmittelbarer Nähe der ›besseren‹ Wohngebiete befanden (z. B. *St Giles Holborn*, das direkt an den vornehmen Bloomsbury Estate des Earl of Bedford grenzte). In diesen Elendsvierteln herrschten extrem hohe Kindersterblichkeit, weit verbreitete Alkoholsucht und das Verbrechen war an der Tagesordnung. Von den Überfällen der ›Mohocks‹, einer Art aristokratischer Vorläufer der späteren Rockergruppen, blieben freilich auch die ›besseren‹ Viertel nicht ganz verschont. Weder die Regierung noch die City-Verwaltung fühlten sich für diese Gebiete zuständig, und so gab es – von Reformversuchen wie etwa der Einrichtung der polizeiähnlichen Truppe der ›Bow Street Runners‹ durch *Henry Fielding* (1707–54) und seinen Bruder abgesehen – bis zum Ende des 19. Jh. weder eine zentrale Polizei noch eine Verwaltungsbehörde für ganz London. Etwa neun Zehntel der Londoner lebten mittlerweile außerhalb der alten City in etwa 300 verschiedenen administrativen Einheiten, deren Aktivitäten von keiner Stelle koordiniert wurden, deren Handlungsbereiche jedoch sehr eingeschränkt waren.

Das viktorianische London

Im 19. Jh. setzten sich die beschriebenen Tendenzen weiter fort: Einerseits entwickelten sich vornehm aristokratische bzw. respektabel bürgerliche Wohnviertel, andererseits verschärfte sich durch die fortschreitende Industrialisierung die erbärmliche Situation der Unterschichten. *Belgravia* und *Pimlico*, beide ursprünglich auf dem Gebiet der Grosvenors, einer der reichsten Familien Londons, gelegen, dann *Paddington*, *Bayswater* und *North Kensington* kamen als zunächst schicke, später gediegene Viertel in Mode. Gleichzeitig aber verstärkte sich der Trend, sich der Stadt überhaupt zu entziehen und in Vorstädte im eigentlichen Sinne des Wortes zu ziehen: Die für London so typische ›suburbia‹ entstand. Auch hier machte die obere Mittelschicht die ersten Schritte – in landschaftlich reizvoller Lage gelegene Vororte wie *Hampstead* oder *St John's Wood* dienten ihr dabei als Vorbild –, und im Verlauf des 19. und schließlich des 20. Jh. taten es auch die unteren Schichten ihr gleich.

Entscheidend für diese Bewegung war das Aufkommen *öffentlicher Verkehrsmittel*: Der erste reguläre Pferdebus fuhr 1829 entlang der Marylebone Road, die erste Untergrundbahn 1863 von Paddington nach Farrington. Besonders die Untergrundbahn erwies sich als rascher Erfolg. Weitere Linien folgten, und schon 1884 war der ganze heutige ›inner circle‹ versorgt. Die Eisenbahn hingegen, deren Streckennetz von zahlreichen konkurrierenden Privatfirmen verlegt wurde, trug kaum zur Entlastung der ärmeren Wohngegenden bei. Im Gegenteil: Durch ihren rücksichtslosen Ausbau wurden im Bereich der Innenstadt mehr als 100000 Menschen obdachlos – ein Unrecht, das die Bahnen erst durch die Einrichtung billiger Arbeiterzüge in den 1860er Jahren und die damit möglich werdende Entstehung von Arbeitervororten wie *Walthamstow* oder *Edmonton* wiedergutmachten.

Die dringend notwendige Reform des Verwaltungswesens hingegen blieb auch im 19. Jh. weitgehend aus. Zwar wurde 1855 mit dem ›*Metropolitan Board of Works*‹ die erste zentrale Behörde für London eingerichtet, jedoch blieb deren Zuständigkeit auf die Bereiche Straßenbau und Abwässerbeseitigung beschränkt. Auch der 1889 gegründete ›*London County Council*‹ (aus dessen Zuständigkeitsbereich die City explizit ausgespart blieb) brachte trotz weitreichender Kompetenzen keine Besserung der Lage in den Slumgebieten. Der Rat handelte nach der Überzeugung, daß es zur Verhinderung der ständigen Choleraepidemien genüge, breite Straßen durch die Slums zu schlagen (z. B. die so entstandene *Shaftesbury Avenue* und die *Charing Cross Road*) – eine Politik, die erst gegen Ende des 19. Jh. zugunsten einer gründlichen Verbesserung des Kanalisationssystems aufgegeben wurde.

Zur gleichen Zeit waren in der City die Anzeichen einer gänzlich neuen Entwicklung handfest wahrzunehmen. Seit den 1840er Jahren waren hier die ersten großen Büroblocks entstanden, und das Ergebnis war eine allmähliche Ausblutung der City als Wohnbereich. Hatten um 1850 noch etwa 100000 Menschen hier gelebt, so waren es in den neunziger Jahren nur noch etwa 27000. Erst in den siebziger Jahren des 20. Jh. ist es gelungen, diese Entwicklung zum Stillstand zu bringen.

Aber auch der westliche Teil der Stadt veränderte im Lauf der Zeit sein Gesicht. Mehrere große Warenhäuser entstanden, die noch heute für manche Touristen Hauptanziehungspunkte Londons sind: 1871 die *Army and Navy Stores* (heute in der Victoria Street), 1869 *Harrods* in Knightsbridge *(S. 320)* und 1908 *Selfridges* in der Oxford Street *(S. 282)*. Doch blieb Westminster weiterhin Zentrum der Regierung, auch nachdem das alte Parlamentsgebäude durch Brand zerstört wurde. An der Stelle des alten Westminster Palace wurden 1839–60 unter der Leitung von *Charles Barry* (1795–1860) und *A. W. Pugin* (1812–52), der speziell für die Innenausstattung verantwortlich zeichnete, im neugotischen Stil die *neuen Parlamentsgebäude* errichtet *(S. 55)*.

Eines der großen Ereignisse der viktorianischen Zeit war für die Londoner die von Victorias Gemahl Prinz Albert geförderte ›Great Exhibition‹ des Jahres 1851. Für sie entwarf *Joseph Paxton* (1801–65) seinen berühmten *Crystal Palace* (1936 durch Brand zerstört), und durch sie wurde *South Kensington*, das bislang noch stark ländliche Züge getragen hatte, in das Stadtgebiet integriert. Das bei der Ausstellung eingenommene Geld wurde zum Ankauf von Land verwendet, Museen wie das 1850 eröffnete *Victoria and Albert Museum (S. 315)* oder das *Naturhistorische Museum* (1873–81; *S. 318*) wurden eingerichtet, und South Kensington stieg zur gehobenen Wohngegend auf.

Von der spätviktorianischen Zeit bis heute

Die Politik der Dezentralisierung der Verwaltung Groß-Londons, durch die das *London County Council (LCC)* von Anfang an in seiner Arbeit behindert wurde, blieb auch ins 20. Jh. hinein erhalten. 1899 wurden die 41 Gemeinden im Bereich Groß-Londons zusammengezogen und auf 28 neu geschaffene ›metropolitan boroughs‹ verteilt, denen einige der Kompetenzen des LCC übertragen wurden. Der Einfluß auf die Bautätigkeit in neu entstehenden Vororten war dem LCC damit weitgehend entzogen. Bis heute ist es so geblieben. Zwar hat man mit der Einrichtung des *Greater London Council (GLC)* im Jahre 1965 noch einmal den Versuch gemacht, eine zentrale Planungs- und Aufsichtsbehörde zu schaffen, jedoch wurde auch diese 1986 aufgelöst und durch

Die erste U-Bahn der Welt wurde in London gebaut (1863). Bis heute blieb die Londoner ›Tube‹ für europäische Großstädte Modell

keine Nachfolgerin ersetzt. Dabei haben sich LCC und GLC durchaus Verdienste in der Bekämpfung der Mißstände in den Slums erworben. Besonders zwischen 1918 und 1939 errichtete der LCC zahlreiche Sozialwohnungen, und auch die Schaffung des ›*London Passenger Transport Board*‹ im Jahre 1933, das die zahlreichen privaten Bus- und U-Bahnunternehmungen erstmals koordinieren konnte, verdankt man dem LCC. Das in privater Initiative entstandene und bis heute für alle europäischen Großstädte modellhaft gebliebene U-Bahnnetz, das die neue Organisation übernehmen konnte, wurde nun perfektioniert. Regelmäßige technische Kontrollen der Fahrzeuge wurden eingeführt und feste Fahrpläne geschaffen, die die ausgewogene Versorgung auch solcher Viertel sicherstellten, die die Privatunternehmer in den Jahren vor 1933 nur selten bedient hatten. Die Zeiten, in denen der Fahrer eines Pferdebusses ungeachtet der in seinem Wagen befindlichen Passagiere plötzlich die Richtung wechselte, wenn sich ihm in der Gegenrichtung einträglichere Geschäfte zu bieten schienen, waren damit endgültig vorbei.

Im 2. *Weltkrieg*, als im ›Blitz‹ von September 1940 bis Mai 1941 fast täglich deutsche Bomben auf die Stadt fielen, erlebte London einige der dunkelsten Stunden seiner Geschichte. Große Teile der Stadt wurden zerstört, und viele der seit Jahrhunderten erhaltenen historischen Gebäude erlitten irreparable Schäden. Nach dem Krieg ermöglichte es ein Erlaß der Regierung den lokalen Verwaltungen, zerstörte Gebiete gegen Entschädigung in öffentlichen Besitz überzuführen. Die City kam dadurch z. B. in den Besitz großer Flächen im Gebiet des Barbican, wo sie seither über 2000 Wohnungen errichten konnte. Mit der Eröffnung des riesigen Kulturzentrums *Barbican Centre* schließlich im Jahre 1982 *(S. 182)* wurde die Hoffnung verbunden, dem allabendlichen Exodus aus der City entgegenzuwirken – eine Hoffnung, die sich in beschränktem Maß auch erfüllte. Nach 1945 wurde auch in der städtischen Politik dem Bereich südlich der Themse, der vorher sehr stark vernachlässigt worden war, mehr Aufmerksamkeit geschenkt. Zur Aufwertung sollten dabei auch die diversen der Kultur gewidmeten Gebäude des ›*South Bank*‹ *(S. 128ff.)* beitragen: 1951 machte die *Royal Festival Hall* den Anfang, ihr folgten in den sechziger Jahren die Konzertsäle der *Queen Elizabeth Hall* und des *Purcell Room*. In den siebziger Jahren schließlich wurden das *National Film Theatre* und das *National Theatre* errichtet, in dem drei verschiedene Theater mit sehr unterschiedlicher Theaterarchitektur (von der traditionellen Bühne bis zum modernen Experimentiertheater) untergebracht sind.

Die wirtschaftliche Depression der siebziger Jahre ging auch an London nicht spurlos vorüber. Arbeitslosigkeit und Wohnraummangel nahmen bedrohliche Ausmaße an, und gewalttätige Auseinandersetzungen zwischen Farbigen und rechtsradikalen Weißen (Brixton, 1981) brachten zusätzlichen politischen Zündstoff. Erst seit Mitte der achtziger Jahre erhofft man sich durch die Ansiedlung der neuen Kommunikationsindustrien und durch den weiteren Ausbau Londons als Kapitalzentrum innerhalb der EG neue Arbeitsplätze. Symbolhaft für diesen neuen, von der konservativen Premierministerin *Margaret Thatcher* (1979–91) propagierten Optimismus steht die Entwicklung der *Docklands* seit 1982 *(S. 230)*. Wo zu Beginn des 19. Jh. die Docks errichtet wurden, um die expandierende Handelsschiffahrt ohne allzu lange Wartezeiten abfertigen zu können, hatte in der Mitte des 20. Jh., als zunehmend das Flugzeug zum wichtigsten Transportmittel wurde, das große ›Docksterben‹ eingesetzt, und die Gegend war zunehmend verödet. Heute werden Industrieansiedlungen sowie der Wohnungsbau dort bewußt gefördert, und erst im Oktober 1987 wurde hier der *London City Airport* eröffnet, der Geschäftsleuten im nationalen und internationalen Flugverkehr entschieden kürzere Anfahrtszeiten bescherte. Zumindest was die Mietentwicklung angeht, wurden die ›Docklands‹ für die 1980er Jahre das, was im 18. Jh. das Westend war – *die* Gegend für alle, die auf sich halten.

Am Notting Hill Gate: Seit dem Ende des British Empire ist London ▷
ein bunter Schmelztiegel der Völker

Die englischen Königinnen und Könige

Angelsachsen und Dänen

827– 836 Egbert
837– 858 Ethelwurf
866– 871 Ethelred I
871– 899 Alfred the Great
899– 925 Edward the Elder
925– 940 Athelstan
955– 959 Edwy
959– 975 Edgar
975– 978 Edward the Martyr
978–1016 Ethelred II (the Unready)
1016   Edmund Ironside
1016–1035 Canute the Dane
1035–1040 Harold I (›harefoot‹)
1041–1066 Edward the Confessor
1066   Harold II Godwinson

Normannen

1066–1087 William I the Conqueror
1087–1100 William II Rufus
1100–1135 Henry I (Beauclerc)
1135–1154 Stephen (Stephan I. von Blois)

Anjou – Haus-Plantagenet

1154–1189 Henry II (Heinrich II. ›Kurzmantel‹)
1189–1199 Richard I (Richard I. ›Löwenherz‹)
1199–1216 John Lackland (Johann I. ›Ohneland‹)
1216–1272 Henry III
1272–1307 Edward I
1307–1327 Edward II
1327–1377 Edward III
1377–1399 Richard II

Haus Lancaster

1399–1413 Henry IV
1413–1422 Henry V
1422–1461 Henry VI

Haus York

1461–1483 Edward IV
1483   Edward V
1483–1485 Richard III

Haus Tudor

1485 1509 Henry VII
1509–1547 Henry VIII
1547–1553 Edward VI
1553–1558 Mary I (Maria I. ›die Katholische‹)
1558–1603 Elizabeth I

Haus Stuart (›Early Stuarts‹)

1603–1625 James I
1625–1649 Charles I

1649–1660 Commonwealth

1653–1658 Oliver Cromwell (Lord Protector)
1658–1659 Richard Cromwell (Lord Protector)

Haus Stuart (›Late Stuarts‹)

1660–1685 Charles II
1685–1688 James II
1688–1694 William III and Mary II (Wilhelm II. von Oranien)
1694–1702 William III
1702–1714 Anne

Haus Hannover-Windsor

1714–1727 George I
1727–1760 George II
1760–1820 George III
1820–1830 George IV
1830–1837 William IV
1837–1901 Victoria
1901–1910 Edward VII
1910–1936 George V
1936   Edward VIII
1936–1952 George VI
seit 1952 Elizabeth II

◁ Warten auf die Queen: Am Victoria-Denkmal vor dem Palast von Buckingham *(S. 94)*

35

*** **1** **Westminster: Westminster Abbey · Houses of Parliament · Big Ben · Tate Gallery · Westminster Cathedral**

Dauer des Rundgangs: ca. 2–3 Std.; **Besichtigungen** zusätzlich ca. 2–3 Std. **U-Bahn:** St James's Park oder Westminster (District und Circle Line); **Bus:** Linien 3, 11, 12, 24, 29, 53 77A, 88, 109, 159, 184, 196, 511, C1.

Der erste Rundgang führt nach Westminster, genauer gesagt in jenen kleinen Ausschnitt des heutigen Verwaltungsbezirks dieses Namens, der seit dem Entschluß von *Edward the Confessor*, seinen Palast außerhalb der finanzkräftigen und selbstbewußten City of London zu bauen, zum Schwerpunkt politischer und religiöser Machtentfaltung wurde. Trotz mancherlei Veränderungen der politischen und sozialen Landschaft ist er dies auch heute noch. Gleichzeitig verkörpert dieses Viertel wie kaum ein anderer Teil Londons britisches Traditions- und Geschichtsbewußtsein, das sich neben vielem anderen im jahrhundertelangen Festhalten an hoheitlichen Ritualen ebenso äußert wie im hier besonders ausgeprägten Hang zu historisierender Bauweise.

> **Der Weg** führt von der **U-Bahn Station St James's Park** (Ausgang *Broadway*) zunächst die *Victoria Street* hinauf: *New Scotland Yard* ① und die *Middlesex Guildhall* ② sind hier die Stationen. Dann folgen zwei der großen Höhepunkte jedes London-Besuchs: ****Westminster Abbey* ④, Ruhmeshalle der Könige, Dichter und Staatsmänner und die ****Houses of Parliament* ⑦, deren Glockenturm als **›*Big Ben*‹ zum vielleicht bekanntesten Wahrzeichen der Metropole wurde. Zu einer der ersten Kunstadressen Londons, der ***Tate Gallery ⑩, führt der Spaziergang als nächstes; wer sich für englische Malerei oder die großen Strömungen der internationalen Kunst unseres Jahrhunderts interessiert, und auch, wer ein Faible für William Turner hat, der sollte die ›Tate‹ nicht verpassen. Den Abschluß bildet schließlich ***Westminster Cathedral* ⑪, die Hauptkirche der Katholiken Großbritanniens.

Als erstes, ein paar Schritte vom **U-Bahnhof St James's Park** entfernt, **New Scotland Yard** ①, Sitz der wohl bekanntesten Polizeiinstitution der Welt: Das Gebäude an der Ecke *Broadway/Victoria Street* ist bereits das dritte Hauptquartier, das die ›Metropolitan Police‹, die Londoner Polizei, bewohnt. Nachdem das alte Gebäude des ›New Scotland Yard‹, am *Victoria Embankment* nördlich der Westminster Bridge gelegen und 1890 bezogen, wiederum zu eng geworden war, zog die oberste Ermittlungsbehörde Londons 1967 in dieses neue Gebäude ein. Der Name ›Scotland Yard‹ leitet sich von dem Haus ab, das Innenminister Robert Peel, Begründer der Londoner Polizei, seinen ›Bobbies‹ 1829 zugewiesen hatte: ein Quartier innerhalb jener Anlage in der Nähe des alten Whitehall Palace *(S. 80)*, in der die schottischen Monarchen bei ihren

Westminster und Lambeth

1 **Westminster**

① New Scotland Yard *(S. 36)*
② Middlesex Guildhall *(S. 38)*
③ Parliament Square *(S. 38)*
*** ④ Westminster Abbey *(S. 40)*
⑤ St Margaret's Church *(S. 53)*
⑥ Jewel Tower *(S. 54)*
*** ⑦ Houses of Parliament *(S. 55)*
    A Westminster Hall
    B House of Commons
    C House of Lords
    D ›Big Ben‹
    E Victoria Tower

* ⑧ Westminster School *(S. 62)*
⑨ Victoria Tower Gardens *(S. 62)*
*** ⑩ Tate Gallery *(S. 62)*
** ⑪ Westminster Cathedral *(S. 66)*

2 **Lambeth**

** ⑫ Westminster Bridge *(S. 69)*
⑬ St Thomas's Hospital *(S. 71)*
* ⑭ Imperial War Museum *(S. 72)*
** ⑮ Lambeth Palace *(S. 72)*
⑯ St Mary at Lambeth / Museum of
    Garden History *(S. 74)*
⑰ Lambeth Bridge *(S. 75)*

37

Besuchen in London residierten. Das neue Gebäude entstand als Teil eines groß angelegten Neubebauungsplans der *Victoria Street*. Für Nostalgiker und Fans des traditionellen englischen Krimis ist es sicherlich eine Enttäuschung: Sachlich, funktional und nüchtern präsentiert sich hier auf zwanzig Stockwerken eine Glas-, Granit- und Aluminiumfassade, die nur wenig mit Sherlock Holmes, Edgar Wallace und Nebelromantik gemein hat. Inmitten eines Parkplatzes neben dem Gebäude erinnert eine *Bronzeskulptur* in Form einer riesigen Schriftrolle (Edwin Russell, 1974) an die *Suffragetten*, die zu Beginn unseres Jahrhunderts das Wahlrecht für Frauen erkämpften.

Am oberen Ende der *Victoria Street*, dem *Broad Sanctuary*, folgt die **Middlesex Guildhall** ②, ein neogotisches Gebäude, das 1906–13 auf dem Gebiet des ehemaligen Glockenturms der Westminster Abbey nach Plänen von J. S. Gibson errichtet wurde. Reliefs über dem Eingangsportal des einstigen Rathauses der Grafschaft Middlesex – heute dient es als Gerichtsgebäude – erinnern an die einst gewährten Freiheiten und Rechte: in der Mitte Henry III, der der Westminster Abbey die Dokumente mit ihren verbrieften Rechten übergibt; rechts die Unterzeichnung der Magna Carta durch König John, der erste historische Schritt gegen monarchische Willkürmaßnahmen. Die Namen der umliegenden Straßen erinnern noch an die mit diesem Turm ursprünglich verbundene Funktion: Schutzraum (›sanctuary‹) zu sein für alle, die sich von der Krone oder von der Gerichtsbarkeit der City verfolgt fühlten. Während des 2. Weltkriegs befanden sich hier Teile der alliierten Militär- und Marinegerichtsbarkeit. An diese Verwendung erinnern in der Vorhalle noch Gedenktafeln, die vom griechischen, norwegischen und niederländischen Monarchen unterzeichnet sind.

Am Ende des *Broad Sanctuary* öffnet sich der Blick auf **Parliament Square** ③, einen 1868 von Charles Barry angelegten Platz, der eigentlich den ebenfalls von ihm entworfenen Houses of Parliament *(S. 55 ff.)* einen würdigen Rahmen verschaffen sollte. Die Anlage dieses ›Gartens‹ führte zwar zur Beseitigung einer Reihe von Slumgebieten, die sich bis Mitte des 19. Jh. hier noch befanden, von der erstrebten Würde des Platzes ist für den heutigen Besucher aber dennoch wenig zu spüren. Einzige erwähnenswerte architektonische Begrenzung ist das historische Gebäude des Arbeitsministeriums (heute ›Treasury‹, *S. 77*) im Norden, ansonsten ist der Platz durch breite und verkehrsreiche Straßen vom ›Old Palace Yard‹ getrennt, einer Grünfläche vor dem Parlamentsgebäude, zu der er eigentlich optisch überleiten sollte. Hier, auf diesem Rasen vor dem Parlament, hat man zahlreichen Heroen der britischen Parlamentsgeschichte Denkmäler errichtet, unter ihnen *Lord Palmerston, Benjamin Disraeli* und *Robert Peel*. Bekannteste Figur dürfte die

Ganz einfach *die* Kirche im Vereinigten Königreich: ▷
Westminster Abbey (Nordfassade; *S. 42)*

mächtige Gestalt *Winston Churchills* sein, der von hier aus eher finster gen House of Commons zu blicken scheint. An der Westseite des Platzes fand ein Geschenk des amerikanischen Volkes an Großbritannien aus dem Jahr 1920 Platz: eine exakte Replik von Saint-Gaudens' Statue von *Abraham Lincoln*, deren Original sich in Chicago befindet.

*** **Westminster Abbey** ④ (**U-Bahn:** Westminster) *Farbtafel S. 51*

Westminster Abbey, vom Verkehrs- und Touristenstrom umbraust, ist der Stolz der englischen Nation, Inbegriff der englischen Monarchie, Angelpunkt der britischen Geschichte, Magnet für Touristen aus aller Welt, Meisterwerk der englischen Gotik und ganz nebenbei auch noch eine Kirche. Neben St George's Chapel in Windsor *(S. 359)* ist sie die einzige englische Kirche, die dem Einfluß des Bischofs von London und des Erzbischofs von Canterbury völlig entzogen und direkt dem jeweiligen Monarchen unterstellt ist (›royal peculiar‹). Die ›Abtei‹ ist – worauf schon ihr offizieller Name, ›Collegiate Church of St Peter‹, verweist – keine Klosterkirche mehr. Sie ist weder Bischofssitz noch Gemeindekirche – sie ist ganz einfach *die* Kirche im Vereinigten Königreich. Seit fast einem Jahrtausend wird hier die Krönung des britischen Monarchen vollzogen; 500 Jahre lang, von Henry III († 1272) bis George III († 1760), wurden die britischen Könige und Königinnen hier auch begraben.

Geschichte: Zusammen mit der ebenfalls unter *Edward the Confessor* errichteten Westminster Hall, die heute in das Parlamentsgebäude integriert ist *(S. 60)*, gilt Westminster Abbey als Keimzelle des heutigen Bezirks Westminster.

Nach einer – historisch nicht belegten – Theorie geht die Abtei auf eine Kirche des ostsächsischen Königs *Sebert* zurück, die auf *Thorney Island*, einer Insel im sumpfigen Gebiet zwischen der Themse und diversen Flußmündungen, errichtet und von Mellitus, dem – historisch verbürgten – ersten Bischof von London, geweiht worden sein soll. Unbestritten ist die Existenz eines zu einer Benediktinerabtei gehörigen ›westlichen Münsters‹, das in einer dem mercischen König *Offa* zugeschriebenen Urkunde aus dem Jahr 785 erwähnt wird. Mit ihr wird den ›needy people of God in Thorney in the

terrible place which is called Westminster‹ Anspruch auf weiteres Land zugesichert. Edward konnte also auf ein in gewissem Maße bereits erschlossenes Klostergelände zurückgreifen, als er 1042 damit begann, ein Gelübde abzugelten, das ihn ursprünglich zu einer Pilgerfahrt zum Grab des Apostels Petrus nach Rom verpflichtet hätte. Aufgrund der innenpolitischen Schwierigkeiten mit seinen Baronen und den aufständischen Schotten suchte Edward beim Papst um Befreiung von diesem Gelübde nach, die ihm unter der Auflage, ein dem hl. Petrus geweihtes Kloster zu bauen oder zu vergrößern, schließlich auch gewährt wurde.

Von dem an normannisch-romanischen Vorstellungen orientierten Gebäude, das erst 1065 wenige Tage vor Edwards Tod fertiggestellt wurde, sind heute nur noch wenige Spuren erhalten. Denn die ursprüngliche Kirche wurde im Lauf der folgenden Jahrhunderte immer wieder erweitert und umgebaut, besonders seit der Heiligsprechung Edwards im Jahre 1163, die zur Folge hatte, daß sich Edward zu einer Art ›nationaler Ikone‹ entwickelte.

Schon die ersten Normannenkönige in England hatten, beginnend mit *William the Conqueror*, versucht, die Legitimität ihrer Herrschaft dadurch zu untermauern, daß sie sich in der Kirche des (vor)letzten angelsächsischen Königs krönen ließen und dabei auch auf die alten Gewohnheiten und Rituale der Königserhebung zurückgriffen. Dies hatte allerdings bei der Wahl Williams zunächst zu einiger Konfusion unter dessen normannischen Gefolgsleuten geführt. Sie waren mit der sächsischen Gepflogenheit der Königswahl durch Akklamation nicht vertraut und witterten bei den akklamierenden Angelsachsen schlicht Aufruhr, den sie sofort mit Gewalt zu unterbinden suchten.

Henry II betrieb Anfang der sechziger Jahre des 12. Jh. die Kanonisierung Edwards, und *Henry III* errichtete 1220 zunächst eine dem Confessor gewidmete Lady Chapel. Schon 1245 aber ordnete er eine Neubauaktion in größerem Stil an, die sich über die folgenden Jahrhunderte hinziehen sollte. Der Baumeister Henrys III, an dessen Plänen sich mit einer erstaunlichen Disziplin und Selbstverleugnung auch die weiteren Architekten orientierten, war ein gewisser *Henry of Reynes*. Bei dessen Herkunftsbezeichnung ist bis heute nicht klar, ob es sich dabei um das französische Reims oder um einen englischen Ort handelt. Jedoch lassen die Anklänge dieser Baupläne an die Struktur der Kathedrale von Reims (Grundriß; Rosettenfenster im Norden und Süden) heute eine französische Herkunft dieses Baumeisters als durchaus wahrscheinlich erscheinen.

Als Henry III 1272 starb, war er der erste englische Herrscher, der in der Abbey beigesetzt wurde. Er stand damit am Beginn einer bis ins 18. Jh. auf-rechterhalten Tradition. Henrys Sohn *Edward I* führte die Bauvorhaben seines Vaters zunächst weiter und ließ auch einen speziellen Schrein für den Confessor einrichten. Wesentliche Fortschritte und Erweiterungen gab es dann jedoch erst wieder ab 1376 unter *Richard II*, der *Henry de Yevele*, den Architekten der Kathedrale von Canterbury, mit der Weiterführung der Bauarbeiten beauftragte. Obwohl Teile der alten Kirche durch einen Brand zerstört worden waren (Reste davon sind noch in der ›Chamber of the Pyx‹ und im ›Norman Undercroft‹ erhalten), hielt Yevele sich streng an den ursprünglichen Bebauungsplan, so daß sich auch die 1388 fertiggestellte Kirche als eine stilistische und architektonische Einheit präsentierte.

Unter *Henry VII* wurde im Ostteil der Apsis eine neue Lady Chapel in Angriff genommen. Sie gilt heute als absolutes Meisterwerk der englischen Gotik. Grund für die Errichtung dieser heute meist als ***›Chapel of Henry VII‹*** bezeichneten Kapelle war letztlich die Sparsamkeit dieses Monarchen. Henry hatte ursprünglich geplant, seinen Vorgänger, Henry VI, heiligsprechen zu lassen und für ihn eine neue Kapelle in der Abbey zu errichten. Die vom Papst für den Kanonisierungsprozeß geforderte Summe erschien ihm dann jedoch entschieden zu hoch. So blieb Henry VI in seinem bisherigen Grab in Windsor, und die neu konzipierte Kapelle profitierte von der unbeeinträchtigten Finanzkraft des Königs.

1519 war nach langen Umbauten und Erweiterungen, für die unter Henry VII der *Abt Islip* verantwortlich zeichnete, der von Henry III begonnene Bau endlich abgeschlossen. Allerdings präsentierte sich die Westfassade noch ganz anders als in ihrer heutigen Gestalt. Denn erst 1734–39 wurden die beiden Türme nach Entwürfen von *Nicholas Hawksmoor* fertiggestellt, die sich harmonisch in das bisherige Konzept einfügten.

Mit der Säkularisationspolitik unter

Henry VIII verlor auch Westminster Abbey ihren klösterlichen Status; auch
sie blieb von der reformatorischen ›Bil-
derstürmerei‹ nicht ganz verschont.
Schlimmeres jedoch soll ihr unter den
Truppen *Cromwells* widerfahren sein.
Die Berichte, die freilich alle aus royali-
stischen Quellen stammen, reichen
von der Umfunktionierung zu einem
Militärlager bis hin zur Einrichtung eines Bordells. Von diesem kurzen zer-
störerischen Intermezzo abgesehen,
wird die Abbey bis auf den heutigen
Tag nach dem System verwaltet, das
Elizabeth I, die stärker als ihr Vater
Henry VIII auf Ausgleich zwischen den
verschiedenen religiösen Lagern zielte,
einrichtete: Die Abbey ist direkt dem
jeweiligen Monarchen unterstellt und
wird von einem ›Dean‹ (Dekan, Super-
intendent) und einem ›Chapter‹ (Kapitel) verwaltet.

Außenansicht: Schon im 17. Jh. begannen unter *Christoper Wren* die
Renovierungsarbeiten an der Fassade. Diese Aufgabe ist bis heute nicht
zu Ende geführt, und sie läßt – der die Abbey umgebende Straßenver-
kehr wird dafür sorgen – zumindest *einen* Arbeitsplatz in Großbritannien als völlig ungefährdet erscheinen: den des ›Surveyor of the Fabric‹,
der für die Instandhaltung des Gemäuers verantwortlich ist. Der Außenfassade sind die Spuren dieser Renovierungsarbeiten deutlich anzu-
merken: Viele der ursprünglich gotischen Ausstattungsdetails ließen sie
verschwinden; historisierende Versatzstücke konnten sie nur teilweise
befriedigend ergänzen. So wurde etwa die *Fassade des nördlichen
Querschiffs* (**A**; *Abb. S. 39*) 1875–92 völlig neu gestaltet, nachdem
schon 1722 die ursprüngliche Fensterrosette durch eine neue von James
Thornhill ersetzt werden mußte. Auch die *Westfassade* (**B**) und andere
Fassadenabschnitte mußten sich Ende des 19. Jh. Renovierungsarbeiten unterschiedlichen Ausmaßes gefallen lassen.

Unverändert präsentiert sich jedoch der **Grundriß** der Abbey in Form
eines lateinischen Kreuzes mit einem langen und – wie seine französischen Vorbilder – sehr hohen (34 m) Längsschiff und einem ausgeprägten Querschiff (Gesamtbreite 60 m). Das Längsschiff wird außen von
einem komplexen System von Stützen und Strebepfeilern getragen;
innen trennt ein normannisch dreiteiliges Pfeilersystem das Hauptschiff
von den Seitenschiffen. Über den spitz zulaufenden Arkaden mit ihren
drei- bzw. sechsgliedrigen runden Säulen aus dunklem Purbeck-Marmor verläuft das Triforium, das sich mit von Kleeblattformen durchbro-
chenen Biforien zum Hauptschiff hin öffnet. Oberhalb des Triforiums
sorgt das *clerestory* mit seinen Lichtgaden für die Beleuchtung des
Hauptschiffs. Die mächtigen Hauptpfeiler münden wie die Spitzarka-
den in das raffiniert verknüpfte System des Kreuzrippengewölbes aus
fächerartig sich entfaltenden Rippen und einer Reihe von geschmückten Schlußsteinen. Das *nördliche Querschiff* (**C**) ist in seinem östlichen
Teil in drei kleinere Kapellen unterteilt, an den *südlichen Querarm* (**D**)
schließt sich westlich der *Kreuzgang* (**E**) an. Vom Kreuzgang aus

Westminster Abbey: Grundriß

A Nordportal
B Westfassade (Haupteingang)
C Nördliches Querschiff
D Südliches Querschiff
E Kreuzgang
F Kapitelhaus
G Chapel of Henry VII (Lady Chapel)
H Deanery
I Jericho Parlour
K Jerusalem Chamber

a St George's Chapel
b Chorschranke
c Chor
d Sanktuarium
e ›Solomon's Porch‹
f St Andrew's Chapel
g St Michael's Chapel
h Chapel of St John the Evangelist
i Chapel of Abbot Islip
j Chapel of St John the Baptist
k St Paul's Chapel
l Hauptaltar
m St Edward's Chapel
n Krönungssessel
o Royal Air Force Chapel
p St Nicholas' Chapel
q St Edmund's Chapel
r St Benedict's Chapel
s Chapel of St Faith
t ›Chamber of the Pyx‹
u ›Norman Undercroft‹ (Abbey Museum)

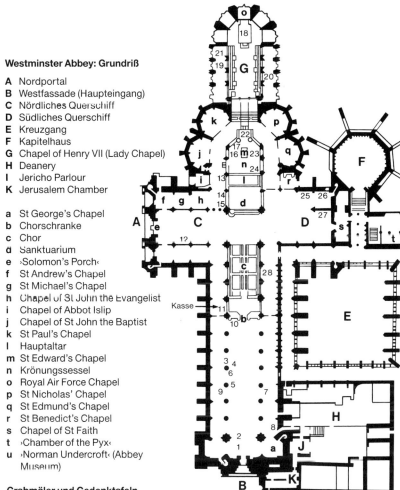

Grabmäler und Gedenktafeln

1 Winston Churchill
2 Unbekannter Soldat
3 Charles Barry
4 G. G. Scott
5 David Livingstone
6 George Stephenson
7 Robert Baden-Powell
8 William Congreve
9 Ben Jonson
10 Isaac Newton
11 Charles Darwin
12 ›Statesmen's Aisle‹: Pitt d. J., Pitt d. Ä., Gladstone, Palmerston, Peel u. a.
13 Edmund Crouchback
14 Aymer de Valence
15 Aveline of Lancaster
16 Henry III
17 Eleonore of Castilia
18 Henry VII und Elizabeth of York
19 Elizabeth I / Mary I
20 Mary Stuart
21 ›Innocents' Corner‹
22 Henry V
23 Edward III
24 Richard II
25 Geoffrey Chaucer
26 Edmund Spenser
27 William Shakespeare
28 Georg Friedrich Händel

erreicht man das achteckige *Kapitelhaus* (**F**). Der *Ostteil der Abbey* gliedert sich in eine Reihe von strahlenförmig angeordneten Kapellen mit der ****Chapel of Henry VII* (**G**) an ihrem östlichen Ende, die wiederum von einem Kranz kleinerer Kapellen umgeben ist.

Innenraum *(Farbtafel S. 51)*
Eine der vornehmsten Funktionen von Westminster Abbey ist die eines britischen Pantheons. Seit Hunderten von Jahren gehört ein Grab oder zumindest eine Gedenktafel in dem Gotteshaus nicht nur für die gekrönten Häupter des Vereinigten Königreiches, sondern auch für Literaten, Musiker und Künstler aller Art, ebenso wie für ›Prominente‹ jeglicher Provenienz oder diejenigen, die sich dafür halten, zum guten Ton. Freilich machte sich der Zeitgeist bei den jeweiligen Organisatoren dieses Pantheons hin und wieder doch bei der Auswahl der hier Geehrten bemerkbar: An *William Shakespeare* etwa (**27**; zur **›*Poets' Corner*‹ *s. unten S. 48*) erinnert erst seit etwa 1740 eine Skulptur. Schließlich hatte er seinen Ruhm (und sein Vermögen) mit der zu seinen Lebzeiten wenig angesehenen und dem Bereich der schnöden ›Unterhaltung‹ zugerechneten Kunst des Dramas verdient. Zum Ausgleich dafür erscheint er nun eher in der Pose eines Dandy des Georgian England denn als Dichter und Theaterunternehmer der Renaissance *(Abb. S. 214)*. Auch umgekehrt findet der historisch interessierte Betrachter seine Überraschung. *Robert Peel* zum Beispiel (**12**; ›*Statesmen's Aisle*‹; *S. 45*), konservativer viktorianischer Innenminister mit äußerst geringem Bezug zur Antike, begegnet ihm in klassischer Toga.

Daß Politiker selbst im Tod dem wechselnden Geist der Zeiten zuweilen Tribut zollen mußten, lehrt das Beispiel *Oliver Cromwells*, des Führers der ›puritanischen Revolution‹. Nach seinem Tod 1658 wurde Cromwell zunächst mit großem Aufwand in der Abbey beigesetzt. Nach der Restauration der Stuart-Könige jedoch gruben erboste Royalisten seinen Leichnam wieder aus, brachten ihn nach Tyburn, der öffentlichen Hinrichtungsstätte an der Stelle des heutigen Marble Arch *(S. 290)*, und enthaupteten ihn dort nachträglich. Sein Kopf wurde, zusammen mit den Köpfen einiger seiner Gefolgsleute, 25 Jahre lang auf dem Dach der Westminster Abbey aufgepflanzt. Erst natürliche Verwesungs- und Erosionskräfte setzten dem grausamen Schauspiel schließlich ein Ende. Seit Beginn unseres Jahrhunderts wiederum erinnert nun wieder eine Gedenktafel in der *Kapelle der Royal Air Force* (**o**) an den ehemaligen Lord Protector, der Großbritannien den einzigen republikanischen Abschnitt seiner Geschichte bescherte.

Denkmäler und Gedenktafeln für Frauen, sofern sie nicht die Ränge des Hochadels erklommen hatten, sucht man übrigens im Gegensatz zu denen durchaus ›bürgerlicher‹ Männer, in der Abbey (fast) vergebens.

Rundgang: Durch das *Westportal* (**B**) eintretend, steht der Besucher nach wenigen Schritten vor einer in den Boden eingelassenen schwarzen Marmorplatte, dem *Grabmal des Unbekannten Soldaten* (**2**), der hier stellvertretend für die über eine Million im 1. Weltkrieg gefallenen britischen Soldaten im November 1920 feierlich beigesetzt wurde. Davor erinnert eine Tafel an Großbritanniens immer noch populären einstigen Premierminister *Winston Churchill* (**1**). Das ehemalige Baptisterium rechts des Eingangsportals ist heute als *St George's Chapel* (**a**) den im 1. Weltkrieg gefallenen Soldaten geweiht. Hier ist auch eines der frühesten erhaltenen Porträts eines englischen Monarchen zu bewundern: André Beauneveu of Valenciennes' *Porträt Richards II.*

Im **Hauptschiff** und in den Seitenschiffen erinnert eine Vielzahl von Gedenksteinen und -tafeln an Persönlichkeiten des politischen, militärischen und kulturellen Lebens. *Charles Barry* (**3**) und *G. G. Scott* (**4**), die zwei viktorianischen Architekten, die auch in der Abbey ihre Spuren hinterließen, sind hier begraben, ebenso der Afrikareisende *David Livingstone* (**5**) oder auch der Eisenbahnbauer *George Stephenson* (**6**). Im südlichen Seitenschiff hat man u. a. *Robert Baden-Powell* (**7**), dem ›Vater‹ aller Pfadfinder, und dem Dramatiker *William Congreve* (**8**) Denkmäler gesetzt. Im Nordteil gegenüber befindet sich das **Grab von Shakespeares Zeitgenossen Ben Jonson* (**9**). Der Dichter, einst Schüler der zur Abbey gehörigen Westminster School, kam – ob aus Sparsamkeit oder aus Bescheidenheit, sei dahingestellt – zu dem Schluß:»Six feet long by two feet wide is too much for me; two feet by two feet will do for all I want« – und ließ sich dementsprechend aufrecht stehend begraben...

Die Trennung zwischen Hauptschiff und Chor (und damit auch zwischen dem kostenlos zu besichtigenden und dem gebührenpflichtigen Teil) markiert die neogotisch üppig gestaltete dreiflügelige *Chorschranke* (**b**) von E. Blore (1834), die zum *Chor* (**c**) mit seinem ebenfalls von Blore neu gestalteten Gestühl führt. Im Bereich zwischen Chor und *Sanktuarium* (**d**), der auch, für deutsche Ohren etwas respektlos, als ›theatre‹ bezeichnet wird, spielt sich bei Krönungen der wesentliche Teil der Zeremonie ab. (Von hier aus hat man auch den besten Blick auf die Rosettenfenster des Querschiffs!) Das **nördliche Querschiff** (**C**) ist den Staatsmännern und Politikern, vornehmlich aus dem 19. Jh. vorbehalten; deshalb sein Name: ›Statesmen's Aisle‹ (**12**). In römische Toga gekleidet und mehr oder weniger sinnvoll arrangiert finden sich hier u. a. die beiden *Pitts, William Gladstone, Lord Palmerston* und *Robert Peel*. Das Portal des Querschiffs, ›Solomon's Porch‹ (**e**), ist ein neogotisches Doppelportal mit spitz zulaufenden Bögen und abwechselnden

Das Grabmonument des Earl of Mansfield in der Statesmen's Aisle, eines der zahllosen Grabmäler von Westminster Abbey

Reihen von Fenstern und Laufgängen. Die untere Fensterreihe illustriert John Bunyan's ›Pilgrim's Progress.‹ Die zweistöckige *Chapel of Abbot Islip* (**i**), nach dem Abt benannt, der unter Henry VII die Neubauten leitete, führt zum nördlichen Wandelgang hinüber. Sehenswert ist hier vor allem der Eingang zur *Chapel of St John the Baptist* (**j**) mit ihren sehr gut erhaltenen Türen aus dem 16. Jh. und Überresten von Fresken aus dieser Zeit.

Das Sanktuarium wird durch den *Hauptaltar* (**l**) und einen 1867 von George Gilbert Scott entworfenen Lettner von der *St Edward's Chapel* (**m**) abgetrennt. Dieser Lettner wiederum lehnt sich an die Rückseite eines in Teilen noch erhaltenen Lettners aus dem 15. Jh. an. An der Nordwand des Sanktuariums befinden sich die wohl eindrucksvollsten mittelalterlichen Gräber der Abbey: die aus dem späten 13. und frühen 14. Jh. stammenden **Schreine* von *Edmund Crouchback* (**13**; Sohn von Henry III) und dessen Frau *Aveline* (**15**), sowie des *Aymer de Valence* (**14**), eines Vetters von Edward I. Am südlichen Ende des Sanktuariums sind die mittelalterlichen Sedilia, die Stühle für den Klerus, aus dem 14. Jh. noch weitgehend erhalten: darüber sind noch Reste mittelalterlicher Fresken zu bewundern.

Die **Chapel of Edward the Confessor* (**m**) stellt den am ehrfürchtigsten behandelten Teil der heutigen Abbey dar; sie wurde genau über der Apsis der ursprünglich von Edward errichteten Kirche erbaut. Der **Schrein* des Bekenners ist, neben einem weiteren in Dorset, der einzige Heiligenschrein in England, der tatsächlich noch die Gebeine ›seines‹ Heiligen enthält (oder enthalten soll). Henry III gab dieses prächtige Grabmal aus Purbeck-Marmor mit wunderschönen Intarsien 1268 bei Oderisi dei Cosmati in Auftrag. Der Schrein selbst war ursprünglich aus Gold gearbeitet, jedoch im Zuge der Säkularisation des 16. Jh. zerstört worden. Unter Mary I und der von ihr vollzogenen kurzfristigen Restauration des Katholizismus wurde der Schrein in der Gestalt wieder aufgerichtet, in der er bis heute erhalten ist. Die Grabstätte Edwards ist von einer Reihe weiterer Königsgräber umgeben, u. a. dem Grab des Stifters der Kapelle, *Henry III* (**16**), und *Eleonores von Kastilien* (**17**), der Frau Edwards I. Beide Gräber sind von Liegefiguren aus vergoldeter Bronze gekrönt, die erste Goldschmiedearbeit dieser Art in England (beide von William Torel, 1291).

Gegen den Lettner aus dem 15. Jh. gelehnt, ›parkt‹ der ***Krönungssessel (n)**, der nur für die Krönungszeremonie in das ›theatre‹ gebracht wird. In den unteren Teil des Stuhls integriert ist der sagenumwobene ›*Stone of Scone*‹, der Stein, auf dem traditionsgemäß die schottischen Könige gekrönt wurden und auf dem, zumindest der Sage nach, bereits deren keltische Vorgänger die Krone empfingen. Edward I brachte diesen Stein als Zeichen seines Triumphes nach einem erfolgreichen Feldzug 1291 aus Schottland mit und ließ ihn in seinen von Walter of Durham um 1300 neu angefertigten Krönungsstuhl aus Eichenholz einbauen. Seither saßen alle in Westminster Abbey gekrönten Monarchen während der Zeremonie auf diesem Stuhl, der die Abbey bisher nur ein einziges Mal verlassen hat: zur Erhebung Oliver Cromwells zum Lord Protector, die in Westminster Hall stattfand und bei der die neuen Machthaber nicht auf die Symbole der alten Macht verzichten zu können glaubten. Der Stein selbst mußte freilich seinen angestammten Platz ein weiteres Mal räumen: 1950 wurde er von einer Gruppe schottischer Nationalisten ›entführt‹ und nach Schottland, von wo er ja einst geraubt worden war, zurückgebracht, nach einigem Hin und Her jedoch wieder zurückgegeben.

Mag die St Edward's Chapel aus religiöser Sicht auch der Mittelpunkt der Abbey sein, den architektonischen Höhepunkt stellt zweifelsohne die *****Lady Chapel** oder **Chapel of Henry VII** (**G**; *Abb. S. 49*) dar. Zwischen 1503 und 1509 vermutlich von Robert Vertue erbaut, ist sie das Glanzstück der Abbey und ein Meisterwerk der Spätgotik in ihrer spezifisch englischen Ausprägung, dem ›Perpendicular Style‹. Besonders beeindruckend ist das Rippengewölbe, das von einem Netz kleiner Rippen gebildet wird, das eher an eine fein ziselierte Arbeit Brüsseler Spitzenklöpplerinnen als an ›grobes‹ Steinmetzwerk denken läßt. Die Kapelle, die dem 1399 erstmals gegründeten und 1725 wiedererweckten Orden der ›Knights of the Bath‹ geweiht ist, ist in drei Schiffe mit jeweils separatem Zugang geteilt. Hinter dem Altar am Ende des Hauptschiffs befindet sich das *Grabmal Henrys VII und seiner Frau* (**18**), das nach Henrys eigenen Vorschlägen von Pietro Torrigiani aus schwarzem Marmor mit weißem Marmorfries und goldbronzenen Liegefiguren in Florenz angefertigt wurde. Unter dem Altar liegt *Edward VI*, einziger und früh verstorbener Sohn von Henry VIII, begraben. Das Hauptschiff der Kapelle läuft in einem Kranz weiterer kleinerer Kapellen aus, deren mittlere (**o**) heute der *Royal Air Force* als ›Hauskapelle‹ dient und vor allem wegen ihres prächtigen bunten Glasfensters mit der Darstellung der ›Battle of Britain‹ bekannt ist (zu Cromwells Gedenktafel *s. oben S. 44*).

Die beiden Seitenschiffe der Kapelle (Zugang durch den nördlichen bzw. den südlichen Wandelgang) beherbergen neben einer Vielzahl prunkvoller Renaissancegräber die aus weißem Marmor gestalteten ****Grabmale von Elizabeth I (19) und Mary Stuart (20)**. Die beiden Monarchinnen, die sich während ihrer Lebzeiten so heftig bekämpft hatten, wurden auf Wunsch von James I, dem Nachfolger Elizabeths und Sohn Marys, bewußt parallel zueinander unter fast identisch gestalteten Marmorbaldachinen beigesetzt. Neben Elizabeths Grab (in dem auch ihre Schwester Mary I begraben liegt), befinden sich auch die um besonderen Realismus bei der Darstellung der Kleidung und der Gesichtszüge bemühten Grabmäler der Töchter James' I. Sie starben bereits im Kindesalter; ihre Grabstätte trägt deshalb den Beinamen ›*Innocents' Corner*‹ (**21**).

Ein Steg bei der Treppe zwischen Lady Chapel und Edward's Chapel führt nun zu einer kleinen Kapelle, die im 15. Jh. für *Henry V* (**22**) über der Kapelle des Bekenners errichtet wurde. Der Bronzekopf der auf dem Sarg ruhenden Figur wurde 1971 erneuert; der ursprüngliche Kopf aus massivem Silber war in den Wirren der Säkularisation unter Henry VIII gestohlen worden. Im südlichen Wandelgang schließen sich an die Lady Chapel drei weitere Kapellen (**p, q, r**) mit einer Reihe schöner Gräber an. Sehenswert sind u. a. die prunkvollen Alabastergräber, die *Lord Burghley*, der Berater Elizabeths I, für seine Frau und seine Tochter errichten ließ.

Bekanntester Teil des südlichen Querschiffs ist ****Poets' Corner (25–27)**, Pilgerstätte von Literaturliebhabern aus aller Welt. Mit zahllosen Büsten, Figuren und Gedenktafeln an jedem verfügbaren Zentimeter der umgebenden Wände und Türen wird hier an die bedeutendsten Dichter Englands (bzw. diejenigen, die zum Zeitpunkt ihres Todes dafür gehalten wurden – *vgl. oben S. 44*) erinnert. Lange Zeit wurden Dichter hier auch begraben, eine Tradition, die mit der Bestattung von *Geoffrey Chaucer* (**25**), mit seinen ›Canterbury Tales‹ der ›Vater der englischen Dichtung‹, im Jahre 1400 begann und bis ins 19. Jh. fortgesetzt wurde. Vom südlichen Querschiff aus zu erreichen ist die *Chapel of St Faith* (**s**), einer der wenigen Bereiche, in denen die Abbey nicht als Museum und Walhalla, sondern noch als Kirche fungiert (die Kapelle ist dem privaten Gebet vorbehalten).

Von hier aus gelangt man zum **Kreuzgang (E)** und von dort über eine Säulenhalle zum ***Kapitelhaus (F)**. Während in der Abbey selbst der

Ein Meisterwerk des ›Perpendicular Style‹: Die ›Lady Chapel‹ von Westminster *(S. 47)*

Blick für die Schönheit der architektonischen Gestaltung doch sehr häufig durch die (Un)menge an Denkmälern aller Art und die noch größere Zahl der sie bewundernden Touristen verstellt wird, präsentiert sich das ›Chapter House‹ meist wohltuend leer und lichtdurchflutet. Das Gebäude wurde mit dem Kirchenbau auf Wunsch Henrys III 1245–55 von Henry of Reynes errichtet und im 19. Jh. unter Leitung von George Gilbert Scott sorgfältig restauriert. Für die Helligkeit dieses Raums sorgen die beinahe raumhohen Fenster, die oberhalb von einer mit Fresken aus dem 14. und 15. Jh. geschmückten marmornen Sitzbank verlaufen. Ein in der Mitte des achteckigen Raums stehender Bündelpfeiler strahlt nach oben in das fächerartige Rippengewölbe aus und trifft sich dort mit den von den acht Wandpfeilern ausgehenden Fächerrippen. Der weitgehend original erhaltene Fußboden aus Tonfliesen ist mehrfarbig mit unterschiedlichen Motiven zum Teil heraldischer Herkunft bemalt. Rätselhaft ist bis heute die Bedeutung des ›Westminster salmon‹ (›Westminster-Lachs‹), ein Motiv, das heute zumeist als Beleg für die Existenz des frühmittelalterlichen Vorläufers der heutigen Abbey interpretiert wird: eine dem Fischerapostel Petrus geweihte Kirche oder Abtei. Zu den weiteren Schätzen des Kapitelhauses gehört ein römischer Sarkophag aus dem 3. Jh. mit einem vermutlich frühen angelsächsischen Grabdeckel. – Wenn England das Mutterland der Demokratie ist, so kann man das Kapitelhaus als deren Wiege bezeichnen: Bis zum Umzug in die St Stephen's Chapel (*S. 60*; Teil der Houses of Parliament) 1547 tagten hier alle Vorläufer des heutigen englischen Parlaments. 1257 fand hier Simon de Montforts Versammlung der Barone statt, die schließlich in die Unterzeichnung der *Magna Carta* mündete, und ab 1352 traf sich hier das Parlament zu seinen (nicht sehr regelmäßig stattfindenden) Sitzungen.

Von der zum Kapitelhaus führenden Säulenhalle aus erreicht man die nur mit besonderer Begründung zugängliche Bibliothek und die ›Chamber of the Pyx‹ (**t**), wo in einer kleinen Truhe (›pyx‹) Gold- und Silberplatten aufbewahrt wurden, an denen die Maße und der Wert der englischen Silber- und Goldmünzen gemessen wurden. Die ›Chamber of the Pyx‹ und das südlich davon am ›dark cloister‹ (dem ›dunklen Kreuzgang‹) gelegene ›Norman Undercroft‹ (**u**; heute *Abbey Museum*) sind die einzigen erhaltenen Teile der ursprünglich von Edward the Confessor errichteten Abtei.

Am zum Westminster College gehörigen Garten und an drei der Öffentlichkeit nicht zugänglichen Räumen (*Deanery*, **H**, *Jericho Parlour*, **J** und *Jerusalem Chamber*, **K**) vorbei gelangt man schließlich zum Westportal zurück. Mit der Jerusalem Chamber verbindet sich eine weitere der vielen Anekdoten, die um die Abbey gewoben wurden und

Blick in das Hauptschiff von Westminster Abbey ▷

werden: Hier starb nach einem Schwächeanfall Henry IV, dem einst
prophezeit worden sein soll, daß er auf einem Kreuzzug nach Jerusalem, den er als Sühne für die Absetzung und Ermordung Richards II
anzutreten beabsichtigte, sterben würde. Da das Zimmer, vermutlich
wegen der Motive des dort befindlichen Wandteppichs, das ›Jerusalem‹-Zimmer genannt wurde, konnte man – mit etwas gutem Willen –
die Prophezeiung als erfüllt ansehen.

St Margaret's ⑤

Neben der Westminster Abbey (Ecke *Parliament Square / St Margaret
Street*) und in deren mächtigem Schatten steht die kleine Kirche St Mar-
garet's, die aber in ihrer Funktion als Kirche sowohl für den Bezirk
Westminster ebenso wie für das Parlament von zentraler Bedeutung ist.

Die Mitte des 12. Jh. von einem Abt der Abboy gegründete Kirche wurde unter Edward III abgerissen und erst zwischen 1486 und 1523 wieder aufgebaut. 1549 wurde sie in einer Art früher Bürgerinitiative vor dem Zugriff des unersättlichen Lord Protectors Somerset gerettet, der in Vertretung des unmündigen Edward VI regierte: Somerset hatte das Gemäuer der Kirche (wie u. a. schon das der Kreuzgänge von St Paul's) als Baumaterial für seinen Palast (Vorgänger des heutigen Somerset House, *S. 122*) auserkoren, mußte diese Pläne jedoch nach wütendem Protest der Bürger gegen die bereits anmarschierten Bauarbeiter wieder aufgeben.

Seit 1641 dient St Margaret's als Gemeindekirche für das House of Commons, eine Tradition, die aus einem Gottesdienst mit politischen Motiven entsprungen ist: Der im April 1641 erste hier abgehaltene Gottesdienst diente vermutlich dazu, festzustellen, ob sich einige der Anwesenden weigern würden, das von James I eingeführt Kommunionsritual mitzuvollziehen und sich damit als ›Dissenters‹, als Anhänger abweichender puritanischer Religionsgruppen, zu erkennen geben würden. Zwei Jahre später war die Kirche erneut Schauplatz einer politischen Handlung: In ihr wurde die ›Solemn League and Covenant‹ unterzeichnet, eine Vereinbarung, nach der Schottland im Tausch gegen die Anerkennung des Presbyterianismus dem englischen König seine Unterstützung zusicherte.

Die im 18. Jh. umgestaltete Kirche erfreut sich seit dem 17. Jh. nicht nur
bei Mitgliedern des Parlaments großer Beliebtheit als *Hochzeitskirche*.
Noch heute gilt es als ›posh‹, d. h. als besonders schick, hier vor den
Traualtar (den eine in Stein gehauene Replik von Tizians ›Christus in
Emmaus‹ schmückt) zu treten. Unter den hier getrauten Prominenten
sind u. a. Samuel Pepys, berühmtes ›Klatschmaul‹ des 17. Jh. *(S. 186,
197)*, der Dichter John Milton und in neuerer Zeit Winston Churchill.
Das berühmteste Grab von St Margaret's ist eines, dessen Existenz man
als sicher annimmt, das aber nirgends in der Kirche oder im zugehörigen
Friedhof exakt zu orten ist: *William Caxton* († 1491), der im 15. Jh. die

Buchdruckkunst nach England brachte, liegt in St Margaret's begraben – nur weiß man nicht wo. Auch *Walter Raleigh*, ehemaliger Favorit von Elizabeth I und Dorn im Auge ihres Nachfolgers, fand hier – allerdings ohne Kopf – nach seiner Enthauptung im Old Palace Yard *(S. 226)* 1618 seine letzte Ruhestätte. Mehr verscharrt als begraben wurden eine Reihe von bekannten Puritanern, unter ihnen *John Pym* und *Robert Blake*; auf Geheiß von Charles II wurden sie in einem anonymen Massengrab in einer Ecke des Kirchhofs begraben.

Sehenswert ist die Kirche vor allem wegen ihres *Glasfensters im östlichen Teil. Das Fenster wurde 1501 anläßlich der Verlobung der spanischen Prinzessin Katharina von Aragon mit dem englischen Prinzen Arthur vom spanischen Herrscherpaar bei Glasmalern in Flandern in Auftrag gegeben. Doch noch vor der Fertigstellung war Arthur bereits gestorben und Katharina mit dessen Bruder Henry, dem späteren Henry VIII, verheiratet worden. Aus Pietätsgründen wurde das Fenster nun nicht mehr, wie ursprünglich geplant, in die Westminster Abbey eingebaut, sondern in sicherem Abstand zum Zentrum in der Abtei von Waltham. 1758 wurde das Fenster für St Margaret's Church erworben, wo es seit 1967 von nicht weniger prächtigen *Glasfenstern* von *John Piper* ergänzt wird.

Gegenüber dem Victoria Tower des Parlaments steht mit dem **Jewel Tower** ⑥ ein (neben Westminster Hall und St Stephen's Crypt) letztes Stück des ursprünglichen Palace of Westminster. Der Turm hat den großen Brand von 1834 *(S. 56)* vor allem wohl deshalb weitgehend unzerstört überstanden, weil er baulich nicht direkt mit dem eigentlichen Palast verbunden, sondern seit seiner Entstehung (1365/66) von einem Graben umgeben war. Der ursprüngliche Zweck des Gebäudes hatte diesen Schutz wohl bedingt: Der dreistöckige Turm, von Henry Yevele, dem Architekten Edwards III, entworfen, sollte die wertvolle Kleidung und die ›persönlichen‹ Wertgegenstände des Königs (darunter reichlich Juwelen und Gold) aufbewahren. Unter Edward VI verlor der Turm seine Funktion; er wurde erst 1621 wieder einer Nutzung zugeführt, als in ihm das Archiv des House of Lords eingerichtet wurde. Nach der Verlegung des Archivs in den Victoria Tower dienten die wenigen Räume des Turmes von 1864 bis 1938 dem Londoner Eichamt als Unterkunft. Seit dem Ende des 2. Weltkriegs, in dem der Turm schwer beschädigt wurde, dient der Jewel Tower als Museum. In diversen Zeichnungen, Photographien und Ausstellungsstücken wird hier die Entwicklung Whitehalls und des Palace of Westminster dokumentiert. In einer sorgfältig gehüteten Truhe im 1. Stock wird auch das wohl wertvollste Stück der Sammlung aufbewahrt, ein *angelsächsisches Schwert* aus den Jahren um 800.

*** **Houses of Parliament (Palace of Westminster)** ⑦ *Farbtafel S. 52*

U-Bahn: Westminster; Innenräume nur mit **Führung** zu besichtigen: samstags 10–17 Uhr, im August auch montags, dienstags und donnerstags, im September auch donnerstags.

Auch wer noch nie in London war und von England wenig weiß – *ihn* kennt jeder: den ****›Big Ben‹**. Von vielen fälschlicherweise für den Namen des Turms gehalten, bezeichnet ›Big Ben‹ eigentlich nur jene Glocke im britischen Parlamentsturm, deren Dreiklang in der ganzen Welt genügt, um als Ort des Geschehens ganz eindeutig London zu assoziieren. Dabei sind der Turm und das zu ihm gehörige Parlamentsgebäude viel jünger, als man es angesichts ihrer kulturellen Symbolkraft vermuten könnte: ›The New Palace of Westminster‹, als ›Houses of Parliament‹ Symbol der demokratischen Tradition Großbritanniens, ist knappe 150 Jahre alt. Dies gilt freilich nur für das Gebäude, die damit bezeichnete Institution dagegen und die Vorläufer des gegenwärtigen Palasts weisen eine jahrhundertealte Tradition auf.

Geschichte: Schon *Edward the Confessor* errichtete im 11. Jh. seinen ersten Regierungspalast in sicherer Entfernung zu den Kaufleuten der City am Themseufer. Unter Edwards Nachfolgern wurde der Palast mehrfach erweitert, und bis zum Umzug Henrys VIII nach Whitehall 1512 blieb er Londoner Sitz des Königs. Auf Anregung von *William Rufus*, dem Sohn des normannischen Eroberers, entstand ***Westminster Hall (A)**. Sie wurde nach einem Brand (1399) in großem Umfang erneuert und erhielt das bis heute erhaltene und gerühmte Gewölbe mit einer von Stützpfeilern getragenen Stichbalkendecke aus Eiche, die Henry Herland entwarf.

Den großen Brand von 1512, der die Palastanlage ansonsten fast völlig vernichtete, überstand neben der Hall nur noch die im 14. Jh. vollendete ****St Stephen's Chapel** unversehrt. Der neu aufgebaute Palast behielt auch nach dem Umzug Henrys nach Whitehall seinen Status als königlicher Palast und, entscheidender für die zukünftige Entwicklung, seine Funktion als Verwaltungszentrum. St Stephen's Chapel wurde nach der Säkularisation zum ersten ständigen Tagungsort des ****House of Commons (B)**. Die durch die Architektur dieser ursprünglichen Kapelle vorgegebene Raumaufteilung bestimmt bis zum heutigen Tag das britische Unterhaus: Der ›Speaker‹ (in etwa dem deutschen Bundestagspräsidenten vergleichbar) saß an der Stelle, an der früher der Altar gewesen war, während sich die Parlamentarier im ursprünglichen Chorgestühl gegenüber saßen.

Die Mitglieder des ****House of Lords** dagegen ließen sich im **White Chamber (C)** am entgegengesetzten Ende des Palasts nieder, eine – je nach Perspektive – Opposition oder Symmetrie, die sich ebenfalls bis heute erhalten hat. Kaum jemals jedoch ging es in den Räumen der Lords turbulenter zu als am 5. November 1605, als eine Gruppe von religiös motivierten Verschwörern um **Guy Fawkes** einen Anschlag auf das Parlament und auf James I versuchte, der jedoch rechtzeitig entdeckt und verhindert werden konnte. Die Auseinandersetzungen zwischen Protestanten und Katholiken haben sich in England inzwischen zwar gelegt, doch noch immer wird alljähr-

55

lich vor der Parlamentseröffnung das Gebäude unter dem House of Lords in einem inzwischen ritualisierten Verfahren durch königliche Wachsoldaten durchsucht. Des Scheiterns des ›Gunpowder Plot‹ jedoch wird bis auf den heutigen Tag jedes Jahr mit der englischen Variante eines Faschingsdienstags oder Rosenmontags am 5. November gedacht (›Guy Fawkes Day‹).

Waren im Jahre 1605 die Mitglieder des House of Lords und die Commons eher zufällig gemeinsam im House of Lords versammelt, um der Eröffnung des Parlaments durch James I beizuwohnen, so ist dies seit 1642 zur Vorschrift geworden. In diesem Jahr nämlich drang Charles I in die Stephen's Chapel ein, um fünf Unterhausmitglieder verhaften zu lassen, die den Raum allerdings längst verlassen hatten. Der Speaker, William Lenthall, weigerte sich jedoch standhaft, den Aufenthaltsort der Verfolgten bekanntzugeben, und verwies auf seine uneingeschränkte Abhängigkeit vom Willen des Unterhauses, indem er dem König beschied: »I have neither eyes to see, nor tongue to speak in this place, but as this House is pleased to direct me.« Charles mußte das Feld räumen, und seit dieser Demonstration der parlamentarischen Unabhängigkeit ist es jedem britischen Monarchen untersagt, das House of Commons zu betreten. Für die Unterhausmitglieder bedeutet dies freilich auch, daß sie sich zur feierlichen Eröffnung des Parlaments zu Beginn jeder Sitzungsperiode in das Oberhaus begeben müssen, um dort der Eröffnungsrede des Monarchen zu lauschen.

Der Brand von 1834 und der Neubau:
Trotz verschiedener kleinerer Umbauten, die in erster Linie dazu dienten, nach der Zulassung zunächst der schottischen und später der irischen Abgeordneten Raum für diese neuen Mitglieder zu schaffen, blieb der Palace of Westminster knapp 300 Jahre lang weitgehend in der seit dem 16. Jh.

vorhandenen Form bestehen. 1834 jedoch wurde das Gebäude fast vollständig vernichtet – abermals durch einen Großbrand. Ausgelöst wurde das Feuer ausgerechnet durch einen späten Versuch der Modernisierung der parlamentarischen Verwaltung: Bis 1826 war hier im Parlament immer noch ein etwas archaisch anmutendes System der Buchhaltung praktiziert worden, bei dem durch Kerben in Holzstöckchen, deren untere Hälfte gegebenenfalls auch als eine Art ›Quittung‹ ausgegeben wurde, der Finanzhaushalt des Parlaments kontrolliert werden sollte. Nach dem Ersatz diese Systems durch etwas zeitgemäßere Methoden sollten nun im Oktober 1834 die noch vorhandenen Kerbstöckchen verbrannt werden. Das berühmte ›menschliche Versagen‹ jedoch legte nicht nur die Stöckchen in Brand: Am Morgen danach waren auch vom Palace of Westminster nur noch Westminster Hall, die Krypta von St Stephen's und Teile des Kreuzgangs sowie der Jewel Tower (*S. 54*) erhalten; der Rest war den Flammen zum Opfer gefallen.

Der Ausschreibungstext für den Wettbewerb um den Neubau machte eine Konstruktion im ›gotischen oder im elisabethanischen Stil‹ zur Voraussetzung. Unter den 97 eingereichten Vorschlägen war schließlich der Entwurf von **Charles Barry** erfolgreich. Barry, der auf seinen Italienreisen die italienische Renaissancebauweise studiert hatte, arbeitete mit dem Gotikspezialisten **Augustus Pugin** zusammen, wobei Pugin vor allem für die ornamentale Ausgestaltung der von Barry konstruierten Bauten zuständig war. Schon 1847 war das House of Commons beendet, fünf Jahre später der größte Teil des restlichen Gebäudes. Die Fertigstellung des Glockenturms – des **›Big Ben‹ (**D**) – allerdings verzögerte sich erheblich: Bei Vergabe des Auftrags für die Turmuhr hatte man es schlicht versäumt, für die notwendige Koordination der geplanten Ausmaße des Turms und der für den Mechanismus der Uhr benötigten Dimension zu sorgen. Mit der Überdachung des **Victoria Tower (E)** jedoch (1860), dem am südlichen Ende gelegenen Gegenstück zum Glockenturm, war das Parlamentsgebäude in seiner heutigen Form fertiggestellt.

Deutsche Bombenangriffe zerstörten 1941 Teile des New Palace of Westminster; einiges konnte nach dem Krieg restauriert werden. Das House of Commons jedoch wurde völlig verwüstet, der 1948–50 nach Plänen von Giles Scott entstandene Neubau fügt sich aber harmonisch in das erhaltene Gebäude ein.

Außenansicht: In der Regel wird sich der Besucher auf die äußere Besichtigung des Parlamentsgebäudes beschränken. Der beste ****Blick** auf das gesamte Ensemble bietet sich von der Westminster Bridge oder vom gegenüberliegenden Themseufer aus: Wer den Zeitpunkt seines Besuchs geschickt wählt, der wird der im Schein der untergehenden Sonne an einem klaren Spätsommerabend golden schimmernden, mit unterschiedlichstem Detailschmuck fast wie ein Relief wirkenden Wasserfront des durchgehend aus hellem Sandstein erbauten Gebäudes seine Bewunderung nicht versagen können. Gerahmt wird dieses Gesamtkunstwerk vom Uhrenturm (**›**Big Ben**‹; **D**) im Nordwesten, vom Victoria Tower im Südwesten und von niedrigen, aber ebenfalls quadratischen Turmpaaren am südöstlichen und nordöstlichen Ende, die in ihrer Paarigkeit auch die Symmetrie der wiederkehrenden Ornamente der Fassade aufnehmen. Hoch oben auf dem **Victoria Tower (E)** wird durch das Aushängen einer Fahne angezeigt, ob das Unterhaus gerade tagt; hier befindet sich auch das Parlamentsarchiv, in dem unterschiedlichste Staatspapiere lagern, darunter Pretiosen wie das Original der ›Bill of Rights‹ von 1688.

Von Westen aus gesehen (der Seite der Westminster Abbey), präsentiert sich die Anlage durch die Kombination authentischer mittelalterlicher Gebäudeteile (Westminster Hall) mit Barrys Neogotik zwar stilistisch weniger einheitlich, wirkt aber deshalb nicht weniger eindrucksvoll.

Innenräume

Barry, der seine Vorliebe für den Klassizismus nie ganz verleugnen konnte, konstruierte die Innenräume des Parlaments entsprechend einem relativ einfachen Prinzip: Entlang von parallel zur Themse gedachten Längsachsen reihen sich die einzelnen Funktionsräume auf beiden Seiten aneinander, wobei auch hier wie schon bei der Fassade das Prinzip der Symmetrie die Gliederung bestimmt. Mittelpunkt der gedachten Achsen ist die achteckige *Central Lobby*, die die Bereiche der Commons und der Lords voneinander trennt.

Wer Gelegenheit hat, das Parlament auch von innen zu besichtigen,

sollte sich diese nicht entgehen lassen. Dabei kann er den Weg nachvollziehen, den der jeweilige Monarch bzw. die derzeitige Monarchin bei
der feierlichen Parlamentseröffnung geht – um freilich nichts anderes zu
tun, als die vom jeweiligen Premierminister verfaßte Regierungserklä-
rung kommentarlos zu verlesen.

Zum Verlauf der **Führung** (Zeiten *s. oben S. 55*): Die Königin wird
im *Old Palace Yard* vor dem Victoria Tower empfangen. Durch den
Royal Entrance geht es über die *Royal Staircase* hinauf zum *Norman
Porch*, dessen Name sich aus den ursprünglichen Plänen herleitet, es
mit Porträts normannischer Könige zu schmücken. Im *Robing Room*
rechts davon, in dem die Königin die Insignien ihrer Macht anlegt,
beschreibt eine Reihe von Fresken von William Dyce Episoden aus der
Artussage, der Geschichte jenes legendären Königs, auf den alle Bri-
tannienkönige letztlich ihre Abstammung zurückführen. In der daran
anschließenden *Royal Gallery* ziehen vor allem zwei großflächige *Fresken von Daniel Maclise* die Aufmerksamkeit auf sich. Ganz in der
Tradition der historischen Malerei des 19. Jh. versuchen sie, den Tod
Nelsons und das Treffen Wellingtons und Blüchers bei Waterloo nach
den damaligen Vorstellungen von historischer Realitätstreue nachzubil-
den. Weniger monumental, aber nicht weniger interessant ist das hier
ausgestellte *Modell des Westminster Palace* zu Zeiten Henrys VIII.

Durch die kleine *Prince's Chamber* schließlich erreicht man das
****House of Lords (C)**, eine langgestreckte gotische Halle, die von Pugin
kunstvoll und reichhaltig dekoriert wurde. An beiden Längsseiten
ziehen sich die lederbezogenen Bänke für die Mitglieder des Oberhauses entlang – derzeit weit über 1000, von denen freilich immer nur ein
Bruchteil auch tatsächlich aktiv (soweit die ungeschriebene Verfassung
Großbritanniens den Lords eine solche Aktivität zugesteht) in das
politische Leben eingreift. Unter einem reich verzierten und vergoldeten Baldachin an der südlichen Seite steht der *Thron der Königin*, auf
dem sie, stets mit den Worten »my husband and I« eingeleitet, verkündet, was ihr jeweiliger Premier für sie bestimmt hat.

Vor dem Thron liegt traditionsgemäß der ›*Woolsack*‹, eine Art
Liegepolster aus rotem Wollstoff, der mit Wolle aus allen Ländern des
Vereinigten Königreichs gefüllt ist und seit den Zeiten Edwards III an
die Einheit der Untertanen und ihren – zumindest in früheren Jahrhunderten – nicht zuletzt mit der Schafzucht verbundenen Wohlstand
gemahnen soll. Während der Sitzungen des Oberhauses ›thront‹ hier
der Lord Chancellor, der Präsident des Oberhauses, der gleichzeitig
auch oberster Richter des Landes ist. Am gegenüber liegenden Ende
des Raumes befindet sich eine ›Schranke‹, vor der auch denjenigen
Einhalt geboten wird, die sich im Rahmen eines Appellationsverfahrens

an das House of Lords als letzte Berufungsinstanz wenden. Von hier aus dürfen auch die Mitglieder des Unterhauses bei entsprechender Gelegenheit die Vorgänge im Oberhaus beobachten. Oberhalb der nördlichen und südlichen Wand verlaufen die Galerien für ausgewählte Gäste einzelner Abgeordneter, für die Presse und die *>Strangers' Gallery<* für die weniger ausgewählten Gäste.

Über die *Peer's Lobby* und *Peer's Corridor* gelangt man schließlich zur **Central Lobby**, die exakt den Mittelpunkt zwischen den dem Ober- und dem Unterhaus jeweils zugeteilten Bereich darstellt. Von diesem mit venezianischen Mosaiken geschmückten Raum gelangt man in westlicher Richtung (nach links) zu St Stephen's Hall und Westminster Hall.

**St Stephen's Hall wurde genau an der Stelle errichtet, an der sich bis 1834 die gleichnamige Kapelle befunden hatte, in der jahrhundertelang das Unterhaus getagt hatte. Noch heute wird gelegentlich kürzelhaft von >St Stephen's< gesprochen, wenn eigentlich das House of Commons gemeint ist. Die Erinnerung an die parlamentarische Tradition halten auch die Statuen zahlreicher Staatsmänner aus drei Jahrhunderten aufrecht, die sich entlang der Holztäfelungen aufreihen. Diese wiederum zeigen ihrerseits Szenen aus der britischen Geschichte unter dem Schlagwort >The Building of Britain< (877–1707).

Von St Stephen's führen einige Stufen hinunter zu *St Stephen's Porch*, von wo aus man einen Blick in die *****Westminster Hall** (**A**) werfen kann. Diese im 14. Jh. von Henry Yevele praktisch neu entworfene Halle ist der einzige vollständig erhaltene Teil des mittelalterlichen Palasts; bei der Renovierung Anfang des 20. Jh. wurde sogar Wert darauf gelegt, die vielgerühmte riesige Eichenbalkendecke sorgfältig mit Holz aus derselben Gegend zu restaurieren, aus der auch die ursprünglichen Balken stammten. Vom 13. bis Anfang des 19. Jh. war Westminster Hall der Sitz der obersten Gerichtshöfe Großbritanniens; von allen Teilen des Parlaments hat sie sicherlich die bewegteste Geschichte hinter sich. Zu den Königen, die hier zur Abdankung gezwungen wurden, gehörte neben Edward II ironischerweise auch Richard II, der sich selbst so sehr für den Neubau des Saals engagiert hatte. Zahlreiche politisch motivierte Todesurteile wurden hier verkündet (u. a. gegen Perkin Warbeck, Thomas More und den gegen Elizabeth I rebellierenden Earl of Essex). Noch heute erinnert eine Tafel an die Stelle, an der Charles I, der erste europäische Monarch, der von seinen Untertanen hingerichtet wurde, bei der Verkündigung des Todesurteils saß. Doch der Saal war auch der Ort rauschender Feste und Empfänge. Schon zu Gründerzeiten gehörte es für jeden Monarchen zur guten Tradition, sich und seine Hofleute vor der Krönungszeremonie in einem üppigen Festbankett für die bevorstehende Prozedur zu stärken, und seit dem

16. Jh. ist es guter Ton für den Monarchen, sich zu dieser Gelegenheit dem Parlamentsgebäude auf dem Wasserweg zu nähern.

Von Westminster Hall aus führt eine kleine Treppe hinunter zur ehemaligen *Krypta* der alten St Stephen's Chapel, die heute als eigenständige Kapelle *St Mary Undercroft* den Parlamentariern als Hauskapelle für Eheschließungen, Taufen oder ähnliche Gelegenheiten dient.

Zurück in der Central Lobby gelangt man entlang der Hauptachse schließlich über *Commons' Corridor* und *Commons' Lobby* zum ****House of Commons (B)**, dem Sitz des wichtigsten parlamentarischen Gremiums des Vereinigten Königreichs. Seit sich die Parlamentsverwaltung vor wenigen Jahren entschloß, sich den – tatsächlichen oder vermeintlichen – Anforderungen der modernen Mediengesellschaft nicht mehr länger zu verschließen und Fernsehübertragungen aus dem Parlament zuzulassen, kann jeder Fernsehzuschauer direkt verfolgen, was vorher lediglich einigen wenigen, die sich rechtzeitig um die Besuchserlaubnis bemüht hatten, zugänglich war: der Blick auf den Speaker an seinem langen dunklen Holztisch, auf den davor auf einem niedrigeren Tisch liegenden Amtsstab des Speakers und auf die sich an den Längswänden entlangziehenden grünen Lederbänke, deren Zahl nicht ausreichen würde, wenn tatsächlich einmal alle gewählten Unterhausabgeordneten zu einer Debatte erscheinen würden. Die Bänke zur Rechten des Speakers sind traditionsgemäß den Angehörigen der Regierungspartei vorbehalten, zur Linken sitzen die Vertreter der Opposition – eine Raumaufteilung, die bislang wohl vor allem deshalb problemlos funktionierte, weil es immer nur zwei Parteien im Parlament gab. Die jeweils vorderen Sitzreihen sind den Kabinettsmitgliedern bzw. dem jeweiligen Schattenkabinett vorbehalten, die ›backbenchers‹ gelangen nur durch ihre manchmal berüchtigten ›Anfragen‹ ins Rampenlicht.

Die unmittelbare Konfrontation von Regierung und Opposition hat eine lange Tradition. Noch heute werden die ›Duellanten‹ bei Debatten durch zwei rote Linien getrennt, die traditionsgemäß zwei Schwertlängen voneinander entfernt sind und die kein Redner überschreiten darf. Auch wenn manche Rededuelle, von den hinteren Bänken aus begleitet vom Chor der Zustimmung und des »hear, hear« bzw. der Bekundungen des Unmuts und des Protestes, gelegentlich doch arg an Übungen der ›debating societies‹ vornehmlich von Knabenschulen erinnert, so hat diese Art des Parlaments doch eine Debattenkultur gefördert, von der vergleichbare Institutionen oft nur träumen können.

Traditionsgemäß beginnen die Sitzungen nachmittags um 14.30 Uhr mit dem feierlichen Einzug des Speakers, einem Gebet und einer Fragestunde, ehe dann, strikt eine Stunde später, das ›eigentliche‹ Geschäft beginnt. Die Debatten sollen in der Regel um 22 Uhr beendet sein, können sich bei besonderen Gelegenheiten aber auch länger hinziehen. Abstimmungen erfolgen in der Regel durch ›Hammelsprung‹, auf dem Weg in die ›aye‹ (ja) bzw. ›noe‹ (nein)-Lobby werden die Abgeordneten gezählt. In einer der beiden Lobbys liegen einige Bände mit Dokumenten der Geschichte des Unterhauses auf, die Sternstunden die-

ses Gremiums dokumentieren – und es ist bezeichnend für das Funktionieren des britischen Parlamentarismus, daß dies ausgerechnet in der No-Lobby der Fall ist.

* Westminster School ⑧

In der *Great College Street* gegenüber der Südseite des Parlaments liegt das Gelände der 1560 von Elizabeth I gegründeten ***Westminster School** ⑧, neben Eton *(S. 369)* und Winchester eine der nobelsten englischen Privatschulen. Einer der ersten Direktoren dieser Schule war Shakespeares Zeitgenosse, der Komödienautor Nicholas Udall; zu den berühmtesten Schülern zählen die Dichter Ben Jonson, George Herbert und John Dryden, der Architekt Christopher Wren, der Historiker Edward Gibbon und der Schauspieler und Autor Peter Ustinov. Als Institution geht die Schule auf eine mit der Abbey verbundene Klosterschule, schlicht ›The School‹ genannt, zurück; in ihr befindet sich ein Teil der mittelalterlichen Schlafräume der Mönche von Westminster Abbey. Berühmt-berüchtigt ist das alljährliche ›Pfannkuchenwerfen‹ am Shrove Tuesday, dem englischen Äquivalent des Faschingsdienstags: Hier wirft der Koch der Schule einen großen Pfannkuchen in die wartende Schülermenge, um den sich diese dann balgt. Wer am Ende das größte Stück davon erhascht, erhält vom Dean der Westminster Abbey eine Guinee.

Zwischen *Abingdon Street* und Themse erstrecken sich südlich des Parlamentsgebäudes die **Victoria Tower Gardens** ⑨, die nach der Besichtigung der Abbey und der Houses of Parliament willkommene Gelegenheit für eine Pause und einen Blick über die Themse hinüber zu Lambeth Palace und St Thomas's Hospital bieten *(S. 71, 72)*. Hier erinnert auch eine Bronzestatue an *Emmeline Pankhurst*, die Führerin der Suffragettenbewegung. Sehenswert ist die Replik von Rodins Bronzegruppe ›*Die Bürger von Calais*‹ (1895) aus dem Jahr 1915.

*** Tate Gallery ⑩ (**U-Bahn:** Pimlico, Vauxhall; **Bus:** 3, 77A, 159, 507, C10)

Am *Millbank*, zwischen Lambeth und Vauxhall Bridge, residiert die Tate Gallery. (Der Straßenname ›Millbank‹ verweist auf die Wassermühlen, die hier lange Zeit standen und deren Gewinne bis zur Reformation in die Kasse des Abts von Westminster Abbey flossen.) Sie ist neben National Gallery und National Portrait Gallery *(S. 102 ff.)* eine der ›nationalen‹ Galerien Londons. Eigentlich ist sie sogar diejenige

Faszinierendes – und umstrittenes – Glanzstück des postmodernen Stararchitekten James Stirling: die Clore Gallery zu seiten der Tate

Galerie, die am ehesten das Etikett ›national‹ erfüllt. Denn während
sich die Galerien am Trafalgar Square der Pflege der ›Alten Meister‹,
der internationalen Malerei bis einschließlich 18. Jh., widmen, konzentriert sich die Tate Gallery auf die Britische Kunst vom 16. Jh. bis zur
Gegenwart. ›International‹ dagegen ist sie wieder im Bereich der
Modernen Kunst – ›modern‹ verstanden als 19. und 20. Jh. Die Grenzen
zwischen den Beständen der Nationalgalerien sind sicherlich fließend,
und so haben Tate und National Gallery – nach anfänglicher Rivalität –
gelegentlich auch schon Exponate untereinander ausgetauscht.

Geschichte und Funktion der Galerie: Das Gebäude der Tate steht auf dem Gebiet, auf dem sich 1816–92 ein ›Muster‹-Gefängnis befand, das nach den Vorstellungen des Sozialreformers Jeremy Bentham errichtet worden war. (Dessen achteckiger Grundriß ist noch am Verlauf der Straßen um die heutige Galerie zu erkennen.) Dem Wunsch nach einem zentralen Gebäude für eine Sammlung Britischer Kunst wurde erstmals 1841 von dem Bildhauer *Francis Chantrey* sehr nachdrücklich Ausdruck verliehen. Dieser nämlich vermachte der Royal Academy sein Vermögen unter der Auflage, daß diese den Bau einer derartigen Galerie vorantreiben würde. Nach einer Reihe weiterer umfangreicher und ähnlich zweckgebundener Testamente erklärte sich schließlich 1899 der Industriebaron *Henry Tate*, der sein Vermögen mit Zuckerraffinaden gemacht hatte, zu einer Stiftung und dem Bau der nach ihm benannten Galerie bereit.

Das 1897 in neoklassizistischer Bauweise nach einem Entwurf von Sidney Smith errichtete Gebäude wurde schon wenige Jahre später durch einen weiteren Flügel ergänzt und hat seither eine Reihe von Erweiterungsbauten erhalten, zuletzt die 1987 eröffnete ***›Clore Gallery‹*, die speziell für die umfangreiche ***Turner-Sammlung* im Besitz der Tate erbaut wurde.

Die Tate Gallery versteht sich zunächst als ein Museum, das kunsthistorisch relevante und interessante Werke der jüngeren Vergangenheit einer breiten Öffentlichkeit zugänglich macht – begleitet von kunsthistorischen Vorträgen und wechselnden ›Ausstellungen in der Ausstellung‹, bei denen unter verschiedenen Gesichtspunkten jeweils unterschiedliche Bilder aus eigenen Beständen zu einer kleinen Sonderausstellung arrangiert werden. Daneben hat sich die Tate aber auch die Förderung zeitgenössischer Künstler zur Aufgabe gemacht, denen sie in ebenfalls regelmäßig wechselnden Sonderausstellungen Gelegenheit zur Selbstpräsentation gibt.

Für den erstmaligen Besucher der Tate Gallery mag diese mehrfache Funktion und die damit verbundene wechselnde Nutzung der Räume unter Umständen etwas verwirrend sein, zumal auch die Aufteilung der ständigen Exponate häufig verändert wird; mit Hilfe des im Foyer kostenlos erhältlichen aktuellen Belegungsplans läßt sich dieses Problem aber leicht lösen.

*** Die ständige Sammlung *(Säle 1–28)*

Siehe auch den generellen Hinweis *S. 400* zu den Londoner Museen

Säle 1–11, Britische Malerei: *Saal 1:* Englische Malerei des 16. und 17. Jh., überwiegend Porträts (u. a. *John Hilliards* ›Elizabeth I‹; ›The Cholmondely Sisters‹, *Abb. S. 22*; Werke von *Godfrey Kneller* und *John Bettes* ›Man in a Black Cap‹ von 1545, das älteste Zeugnis englischer Malerei, das die Tate besitzt). – *Saal 2:* Auch bei Zeitnot keinesfalls entgehen lassen sollte man sich einige Beispiele *des* englischen Meistersatirikers des 18. Jh., *William Hogarth*. Ebenfalls ein Muß ist *Saal 11*, der vor allem der Kunst der *Präraffaeliten* und des englischen Fin de Siècle gewidmet ist (u. a. *John Everett Millais'* Tribut an eine stark romantisierende Hamlet-Interpretation – sein berühmtes Bild der blumengeschmückten ertrunkenen Ophelia; außerdem Werke von *Ed-*

ward Burne-Jones, William Morris und *Dante Gabriel Rossetti* sowie des amerikanischen Malers *John Singer Sargent*).

Säle 12–28: Moderne Malerei seit dem frühen 19. Jh.: Von Manet über van Gogh, Monet und Toulouse-Lautrec zu Rousseau und Gauguin gibt es kaum einen Meister der *impressionistischen und postimpressionistischen Malerei*, der hier nicht vertreten wäre. Innerhalb der Malerei des 20. Jh. haben besonderes Gewicht: die ›*Klassische Moderne*‹ mit Matisse, Picasso und Miró, ebenso *Dadaisten* und *Surrealisten* (Duchamp, Picabia u. a.), *Pop Art* und *abstrakter Expressionismus* (Pollock, de Kooning, Rothko), schließlich die *Neorealisten* und *Primitivisten* (Dubuffet, Jorn, Appel). Britische Künstler denen besonderer Raum gewidmet wird, sind neben anderen *Francis Bacon, Barbara Hepworth* und *Ben Nicholson*.

Wer William Turner mag, darf die Tate Gallery nicht verpassen. Hier sein berühmtes ›Peace: Burial at Sea‹

Eine Sehenswürdigkeit für sich ist die ***Clore Gallery**, ein rechts neben dem Hauptgebäude liegender Anbau, der nach Plänen des Stars der postmodernen britischen Architektur, *James Stirling*, errichtet wurde und in dem seit einigen Jahren die umfangreiche Sammlung der ***Werke William Turners** zu sehen ist. Das Werk Turners wird hier thematisch geordnet unter Bedingungen präsentiert, die zwar – etwa hinsichtlich der farblichen Gestaltung der Wände – immer noch geringfügig von Turners eigenen Wünschen abweichen, ansonsten jedoch Raum lassen für die adäquate Präsentation eines Werkes, dessen Vielschichtigkeit so manchem, der Turner zu kennen glaubte, erst hier so recht bewußt wurde. Einige seiner berühmtesten Werke, die in der Clore Gallery zu sehen sind, sind ›Light and Colour‹ (1834), ›Rain, Steam and Speed‹ (1844) und eine breite Zahl seiner unnachahmbaren Seestücke.

Stirlings Entwurf für das Gebäude erntete bei den Gegnern architektonischer Experimente herbe Kritik. Kaum jemand aber wird sich der Einsicht verschließen können, daß sich sein Neubau gerade durch das Spiel mit unterschiedlichen geometrischen Formen sehr geschickt an die vorhandenen architektonischen Gegebenheiten anpaßt. Als Fremdkörper jedenfalls zwischen dem neoklassizistischen Hauptgebäude der Tate und den umliegenden viktorianischen Backsteinhäusern wirkt der Turner Wing keinesfalls.

** **Westminster Cathedral** ⑪ (**U-Bahn:** Victoria; **Bus:** 11, 24, 29, 507, 511)

Eine Viertelstunde Fußweg von der Tate Gallery entfernt (via *Vauxhall Bridge Road*) liegt am *Ashley Place* die Kathedrale von Westminster. Schon aus der Ferne verheißt ein hochaufragender Campanile Besonderes zwischen all dem Farblosen und Unscheinbaren, das die Szenerie in der Umgebung dominiert. Das imposant-bizarre Gebäude, das sich schließlich rot-weiß gestreift vor dem Besucher auftürmt, bestätigt diese Erwartungen in jeder Hinsicht: Auf einem ehemaligen Jahrmarkts- und späteren Gefängnisgelände entstand hier Ende des 19. Jh. ein prachtvoller Kirchenbau, der versuchte, der Gotik der Westminster Abbey ein romano-byzantinisches Gegenstück entgegenzusetzen. Gleichzeitig galt es auch, dem im 19. Jh. in Großbritannien wieder zu etwas mehr Bedeutung gelangten Katholizismus eine adäquate architektonische Repräsentationsform zu geben.

Geschichte: Die Kathedrale, Hauptsitz der seit dem ›Catholic Emancipation Act‹ von 1850 wieder offiziell zugelassenen katholischen Kirche in Großbritannien, wurde 1895–1903 nach Plänen von *John Francis Bentley* erbaut. Frühere Entwürfe Henry Cluttons hatten eine traditionelle gotische Kathedralenform vorgesehen, doch diese wurden unter Kardinal Vaughan – wohl

Der Innenraum von Westminster Cathedral, Hauptkirche ▷
der Katholiken Großbritanniens

auch wegen der Nähe der in ihrer gotischen Pracht nicht zu übertreffenden Westminster Abbey – zugunsten von Bentleys Plänen verworfen. Inspiriert von der Hagia Sophia wie von verschiedenen italienischen Kathedralen, kreierte der weitgereiste Bentley schließlich eine in England einzigartige Kathedrale, die sich sowohl in ihrem Grundriß als auch in ihrer farbenfrohen Innenausstattung schon architektonisch als die ›etwas andere Kirche‹ präsentierte. Konzeption und Ausstattung der Kirche verweisen gleichzeitig aber auch auf den ästhetizistischen ›Zeitgeist‹ und seine Vorliebe für alles sinnlich Erfahrbare und exotisch Anmutende.

Eher ungeplant präsentiert sich das **Innere** der Kirche noch heute als Dokument ästhetizistisch-dekadenter Vorliebe für das Fragmentarische und Bruchstückhafte – aus rein materiellen Gründen freilich: Obwohl die zur Verfügung stehenden finanziellen Mittel beschränkt waren, beschloß man keine Reduzierung des geplanten Baus, sondern die nur allmähliche Ausschmückung des Innenraums mit Fresken und Mosaiken. Zum äußeren Erscheinungsbild der Kathedrale – der ›streaked bacon‹-Architektur dunkelroter Ziegel und horizontal sich um das gesamte Gebäude ziehender Streifen aus weißem Portland-Stein – paßt das extravagante Innere: ein prächtiges Farbenspiel von Gold und über hundert verschiedenen Marmorsorten. Dunkelgrüne Marmorsäulen und Arkadengänge gliedern den Raum. Die Säulen enden in jeweils unterschiedlich gestalteten Kapitellen aus weißem Carrara-Marmor. Besonders sehenswert sind Eric Gills *Flachreliefs an den Hauptpfeilern*, die die 14 Stationen des Kreuzwegs nachzeichnen. Ebenfalls nicht versäumen sollte man einen Blick auf die aus dem 15. Jh. stammende *Marienstatue aus Alabaster* an einer Säule im südlichen Seitenschiff.

An den Seitenschiffen entlang reihen sich verschiedene *Kapellen*, die ebenso wie die vier sich über mächtigen Pfeilern erhebenenden *Kuppeln* – soweit sie fertiggestellt sind – von bunten Mosaiken und unterschiedlichsten Marmorverkleidungen in die Symphonie von Farben und Formen einbezogen werden, die mit dem Dunkelrot der rohen Ziegel in den noch nicht ausgeschmückten Teilen lebhaft kontrastiert. Der erste und bislang einzige Abschnitt der Kirche, der als völlig fertiggestellt gilt, ist die *Lady Chapel* (südl. Seitenschiff), deren Goldmosaiken an Üppigkeit auch von anderen Kapellen kaum noch zu überbieten sein dürfte. Den *Hochaltar* schließlich überdacht ein weißer Baldachin aus strahlend weißem Marmor, der von acht Säulen aus gelbem Veroneser Marmor getragen wird.

Die Ornamentik und die Pracht der Ausstattung und die Plazierung einer toskanischen Kathedralenfassade in das Grau eines Londoner Bahnhofsviertels sind sicherlich nicht jedermanns Sache. Auch die Symbolik sowohl im Äußeren wie im Inneren der Kirche wirkt mitunter sehr plakativ – etwa bei der reichlich mit Kleeblattmotiven geschmückten Kapelle zu Ehren des irischen Nationalheiligen St Patrick oder bei den beiden wuchtigen Säulen aus rotem Granit nahe beim Portal, die an das Blut Jesu (dem die Kirche geweiht ist) erinnern sollen. Dennoch – oder vielleicht gerade deshalb – bleibt Westminster Cathedral ein unbedingt sehenswertes Dokument britischer Architektur-, Kunst- und Religionsgeschichte. Wer keine Zeit zu einem längeren Besuch der Kathedrale hat, sollte sich zumindest den äußeren Eindruck dieses unvermittelt aus einem nördlich grauen Häusermeer aufragenden Vorpostens mediterraner Sinnlichkeit gönnen.

> **Weiteres Programm:** **St James's Park (S. 87)* und **Buckingham Palace* *(S. 95)* (Rundgang 4) sind nicht weit entfernt. Nächster **U-Bahnhof** ist *Victoria*. Von dort könnte man per Bahn oder auch zu Fuß (ca. 20 Min.) zum **Sloane Square (S. 323)* gehen, dem Auftakt des Spaziergangs durch *Chelsea* (Rundgang 24).

* 2 Lambeth: Westminster Brigde · Imperial War Museum · Lambeth Palace

Dauer des Rundgangs: ca. 2 Std.; für Museumsbesuche zusätzlich ca. 1–2 Std.
U-Bahn: Westminster (District und Circle Line); **Bus:** Linien 3, 11, 12, 24, 29, 53, 53X, 77A, 88, 109, 159, 184, 196, 511.

Gegenüber den Parlamentsgebäuden liegt am anderen Themseufer der Stadtteil Lambeth, zwar Station des ›Silver Jubilee Walk‹ *(S. 132)*, aber doch von den meisten London-Besuchern eher vernachlässigt. Zumindest zwei Sehenswürdigkeiten jedoch lohnen den Besuch auch innerhalb eines Programms von vier bis fünf Tagen in London: das **Imperial War Museum* ⑭ und ***Lambeth Palace* ⑮, der Palast der Erzbischöfe von Canterbury in London.

> Der Spaziergang beginnt an der **Westminster Bridge* ⑫ und endet an der *Lambeth Bridge* ⑰ schräg gegenüber den *Victoria Tower Gardens (S. 62)*.

** **Westminster Bridge** ⑫

Geschichte: So unglaublich es angesichts der städtebaulichen Entwicklung Londons erscheinen mag – erst seit Mitte des 18. Jh. gab es mit dieser Brücke einen zweiten befestigten Übergang über die Themse. Zwar hatten schon im 17. Jh. Pläne für eine zweite Brücke südlich der London Bridge *(S. 206)* bestanden, doch war deren Bau immer wieder am Protest der City Corporation und der Themseschiffer gescheitert. Das rasante Wachstum Westminsters ließ dann aber im 18. Jh. eine Brücke dringend

69

Eine klassische Vedute: Blick auf Westminster Bridge und die Houses of Parliament

notwendig erscheinen. Nach einem Entwurf von *Colen Campbell* von 1721, der sich gegen spätere Entwürfe, u. a. von Hawksmoor, durchgesetzt hatte, begannen schließlich 1738 die Bauarbeiten unter der technischen Leitung von *Charles Labelye*. Die Themseschiffer und der Erzbischof von Canterbury – ihm gehörten die Einnahmen aus dem Fährdienst nach Lambeth – wurden großzügig für ihre finanziellen Verluste entschädigt, und 1750 wurde die Brücke mit einer prunkvollen Zeremonie eröffnet.

Doch schon während der Bauarbeiten waren Schwierigkeiten mit den Stützpfeilern aufgetreten, die sich auch in den folgenden Jahren fortsetzten. So beauftragte man 1837 James Walker zunächst noch mit einer größeren Neubefestigung, jedoch schon unmittelbar nach deren Abschluß entschied sich das Parlament für eine völlige Neukonstruktion. Nach einem Entwurf von *Charles Barry* wurde so die heute noch benutzte siebenbogige Gußeisenbrücke 1854–62 unter der Leitung von *Thomas Page* errichtet.

Am westlichen Ende der Brücke erinnert heute eine *Statue* an die *Keltenkönigin Boadiccea*, die einst vergeblich gegen die anrückenden römischen Truppen gekämpft hatte *(S. 10)*. Boadiccea, mit einem Speer in der Hand aufrecht neben einem von Pferden gezogenen Streitwagen mit ihren Töchtern stehend, sollte ursprünglich – auf Wunsch Prince Alberts, des Gatten von Queen Victoria – auf einem Tor bei Hyde Park Corner aufgestellt werden. Nach dem Tod des Prinzen fehlte dem Schöpfer Thornycroft jedoch die notwendige Unterstützung für dieses Projekt, und so wurde die Statue nach längerem Hin und Her 1902 in Bronze gegossen und am gegenwärtigen Standort plaziert. Am entgegengesetzten Ende der Brücke hält ein *Löwe* aus Coade-Stein die Erinnerung an die *Lions-Brauerei* aufrecht, deren Wahrzeichen er ehedem war. Auf dem nahegelegenen Gelände dieser Brauerei befand sich im 19. Jh. die Steinmetzwerkstatt, in welcher der dem italienischen Terracotta ähnliche, unverwüstliche Coade-Stein erfunden wurde; die Herstellungsanleitung ging jedoch leider verloren.

Die entlang der Brücke aufgestellten *Lampen* mit den ineinander verschlungenen Delphinen sind gestaltet wie die Lampen des unterhalb der Brücke verlaufenden *Embankment* – ein Versuch, die städtebauliche Einheit dieses Abschnitts zu betonen.

Von der Brücke aus bietet sich dem Betrachter ein viel beschriebener und bedichteter ****Blick** – man denke nur an William Wordsworths Sonett ›Composed Upon Westminster Bridge‹ – hinüber zum Parlament und in nördlicher Richtung hinauf zur City.

Am *Albert Embankment* liegt **St Thomas's Hospital** ⑬, als Institution Nachfolgerin eines 1552 in Southwark gegründeten Krankenhauses, das seinerseits auf ein mittelalterliches Augustinerhospiz zurückging, das sich nach Thomas Becket benannt hatte, dem wegen seiner Papsttreue auf Geheiß von Henry II ermordeten Erzbischof von Canterbury. Unter Edward VI wurde das Krankenhaus umgewidmet und ist seitdem dem Apostel Thomas geweiht. Mitte des 19. Jh. mußte das Krankenhaus dem neuen Bahnhof ›London Bridge‹ weichen und zog in den 1871 eingeweihten Neubau am heutigen Standort. In dem neogotischen Gebäude, dessen Baupläne sich mit ihren parallelen Flügeln und offenen Galerien an italienische Vorbilder dieser Zeit anlehnten, befand sich die erste Pflegeschule Englands, die von *Florence Nightingale* eingerichtet wurde und das System der medizinischen Versorgung in St Thomas einer bisher nicht gekannten Hygiene und Organisation unterwarf. Nachdem die Gebäude während des 2. Weltkriegs schwer beschädigt worden waren, begann man 1963 mit der Neuanlage des Krankenhauses (Architekturbüro Yorke, Rosenberg & Mardall). Die Konzeption bezog eine Reihe weiterer Gebäude in Lambeth in den Entwurf ein und versuchte, diesem Viertel eine geometrische Struktur zu geben, wie sie etwa auch das Nobelviertel Mayfair bestimmt (Rundgang 20). Dieses geometrische Grundkonzept nimmt auch der moderne *Brunnen von Naum Gabo* im Hof wieder auf.

* **Imperial War Museum** ⑭ (**U-Bahn:** Lambeth North)

Inmitten der idyllischen Gärten des *Geraldine Mary Harmsworth Parks* erhebt sich ein eindrucksvolles neoklassizistisches Gebäude, dessen Eingang von ionischen Säulen markiert wird und auf dessen heutige Nutzung die vor dem Gebäude aufgestellten martialischen Kanonen verweisen: Der mit einem Kuppeldach (von Sidney Smirke) abgeschlossene Bau dient heute der Unterbringung der Schätze des Imperial War Museum. Die Einrichtung dieses Museums war 1917 vom War Cabinet beschlossen worden; als mahnende Erinnerung an die Toten des 1. Weltkriegs sollten hier Bilder, Plakate, Dokumente, unterschiedlichste militärische Geräte und Ausrüstungsgegenstände aufbewahrt werden, einerseits als Monument für die gefallenen britischen Soldaten und andererseits als Warnung vor einem neuerlichen Krieg. Letzteres fruchtete allerdings bekanntlich wenig, und so beherbergt das Museum heute Ausstellungsstücke aus zwei Weltkriegen und aus einer ganzen Serie von militärischen Konflikten, an denen Großbritannien oder andere dem Commonwealth angehörige Länder in diesem Jahrhundert beteiligt waren.

Das Museum wurde bei seiner Fertigstellung 1920 zunächst im Crystal Palace *(S. 295)* untergebracht und 1924 dann in das Imperial Institute in South Kensington verlegt, bis es schließlich 1936 in das jetzige Gebäude umzog. Dieses Gebäude war – Zufall der Stadtgeschichte oder Ironie der Planer? – 1815 für das Bethlehem Royal Hospital errichtet worden. Diese besser als ›Bedlam‹ bekannte ›Irrenanstalt‹ war an ihrem vorherigen Standort in Moorfields seit dem 17. Jh. ein beliebtes Ausflugsziel der Londoner, die die angeketteten Kranken in ihren Käfigen wie im Zoo bestaunen durften, ehe Ende des 18. Jh., angeblich angesichts des Zustandes des geistig gestörten Königs George III, diese Zurschaustellung als menschenunwürdig abgelehnt und mit dem Umzug in das neu errichtete Gebäude in Lambeth endgültig beendet wurde.

Heute bietet das Gebäude auf zwei Stockwerken einen Überblick über die Entwicklung der Militärgeschichte vom 18. bis zum 20. Jh. Gleichzeitig sind hier zahlreiche Dokumente aus den beiden Weltkriegen, u. a. das Original des Testaments von Adolf Hitler, zu besichtigen. Sehr sehenswert ist die ständige Ausstellung von Gemälden, Zeichnungen und Skulpturen zum Thema Krieg, die u. a. Werke von Jacob Epstein, Wyndham Lewis, Paul Nash, John Piper und John Singer Sargent umfaßt.

** **Lambeth Palace** ⑮ (**U-Bahn:** Lambeth North)

Der inmitten der weitläufigen Anlage der *Palace Gardens* stehende Lambeth Palace, eines der am vollständigsten erhaltenen frühmittelalterlichen Gebäude Londons, kann in gewisser Weise als Gegenstück zu den zu Kernstücken des Bezirks Westminster gewordenen mittelalterlichen Gebäuden am gegenüberliegenden Themseufer bezeichnet werden.

Lambeth Palace, Sitz des Erzbischofs von Canterbury in der Hauptstadt

Geschichte: An der Stelle des Palasts soll sich einst ein angelsächsisches herrschaftliches Gebäude befunden haben, das zum Besitz der Schwester von Edward the Confessor gehörte. William the Conqueror vermachte das Gelände später einem Benediktinerorden, und als deutlich wurde, daß sich das politische Machtzentrum zunehmend von der City nach Westminster verlagern würde, zeigte auch der Erzbischof von Canterbury, Oberhaupt der Gläubigen in England, Interesse an einer in der Nähe des Königshofs gelegenen Residenz und erwarb 1190 das Klostergelände. Wenig später begannen die Bauarbeiten für den Palast, und so war *Stephen Langton* (1207–28) der erste Erzbischof, der hier einziehen konnte. Seither dient der Palast als Londoner Residenz der Erzbischöfe von Canterbury, und seit 1867 tagt hier alle zehn Jahre die *Lambeth Conference*, die Versammlung der anglikanischen Bischöfe aus aller Welt. Mehrere Male wurde der jeweilige Bischof aus seiner Residenz vertrieben: Während des Bauernaufstandes drangen hier 1381 die Truppen Wat Tylers ein und richteten einige Verwüstung an, vor der der damalige Erzbischof sich jedoch unbeschadet in den Tower retten konnte. 1640 mußte sich Erzbischof Laud mehrmals vor wütenden Bürgern in Sicherheit bringen, die er durch die Üppigkeit der Neuausstattung, die er zu Zeiten geringen allgemeinen Wohlstands dem Palast angedeihen ließ, gegen sich aufgebracht hatte.

Ältester Teil des Palasts ist die im ursprünglichen Zustand erhaltene *Krypta* mit ihrem von Säulen aus Purbeck-Marmor getragenen Gewölbe. Der Besucher betritt die nicht in allen Teilen zugängliche Anlage

73

durch den sog. *Morton's Tower*, eine unter Kardinal Morton 1486–1501 erbaute, von zwei Türmen begrenzte Toranlage. Im rechts davon liegenden Gebäudetrakt, der im 19. Jh., den gotischen Stil der übrigen Gebäude nachempfindend, von Edmund Blore erbaut wurde, befinden sich die *Arbeits- und Wohnräume des Erzbischofs*. An dem der Eingangstür gegenüberliegenden Ende des Hofs steht die *Great Hall*, der mittelalterliche Versammlungsraum, der nach den Zerstörungen unter Cromwell, bei denen nur die Eichenbalkendecke erhalten blieb, in den 1660er Jahren neugestaltet wurde. Hier sind auch die vielen Schätze des Palasts, wie etwa die *illuminierten Handschriften* oder die ersten in England gedruckten Bücher (u. a. eine lateinische Grammatik für den späteren Edward VI aus dem Jahr 1540) zu besichtigen.

Vom *Post Room* aus gelangt man durch ein gut erhaltenes Portal aus dem 13. Jh. zur *Kapelle*, in der 1378 der Prozeß gegen Wyclif stattfand und unter der sich die Krypta befindet. Der Post Room selbst befindet sich im sog. *Lollards' Tower*, der nach den Lollarden, den Anhängern des frühen Kirchenreformers Wyclif, benannt ist, die hier eingekerkert gewesen sein sollen. Vom daneben liegenden *Laud Tower* gelangt man zum *Guard Room* mit einem gut erhaltenen Holzdach aus dem 14. Jh. Hier wurde *Thomas More* 1534 seinem fatalen Verhör durch Thomas Cromwell unterzogen, das nach seiner Weigerung, Henry VIII als Oberhaupt der Kirche anzuerkennen, das Todesurteil für den Delinquenten nach sich zog *(vgl. S. 345 f.)*. Die Wände ziert eine Reihe von Porträts früherer Erzbischöfe, zum Teil von renommierten Malern wie Holbein, Hogarth, Kneller, Reynolds oder Singer Sargent.

St Mary at Lambeth ⑯, die vermeintlich unscheinbare kleine Kirche neben dem Eingangstor zu Lambeth Palace, geht auf eine zum Besitz der Schwester von Edward the Confessor gehörige Kirche zurück, die mit dem Gelände für die bischöfliche Residenz in den Besitz des Erzbischofs überging. 1374–78 wurde sie völlig neu erbaut. Der in dieser Zeit entstandene Turm ist bis heute erhalten; er wurde Anfang der 1980er Jahre sorgfältig renoviert. Die übrigen Gebäudeteile wurden im 15., 16. und zuletzt in 19. Jh. immer wieder umgebaut, so daß vom ursprünglichen Entwurf wenig erhalten geblieben ist. Nachdem die Kirche zu Beginn des 20. Jh. in den Besitz der Stadt London überging, widmet sich seit den späten 70er Jahren der *Tradescant Trust* sehr intensiv der Pflege der zum ersten **Museum of Garden History** umgewandelten Kirche. Der Trust ist nach den Tradescants benannt, der Familie der ehemaligen königlichen Gärtner und Botaniker des 17. Jh., die von ihren vielen Reise einen reichen Schatz exotischer Pflanzen nach England brachten. Einer von ihnen eingeführten Frucht ist auf der

Lambeth Bridge *(s. unten ⑰)* ein Denkmal gesetzt; dort dominiert das Motiv der Ananas das Design der Ornamente. Im ehemaligen Kirchhof, der heute zu einem kleinen botanischen Garten umgestaltet ist, sind neben den Tradescants eine Reihe weiterer Berühmtheiten bestattet, so Elias Ashmole († 1692), der Antiquar, der mit seiner Stiftung die Grundlagen für die berühmte Ashmolean Library in Oxford legte, oder Captain Bligh († 1817), der Kapitän der ›Bounty‹, der mit seiner Tyrannei dafür sorgte, daß seine Mannschaft gegen ihn rebellierte und so Hollywood reichlich Stoff für seine Abenteuerfilme lieferte.

Bis zum Bau der Westminster Bridge verkehrte auf der Höhe der heutigen **Lambeth Bridge** ⑰ eine der wenigen Fähren, die, zumindest prinzipiell, auch Pferde und Kutschen übersetzen konnte. Manchmal freilich erwiesen sich die Gespanne selbst für diese Fähre als zu reich beladen; 1633 etwa sank die Fähre mitsamt den Reichtümern von Erzbischof Laud, der gerade dabei war, sich in Lambeth Palace häuslich einzurichten. An diesen alten Fährdienst erinnern heute nur noch der Name der nahegelegenen *Horseferry Road* und die von der heutigen Lambeth Bridge noch gut zu sehende ehemalige Anlegestelle gleich unterhalb des Lambeth Palace.

Als **Fortsetzungsprogramm** wäre ab hier – sofern noch nicht geschehen – der Besuch der ***Tate Gallery *(S. 62)*, des ***Parlaments *(S. 55)* und/oder von ***Westminster Abbey *(S. 40)* möglich (Rundgang **1**). Der nächste **U-Bahnhof** ist *Vauxhall* an der Vauxhall Bridge oder *Pimlico* gegenüber am Nordufer der Themse.

** 3 Whitehall: Downing Street No. 10 · Banqueting House · Horse Guards

Dauer des Rundgangs: ca. 1 Std.; für Besichtigung von Innenräumen zusätzlich ca. 1 Std. **U-Bahn:** Westminster (Circle Line); **Bus:** 3, 11, 12, 24, 29, 53, 53X, 77A, 88, 109, 159, 177EX, 184, 196, 511.

Das Regierungsviertel *Whitehall* ist verfassungsrechtlich, aber auch historisch und von seiner Lage her bis heute eng mit den englischen Königen und Königinnen verbunden. Schon im 16. Jh. errichteten sie hier, in der Nähe des heutigen **St James's Park *(S. 87)* und außerhalb der *City of London*, ihre Stadtpaläste. ***Banqueting House, Inigo Jones' Meisterwerk, legt von dieser Zeit ein beeindruckendes architektonisches Zeugnis ab; und die Königlichen *›Horse Guards‹, die gegenüber ihr Quartier besitzen, halten diese Erinnerung durch ihre tägliche Parade wach – gelebte Tradition auch hier.

Whitehall, St James's, Trafalgar Square und Westend

***Banqueting House* ⑨ und die *Horse Guards* ⑫ sind die wichtigsten Stationen des folgenden **Rundgangs**, der vom Parliament Square die Straße *Whitehall* hinauf und bis in den **St James's Park* führt. Jedoch dominieren im Regierungsviertel schon längst nicht mehr König und Adel. Riesige Verwaltungsbauten und Ministerien sind an die Stelle der Adelsvillen getreten. Manche von ihnen wirken protzig, geben sich als Paläste der Demokratie. Die Zentrale des Ganzen jedoch, das berühmte *Haus Nr. 10* in der *Downing Street* ⑥, wirkt gänzlich unscheinbar und unauffällig. Und obgleich man nicht einmal an die berühmte Tür herankommt und kaum mehr als einen flüchtigen Blick aus der Ferne darauf erhaschen kann, so gehört sie doch zum Pflichtprogramm eines Besuchs in Whitehall. Denn welche Haustür auf der Welt ist so bekannt...

Bester Ausgangspunkt eines Spazierganges durch das Regierungsviertel ist der **U-Bahnhof Westminster**. Gegenüber steht ›Big Ben‹ *(S. 55)*, Londons bekanntestes Wahrzeichen. Rechts an der großen Kreuzung, wo zu jeder Tages- und Jahreszeit Besucherströme hin- und herwogen, bietet sich ein erster Blick in die berühmte Straße der Ministerien, *Whitehall* bzw. *Parliament Street*, während links das *Parlamentsgebäude* im neogotischen Stil mit seinen unzähligen Türmchen beeindruckt *(S. 55ff.)*. Geradeaus führt die *Great George Street* etwas aus dem Trubel hinaus. Hier am **Treasury** ①, dem Schatzamt, entlanggehend, kommt man an der nächsten Ecke rechts in die *Horse Guards Road*, benannt nach den berittenen königlichen Wachen.

Linker Hand erstreckt sich der *St James's Park (S. 87)*, rechts führt nach wenigen Metern eine breitangelegte Treppe, die *Clive Steps*, hinauf. An ihr befindet sich rechts – etwas versteckt und unterhalb von ihr – der Eingang zu den **Cabinet War Rooms** ②. Hier, 5,50 m unter dem Erdboden, befindet man sich in der ehemaligen Kommandozentrale der britischen Regierung und Armee im 2. Weltkrieg. Aus diesen 19 Bunkerräumen heraus lenkte Winston Churchill 1939–45 mit seinem Kriegskabinett und seinem Armeestab die Geschicke der britischen Nation. In den Privat- und Funktionsräumen wurde alles so belassen, wie die Benutzer es 1945 zurückgelassen haben. Mit der Eintrittskarte erhält der Besucher einen Walkman, der ihm (wahlweise in 6 Sprachen) exzellent alle Details der Geschichte und der Funktionen jedes Raumes erklärt. Besonders beeindruckend sind der *Kabinettsraum* (in dem über hundert Kabinettssitzungen stattfanden, bei denen Churchill am Kopfende unter der Weltkarte saß), der kleine *Telefonraum* (von wo aus der erste transatlantische ›heiße Draht‹ direkt ins Weiße Haus zu Präsident Roosevelt führte, mit dem Churchill wichtige Entscheidungen absprach), der *Kartenraum* (wo alle Informationen von allen Fronten und Operationen zusammengetragen und auf Karten festgehalten wurden) und *Churchills Zimmer*. Aus dem letzteren wurden mehrere der be-

rühmten Radioansprachen des Kriegspremiers an die Nation übertragen. Einige seiner persönlichen Dinge, seine Telefonliste etwa und seine Europakarte, werden hier aufbewahrt.

Draußen führt der Rundgang weiter über die *Clive Steps* hinauf in die *King Charles Street*. Robert, 1. Lord Clive (1725–74), besser bekannt als ›**Clive of India**‹ und Begründer der königlichen Kronkolonie Ost-Indien, schaut hier von seinem Standbild ③ herab. In der *King Charles Street* befindet man sich schon mitten im Regierungsviertel: rechts noch einmal das Schatzamt *(Treasury)*, links **Commonwealth- und Innenministerium** *(Commonwealth Office, Home Office)* sowie das **Außenministerium** *(Foreign Office)* ④. Am Ende bildet ein monumentales klassizistisches Säulenportal den Zugang von *Whitehall* zu diesen Zwillingsgebäuden, die 1868–73 nach einem Entwurf von G. G. Scott im Renaissancestil gebaut wurden.

Whitehall ist die rund 800 m lange Straße, die von *Charing Cross* zum Parlamentsgebäude führt. Sie trägt ihren Namen seit dem 16. Jh., als noch *Whitehall Palace* existierte, von dem heute nur noch ****Banqueting House (s. unten* ⑨*)* erhalten ist. Die meisten der massigen Gebäude, die Whitehall heute säumen, stammen aus dem 18. und 19. Jh. Fast alle sind

Streifendienst ›on horseback‹:
Im Londoner Regierungsviertel ist dies kein seltenes Bild

von Regierung und Verwaltung belegt, die hier zum Teil bereits seit dem
16. Jh. ihren Sitz haben. In ihrer Gesamtwirkung geben sie eine beeindruckende Kulisse ab für die heutigen Benutzer dieser Straße: Politiker
und Beamte, Besucher und Touristen, die sich im dichten Verkehr von
Dienstlimousinen und Taxis, Privatwagen und roten Bussen bewegen.

Aus der *King Charles Street* kommend, sieht man links mitten auf der
Straße das Nationaldenkmal für die Gefallenen der beiden Weltkriege,
den **Cenotaph** ⑤. 1919 wurde das Denkmal für die erste nationale
Gedenkfeier in Gips, 1920 dann auf Drängen der Bevölkerung noch einmal im unverwüstlichen Portland-Stein errichtet (Entwurf Edwin Lutyens). Nach dem 2. Weltkrieg erhielt es die Inschrift ›To the Glorious
Dead‹. Wohltuend ist die Schlichtheit des Ehrenmals, das keine religiösen Symbole trägt, sondern nur Embleme des Heeres, der Luftwaffe, der
Marine und der Handelsmarine. Alljährlich am Kriegsgedenktag (›Re-
membrance Day‹, 2. Sonntag im November) findet um 11.00 Uhr eine
feierliche Kranzniederlegung durch die Königin, hohe Politiker und
Offiziere statt.

79

Downing Street No. 10 ⑥

Links biegt nun die (für Besucher gesperrte) *Downing Street* ab. In **Haus Nr. 10** befindet sich seit 1732 der Regierungssitz des britischen Premierministers. George II. schenkte das Haus in diesem Jahr dem ersten Premier, Sir Robert Walpole, der hier bis 1742 residierte. Seit dem 19. Jh. ist Haus Nr. 11 Residenz des Schatzkanzlers und mittels eines Durchbruchs mit Nr. 10 verbunden. 1825 wurden die Interieurs beider Häuser von William Kent und Sir John Soane im ›Georgian Style‹ erneuert. Im Erdgeschoß von Nr. 10 befindet sich der Sitzungssaal des Kabinetts. Im Frühjahr 1991 verübte die irische Untergrundorganisation IRA einen Anschlag auf das Gebäude, der aber fehlschlug. Im 1. Stock sind die Privaträume des Premiers. Der Name der Straße geht auf Sir George Downing zurück, der sie 1683–86 anlegen ließ, nachdem er hier 1681 das umliegende Land gekauft hatte. Samuel Pepys war längere Zeit der Sekretär dieses frühen Bauspekulanten.

Whitehall weiter hinaufgehend, läßt man zunächst links ›**Old Treasury**‹ ⑦, das ehemalige Schatzamt, hinter sich; es ist heute der *Sitz des Kabinetts*. 1733/34 von William Kent gebaut und 1825–27 von John Soane erweitert, erhielt es 1847 durch Sir Charles Barry, der die korinthischen Säulen des Soane-Baus integrierte, eine neue klassizistische Fassade. Weiter links liegt **Dover House** ⑧, das das *Ministerium für schottische Angelegenheiten* beherbergt. Es entstand 1745–48 als privates Stadthaus; 1787 gab Henry Holland ihm eine neue Fassade.

✳✳✳ Banqueting House ⑨ (U-Bahn: Westminster oder Charing Cross)

Auf der gegenüberliegenden Straßenseite präsentieren sich drei sehr unterschiedliche Bauten. Das mittlere Gebäude, **Banqueting House**, zieht verdientermaßen die Blicke auf sich. Seine schlichte Noblesse und klare architektonische Gliederung heben es deutlich von den beiden angrenzenden Häusern ab; ›**Swydyr House**‹ ⑩ rechts baute 1772 John Marquand; der klassizistische Bau mit den Türmen links entstand im 19. Jh. als Kriegsministerium (**Old War Office** ⑪).

Geschichte: Banqueting House ist das letzte der von der großzügigen Anlage des ehemaligen ›Whitehall Palace‹ stehengebliebenen Gebäude. An seiner Stelle hatten ab dem 13. Jh. zunächst die Erzbischöfe von York ihren Sitz (›York House‹); Kardinal Wolsey ließ ihn – sehr zum Ärger Henrys VIII – zu Anfang des 16. Jh. palastartig ausbauen. 1529 enthob der König Wolsey aller Ämter und Besitzungen und machte York House zu seiner eigenen Residenz. Nach dem Festsaal des ehemaligen Kardinalspalasts benannte er sie um: in Whitehall, die ›weiße Halle‹. Außerdem ließ er die Gesamtanlage um prachtvolle Eingangstore, einen riesigen Turnierplatz, mehrere Tennisplätze, ein Ballhaus, zahlreiche Remisen und Stallungen erweitern. 1533 feierte er seine prunkvolle Hochzeit mit Anne Boleyn im Palast, und 1547 starb Henry VIII hier. Henrys Tochter Elizabeth erlebte in diesem Palast 1558 zunächst ihre Gefangennahme und kurz darauf ihre Rückkehr als Königin. Unter ihrer Regentschaft wurde im Palast Shakespeares ›Othello‹ erstmals aufgeführt (1604).

1619 zerstörte ein Feuer den gesamten Komplex. Mit dessen Wiederaufbau beauftragte man neben anderen **Inigo Jones**. Sein ›*Banqueting House*‹,

das Banketthaus des Whitehall-Palasts, wurde erbaut im Stil der italienischen Renaissance nach Andrea Palladio. Es war das erste seiner Art in England und gilt nicht nur als Jones' Meisterwerk, sondern auch als eines der wichtigsten Bauwerke der englischen Kunstgeschichte überhaupt. Immerhin begründete es eine später fast zur Epochenbezeichnung gewordene Stilrichtung, die den Werken und Schriften des Italieners Palladio in England eine überwältigende Wirkung beschert hat: den sogenannten ›**Palladianismus**‹ (sein anderes wichtiges Werk, *Queen's House* in *Greenwich, S. 242*, hat Jones zwar früher begonnen, aber später vollendet als Banqueting House).

Jones' von Palladio übernommenes baukünstlerisches Glaubensbekenntnis lautete, daß ein Bauwerk »körperhaft, proportional den Regeln entsprechend, männlich und ungekünstelt« zu sein habe. Die ideale klare Gliederung der ****Schauseite** des Banketthauses *(Abb. S. 373)* erfüllt dies auf vortreffliche Weise. Das Gebäude aus Portland-Sandstein ruht auf einem schlichten Sockelgeschoß, über dem sich zwei Geschosse mit jeweils sieben Fenstern erheben. Die Mittelpartie wird durch zwischen den Fenstern hervortretende ionische Säulen im 1. und korinthische Säulen im 2. Stock betont. Nach außen hin setzen dagegen einfache Pilaster die symmetrische Wandaufteilung fort. Im 1. Stock bekrönen gedrungene Rund- bzw. Spitzgiebel abwechselnd die Fenster; im 2. Stock bildet ein Girlandenfries den Schmuck über den Fenstern. Eine auflockernde Balustrade bildet den Abschluß.

Der zentrale Raum im Innern ist der *****Bankettsaal**: ein lichtdurchfluteter, wiederum harmonisch proportionierter Saal im Doppelwürfel-Maß (›Double Cube Room‹ 36 x 18 x 18 m), nach dem Grundriß einer romanischen Basilika bzw. Halle konstruiert. In Abänderung des Basilika-Grundrisses sind die ionischen Säulen jedoch an die Wand versetzt. Dadurch entsteht die Weite des Saals, in dem schon so mancher nächtliche Maskenball stattfand. Übrigens entwarf Inigo Jones neben den Bühnenbildern auch die Kostüme und Masken.

Nun betont nicht nur die klassische Architektur des Saals die Macht und die Größe königlicher Herrschaft, sondern vor allem das beeindruckende ****Deckengemälde von Rubens**: eine meisterhaft gelungene Illusionsmalerei und eine der bedeutendsten Königsallegorien der Kunstgeschichte. Während einer diplomatischen Reise 1629 nach Lon-

»Körperhaft, proportional den Regeln entsprechend, männlich und ungekünstelt«:
Inigo Jones' Doppelwürfelsaal im Banqueting House

don erhielt Rubens von Charles I den Auftrag für die neun Bilder, die im Antwerpener Atelier gefertigt und 1635 nach London gebracht wurden. Interessant ist, daß die Gliederung der Deckenmalerei genauen perspektivischen Positionen im Raum entspricht, welche der damaligen höfischen Hierarchie gleichkamen. Im Großoval – Blickpunkt des Raums – ist die Apotheose James' I dargestellt, der zum Lohn für seine tugendhafte Regierung in den Himmel gehoben wird. Diese Darstellungsweise entsprach der zeitgenössischen Konzeption von Monarchie: »Zu Recht werden Könige Götter genannt, haben sie doch ähnlich derartige Macht hier auf Erden«, so sagte es James I selbst. Auf den schmalen Seitenbildern – an den Seiten standen die Höflinge – wird der ›glückliche Wohlstand‹ gezeigt: Gezähmte Tiere und Engel mit Fruchtgirlanden symbolisieren die Gaben des Friedens und der Fülle.

Direkt über dem Thron (moderne Rekonstruktion, sein Schmuck zeigt die traditionellen Attribute von Monarchie und Autorität) befindet sich die Darstellung der ›glücklichen Regierung‹: James I schaut auf sein Volk herunter, seine Pose hat Anklänge an das Jüngste Gericht. Interessant ist auch hier wieder die Analogie zum ›Göttlichen‹: Der Thron erscheint als Altar. Entsprechend kann man das Deckengemälde auch in Mittel- und Seitenschiffe einer Kirche aufteilen. In den Seitenovalen ist der ›Triumph der Tugenden‹ aufgenommen: Großzügigkeit überwindet Habgier, Vernunft zügelt Unmäßigkeit. Aus der Perspektive des Throns erscheint über dem Eingangsportal die Abbildung einer politischen Leistung James' I: die Vereinigung von England und Schottland. Das nackte Kind, das sie zwischen sich halten, ist das Kind der Vereinigung, nämlich das neugeborene Großbritannien – profaner interpretiert: Charles I. In den Seitenovalen triumphieren wieder die Tugenden: Weisheit siegt über Ignoranz und Stärke über Schwäche.

Noch ein Tip: Lassen Sie sich die im Preis inbegriffene *Walkman-Tour* nicht entgehen! Auf unterhaltsame Weise erhalten Sie hier Auskunft über die komplexe Geschichte der Tudor/Stuart-Dynastie im Banqueting House, über Jones' künstlerische Leistung und schließlich – über die Exekution Charles' I, die am 30. 4. 1649 vor dem Banqueting House stattfand.

* **Horse Guards** ⑫ (**U-Bahn:** Westminster oder Charing Cross)

Gegenüber dem Bankettenhaus zieht eine Sehenswürdigkeit ganz anderer Art, die Kaserne der berittenen Königlichen Leibgarde, alle Blicke auf sich. Architektonisch ist sie ebenfalls im Stil des Palladianismus gestaltet, wenn auch in seiner späteren Ausprägung des 18. Jh., als die zu Jones' Zeiten noch wenig beachtete Stilrichtung alle anderen Stile an Popularität übertraf. Doch auch hier sind die Jonesschen Prinzipien der Symmetrie, der Schlichtheit der Gestaltung und der Beschränkung auf

wenige wesentliche Formen be-
rücksichtigt. Besonders wirkungsvoll: die offenen Torbögen
der Wachhäuschen wiederholen
sich formal sowohl in den Durch-
gängen im zentralen Gebäude mit
dem Glockenturm als auch in den
eingezogenen zentralen Fenstern
des 1. Stocks. *William Kent* (Entwurf) und *John Vardy* sind die
Schöpfer dieses Werks, das
1745–55 an der Stelle entstand,
an der vorher das Wachhaus des
1698 bis auf das Bankketthaus nie-
dergebrannten Whitehall Palace
gestanden hatte.

Heute findet hier täglich um
11 Uhr (sonntags 10 Uhr) der farbenprächtige **Wachwechsel der
berittenen königlichen Garden*
statt – die eigentliche Attraktion.
Die Soldaten vereinen zwei Regi-
menter: zum einen die ›Life Guards‹ mit scharlachrotem Rock und
weißem Federbusch (die ursprüngliche Leibgarde Charles' I im Bürgerkrieg), zum anderen die ›Blues and Royals‹ mit blauem Rock und rotem
Federbusch (die früheren ›Royal Horse Guards‹, die auf das Reiterregi-
ment Cromwells zurückgehen). Man muß recht früh hier sein, wenn
man im engen Vorhof einen guten Platz haben möchte, um das über 200
Jahre alte Zeremoniell aus der Nähe beobachten zu können. Doch es
lohnt sich!

Wesentlich geräumiger ist es auf der anderen Seite des Durchgangs,
auf dem *Paradeplatz*, der – wenn auch nicht in dieser Form – seit der
Zeit Henrys VIII besteht. Von hier aus kann man das Anreiten der
Regimenter beobachten. Jedes Jahr im Juni (2. oder 3. Samstag) ist
Horse Guards Parade Schauplatz der offiziellen Geburtstagsfeier der
Queen, die dann – selbst zu Pferde im Damensitz – die Ehrenparade
(›Trooping the Colour‹) abnimmt. Das **Gebäude der Admiralität** ⑬,
dessen ältester Teil an *Whitehall* liegt und 1723–26 von Thomas Ripley
erbaut wurde, bietet dazu den schweigenden Hintergrund: ein massiver
Kuppelbau (1895–1907) mit einer riesigen Antennenanlage, die es
ermöglicht, vom Hauptsitz der Navy aus alle britischen Schiffe auf See
jederzeit zu erreichen.

... und die ›Grand Parade‹: ›Trooping the Colour‹

Weiteres Programm könnten Rundgang 4 oder 5 (***Trafalgar Square,
S. 96 ff.*) sein. Am Trafalgar Square liegt auch der nächste **U-Bahnhof:** Charing
Cross.

*** 4 **St James's: St James's Park · St James's Palace ·
Buckingham Palace**

Dauer des Rundgangs: ca. 2 Std.; **Museumsbesuche** ca. 2½ Std. **U-Bahn:**
Westminster oder St James's Park (District und Circle Line); **Bus:** Linien 3, 11, 12,
24, 29, 53, 53X, 77A, 88, 109, 159,184, 196, 511.

Westlich von *Whitehall* liegt der ****Park von St James's:** der ›Vorgarten‹,
wenn man so will, des Königshofs, der am Westende des Parks im
ehemaligen **Palast des Herzogs von Buckingham* ⑭ residiert. Der Palast
ist ebensowenig zu besichtigen wie die Residenz des Premiers in der
Downing Street, aber er zieht mindestens so viele Besucher an. Denn
noch immer faszinieren die ›Royals‹ und ihre Umgebung, der Hofstaat
und die Hoflieferanten, die sich rund um St James's Park, besonders
aber an seiner Nordseite zwischen ****Mall** und **Pall Mall*, niedergelassen
haben.

Der **Spaziergang** beginnt in ***St James's Park* gegenüber den strengen Ministeriumspalästen von Whitehall. Von dort geht es zunächst zur Nordseite des
Parks und an ***The Mall* entlang, wo mit **Carlton House Terrace* ⑯ beeindruckende Regency-Architektur zu bewundern ist. Mit Abstechern ins ›Clubland‹
von St James's führt er, vorbei am ***Palast von St James's* ⑳, bis zum Sitz der
Königin, **Buckingham Palace* ⑭ in der Nähe von ***Hyde Park* (Rundgang 21,
S. 289 ff.) und *Victoria Station*.

Als einer der vielfältigsten und schönsten Gärten Londons ist ****St
James's Park** zu jeder Jahreszeit sehenswert. Auf knapp 30 ha bietet er
einen See mit vielen Wasservogelarten, bunte Blumenbeete, gepflegte
Rasenflächen, auf denen Liegestühle (Gebühr!) zum Ausruhen einladen, aber auch zahllose Sitzbänke zum Verweilen und Beobachten. Ein
schöner Weg beginnt links des **Ehrenmals für die Soldaten des 1. Weltkriegs** ⑭. Zurückblickend bietet sich eine gute Ansicht der Rückseite
der Horse Guards-Kaserne.

St James's Park war ursprünglich der Wildpark Henrys VIII; unter
Charles II wurde er von *André le Nôtre*, dem berühmten Schöpfer der
Gärten von Versailles, in einen Landschaftsgarten umgewandelt und
der Öffentlichkeit zugänglich gemacht. Erst 1827–29 entstand unter der
Leitung von *John Nash* der heutige Park, der vor allem durch den

◁ »Sorry, we're closed«.
Am Tor von Buckingham Palace *(S. 95)*, dem Sitz der Queen

künstlichen See, in den Nash den früheren künstlichen Kanal umform-
te, ein neues Gesicht bekam. Dorthin führt der genannte Weg, am
Restaurant vorbei bis zur Brücke, die auf der linken Seite den See
überquert und die sehr malerische Ansichten von Buckingham Palace
rechts sowie vom Regierungsviertel Whitehall links bietet. Die Pelika-
ne, die vielleicht gerade auf dem Wasser schwimmen, sind Nachfahren
von Vögeln, die der russische Botschafter vor über 300 Jahren Charles
II übergab – ein Geschenk des Zaren.

Der Rundgang führt von der Brücke zurück und geradeaus weiter
hinauf zu einem der Haupteingangstore, das an der Prachtstraße ****The
Mall** liegt. Sie war 1660 als Boulevard entstanden und bildete zusammen
mit dem Park eine einheitliche Anlage, in der die sogenannte Gesellschaft promenierte, sich zeigte und sich traf. Erst nach Königin Victorias Tod erhielt die Straße ihre heutigen Ausmaße, als Sir Aston Webb
eine Gesamtanlage zur Erinnerung an diese Queen schuf: Der alte
Boulevard blieb vor den Stadtpalästen erhalten, die neue Straße ließ er
davor anlegen mit einer Breite von rund 35 m. Sie verbindet die beiden
Ehrenmale, die Webb an ihren Endpunkten für Victoria errichtete:
rechts den Triumphbogen (**Admirality Arch** ⑮), links vor Buckingham
Palace das **Queen Victoria Memorial** *(s. unten* ㉓*)*, die allegorische
Darstellung einer Königin, die schon zu ihren Lebzeiten ein Mythos
war, im Zentrum ihres *Empire*. Der Admirality Arch entstand 1910;
seinen Namen erhielt er von dem angrenzenden Gebäude der Admiralität. Heute zieht der Verkehr rechts und links durch das Tor, denn der
Mittelbogen darf nur von der Königin durchfahren werden.

Vor dem Triumphbogen liegt auf der linken Straßenseite die beeindruckende Anlage von ***Carlton House Terrace** ⑯, ein säulenge-
schmückter Zwillingsbau, der 1827–32 unter Leitung von John Nash
entstand. *Carlton House,* der namengebende Vorläufer, war abgerissen
worden; Anfang des 18. Jh. erbaut, wohnte hier ab 1783 der spätere
George IV. Henry Holland versah den Bau einige Jahre später mit einer
imposanten Säulenkolonnade, ein Gestaltungsmerkmal, das Nash wieder aufgriff, indem er, von den Bauten am ›Place de la Concorde‹ in
Paris inspiriert, zwei repräsentative Säulenfronten schuf, jede 140 m
lang, die zur Mall hinabblicken. Sie sind durch eine breite Treppe
voneinander getrennt, die *Duke of York Steps,* die zu einer imposanten
Säule führen, auf der in 38 m Höhe eine **Statue des Herzogs von York**
thront. Sie wurde 1833 zur Erinnerung an die Geburt des zweiten
Sohnes von George III errichtet. Die Bronzestatue (4,60 m hoch) des
jungen Frederick, der 1827 Oberkommandierender der britischen Armee war, mußte, so erzählt man sich, schon deshalb so hoch angebracht
werden, damit der Herzog für seine Gläubiger unerreichbar blieb.

Soweit man weiß, gelang es ihm. Mindestens zwei Millionen Pfund an Schulden zahlte der Herzog nie zurück.

Vom kleinen Platz unterhalb der Säule des Herzogs aus bietet sich ein weiter Blick auf den *Waterloo Place* und die geschäftige untere *Regent Street*, John Nashs gigantisches Projekt zum Ruhme des Prinzregenten *(S. 110–12)*. Während die Schaufront des Komplexes zur Mall hin den Eindruck einer einheitlichen Gesamtanlage vermittelt, werden hier oben in der Straße *Carlton House Terrace* die einzelnen Häuser erkennbar. Einige von ihnen sind nicht nur kunsthistorisch interessant: In *Nr. 1* etwa lebte 1839/40 der spätere Napoleon II; *Nr. 2* bewohnte im 1. Weltkrieg Lord Kitchener; *Nr. 4* war im 2. Weltkrieg das Hauptquartier von General de Gaulle; in *Nr. 6* residiert seit einiger Zeit die ehrwürdige *Royal Society*, die älteste wissenschaftliche Gesellschaft der Welt; *Nr. 7–9* beherbergte bis 1939 die Deutsche Botschaft; *Nr. 11* vor 1857–75 das Haus des Premiers Gladstone.

Nr. 12 ist heute Sitz des ***ICA (Institute of Contemporary Arts)**, Englands führendes ›Museum‹ für zeitgenössische Kunst und Kultur. Im Gegensatz zu seinem klassizistischen Äußeren hat sich das ICA ganz dem experimentellen und avantgardistischen Umgang mit Kunst verschrieben. Ob in Sachen Kunst, Theater, Kino, Musik oder Perfomance – hier erleben Sie die neuesten Trends internationaler Kunst. Das ICA wurde 1947 gegründet und hat seit 1968 an diesem Ort seinen Sitz. (Besichtigung mit Tageskarte; Eingang an The Mall; dort auch Zugang zu den *Mall Galleries*, in denen verschiedene Künstlergemeinschaften ausstellen).

200 Meter *The Mall* entlang Richtung Buckingham Palace geht rechts die *Marlborough Road* ab, benannt nach dem hinter der Mauer gelegenen **Marlborough House** ⑰. Links an der Mauer ist eine Gedenkplatte *für Queen Mary* (1867–1953), Gemahlin von George V und Großmutter der heutigen Queen, angebracht. Weiter oben erinnert ein *Jugendstildenkmal* an *Queen Alexandra* (1844–1925), die Gemahlin Edwards VII. Alfred Gilbert gestaltete dieses ›memorial‹ mit den drei allegorischen Frauenfiguren Glaube, Hoffnung und Liebe, den – wie man sagt – Haupteigenschaften der Königin.

Am Ende der Straße erhebt sich die helle ***Queen's Chapel**. 1627 von Inigo Jones gebaut, ist sie der erste Sakralbau in dem von Jones in England begründeten ›Palladian Style‹ *(S. 81*; nicht zu verwechseln mit The Queen's House, *S. 242)*. Den Grundprinzipien dieses Stils entsprechend, finden sich nur wenige Verzierungen: ein flaches Giebeldach und ein ›venezianisches Fenster‹, innen eine schöne Kassettendecke. Geplant war die Kapelle, die damals im Garten des angrenzenden St James's Palace stand, als Privatkapelle der Infantin Maria von Spa-

89

nien, die mit Charles I verheiratet werden sollte. Als Charles jedoch aus Gründen der Staatsräson Henrietta Maria von Frankreich ehelichte, stellte man ihr die Kapelle zur Verfügung. Für die Hochzeit seines Nachfolgers Charles II mit Katharina von Braganza wurde die Kapelle 1661 umgestaltet; aus dieser Zeit stammen die Schnitzereien von Grinling Gibbons.

Alle drei Damen waren Katholikinnen; schon 1627 hatte der König die Kapelle daher Kapuzinermönchen übergeben. So erklärt sich der Name des gegenüberliegenden offenen Palasthofes: **Friary Court.** Jeden Morgen findet hier um 11.15 Uhr der Wachwechsel der königlichen Garden des St James's Palace statt, die dann weiter zum Buckingham Palace marschieren. Und wenn der König oder die Königin von England stirbt, dann ist der kleine Steinbalkon über dem Hof der Platz, von dem aus am Morgen nach dem Todestag der Nachfolger proklamiert wird. **Marlborough House** selbst ist seit 1962 Büro- und Konferenzgebäude des Commonwealth. Christopher Wren erbaute den Palast 1709–11 für John Churchill, den Herzog von Marlborough. Bis in unser Jahrhundert blieb Marlborough House herrschaftlicher Wohnsitz, wurde aber baulichen Veränderungen unterworfen: 1771–74 durch William Chambers und 1860–63 durch James Pennethorne, der die beiden oberen Stockwerke aufsetzte. So schlicht der Backsteinbau nach außen wirkt, so prunkvoll ist seine teilweise aus dem 17. und 18. Jh. stammende Innenausstattung. Besonders kostbar sind die Wandmalereien von Louis Laguerre, die die Siege des großen Marlborough, des Vorfahren Sir Winston Churchills, in verschiedenen Schlachten darstellen: z. B. ›The Battle of Blenheim‹, 1704 bei Blindheim in Bayern gefochten und der deutschen Geschichtsschreibung besser als Schlacht von Hochstädt vertraut.

Ein kurzer Abstecher in das Viertel nördlich von Pall Mall führt in die schmale **Crown Passage** ⑱ (Durchgang am *Quebec House*) – und in eine andere Welt. Hier fehlen der Trubel, die Eleganz und der Reichtum, die die Umgebung ansonsten prägen; denn diese Passage hat sich seit ca. 1790, als sie entstand, kaum verändert. Hier im Hinterhof der damals mondänen Hauptstraßen Pall Mall und St James's Street, wo sich bis heute die exklusiven Privatclubs und Geschäfte gehalten haben, lebten die kleinen Leute, zeitweilig (vor allem im 19. Jh.) auch Prostituierte und Kleinkriminelle. Heute ist dieser versteckte Durchgang ein beliebter Treffpunkt zum Lunch. Wer etwas ausgiebiger pausieren möchte, sollte hier im ›Red Lion‹ Platz nehmen. Die Passage mündet in die *King Street*; dort liegt rechts in Nr. 8 das berühmte **Auktionshaus Christie's** ⑲, 1766 von James Christie in der Pall Mall als ältestes Kunst-Auktionshaus der Welt gegründet und seit 1823 Treffpunkt eines internationalen

»... und zum dritten«: Auktion bei Christie's in der King Street

Publikums von Kunsthändlern und -sammlern. Wer an einer Auktion teilnehmen möchte, sollte sich vorab über Termine und Angebote informieren (Tel. 071-8 39 90 60). Aber auch ganz spontan in diese elegante und vielseitige Atmosphäre einzutauchen, lohnt einen Besuch. Man kann sich zwanglos umsehen, eine eventuell gerade stattfindende Auktion beobachten und kostenlos einen eigenen ›Schatz‹ schätzen lassen (ohne Voranmeldung).

Zurückgehend läßt man die Crown Passage links liegen und biegt an der nächsten Ecke links in die **St James's Street** ein, die sich mit Beginn der Restauration (1660) zu einem, wenn nicht *dem* gesellschaftlichen Zentrum in der Nähe des St James's Palace entwickelte. Denn hier in St James's fand eine der ureigensten englischen Institutionen ihre Heimat: der **Londoner Club.** In diesen Clubs, die früher nur Männern zugänglich waren – die Mätressen richteten ihre Wohnungen in der Nähe ein –, wurde gegessen und (viel) getrunken, debattiert und gestritten und so manches Vermögen verspielt. Keine Schilder verweisen auf ihre Existenz, denn ihre Mitglieder kennen sie: *Nr. 37* zum Beispiel beherbergte mit *›White's‹* (gegründet 1693) den ältesten Club Londons, in den man nur hineingeboren werden kann; *Nr. 60 ›Brooks's‹*, 1778 von Charles James Fox gegründet; *Nr. 69/70 ›Carlton‹*, 1832 gegründet vom Herzog von Wellington. Heute, als Geschäftsräume, lassen sie jedoch nur ahnen, was damals hier vor sich ging.

Die Straße wieder ganz zurückgehend, blickt man nun auf die Tore des Palasts. Hier siedelten sich Geschäftsleute an, die oft zu Hoflieferanten aufstiegen und diese Tradition (mit königlichen Wappen zu Werbezwecken und qualitativ hochwertigen Waren unter Berücksichtigung individuellster Bedürfnisse) bis heute pflegen. Drei der bekanntesten und ältesten dieser Spezialisten liegen hier am Weg zum Palast: *Nr. 9 ›Lobb's‹*, gegründet 1850 und bis heute in Familienbesitz, ist ein Schuhmacherbetrieb, der Hunderte von Leisten aufbewahrt, um für seine Kunden maßgefertigte Schuhe herzustellen; *Nr. 6 ›Lock's‹* ist angeblich das älteste Hutgeschäft der Welt, 1676 gegründet und seit 1765 im heutigen Gebäude (viele Modelle vergangener Zeiten sind ausgestellt, nur für Herren, kreierte u. a. den Bowler); und *Nr. 3 ›Berry Bros & Rudd‹*, gegründet 1703 von William Pickering, befindet sich seit 1730 an dieser Stelle. Bei Berry & Rudd sollte man auf jeden Fall durch die Fenster schauen und einen Blick auf die alte Innenausstattung werfen. Die Decke ziert eine herrliche Holzvertäfelung, von der zwei Waagen aus dem 18. Jh. hängen. Die kleinere wird noch heute zum Wiegen der Kunden benutzt – eine Sitte, von der schon um 1760 berichtet wird, als noch niemand eigene Personenwaagen besaß. Sogar die in der Nachbarschaft wohnenden – sehr schwergewichtigen – Söhne von König George III kamen häufig hierher; ihre Aus-Maße sind in den Wiegelisten der Firma ebenso festgehalten wie in zahlreichen zeitgenössischen – meist satirischen – Darstellungen. – Der schmale Durchgang links von *Nr. 3* führt in den malerischen Innenhof *Pickering Place* (Häuser von 1730).

** **St James's Palace** ⑳ (**U-Bahn:** Green Park)

Geschichte: St James's Palace, der dunkelrote Backsteinkomplex am Südende der Straße, entstand auf Geheiß des Tudorkönigs Henry VIII ab 1532. Ein an dieser Stelle gelegenes Leprakrankenhaus aus dem 12. Jh. ließ der Herrscher abreißen. Dieses Hospital war Jakobus d. J. (›James the Lesser‹), Bischof von Jerusalem, gewidmet gewesen, dessen Name auf den Palast übertragen wurde. Die Pläne für den Bau lieferte angeblich Hans Holbein d. J. Charles II, James II, Mary II, Anne und George IV erblickten in St James's das Licht der Welt. – 1699 brannte der Whitehall Palace *(S. 80)* ab; St James's trat seine Nachfolge an und wurde königliche Residenz. So blieb es bis 1837, als Victoria Buckingham Palace zur neuen Residenz bestimmte. Offiziell aber ist St James's Palace noch heute der Königshof, denn nach wie vor werden hier die ausländischen Botschafter akkreditiert und danach in der königlichen gläsernen Kutsche *(S. 96)* zum Buckingham Palace gefahren, um der Queen ihre Aufwartung zu machen.

Das vierstöckige *****Torhaus** mit Uhr und achteckigen Seitentürmen ist der einzige Teil des Palasts, der aus der Zeit Henrys VIII erhalten ist.

Palastarchitektur der Tudor-Könige: Das Torhaus von St James's Palace

Dahinter befindet sich der berühmte ›Colour Court‹ mit einem Säulen-
umgang aus dem 17. Jh. Leider ist er wie die anderen Innenhöfe nicht
zugänglich. Auch die *Royal Chapel,* die vom Tudorpalast erhalten ist
(rechts in der Cleveland Row fällt in den Palastmauern ein besonders
großes Fenster auf, das zur Kapelle gehört), kann nur in Ausnahmefäl-
len bei sonntäglichen Gottesdiensten besucht werden. Ihre kunstvolle
Kassettendecke (1532) soll ein Werk Holbeins sein. Vor dem Palasttor
steht immer eine Wache, Mitglied der ›Yeomen of the Guard‹, der Königlichen Leibgarde, die 1485 von Henry VII begründet wurde. Die alten
schwarzen Gaslampen, die rund um den Palast und an Pall Mall stehen,
wurden 1807 aufgestellt – als erste Straßenbeleuchtung Londons.

Die *Cleveland Row,* in der einige sehr schöne, repräsentative georgianische und viktorianische Häuser stehen, führt weiter in eine Nebenstraße des Palasts, den *Stable Yard,* wo rechts das imposante **Lancaster
House** ㉑ liegt. 1825–27 von Benjamin Wyatt für den Herzog von York
als ›York House‹ erbaut, übernahm es 1838 sein Gläubiger Marquis von

Stafford und führte den Bau mit dem Architekten Charles Barry weiter. Seit 1843 war ›Stafford House‹ im Besitz des Herzogs von Sutherland und Ort glanzvoller Feste sowie Empfänge; hier spielte z. B. Chopin 1848 vor einer illustren Gesellschaft und Königin Victoria. Der letzte private Hausbesitzer Lord Leverhulme, der es ›Lancaster House‹ nannte, schenkte es 1912 dem Staat mit der Auflage, darin ein Museum unterzubringen. 1914–51 zog es dann als ›Museum of London‹ zahlreiche Besucher an. Heute ist es Konferenz- und Bankettgebäude für Regierungsempfänge und nicht mehr öffentlich zugänglich. Das ist bedauerlich, denn das herrliche Treppenhaus von Charles Barry, das die gesamte Höhe des Gebäudes einnimmt, ist beeindruckend in seiner Pracht: Eine geschwungene Rokokobalustrade begrenzt den Treppenverlauf; die Wände zieren überdimensionale Kopien von Gemälden Veroneses, die Lorenzi gestaltete. Beeindruckend ist auch die ›*Great Gallery*‹, der 40 m lange Festsaal, dessen Dekoration zum Schönsten gehört, was es in englischen Palästen gibt.

Links vom Stable Yard aus kann man nun einen Blick in den ›*Ambassadors' Court*‹ von St James's Palace werfen, bevor man zum **Clarence House** ㉒ kommt, dem heutigen Wohnsitz der Königinmutter. 1825–27 erbaute es John Nash für den Herzog von Clarence, später William IV. Es ist seitdem kontinuierlich Wohnsitz von Mitgliedern der königlichen Familie gewesen. Die schmale *Stable Yard Road* führt nun zurück zur *Mall*, wo sich rechts ein schöner Blick auf den Buckingham Palace mit dem **Victoria Memorial** ㉓ *(Farbtafel S. 34)* davor bietet. Wenn man sich auf der rechten Straßenseite hält, am Green Park *(S. 118)* und dann am Palast entlang, bekommt man einen guten Eindruck von der Gestaltung des Monuments, ohne sich durch den nicht endenden Verkehr an dem gigantischen ›Roundabout‹ wagen zu müssen, in dessen Mitte die Königin thront. Das 27 m hohe Denkmal, das Sir Aston Webb als Teil der Gesamtanlage The Mall 1911 entwarf, schuf der Bildhauer Sir Thomas Brock. Er verarbeitete dabei 1000 t Marmor und 800 t Granit: Die sitzende Victoria (4,30 m hoch, aus einem Marmorblock gemeißelt) blickt von der Ostseite auf The Mall; allegorische Figuren – auf der Westseite ›Mutterschaft‹, auf der Nordseite ›Gerechtigkeit‹, auf der Südseite ›Wahrheit‹ – umgeben sie. Außen stehen Bronzefiguren, die das darstellen, was der Schöpfer des Denkmals und seine Zeitgenossen als die bedeutendsten Wirkungskreise der viktorianischen Ära betrachteten: ›Frieden‹ und ›Fortschritt‹ (Ostseite), ›Wissenschaft‹ und ›Kunst‹ (Nordseite), ›Industrie‹ und ›Landwirtschaft‹ (Westseite), ›Marine‹ und ›Armee‹ (Südseite), allesamt zum Reigen um die ›große weiße Königin‹ versammelt, die wie wenige andere englische Monarchen einer ganzen Epoche ihren Stempel aufdrückte.

* **Buckingham Palace** ㉔ (**U-Bahn:** Green Park, St James's Park oder Victoria)

›Buck House‹ ist für jeden London-Besucher ein Muß – auch wenn er es gar nicht besichtigen kann. Der pompöse, aber keineswegs schöne Bau mit über 600 Räumen ist seit 1837 Hauptresidenz des Regenten; die königliche Standarte am zentralen Fahnenmast signalisiert die Anwesenheit der Queen. 1702–05 entstand hier im ehemaligen Maulbeerbaumgarten von James I (dessen Projekt, selbst Seide zu gewinnen, fehlgeschlagen war) das erste, namengebende Stadthaus für John Sheffield, den Herzog von Bukkingham.

George II kaufte das von William Wilde entworfene Palais 1762 für seine Braut Charlotte; ab da hieß es ›The Queen's House‹.

1825–30 nahm *John Nash* im Auftrag von George IV entscheidende Umgestaltungen vor, die fast einem Neubau gleichkamen: drei Flügel aus ›Bath stone‹, die zur Mall hin einen offenen Hof bildeten, entstanden; die Einfahrt zum (nun) ›Buckingham Palace‹ erfolgte durch einen Triumphbogen, den *Marble Arch*. Als 1846 der Ostflügel angebaut und der große Innenhof entstanden war, wurde der Einfahrtsbereich umgestaltet, so daß der Triumphbogen 1851 an seinen jetzigen Standort am Hyde Park versetzt werden mußte *(S. 289)*.

Die heutige Schaufront mit ihrer 120 m langen klassizistischen Fassade entwarf Aston Webb, der Schöpfer des Victoria-Denkmals *(s. oben)* und seit dessen Fertigstellung ›Sir Aston‹, im Jahre 1913. Auf dem zentralen großen Balkon zeigt sich seit Victorias Zeiten die königliche Familie bei besonderen Anlässen dem Volk. Die berühmtesten Räume des Palasts, der rot-goldene Thronsaal, der prächtige Ballsaal und die 50 m lange Gemäldegalerie sind nur für Gäste der Queen zugänglich. Ihre Wohnräume befinden sich im Nordflügel zum Green Park: Der königliche Wohnraum im 1. Stock ist an dem großen Bogenfenster erkennbar.

Trotz seiner verschlossenen Tore *(Farbtafel S. 86)* bietet Buckingham Palace dem Besucher täglich von Mai–Juli (ansonsten jeden 2. Tag) königliche Pracht; denn um 11.30 Uhr heißt es ›**Changing the Guard**‹, Zeit für die farbenprächtige Zeremonie des Wachwechsels der königlichen Garden auf dem großen Vorplatz des Palastes – und für das Klicken ungezählter Photoapparate...

Teile des königlichen Kunstbesitzes, eine der größten und kostbarsten Sammlungen der Welt, sind außerdem in wechselnden Ausstellungen in der nahegelegenen *Queen's Gallery* ㉕ für jeden zugänglich. Sie wurde 1962 durch Elizabeth II an der Stelle eröffnet, an der einmal die Privatkapelle des Palastes gestanden hatte. Sie war durch deutsche Bomben im 2. Weltkrieg schwer beschädigt worden. Man erreicht die Galerie, indem man immer am schmiedeeisernen Gitter des Palasts entlanggehend rechts in *Buckingham Gate* einbiegt, wo sie rechter Hand liegt.

Weiter auf der gleichen Straßenseite befinden sich die **Royal Mews** ㉖,

95

der königliche Marstall. Das Gebäude, erbaut 1826, ist wieder ein Entwurf von *John Nash*. Hier sind die königlichen Kutschen, Landauer, Kaleschen und andere Karossen – u. a. auch Oldtimer wie Bentleys, Jaguars oder Rolls Royces – zu besichtigen. Viele der ausgestellten Gefährte sind bis heute im Gebrauch, z. B. die goldene Staatskarosse, die 1761 für George III gebaut wurde (für Krönungen) und deren Pferdegeschirr das schönste der Welt sein soll; dann die irische Staatskarosse, 1851 von Victoria gekauft (für Parlamentseröffnungen); oder schließlich die Glaskutsche, die George V 1910 für Hochzeiten und die Fahrt der neuen Botschafter von St James's zum Buckingham Palace erstand.

> **Weiteres Programm** könnten ab hier der ****Hyde Park** *(S. 289*; Rundgang **21**) oder **Mayfair* (Rundgang **20**) sein. Nicht weit von den Royal Mews entfernt ist *Victoria Station*. Direkt nebenan könnte man im ›Grosvenor Hotel‹ inmitten alter Pracht eine Pause einlegen.

*** **5** ## Trafalgar Square: National Gallery · National Portrait Gallery · St Martin-in-the-Fields

Dauer des Rundgangs: ca. ½ Std.; **Museumsbesuche** ca. 4 Std. oder mehr – je nach Interesse und Neigung. **U-Bahn:** Charing Cross (Jubilee Line); **Bus:** Linien 3, 6, 9, 11, 12, 13, 15, 15B, X15, 24, 29,30, 53, 53X, 77A, 88, 94, 109, 159, 176, 177EX, 184, 196.

Der Reichtum und die Pracht des Londoner Westends sind immer wieder gerühmt und beschrieben worden. Elegante Plätze und Wohnstraßen, großartige Museen und Theater, traditionsreiche Clubs und Geschäfte – das alles steht für einen großstädtischen Bereich, der einerseits Inbegriff moderner Urbanität ist, der sich andererseits aber auch den – sehr britischen – Geschmäckern seiner großen Erbauer wesentlich mehr verpflichtet fühlt als allen postmodernen Planerlaunen. Denn im Westend, wo das ›Regency‹ zu Hause ist, wandelt man auf den Spuren von *John Nash*, dem Baumeister des Prinzregenten und späteren George IV. Er war es, der London zu Beginn des 19. Jh. ein neues, großzügigeres Gesicht gab und den Städtebau seiner Zeit damit revolutionierte. Und nicht nur das: Vieles von dem, was wir heute für ›typisch London‹ halten, entstand in jener Epoche oder ahmt diese nach. Am Beispiel der Regent Street *(S. 110–12)* wird darauf noch ausführlicher zurückzukommen sein.

Im Herzen des Westends liegt *****Trafalgar Square**, einer der großzügigsten Plätze der Welt. Auch er verdankt sein Gesicht *John Nash*, auf

Noch ein Wahrzeichen Londons: ▷
Lord Nelson auf seiner Säule über dem Trafalgar Square

dessen Pläne die Platzanlage zurückgeht. Wer nicht zu Fuß von St James's oder Whitehall herübergekommen ist, wird wohl vom **U-Bahnhof Charing Cross** aus seinen Rundgang um den Platz beginnen. Den Hinweisen ›Trafalgar Square‹ folgend, wird man aus dem Gewimmel eines der größten Londoner U-Bahnhöfe hinausgeführt, hinein in das nächste Gewühl, das für den Trafalgar Square, den zentralen Verkehrsknotenpunkt des Westends, charakteristisch ist.

In der Mitte des Platzes, an der alles überragenden *Nelson-Säule* und zwischen Schwärmen von Tauben, sollte man sich zuerst einmal orientieren, um einen Überblick zu gewinnen und die Vielfalt der Eindrücke auf sich wirken lassen zu können. Nach Süden bietet sich ein weiter Blick über Whitehall bis zu den Houses of Parliament. Der ehemalige Platz *Charing Cross*, der heute als große Kreuzung den hier tosenden Verkehr bewältigen muß, wird nur noch durch die **Reiterstatue Charles' I** von 1633 markiert. Sie ist ein Werk Hubert Le Sueurs, das zu Cromwells Zeiten eingeschmolzen werden sollte, von Königstreuen jedoch in der Krypta von St Paul's Covent Garden *(S. 136)* versteckt und nach der Restauration 1675 hier wiederaufgestellt wurde. Es steht an der Stelle, an welcher sich bis 1647 das ›**Eleonor Cross**‹ befunden hatte, das letzte von 13 Kreuzen, die Edward I 1291 aufstellen ließ, um den Weg zu kennzeichnen, den der Trauerzug für seine verstorbene Gemahlin, Eleonore von Kastilien, nahm. Er führte von Harby in Nottinghamshire bis vor die Tore der Westminster Abbey. (Eine Nachbildung dieses Kreuzes steht seit 1865 vor dem nahegelegenen Zugbahnhof *Charing Cross Station*, der London seit 1864 mit Süd- bzw. Südostengland verbindet.)

Hinter dem Reiterstandbild ist eine Bronzeplatte in den Boden eingelassen, die den Mittelpunkt Londons kennzeichnet: Von hier aus werden alle Entfernungen gemessen. So gesehen ist Trafalgar Square tatsächlich das ›Herz Londons‹. Der *Strand* ist – um im Bild zu bleiben – die ›Hauptschlagader‹, die den Platz mit dem Finanzzentrum, der City, verbindet; im Süden pulsiert die schon gekennzeichnete politische Verbindung, nach Westen ist das Herz über *The Mall* und *Pall Mall* mit den ›Royals‹ und der ›feinen Gesellschaft‹ verbunden, und nach Norden schließlich versickert ein Netz verschiedener Adern in den Vergnügungszentren von Soho und Covent Garden.

Geschichte: Die Idee zu dem großzügigen Platz hatte um 1825 John Nash. Er ließ die Königlichen Stallungen, die hier ihren angestammten Platz hatten, abreißen und ihnen beim Buckingham Palace einen Neubau errichten *(s. oben)*. Der geplante Platz sollte Weite und einen freien Blick auf Whitehall und Westminster bieten, die Machtzentralen des British Empire, dessen Ruhm es zu feiern galt. Niemand bot sich besser als Inbegriff des britischen

Nationalstolzes an als *Admiral Horatio Nelson*, der am 21. 10. 1805 am Kap Trafalgar die vereinigte spanisch-französische Flotte besiegt und damit Napoleon zumindest auf See in die Knie gezwungen hatte. Die Seeherrschaft Britanniens blieb jedenfalls für ein weiteres Jahrhundert uneingeschränkt.

Die endgültige Gestaltung des Platzes (1829–41) übernahm Sir Charles Barry. Die französischen Kronjuwelen, die Madame Dubarry, die Mätresse Ludwigs XV, 1793 mit nach London gebracht und vor ihrer Rückfahrt nach Frankreich in den Gärten der Royal Mews *(S. 95)* vergraben haben soll, wurden dabei allerdings nicht gefunden; die Dubarry starb auf der Guillotine, ohne das wirkliche Versteck preiszugeben.

1840 wurde mit dem Bau der ***Nelson-Säule** begonnen, die William Railton aus Granit fertigte und bis 1843 auf eine Höhe von 56,34 m hochzog. Im selben Jahr erhielt die über 5 m hohe Statue Nelsons, ein Werk von *Edward H. Baily* (1788–1867), darauf ihren Platz: der Admiral, der im Schlachtenfeuer von Kap Trafalgar den Tod fand, mit Dreispitz und in – ironischerweise – napoleonischer Pose. Am Sockel der Säule sind Bronzereliefs seiner größten Triumphe angebracht: St Vincent 1797 (Westseite), Abukir am Nil 1798 (Nordseite), Kopenhagen 1801 (Ostseite), Trafalgar 1805 (Südseite). Die mächtigen Löwen zu Nelsons Füßen wurden 1867 nach einem Entwurf von Edwin Landseer gegossen und 1868 aufgestellt. 1948 erst erfolgte die Anlage der Brunnen, die *Sir Edwin Lutyens* 1939 als einen seiner letzten Entwürfe hinterlassen hatte.

Fast parallel zur Anlage des Platzes entstand 1824–27 an der Westseite das **Canada House** ㉗, die Residenz der Vertretung der damaligen Kolonie. In dem Gebäude, das Robert Smirke errichtete, ist vor allem das Treppenhaus sehenswert. Gegenüber baute Sir Herbert Baker 1834/35 das **South Africa House** ㉘ (heute Botschaft), dessen Front eine Statue des Entdeckers Südafrikas, Bartolomeu Dias, Skulpturen von Flora und Fauna sowie Darstellungen der Geschichte der Kolonie zieren.

** St Martin-in-the-Fields ㉙ (U-Bahn: Charing Cross)

Das älteste Gebäude am Trafalgar Square ist die Kirche St Martin-in-the-Fields. Sie wurde 1721–26 von James Gibbs an der Stelle erbaut, an welcher seit 1222 ein kleines Gotteshaus gestanden hatte, das den Mönchen der Westminster-Abtei als Gebetsstätte diente, wenn sie draußen ›in den Feldern‹ arbeiteten. Diese ließ Henry VIII 1544 umgestalten. Die heutige Kirche mit ihrem durch mächtige korinthische Säulen geprägten Portal gilt als das Meisterwerk des Wren-Schülers Gibbs. Zahlreiche Nachfolger fand der Bau vor allem in den USA und Irland. Er überragt mit seinem 56 m hohen Turm alle Gebäude am

Vorbild für zahlreiche Kirchenbauten in Irland und den USA: James Gibbs' Meisterwerk St Martin-in-the-Fields

Platz. Seit 1914, als der damalige Pfarrer Dick Sheppard (Porträt an der Westwand) die Kirche heimatlosen Soldaten zur Verfügung stellte, ist St Martin die Kirche der Obdachlosen. Sie bietet heute jährlich bis zu 40 000 Menschen Hilfe.

Innen beeindruckt in der griechisch wirkenden Kirche vor allem die elliptische *Decke*, ein Werk der italienischen Meister Giovanni Bagutti und Guiseppe Arturi. Das Gewölbe ruht auf hohen Pfeilern mit korinthischen Kapitellen. Über dem Gewölbebogen hängt das königliche Wappen von George I (1726). Seit ihrer Entstehung ist St Martin als Pfarrkirche von Buckingham Palace und der Admiralität eng mit letzterer Institution und der Königsfamilie verbunden. Entsprechend ist die *Galerieloge* links vom Altar für die *Royal Family* reserviert; die Flaggen gehörten George V und seiner Gemahlin Mary. Die *Loge der Admiralität* gegenüber zieren Flaggen verschiedener Flotten.

Das schöne dunkle Kirchengestühl wurde 1799 eingebaut, das Chorgestühl erst 1858; aus diesem Jahr datiert auch die Kanzel. Ein Porträt des Architekten (dem Italiener Andrea Soldi zugeschrieben) befindet sich am Ende des linken Seitenschiffs. Die Bronzestatue von Josephina de Vasconcellos am rechten Seitenaltar sowie das Bild von Francesco Solimena an der Westwand erinnern an den hl. Martin, den Schutzpatron der Kirche. Er teilte seinen Umhang mit einem Bettler. Auch die schön gearbeiteten, noch originalen Türgriffe an den Eingangsportalen zeigen dieses Ereignis.

Musik hat in dieser Kirche, die weltberühmt wurde durch die ›Academy of St Martin-in-the-Fields‹, eine lange Tradition: Schon Händel spielte an der alten Orgel, die ein Geschenk von George I war. Die neu installierte Orgel ist von 1990. Ein Genuß sind hier die ›one-o-five‹ genannten *Mittagskonzerte* (Mo, Di, Mi, Fr. 13.05 Uhr); sehr stimmungsvoll sind auch die ›candlelight‹-Konzerte. Und klassische Musik hört man auch in der *Krypta* mit ihrem auf massiven Pfeilern ruhenden Gewölbe. Bis 1853 wurden hier Bestattungen vorgenommen; Francis Bacon, der berühmte Renaissance-Gelehrte, und Nell Gwynne, die Mätresse Charles' I, sind die bekanntesten unter den in St Martin Begrabenen. Heute bietet hier das *Café der Krypta* die Möglichkeit, bei Musik und einem sehr guten echten englischen ›apple crumble‹ die besondere Atmosphäre der Kirche auf sich wirken lassen. Auch in der angeschlossenen *St Martin's Gallery* bietet sich noch ein kleiner ›Kunstgang‹ an.

Eine andere Möglichkeit, Pause zu machen, bietet sich im *Kirchhof*: Man versorgt sich in einem der umliegenden Selbstbedienungsbüffets mit einem Snack, sucht sich einen Platz auf einer der Bänke und schaut dem Treiben des kleinen Marktes zu.

** **National Portrait Gallery** ㉚ **(U-Bahn:** Charing Cross)

Die ›NPG‹ wurde 1856 mit einer Ausstellung von Porträts bekannter britischer Persönlichkeiten zur Erfüllung eines ›patriotischen und moralischen Ideals‹ gegründet. 1896 entstand der heutige Bau, 1933 ein weiterer Flügel.

Zunehmende Bedeutung gewann die ›NPG‹ in den letzten Jahren durch namenhafte Fotoausstellungen zur klassischen Moderne und Gegenwart. Wie wohl in keinem anderen Londoner Museum erhalten Sie hier ein faszinierendes und lebendiges Bild britischer Kunst- und Geistesgeschichte, angereichert durch dokumentarisches Material und verschiedenstes Mobiliar. Wer den britischen ›sense of humor‹ genießen möchte, begibt sich ins Erdgeschoß. Dort erwarten ihn – in interessanter Weise präsentiert – die Konterfeis gegenwärtiger Persönlichkeiten in Formen von der Großskulptur bis zur Collage.

Die Sammlung ist chronologisch und thematisch auf fünf Ebenen (levels) angeordnet. Zur Orientierung besorgen Sie sich einen Plan oder sehen sich den aktuellen Plan auf Ebene 3 an. Historisch Interessierte beginnen auf Ebene 4 mit der Tudorzeit (Hans Holbeins Porträts von Henry VIII !) und folgen dann den Galerieverweisen auf Ebene 5.

Einige Höhepunkte der Sammlung:
Literaten des 19. Jh. (Ebene 3, Zimmer 24): Ölgemälde der Brontë Sisters (ca. 1834) von ihrem Bruder Patrick Branwell Brontë; Fragment eines verlorenen Familienbildes der Emily Brontë (ca. 1833); der jugendliche Charles Dickens am Schreibtisch (ca. 1839).

Maler und Schriftsteller der Roman- *tik (Ebene 5, Zimmer 13):* John Keats (von 1821–23), P. B. Shelley (1819), William Wordsworth (1842), Lord Byron (1822), William Blake (1807), William Turner (1838), John Constable (ca. 1799). Im Raum sind auch Manuskripte und Editionen zu sehen, wie z.B. von Jane Austens ›Mansfield Park‹ von 1816.

*** **National Gallery** ㉛ **(U-Bahn:** Charing Cross)

Die Nordseite des Trafalgar Square nimmt seit 1938 ein weiterer Museumsbau ein: die Britische Nationalgalerie, der benachbarten Porträtgalerie an Bedeutung und Bestandsumfang natürlich weit überlegen und für kunstinteressierte London-Besucher ein unbedingtes Muß.

Geschichte: Das klassizistische Gebäude der Nationalgalerie mit seiner 150 m langen Fassade entstand 1832–38 nach Plänen des Architekten William Wilkins. In das Hauptportal integrierte Wilkins die ionischen Säulen von ›Carlton House‹, das 1829 an der Mall abgerissen worden war, um

Nashs Anlage **Carlton House Terrace* Platz zu machen *(S. 88).* 1876 wurde die Galerie erstmals erweitert; es entstand der zentrale Kuppelbau.

Im 20. Jh. schlossen sich mehrere Erweiterungsbauten an, zuletzt der im Juli 1991 eröffnete Flügel, der ****Sainsbury Wing**. Er entstand nach

Londoner Silhouetten: Oben die Nationalgalerie am Trafalgar Square; unten die City-Skyline mit der Kuppel von St Paul's *(S. 159 f)*

einem Entwurf des amerikanischen Architekten Robert Venturi und wurde finanziert durch die Brüder John, Simon und Timothy Sainsbury. Die Bedeutung des Sainsbury-Flügels liegt nicht nur darin, daß er einzigartig mehr als 250 Werke der italienischen und nordeuropäischen Frührenaissance beherbergt, sondern selbst als architektonische Sensation zum ›Ausstellungsgegenstand‹ wird. Dieser postmoderne Anbau, den es sich lohnt, einmal nicht nur von innen, sondern auch von außen abzugehen, verarbeitet in seiner Bauweise die verschiedensten Stockwerke, Raumebenen, Lichtverhältnisse, Bauelemente und Materialien (Im Sainsbury Wing sind Steinarten aus sieben Ländern verarbeitet).

Der neue Flügel steht an der Stelle des Hampton-Baus, der 1940 zerstört wurde, und ist als eigenständiges Gebäude mit eigenem Eingangsbereich konzipiert, bleibt aber innerlich mit der National Gallery verbunden. Seine Frontseite setzt mit Pilastern und Blindfenstern den klassizistischen Hauptbau fort. In seiner Westseite geht er in eine völlig reduzierte minimalistische Steinfassade über, seine Ostseite ist reine Glaswand.

Die letzten Jahre hat man über den Sainsbury Wing sehr kontrovers diskutiert. Sogar der britische Thronfolger Prince Charles debattierte mit – auf der Seite der Gegner des Projekts. Ob dieser Bau nun provoziert oder aber die Vielfalt architektonischer Konzeptionen auf interessante Weise spiegelt, – dies zu beurteilen, bleibt jedem selbst überlassen.

Die *Schauseite der National Gallery blickt auf den Trafalgar Square hinab. Unterhalb der Begrenzungsmauern sind die Standardlängenmaße des British Empire angebracht: 1 inch, 1 foot, 2 feet, 1 yard, 1 chain, 100 feet. In der Nordwestecke steht ein *Reiterstandbild George III* von Matthew C. Wyatt (1836), in der Nordostecke die *Reiterstatue George IV* von Francis Chantrey, die eigentlich den Marble Arch vor Buckingham Palace zieren sollte *(S. 289).* Zwei weitere Statuen stellen den Bezug zur ehemaligen Kronkolonie Indien her: im Osten das *Denkmal für General Henry Havelock*, den Eroberer Nordindiens, und im Westen jenes für *Admiral Charles J. Napier*, den Eroberer von Sind. Rechts von dem Gebäude steht eine Bronzestatue, die *James II* als römischen Kaiser zeigt und Grinling Gibbons zugeschrieben wird; links eine Replik der *George-Washington-Statue* von Houdon in Richmond, Virginia.

Vom Hauptportal aus bietet sich der beste **Blick auf den Trafalgar Square und auf die Silhouetten von Whitehall und Westminster. Besonders gegen Abend ist dies einer der schönsten Ausblicke, die man in London überhaupt genießen kann. (Wer es weniger romantisch mag, sollte dagegen am Silvesterabend diesen Ort aufsuchen. Sofern es ihm gelingt, sich unbeschadet in dem Gedränge zurechtzufinden, wird er eine der größten Silvester-Parties der Welt miterleben – der Platz faßt über 50 000 Menschen! –, überwacht von Lord Nelson und einer mächtigen Weihnachtstanne, die die norwegische Regierung seit viktorianischen Zeiten der englischen Nation alljährlich zur Weihnachtszeit zum Geschenk macht.)

◁ Immer noch die schnellste Fortbewegungsart in London: Die ›Tube‹ (hier am Piccadilly Circus, *S. 111*)

*** Die Sammlung

Hinweis: Besorgen Sie sich auf jeden Fall den ›Room Guide‹ des Museums am Informationsschalter, wenn Sie sich nur für bestimmte Ausstellungsbereiche interessieren und langes Suchen vermeiden möchten. Einen guten Gesamtüberblick über die Bestände des Museums geben die angebotenen Führungen. Und noch ein Tip für die Pause nach dem Museumsbesuch: Das Café der Nationalgalerie ist sehr zu empfehlen!

Zur Geschichte der Sammlung: Begründet wurde die National Gallery, die heute zu den größten und bedeutendsten der Welt gehört und die umfangreichste staatliche Kunstsammlung Großbritanniens darstellt, 1824 mit dem Kauf der Sammlung des Kaufmanns John Julius Angerstein. Die für 57 000 Pfund erstandenen 38 Gemälde stellte man zunächst in Angersteins Haus, Pall Mall Nr. 100, aus. 1838 dann wurden sie in die neu eröffnete National Gallery überführt.

Im Laufe der Zeit entstand eine Sammlung von Meisterwerken aller europäischen Schulen und Epochen vom 13. bis 20. Jh. Als dann 1897 die Tate Gallery eröffnete, verließen die meisten Werke der britischen Malerei und der Moderne die Nationalgalerie; sie sind seither die Schwerpunkte der Tate-Sammlung *(S. 62)*. Die National Gallery sammelt und präsentiert besonders italienische Malerei des 15. und 16. Jh. Den Grundstock legte Sir Charles Eastlake (Präsident der Royal Academy), der zwischen 1854 und 1865 ausgedehnte Reisen nach Italien unternahm. 1870 waren auch Rubens und Rembrandt bereits präsent. Von den über 2000 Werken, die sich heute im Besitz des Museums befinden, ist der größte Teil in 66 Räumen und Sälen ausgestellt. Nach umfangreichen Renovierungen kommt im Altbau auch wieder die schöne Innenausstattung (1867–76) von E. M. Barry zur Geltung.

Die Strukturierung des Museums erfolgt nach vier Flügeln: *Sainsbury Wing* (Werke von 1260–1519); *West Wing* (1510–1600); *North Wing* (1600–1700); *East Wing* (1700–1920). In den einzelnen Flügeln sind die Bilder chronologisch, dann geographisch und nach Schulen geordnet und so den einzelnen Räumen zugeteilt.

In ihrer Bedeutung kann die Sammlung der National Gallery kaum überschätzt werden – sie ist eine der wichtigsten der Welt. Um ihre Schätze angemessen würdigen zu können, müßte man ein eigenes Buch verfassen, denn alle großen Namen der europäischen Kunstgeschichte vom Mittelalter bis zum Impressionismus sind hier vertreten: die *Italiener* mit Fra Angelico, Lippi, Mantegna, Leonardo da Vinci, Botticelli, Raffael, Giorgione, Masaccio, Uccello, Bellini, Tizian, Tintoretto, Michelangelo, Veronese, Caravaggio und Tiepolo; die *Flamen und Niederländer* mit Memling, van der Weyden, Bouts, van Eyck, Bosch, Brueghel, van Dyck, Hals, Vermeer, Rembrandt und Rubens; die *Deutschen* mit Dürer, Altdorfer und den beiden Holbeins; *Frankreich* mit Poussin, Lorrain, Vouet, Fragonard, Watteau und Boucher (die allerdings in breiterer Zahl in der Wallace Collection zu erleben sind, *S. 265*); *Spanien* mit Murillo, Velázquez, El Greco, Zurbarán und

Goya; schließlich *England* mit Turner, Gainsborough, Hogarth, Reynolds, Stubbs, Thomas Lawrence und Constable – um nur diese zu nennen. Besonderen Raum nehmen auch *Impressionismus* und – wenn auch in weniger spektakulärer Zahl – die *frühen Modernen* ein: Degas, Cézanne, Monet, Renoir und Pissarro treten hier auf, aber auch van Gogh und Henri Rousseau, Picasso und Matisse. Wie daraus auszuwählen sei, möge jeder Besucher für sich selbst entscheiden oder anhand der im Book Shop und an der Kasse angebotenen ›Guides‹ erkunden (vgl. auch *S. 400*). Der hier zur Verfügung stehende Raum erlaubt leider nicht mehr als einen kurzen **Einführungsrundgang mit 20 der wichtigsten Werke:**

1. Leonardo da Vinci, ›Heilige Anna Selbdritt mit Johannes d. T.‹ *(Raum 51)*
2. Französische Schule, ›Wilton Diptychon: Richard II. wird von seinen Schutzheiligen der Muttergottes empfohlen‹ *(53)*
3. Masaccio, ›Mutter und Kind‹ *(54)*
4. Paolo Uccello, ›Die Schlacht von San Romano‹ *(55)*
5. Jan van Eyck, ›Die Hochzeit des Giovanni Arnolfini‹ *(56)*
6. Giovanni Bellini, ›Der Doge Leonardo Loredan‹ *(61)*
7. Piero della Francesca, ›Die Taufe Christi‹ *(66)*
8. Hans Holbein der Jüngere, ›Die Gesandten‹ *(3)*
9. Tizian, ›Bacchus und Ariadne‹ *(9)*
10. Claude Lorrain, ›Das verzauberte Schloß‹ oder ›Psyche vor dem Palast des Cupido‹ *(14)*
11. Johannes Vermeer, ›Junge Frau am Spinett stehend‹ *(16)*
12. Peter Paul Rubens, ›Susanna Lunden‹ oder ›Le Chapeau de Paille‹ *(22)*
13. Rembrandt, ›Selbstporträt im Alter von 63 Jahren‹ *(27)*
14. Diego Velázquez, ›Venus im Spiegel‹ *(29)*
15. Anthonis van Dyck, ›Karl I. zu Pferde‹ *(30)*
16. Canaletto, ›Venedig: Das Quartier der Steinmetzen‹ *(34)*
17. J. M. W. Turner, ›Die letzte Fahrt der Temeraire‹ *(35)*
18. Jean-Auguste-Dominique Ingres, ›Madame Moitessier‹ *(untere Galerie)*
19. Claude Monet, ›Badende in Grenouillère‹ *(untere Galerie)*
20. George Seurat, ›Badende in Asnières‹ *(45)*

›Karl I. zu Pferde‹, eines der berühmten Porträts von van Dyck, in der National Gallery

** ⬛6⬛ Westend I: Regent Street · Soho · Piccadilly · Burlington House · Green Park

Dauer des Rundgangs: ca. 2 Std.; *Museumsbesuche:* ca. 3 Std. **U-Bahn:** Charing Cross (Jubilee Line); **Bus:** Linien 3, 6, 9, 11, 12, 13, 15, 15B, 24, 29, 30, 53, 77A, 88, 94, 159, 166

Der **Rundgang:** *Trafalgar Square*, so wurde gesagt, ist der Verkehrsknotenpunkt des Westends. **Piccadilly Circus* ㉟, so könnte man einwenden, ist dies ebenfalls. Tatsächlich ist der weltberühmte Kreisverkehr (›circus‹), in dessen Mitte Eros – angeblich – pfeileschleudernd auf seiner Säule balanciert, ein Knoten, von dem aus mindestens fünf große Verkehrsadern wie Spinnenbeine um sich greifen. Die **Regent Street*, John Nashs ›Via triumphalis‹ für den Prinzregenten, ist die markanteste dieser Adern. Auf ihr und in ihrer Nähe bewegt sich auch der größte Teil des folgenden Spaziergangs. Er beginnt am ***Trafalgar Square (s. oben S. 96)*, führt über *Haymarket* und **Regent Street* bis nach *Soho* und schließlich am *Piccadilly* entlang, wo die *Royal Academy* ㊵ ihren Sitz hat, bis hinunter zum *Green Park*.

Am Trafalgar Square geht es zunächst am Sainsbury Wing der National Gallery entlang *(S. 105)* in die Straße *Pall Mall East*; hier zweigt rechts die im 18. Jh. entstandene Theaterstraße **Haymarket** ab. Früher fand der Heumarkt dort statt, der die königlichen Stallungen in der Gegend des heutigen Trafalgar Square versorgte, 1686 jedoch verlegt wurde. An die Blütezeit des englischen Theaters erinnert das mit klassizistischen Säulen versehene **Theatre Royal** ㉜, das John Nash 1820/21 errichtete; hundert Jahre zuvor war das erste Theater an dieser Stelle gegründet und gebaut worden, viele Stücke von Oscar Wilde wurden hier uraufgeführt. An der Ecke gegenüber liegt **Her Majesty's Theatre** ㉝ von 1897, von C. J. Phipps im sogenannten viktorianischen Barock errichtet. Das Theater selbst besteht seit 1705; Neubauten erlebte es bereits 1789 und 1869. In der links abbiegenden *Charles II Street* trifft man wiederum linker Hand auf den Eingang zur **Royal Opera Arcade**, dem ältesten Arkadengang Londons. Auch er ist ein Werk von John Nash (1816/17), doch im Vergleich zu späteren Arkadengängen noch recht schlicht in seiner Ausstattung.

Die Opernarkade führt am anderen Ende· zurück in eine der vornehmsten Straßen Londons: in die *Pall Mall*, seit dem 18. Jh. eine Art Vergnügungsmeile der Aristokratie – mit Spielsälen, Clubs und herrschaftlichen Stadthäusern (zu den Clubs *s. auch S. 91*). Den Namen der Straße führt man auf ein Kugelschlagspiel, ähnlich dem Krocket, zurück: das ›paille maille‹ oder – italienisch – ›paglio e maglio‹, das Charles I aus Frankreich mitbrachte und auf einem langen Rasenstreifen hier zu spielen pflegte. Der geräumige Platz, der sich ein paar

Im Herzen des Westends: Blick vom Waterloo Place in die untere Regent Street

Schritte rechter Hand von der Opernarkade entfernt öffnet, trägt – wie
der Trafalgar Square in der Nähe – den Namen eines großen Sieges der
Briten (1815) über das napoleonische Frankreich: *Waterloo Place ㉞.
Bereits ein Jahr nach der denkwürdigen Schlacht angelegt, wurde der
Platz von prachtvollen Häusern umgeben und im Laufe der Zeit mit
Denkmälern gefüllt. Das Eckgebäude gleich links, heute das ›Institute
of Directors‹, beherbergte bis in unser Jahrhundert hinein den ›United
Service Club‹, der von Wellington selbst, dem Sieger von Waterloo, für
die Veteranen der Napoleonischen Kriege gegründet worden war. John
Nash hatte das Gebäude 1827/28 für einen Club errichtet, der wegen
fehlenden Nachwuchses zur Auflösung verurteilt war. Gegenüber erhebt sich ›The London Athenaeum‹, Sitz des gleichnamigen Clubs, der
1823 für Männer der Wissenschaft, Literatur und Kunst von den damaligen Präsidenten der ›Royal Academy‹ und der ›Royal Society‹ sowie
dem Premierminister Lord Aberdeen gegründet wurde. Das Gebäude,
von Decimus Burton 1828–30 errichtet, trägt entsprechend den antiken
bzw. klassischen Vorlieben seiner Besucher griechisch-römische Stilele-
mente: Über dem Säulenportal erkennt man Pallas Athene, der weiß-
blaue Fries über dem Hauptgeschoß trägt Motive des römischen Pantheons. (Weiter verbreitet ist freilich die Assoziation, es handele sich
um Wedgewood-Porzellan. . .).

Noch immer eine Hauptattraktion für Touristen aus aller Welt: Piccadilly Circus

Um die Ecke, wieder auf Pall Mall, liegen zwei sehr schöne Clubhäuser, die Charles Barry im Stil eleganter italienischer Renaissancepaläste gestaltete: *Nr. 106* Pall Mall, der 1819 gegründete ›*Travellers' Club*‹, entstand 1828–31 und wurde ein Prototyp der späteren Renaissancebauten unter Victoria; *Nr. 104–105* Pall Mall, ›*The Reform Club*‹, gegründet 1832 als Club der Liberalen, baute Barry 1837–41, inspiriert durch den Palazzo Farnese in Rom. Hier haben übrigens heute auch Frauen das Recht der Mitgliedschaft!

Wieder zurück auf dem Waterloo-Platz blickt man zur Linken in die Regent Street bis hinauf nach Piccadilly Circus *(s. unten)*. Rechts kann man nun zur Säule des Herzogs von York schlendern und einen Blick auf die Prachtstraße The Mall sowie den angrenzenden St James's Park *(S. 87)* werfen. Auf dem Weg dorthin befindet sich im mittleren Straßenteil die *Reiterstatue Edwards VII*. Auf der linken Straßenseite erinnern Denkmäler an den Antarktisforscher *R. F. Scott* und an den Oberkommandierenden im indischen Kolonialkrieg, *Lord Clyde*, und an den späteren Vizekönig Indiens, *Lord Lawrence*. Auf der Straßenseite gegenüber stehen Statuen für General *Sir John F. Burgoyne* und den Arktisforscher *Sir John Franklin.* Auf dem Weg zur Regent Street zurück passiert man die Ehrenmale für *Florence Nightingale* (1820–1910), die im Krimkrieg als Krankenpflegerin eine vorbildliche Versorgung der Verwundeten organisierte, und für den damaligen Kriegsminister *Sidney Herbert* (1810–61). Dahinter steht ein *Denkmal für die Gefallenen des Krimkriegs* 1854–56; die Kanonen sind Beutestücke von 1855 aus Sebastopol.

Hier geht der Waterloo Place langsam in die ****untere Regent Street** über, die der Baumeister John Nash als ›Via triumphalis‹ für den Prinzregenten und späteren George IV von seiner Residenz Carlton House (S. 88) bis zum neuen Regent's Park *(S. 268)* im Norden 1817–23 durch London führte. Die Realisierung einer schnurgeraden breiten Straße war nicht möglich, weil Nash bei der Ausführung der Pläne nicht alle Grundstücke bzw. Häuser kaufen konnte. So erklärt sich der linke Bogen, den die Regent Street westlich von Piccadilly Circus beschreibt.

** **Piccadilly Circus** ㉟ **(U-Bahn:** Piccadilly Circus) *(Farbtafel S. 104)*

Piccadilly Circus ist einer der beliebtesten Treffpunkte von Reisenden aus aller Welt; seine Anlage (1819) geht auf John Nash zurück. Er entwickelte sich schnell zu einem der geschäftigsten Plätze Großbritanniens, verstärkt noch ab 1928, als unter dem Platz eine der größten U-Bahn-Stationen Londons eröffnet wurde. Heute hat dieser Platz kaum noch etwas typisch Britisches; die Londoner meiden ihn vielfach wie die gesamte Umgebung, die geprägt ist von Kontrasten: nicht endender Verkehr, ständiger Lärm, schrille Neonreklamen, ansteckende Hektik inmitten von Menschenmassen, die von Billigangeboten und Vergnügungslokalen angezogen werden. Doch die Unruhe trügt. Ganz in der Nähe gibt es auch Oasen der Ruhe in exquisiten Geschäften und eleganten Straßen zu entdecken.

Gleichwohl ist Piccadilly Circus mit dem 1893 errichteten **Shaftesbury Memorial** zu Ehren von Anthony Ashley Cooper, dem 3. Earl of Shaftesbury und hochverehrten Streiter für eine Verbesserung der Lebensverhältnisse der Arbeiter während der industriellen Revolution, weltberühmt. Doch die wenigsten kennen die eigentliche Bedeutung der Statue: Die von *Sir Alfred Gilbert* in Aluminium gegossene geflügelte Engelsfigur mit Pfeil und Bogen, die den Engel christlicher Nächstenliebe symbolisiert, ist allgemein eher als Darstellung des Liebesgottes Eros bekannt. Die Figur erhebt sich auf einem achteckig gestalteten Bronzebrunnen, umgeben von ebenfalls oktogonal angelegten Stufen, auf denen man, wenn man sich als richtiger London-Tourist fühlen möchte, einmal im Gewühl gesessen haben muß.

Rechts von dieser vom Verkehr umbrausten Insel liegt zwischen *Shaftesbury Avenue* und *Coventry Street* das 18 580 m² große Vergnügungszentrum ›**Trocadero**‹ ㉟: ein schreiendes Konglomerat aus Boutiquen, verschiedensten Restaurationen und Kinos, einem Theater sowie der Ausstellung ›Guinness World of Records‹ – touristische Unterhaltung der Massen. Hinter den hohen Neonreklamen geradeaus beginnt dann **Soho**, immer noch ›red light district‹ und der Stadtteil, in dessen Restaurants wirklich Küchen aus aller Welt probiert werden können. Auch die **Carnaby Street**, in den 60er Jahren *der* Treffpunkt der Pop-Kultur, heute ein eher etwas abgeschabter Markt für touristische Massenwaren, ist hier zu finden.

Die ****obere Regent Street** beginnt in weitem Bogen am Piccadilly Circus; man nennt dieses besonders eindrucksvolle Teilstück der Prachtstraße ›*The Quadrant*‹. Nash erbaute die hier stehenden Häuser zunächst auf eigene Kosten, um einen einheitlichen Stil zu gewährleisten; im weiteren Verlauf der Bauarbeiten gingen ihm jedoch die Mittel aus. Und mehr noch: Seit 1927 ist entlang der Straße keines seiner Häuser mehr erhalten. Schon unter Victoria, im Jahre 1848, waren Nashs Häuser am Circus den Sittenwächtern zum Opfer gefallen: Die Säulenvorbauten, die Nash hier als Regenschutz angebaut hatte, hatten Anstoß erregt, denn in ihrem Schutz, so befand man, werde die Prostitution gefördert.

Bis heute stellt die Regent Street die krasse Trennung zwischen zwei völlig entgegengesetzten Stadtteilen dar: rechts das sündige *Soho*, links das piekfeine Mayfair (Rundgang **20**). Dem Charakter nach eher zu Mayfair gehören daher die bekannteren Geschäfte der Straße: ›*Austin Reed*‹ zum Beispiel (*Nr. 103*, mit bemerkenswertem Art-Deco Friseurladen), oder ›*Garrad*‹ (*Nr. 112*, exquisite Juwelen), oder auch ›*Hamley's*‹ (*Nr. 200/202*, gegründet 1760), das als größter Spielzeugladen der Welt gilt. Einen Besuch wert ist auch das *Café Royal (Nr. 68)*, seit 1865 am Ort und einst bekannter Literatentreffpunkt. Oscar Wilde etwa war täglich hier zu sehen und später auch Dylan Thomas. Letzterer jedoch erhielt wegen seiner sprichwörtlichen ›Trinkfestigkeit‹ schon bald Hausverbot.

Links vom Piccadilly Circus geht eine weitere der eleganten Geschäftsstraßen Londons ab: ***Piccadilly**. Ihren seltsamen Namen gab ihr ein Schneidermeister namens Robert Baker. Er hatte in seinem Laden am Strand ein Vermögen mit dem Verkauf von ›piccadils‹ gemacht, jenen hohen Kragen mit steifen, reich verzierten Spitzen, wie sie um 1600 in der Hauptstadt verbreitet waren. Im Jahre 1612 dann baute der Schneider sich in den Feldern am Stadtrand ein repräsentatives Haus; die Bevölkerung gab ihm den Spitznamen ›Piccadilly Hall‹.

Piccadilly führt den Besucher weiter ins Westend und bis hinaus zum Hyde Park (Rundgang **21**). Gleich rechts ermöglicht eine interessante Bogen-Säulen-Architektur über der *Air Street* einen interessanten Durchblick in die geschäftige Regent Street; darauf folgt das ehemalige ›Piccadilly Hotel‹, heute ›Le Méridien‹, mit seiner prunkvollen Säulenfassade, 1905–08 erbaut vom Architekten Richard Norman Shaw.

* **St James's Piccadilly** ㊲ (**U-Bahn:** Piccadilly Circus)

Schräg links gegenüber liegt die Kirche St James's Piccadilly, die etwas zurückgesetzt von der Straße 1676–84 von Christopher Wren erbaut wurde. Auf dem kleinen Vorplatz findet mehrmals wöchentlich ein Markt statt, auf dem Kunsthandwerk, ›Second-hand‹-Kleidung und allerlei Trödel angeboten werden. Der ehemalige Kirchhof rechts (›*Southwood Garden*‹) dient heute als Gedenkstätte für die Opfer der deutschen Bombenangriffe im 2. Weltkrieg, die auch die Kirche schwer beschädigten (1954 restauriert). Vom Friedhof aus hat man einen schönen Blick auf den von außen sehr schlichten Ziegelsteinbau und, aus erhöhter Perspektive, in die malerische ***Jermyn Street** *(s. auch S. 114)*. Häuser aus dem 18. und 19. Jh., in denen höchst exklusive Geschäfte residieren, säumen die nach *Henry Jermyn*, dem 1. Grafen von St Albans, benannte Straße. Um 1670 hatte der Graf hier auf seinem Besitz, den er von Charles II dafür erhielt, daß er den König in sein Exil begleitete, ein Wohngebiet entstehen lassen. Dieser Graf war auch der Hauptgeldgeber für den Bau der Kirche, die sich im 18. Jh. zur vornehmsten Kirche Londons und zu einem gesellschaftlichen Treffpunkt entwickeln sollte: Ein Reisender notierte 1722, daß die Miete für einen Sitz in der Kirche fast genauso teuer war wie ein Theaterplatz.

Beim Eintritt erkennt man gleich die Handschrift des Erbauers: ein säulengetragenes Ton-

Adam und Eva und der Baum des Lebens: Grinling Gibbons' Taufbecken von St James's *(S. 114)*

nengewölbe, Seitengalerien und sehr viel Licht – das ist charakteristisch
für Wrens Kirchen (*vgl.* Rundgang ⓬). In dem reliefartig verzierten,
grau-gold bemalten Gewölbe, bei der Restaurierung nach Zeichnungen
und Fotos original wiederhergestellt, scheint das schöne Licht sich zu
sammeln.

Auf der linken Seite steht ein aus weißem Marmor gearbeitetes
Taufbecken von Grinling Gibbons. Sein Fuß zeigt den Baum des
Lebens, um den sich die Schlange windet; Adam und Eva stehen an
seinen Seiten. Die Schale des Beckens zieren Reliefs mit biblischen
Szenen. Unter den Fenstern des Nordflügels sind mehrere sehr schöne
Gedenkplatten aus dem 18. und 19. Jh. angebracht; u. a. für Sir Richard
Croft, den Modearzt Londons um 1810, unter dessen Händen Kron-
prinzessin Charlotte 1817 bei der Geburt ihres 1. Kindes starb – u. a.
Grund für Sir Richard, später Selbstmord zu begehen. Der ungewöhnliche *Altar* mit seiner Wand aus Lindenholz, die Gibbons reich mit
Girlanden und Blumenschnitzereien verzierte sowie die Figuren des
großen *Orgelgehäuses* (vom Altar aus besonders gut zu sehen) gehören
zu den schönsten Werken, die Grinling Gibbons hinterlassen hat;
während des Krieges hat man sie vorsichtshalber ausgelagert. Die Orgel
selbst, ursprünglich 1685 von James II für Whitehall Palace in Auftrag
gegeben, kam 1691 als Geschenk von Königin Mary II in die Kirche
(›lunchtime concerts‹ donnerstags und freitags gegen 13 Uhr). Das
moderne große Ostfenster ist eine Arbeit von Christopher Webb.

Wenn man die Kirche durch den Südeingang verläßt, steht man in der
schmalen ***Jermyn Street** (*s. auch S. 113*). Nur einige der sehenswerten
Geschäfte, die die Straße säumen, seien genannt: *Nr. 89 ›Floris‹* (Par-
füms, seit 1730); *Nr. 93 ›Paxton & Whitefield‹* (feinste Käse, seit 1740 in
London), *Nr. 109 ›Astley's‹* (Tabakwaren, seit 1862). Gegenüber dem
Kirchenausgang in die *Duke of York Street* gehend findet man in der
Nähe Ecke *Ormond Yard* ein schönes Pub: ›**The Red Lion**‹ ㊳. Das
Gebäude ist von ca. 1870; die Inneneinrichtung entfaltet mit viel
geschliffenem Glas, Spiegeln und Mahagoniholz viktorianische Pracht.
Die Straße mündet weiter unten in den beeindruckenden ***St James's
Square**, eine der frühesten Wohnanlagen Londons, die nach städte-
planerischem Konzept entstanden (von der ursprünglichen Bebauung
ist allerdings nichts mehr erhalten). Den Mittelpunkt der aristokratischen Anlage beansprucht ein *Reiterstandbild Williams III*.

Zurück zum Piccadilly, wo uns wieder der Lärm des Westends
begrüßt: An der linken Straßenseite residiert in Haus Nr. 187 ›*Hat-
chard's Bookshop‹*, ein 1797 gegründetes Paradies für Liebhaber alter
Bücher (Spezialität: ledergebundene Ausgaben). Schließlich ***Fortnum**

& Mason ㊴, das wohl aristokratischste Kaufhaus der Metropole. Das heutige Gebäude von 1935 beherbergt ein Unternehmen, das 1707 von William Fortnum, einem ehemaligen Pagen am Hof von Königin Anne, und Hugh Mason, einem Lebensmittelhändler, gegründet wurde. Als früherer Hofbediensteter wußte Fortnum genau, was bei Hofe benötigt wurde, und so stieg er mit seinem Partner schnell zum Königlichen Lieferanten auf.

Bis heute ist der Besuch der ›food hall‹ im Erdgeschoß ein Erlebnis: verführerische, üppige Dekorationen, alte Regale mit wunderschönen Gefäßen, phantasievolle Arrangements, und überall die dominierenden Farben Türkis und Gold. Hauseigene ›salesmen‹, Herren im Cut, sind den Damen der Gesellschaft beim Tragen behilflich, erledigen für sie das Bezahlen und begleiten sie mit den Waren bis zum Chauffeur und Wagen. Die berühmte Tee-Abteilung des Hauses bietet u. a. auch den Service, eine mitgebrachte Wasserprobe zu analysieren, um dann nach ca. 2 Wochen einen Tee zusammengestellt zu haben, der speziell für dieses Wasser – und den individuellen Geschmack des Genießers – komponiert wurde. Ausgezeichnete Gerichte für den großen und kleinen Hunger bieten das ›Fountain Restaurant‹ im Erdgeschoß und das Plüschrestaurant oben (interessante Beobachtungen sind garantiert...). Bevor man diese Feinschmecker-Oase verläßt, kann man noch kurz vorm Ausgang links eine antike Leipziger Spieluhr in Gang setzen, die den Kunden mit Melodien vergangener Zeiten verabschiedet. Draußen an der Fassade hängt auf der Höhe des 3. Stocks eine andere Uhr: Zur vollen Stunde erscheinen hier, begleitet von den Klängen der Melodie von Eton School *(S. 369)*, zwei ›salesmen‹ im Livrée des 18. Jh. mit Tablett und Kerzen.

** Burlington House und Royal Academy ⑩
(**U-Bahn:** Piccadilly oder Green Park)

Auf der anderen Straßenseite blickt man auf das imposante Burlington House, Sitz der ›**Royal Academy of Arts**‹, der Königlichen Kunstakademie.

Die **Royal Academy**, 1768 unter der Schirmherrschaft George III »zur Förderung der gestaltenden Künste« gegründet, zog 1868 von Somerset House *(S. 122)* nach Burlington House um. Die Akademie erhält und verwaltet sich selbst, wobei sie allerdings dem jeweiligen Regenten untersteht. Sie setzt sich aus 50 sog. ›königlichen Mitgliedern‹ sowie 25 außerordentlichen Mitgliedern zusammen – allesamt Künstler mit Wohnsitz in Großbritannien. Sie lehren an einer der anerkanntesten Kunstakademien der Welt: Die Studenten, die hier aufgenommen werden, haben landesweite und höchst anstrengende Auswahlentscheide hinter sich.

Seit 1769 findet alljährlich von Juni bis August die große ›Sommerausstel-

lung‹ statt, bei der rund 1300 Werke, ausschließlich von zeitgenössischen Künstlern (alle Sparten der bildenden Kunst, einschließlich Skulptur, Druck und Architekturzeichnung), einer großen Öffentlichkeit präsentiert werden. Außerdem organisiert die Akademie jährlich seit 1870 international anerkannte große Ausstellungen zu einzelnen Malern oder Epochen.

Burlington House, ursprünglich 1667 als Residenz des 1. Grafen Burlington erbaut, ist eines jener Bauwerke, die von der Hochblüte italienisch-klassizistischer Geschmacksvorstellungen im London des 18. Jh. künden *(vgl. S. 80/81)*. An der wuchtigen *Piccadilly-Fassade* sind die palladianischen Linien, die im Innenhof dominieren, freilich verwischt: Die 1872–74 entstandene Schauwand mit ihrem überdimensionierten Tor ist das Werk *Sydney Smirkes*, der dazu vom Staat, der das Anwesen 1854 erworben hatte, beauftragt wurde. Das Ergebnis war ein Renaissance-Imitat von klotzig wirkenden Ausmaßen. 1866 mietete die Akademie Burlington House an und erweiterte es durch Ausbau von Galerien und Schulräumen. Im Sommer 1991 wurde der postmoderne Anbau der **Sackler-Galerien** von dem Architekten *Norman Forster* eröffnet. Dieser Bau erhebt sich zwischen der klassischen Fassade Smirkes und der durch Samuel Ware rekonstruierten (1815–18) Gartenfront des Burlington-Stadthauses. Auf interessante Weise wird hier durch die Anknüpfung modernster architektonischer Elemente an historische Bauten auf das Zusammenspiel von Gegenwart und Vergangenheit verwiesen.

Anders der *Innenhof*, in dessen Mitte *Sir Joshua Reynolds*, der erste Präsident der Royal Academy, thront: Die das Rechteck begrenzenden Gebäude, vor allem der geradeaus liegende Palazzo, tragen die Handschrift des 3. Grafen Burlington und seiner Freunde *William Kent* und *Colen Campbell*. Sie nämlich waren es, die das Anwesen nach palladianischen Maßstäben 1717–20 gestalteten; denn der Graf hatte auf seiner (damals für einen Gentleman fast unvermeidlichen) Bildungsreise nach Italien mit Palladios Werken Bekanntschaft geschlossen: Säulen, Balustraden, venezianische Fenster, Pilaster und Fenstergiebel – die typischen Attribute des neuen Stils – sind bestimmend.

In den Seitenflügeln, zusammen mit der Piccadilly-Fassade von Smirke neu errichtet, residieren verschiedene wissenschaftliche Gesellschaften: die ›Geologische Gesellschaft‹ von 1807 etwa, dann die ›Königliche Gesellschaft für Chemie‹ oder die ›Gesellschaft für Altertumsforschung‹. Im Ostflügel war bis in die 80er Jahre die ›Royal Society‹ untergebracht, die älteste wissenschaftliche Gesellschaft der Welt: Sie wurde 1660 schon gegründet. Aus der langen Reihe berühmter Präsidenten seien nur Christopher Wren (1680), Samuel Pepys (1684) und Isaac Newton (1703) herausgegriffen.

*Die Sammlung:** Der feste Bestand der Royal Academy, der die ersten 60 Jahre der Akademie von 1768–1830 dokumentiert, ist in den ›*Private Rooms*‹ (1. Stock) präsentiert. Sehenswert sind hier ein Marmorrelief von John Flaxman, ›Apollo und Marpessa‹ (ca. 1790–94, *Raum 1*), die Selbstporträts von Reynolds (ca. 1780) und Thomas Lawrence (ca. 1825, *Raum 2*). *Raum 3* ist Landschaftsbildern von Gainsborough und Turner gewidmet. Im angrenzenden ›*Kunstcafé*‹ kann man zwischen romantischen Landschaftsbildern und Putten Platz nehmen und die Atmosphäre dieser Räume aufnehmen. In der im Sommer 1991 eröffneten **Sackler-Gallery** im 2. Stock findet man neben wechselnden Sonderausstellungen die sehr gut präsentierte Skulpturensammlung der Akademie. Einzigartig ist hier der berühmte **Michelangelo-Tondo** ›Jungfrau mit Kind‹, 1504/5 für Taddeo Taddei gefertigt, 1822 von Georg Beaumont erworben und 1830 von seiner Witwe der Akademie vermacht. Das marmorne runde Bildwerk (Durchmesser ca. 110 cm) geht mit seiner reliefartigen Darstellung der Muttergottes mit dem Jesusknaben auf antike Traditionen (Medaillons) zurück und ist ein absolutes Meisterwerk seiner Art. – Die *Hauptgalerien* sind den wechselnden internationalen Ausstellungen vorbehalten.

Links von Burlington House öffnet sich eine von Londons teuersten Einkaufspassagen: *Burlington Arcade** (*Abb. S. 118*). Die 195 m lange Arkade, die 38 eleganten Geschäften ein einendes Dach bietet, wurde 1815–19 vom damaligen Besitzer des Burlington House, Lord George Cavendish, angelegt – als Schutz gegen den Abfall, den Passanten und Anwohner an dieser Seite ständig über die Mauer auf seinen Besitz warfen. 1911 erhielt die Arkade ein 2. Stockwerk. Sie befindet sich bis heute in Privatbesitz, und die sog. ›beadles‹ (Wachmänner in Uniform und mit Zylinder) achten darauf, daß britische Ordnung und Atmosphäre erhalten bleiben. Und wehe dem, der die Regeln für Besucher – ›Nicht singen, nicht pfeifen, nicht rennen! Geöffnete Regenschirme und das Spielen von Instrumenten sind untersagt!‹ – nicht einhält... – Der Arkade gegenüber liegt die **Cork Street**, eine von Londons bekanntesten Galeriestraßen.

Am oberen Ende der Arkade führt die Straße *Burlington Gardens* rechts zur völkerkundlichen Abteilung des Britischen Museums, dem **Museum of Mankind** ④. Sie gilt weltweit als die beste Sammlung ihrer Art. Wer sich also für das Leben alter Völker und die verschiedenen Kulturzonen der Erde interessiert, wer zum Beispiel die Kunst- und Gebrauchsgegenstände der Mayas, der Eskimos oder der australischen Aborigines studieren möchte, für den ist das ›Museum der Menschheit‹ ein Muß. Interessante Filmvorführungen (Di–Fr 13.30 und 15 Uhr)

117

Nichts für kleine Geldbeutel: Die Einkaufspassage Burlington Arcade *(S. 117)*

bieten zusätzliche Informationsmöglichkeiten. Das Gebäude selbst entstand 1866/67 unter dem Architekten James Pennethorne in den Gärten von Burlington House. Eine Zeitlang diente es als Hauptsitz der Londoner Universität, die dann 1900 nach Bloomsbury umzog *(S. 259)*.

Auf dem Rückweg durch die Burlington Arcade kann man dann entscheiden, ob man weiter durch die auf der gegenüberliegenden Straßenseite beginnende *Piccadilly Arcade* (1909/10) schlendern oder im weiter rechts hinunter am Piccadilly gelegenen *›**Ritz**‹ ㊷ in luxuriöser Umgebung mit Harfenmusik seinen ›afternoon tea‹ nehmen möchte. (Letzteres verlangt allerdings eine Reservierung, Tel. 071- 49381 81, und formelle Kleidung.) Die Einrichtung des palastartigen, 1906 erbauten Hotels (benannt übrigens nach seinem ersten Besitzer César Ritz) ist feinstes Louis-Seize; die exquisiten Deckenmalereien, die Farbgebung der Innendekorationen in Puderzucker- und Pastelltönen und die Ausblicke auf Green Park sind eine Augenweide.

Wer es lieber etwas ungezwungener hat, sollte am Piccadilly entlang zum ›Park Lane Hotel‹ gehen: Auch dort gibt es ›cream teas‹ bei Pianomusik. Wer dagegen die frische Luft vorzieht, dem sei auf jeden Fall der Spaziergang durch den **Green Park** empfohlen, der parallel zum Piccadilly verläuft: ein schlichter, ca. 17 ha großer Park mit altem Baumbestand, der unter Henry VIII noch Wildpark war. Charles II ließ ihn nach 1660 in die Königlichen Gärten integrieren, mit dem Namen

›Upper St James's Park‹. Blumenbeete gibt es angeblich deshalb nicht, weil Katharina von Braganza, die Gemahlin Charles' II, ihren Gatten eines Tages dabei ertappte, wie er für eine Mätresse Blumen pflückte – die eifersüchtige Dame ließ daraufhin alle Beete entfernen. Im 18. Jh. war der Park Schauplatz großer Feierlichkeiten, bei denen Feuerwerke abgebrannt wurden und Händelsche Musik erklang. Später wurde er häufiger Duellplatz; nach Mitternacht sollen die Duellopfer hier noch immer umherwandeln. Tagsüber sind sie freilich noch niemandem begegnet; vor allem im Frühjahr, wenn Tausende von Narzissen blühen, und im Sommer, wenn zu mietende Liegestühle zum Ausruhen einladen, dürften sie sich zu sehr gestört fühlen. Für die jungen Künstler, die das Gitter am Piccadilly sonntags zur Ausstellungsfläche ihrer Bilder umfunktionieren, gilt dies wiederum nicht.

> **Weiteres Programm:** *Hyde Park Corner (S. 292)*, wo auch der nächste U-Bahnhof liegt, könnte als Ausgangspunkt für einen Spaziergang durch **Hyde Park (Rundgang `21`) dienen. Ebenfalls nicht weit ist **Buckingham Palace (S. 95)*, und nach Norden schließt das noble *Mayfair an (**Shepherd Market, S. 284)*.

*** `7` Embankment und South Bank: Embankment · Somerset House (Courtauld Institute Galleries) · South Bank (National Theatre/MOMI)

Dauer des Rundgangs: ca. 2–3 Std.; **Museumsbesuche:** ca. 5–6 Std.; **U-Bahn:** Waterloo (Northern Line oder Bakerloo Line) **Bus:** 4, 5, 68, 70, 76, 149, 155, 171, 176, 188, 199, 501, 502, 507, 513, 555.

Embankment und South Bank: die beiden Namen bezeichnen mehr als nur die einander gegenüberliegenden Themseufer im Zentrum Londons. Land am Fluß ist meistens besonders geschichtsträchtig und bietet dem Besucher von heute entsprechend viel Abwechslung. Auf die Embankment-Seite trifft dies zu: Sie wird bestimmt von imposanten Bauwerken und der fast drei Kilometer langen viktorianischen Uferstraße. Anders das Südufer, das ursprünglich Schwemmland war, lange unbesiedelt blieb, meist nur landwirtschaftlich genutzt wurde und ab dem vorigen Jahrhundert Armenwohnviertel war. Nach dem 2. Weltkrieg jedoch kam der schlagartige Wandel: Am Südende der Waterloo Bridge verwirklichte man den ehrgeizigen Plan, ein neues und einzigartiges Kulturzentrum für die Hauptstadt zu schaffen. ›South Bank‹ ist seither ein Synonym für Ausstellungen und Konzerte, Lesungen und Führungen, Theater- und Filmaufführungen des gehobenen Anspruchs.

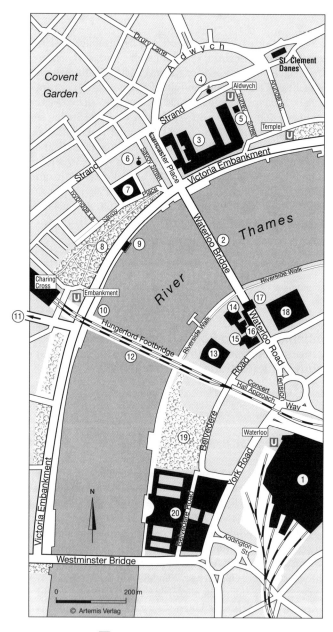

7 Embankment und South Bank

Der folgende **Rundgang** führt den Besucher immer in Flußnähe und fast immer in seiner Sichtweite durch diesen Teil Londons. Ausgangspunkt ist der *Bahnhof Waterloo* ① am Südufer. Über die gleichnamige *Brücke* ② (mit herrlichen Blicken) geht es zunächst hinüber zum Nordufer, wo am **Embankment eine von Londons bedeutendsten Kunstsammlungen, die ****Courtauld Institute Galleries*, ihren Sitz in **Somerset House ③ hat. Über die *Brücke von Charing Cross* ⑫ führt der Weg dann hinüber zum **South Bank mit den großen Theatern und Museen.

Zentraler Ausgangspunkt ist **Waterloo Station** ①. Dieser Bahnhof, 1848 gebaut, besticht durch seine eindrucksvolle Ingenieur-Architektur. Ausstattung und Technik des Bahnhofs hat man in den 20er und nochmals in den 80er Jahren modernisiert; das architektonische Kleid blieb jedoch unangetastet. Waterloo Station stellt für die Londoner die Verbindungen zum Süden Großbritanniens (Southampton, Portsmouth, Plymouth usw.) her.

Dem Hinweisschild ›*Waterloo Bridge*‹ folgend, wird man aus dem Gewimmel des größten Bahnhofs Londons herausgeführt (täglich über 1200 Züge!) und gelangt in das Verkehrsgewühl der *Waterloo Road*. Der Weg zur **Waterloo Bridge** ② führt durch unschöne Betongänge, aber der ****Blick** von der Brücke auf den Fluß und verschiedene Wahrzeichen Londons entschädigt völlig dafür: nach links reicht er bis zur *County Hall* ⑳, der Brücke von Westminster und dem Parlamentsgebäude, nach rechts auf **Somerset House ③ und über Blackfriars Bridge hinweg bis zur Kuppel von St Paul's Cathedral *(S. 168)* in der Ferne. Die Brücke selbst (1939–45) geht auf einen Entwurf von *Sir Giles Gilbert Scott* zurück; mit fünf weiten Bögen überspannt sie den Fluß. Ihre Vorgängerin war die weltberühmte Steinbrücke des Architekten *John Rennie*, erbaut 1811–17; sie wurde in den 30er Jahren – gegen den lauten Protest der Londoner – abgerissen.

** Somerset House ③ mit *King's College und den ***Courtauld Institute Galleries
(**U-Bahn:** Aldwych oder Temple)

Am Ende der Brücke trifft man auf *Lancaster Place*, biegt dann nach rechts in den *Strand* ein und geht dabei immer an einem der am großzügigsten angelegten Bauten entlang, die London überhaupt zu bieten hat: Somerset House.

Geschichte: Das erste und namengebende ›Somerset House‹ erbaute der Herzog von Somerset, damals Lord Protector des erst 10jährigen Edward VI, 1547–50. In jenen Tagen war der Strand noch eine Art befestigter Uferstraße, an der Stadtpaläste gebaut wurden, mit Gärten, die an die Themse hinunterführten. Der Palast erfreute sich schon bald großer Beliebtheit; verschiedene Königinnen nutzten ihn als Wohnsitz. Mitte des 18. Jh. jedoch begann zunehmender Verfall; 1774 wurde der Palast schließlich abgerissen.

Diese Gelegenheit nutzte George III für sich: Bei dem Architekten *Sir William Chambers* (1723–96) gab er nun seinen langgehegten Plan in Auftrag, ein repräsentatives und großes Verwaltungsgebäude am Ufer der Themse zu bauen. Chambers, der lange Studienaufenthalte in Italien und Frankreich hinter sich hatte, benutzte viele Anregungen, war klassizistisch geschult und vor allem der Palladianismus *(S. 373)* war ihm ein Herzensanliegen. Chambers war es dann auch, der diesen Stil im 18. Jh. zu neuer Größe führte. Er selbst wurde dadurch zu einem der bekanntesten Architekten seiner Zeit.

Die auffälligsten Merkmale von Chambers' Baustil sind langgezogene Gebäudeflügel – hier aus Portland-Stein –, deren horizontale Linien durch flache, auf hohen Säulen ruhende, Dreiecksgiebel unterbrochen werden. Die knapp 160 m lange Hauptfassade blickt zur Themse; sie ist besonders gut von der Waterloo-Brücke aus zu sehen, aber auch von der gegenüberliegenden Seite, dem *South Bank*, aus. Das Erdgeschoß ist mit Arkaden gestaltet, die früher im Wasser standen. Bei Ebbe oder niedrigem Wasserstand wurden sie als Verkaufs-, Arbeits- und Handelsplätze genutzt. In dem niedrigen breiten Torbogen in der Mitte befindet sich ein Schleusentor, das seine Funktion verlor, als man zu viktorianischen Zeiten das Ufer befestigte.

Der **Haupteingang** des Palastes befindet sich am *Strand*. Durch ein reich mit Stuck und Doppelsäulen verziertes Portal betritt man hier den riesigen **Innenhof**. Geradeaus fällt der Blick auf die *Statue* eines idealisiert dargestellten *George III*, zu seinen Füßen sitzt die allegorische Figur ›Vater Themse‹ (von John Bacon, 1778). Dahinter erhebt sich der zentrale Gebäudeteil des Themse-Flügels mit der hohen Kuppel. Hier treten die Baumerkmale des Palladianismus wieder sehr deutlich hervor: flacher Dreiecksgiebel, darunter Reliefs (›Aus dem Meer geborene Nymphe‹ von Richard Rathbone), Balustrade, Säulenvorbau, Arkadenerdgeschoß. Doch auch beim Blick zurück zum Nordeingang wird an dem Strand-Flügel deutlich, mit welcher Vielfalt und welchem

Geschick sich Chambers die Einflüsse des italienischen Baustils zu eigen gemacht hat.

Die beiden *Seitenflügel* des Palasts entstanden im 19. Jh. Den Ostflügel erbaute 1829–35 der Architekt Sir Robert Smirke; er beherbergt heute ***King's College**, das seit 1910 zur Universität von London gehört. 1856 fügte Sir James Pennethorne den Westflügel hinzu, der im 19. Jh. neben Verwaltungsinstitutionen auch lange Zeit Sitz der Royal Academy *(S. 115)* war. Danach waren hier verschiedene Regierungsämter, vor allem Finanzamt und Testamentarchiv, untergebracht. Sie blieben bis 1990, dem Jahr, in welchem sechs private Kunstsammlungen, die die Londoner Universität geerbt hatte, hier unterkamen. Namengebend für die neue Galerie, die *****Courtauld Institute Galleries**, wurde der Nachlaß von Samuel Courtauld (1865–1947), einem kunstinteressierten Industriellen, der in Großbritannien eine der wichtigsten Sammlungen impressionistischer und nachimpressionistischer Gemälde angelegt hatte; dazu gehören u. a. Werke von Cézanne, Degas, Gauguin, van Gogh, Manet, Monet und Renoir. Aus anderen Sammlungen kamen Werke von Botticelli, Goya, Rubens und Tintoretto hinzu, die in den neuen Räumlichkeiten (früher waren sie in einem kleineren Gebäude in Bloomsbury untergebracht) angemessen zur Geltung kommen.

Man erreicht die Galerie durch den Nordeingang (*Strand*-Seite) von Somerset House. Die restaurierten Räumlichkeiten, die ›Fine Rooms‹, waren ursprünglich für die ›Royal Academy‹ konzipiert, die hier 1780 ihre erste Ausstellung zeigte, 1836 dann die letzte; seit 1869 residiert die Akademie im Burlington House *(S. 115)*.

Die dorisch gestaltete Eingangshalle stellte sofort den Bezug zu den klassischen antiken Ursprüngen her; der heutige ›book shop‹ rechts war früher der Saal für ›life drawing‹, also Aktmalerei. Architektonisch auffällig ist das halbkreisförmig angelegte ***Treppengeschoß**, das von einer Glaskuppel bekrönt wird. Die repräsentativen Räume, die Chambers in Zusammenarbeit mit berühmten Malern seiner Zeit ausgestaltete, haben einiges von ihrer Pracht dadurch verloren, daß die Originaldeckengemälde abgenommen und nur teilweise durch Kopien ersetzt wurden. Die von Raum zu Raum unterschiedlich und nach Entwürfen von Chambers gestalteten Stuckdekorationen sind dagegen erhalten und teilweise *(Raum 5)* in ihrer ursprünglichen Farbgebung liebevoll restauriert worden.

*****Die Sammlung** wird auf zwei Stockwerken in 11 Räumen – nach Epochen und einzelnen Künstlern aufgeteilt – präsentiert. Die aufgeführten Titel stellen eine Auswahl der bekanntesten und wertvollsten Bildwerke dar:

Ein Schlüsselwerk des Impressionismus: Manets ›Eine Bar in den Folies Bergères‹, zu sehen in den Courtauld Institute Galleries

Raum 1: Renaissance (15.–16. Jh.): Botticelli: ›Hl. Dreifaltigkeit‹; Veronese: ›Die Taufe Christi‹; Cranach: ›Adam und Eva‹.
Raum 2: Italienische Kunst vom 16.–17. Jh. und Rubens: Parmigianino: ›Die Heilige Familie‹; Caravaggio: ›Ungläubiger Thomas‹ (ca. 1530); Rubens: ›Die Bekehrung des Paulus‹, ›Die Kreuzabnahme‹ (Modell für das Altarbild der Antwerpener Kathedrale).
Raum 3: Rubens und die Kunst des 17. Jh.: Rubens: ›Landschaft im Mondlicht‹ (ca. 1635–40), ›Die Grablegung Christi‹, ›Die Gnade James' I triumphiert über den Geiz‹ (Ölskizze für die Deckengemälde von Banqueting House, *S. 80*); A. v. Dyck: ›Kreuzigung‹.
Raum 4: Giambattista Tiepolo und die italienische Kunst des 18. Jh.: Entwürfe Tiepolos zu Altarbildern für die königliche Kirche S. Pascual in Aranjuez, südlich von Madrid.
Raum 5: Impressionismus und Nachimpressionismus: Manet: ›Eine Bar in den Folies-Bergères‹, ›Frühstück im Freien‹; Monet: ›Herbstlicht in Argenteuil‹; Renoir: ›Die Loge‹; Degas: ›Zwei Bühnentänzer‹; Gauguin: ›Nevermore‹, ›Mette-Sophie Gad, Madame Gauguin oder TeRerioa‹; van Gogh: ›Selbstbildnis‹, ›Pfirsichblüte im Crau‹.

Raum 6: Nachimpressionismus und Modigliani: Cézanne: ›Montagne Sainte-Victoire‹; ›Stilleben mit Cupido‹; Seurat: ›Die Seine bei Courbevoie‹.
Raum 7: Dekorgegenstände und Bildnisse: Gainsborough: ›Bildnis der Madame Gainsborough‹.
Raum 9 und 10: Malerei und Skulptur des 20. Jh. (hauptsächlich britische Kunst): Ben Nicholsen: ›Painting 1937‹;

Graham Sutherland: ›The Origins of the Land‹.
Raum 11: Italienische und niederländische Kunst des 14., 15. und 16. Jh.: Meister v. Flémalle (Robert Campin?): ›Die Grablegung Christi‹; Rogier v. der Weyden (zugeschrieben): ›Bildnis eines Mannes‹ (Guillaume Fillastre); Pieter Bruehgel: ›Die Flucht nach Ägypten‹.

Gegenüber dem Nordeingang von Somerset House liegt rechts auf einer Insel inmitten einer der verkehrsreichsten Straßen Londons, dem *Strand*, James Gibbs' Kirche *St Mary-le-Strand* ④. Sie wurde 1714–17 erbaut und gehörte zu den 50 Kirchen, die Königin Anne nach der Pest und ›Großem Feuer‹ *(S. 23–24)* für Londons wachsende Bevölkerung geplant hatte. Nur acht von ihnen wurden je gebaut. Schon in ihrer Entstehungszeit konnte St Mary von allen Seiten betrachtet werden. Wohl deshalb versah Gibbs, beeinflußt durch italienisch-barocke Vorbilder, die er während seines Studiums bei dem päpstlichen Architekten Carlo Fontana in Rom gesehen hatte, die Außenwände mit Girlanden und giebelüberfangenen Fenstern. St Mary war Gibbs' erste große Auftragsarbeit in London; später erbaute er u. a. auch St Martin-in-the-Fields *(S. 99)*. Der schlanke, stufig gestaltete Turm (den Gibbs in der dahinter auf dem Strand liegenden Wren-Kirche *St Clement Danes* – S. 157 – nochmals variierte) betont die Vertikale der zweigeschossigen Kirche.

Ein Eingang unter halbrundem Säulenportikus führt in das *Innere* des klar gegliederten Barockbaus. Sein einziger, dafür aber überschäumender Schmuck ist die mit Engeln, Blumenmotiven und Blattrankwerk reich verzierte gewölbte Kassettendecke. Die Brüder John und Chrysostom Wilkins gestalteten sie nach italienischem Vorbild. Das Licht fällt durch helle Fenster ein, die in der oberen Wand liegen, während die unteren Wände geschlossen sind, um dem Lärm der Straße abzuhalten (außen sind die Wände mit Scheinfenstern versehen) – schon zu Gibbs' Zeiten muß es hier also laut zugegangen sein. Die Apsis ist ebenfalls reich verziert (in der Mitte der Name ›Jehovah‹ auf Hebräisch). Die hellblauen Fenster ersetzten nach dem 2. Weltkrieg die bei einem Bombenangriff zerstörten viktorianischen Fenster. Die Kanzel dagegen gehört zur Originalausstattung.

Beim Verlassen der Kirche bietet sich ein weiter Blick über den *Strand* nach Westen. (Ob Charles Dickens' Eltern, die hier 1809 getraut wurden, dafür ein Auge hatten oder mehr füreinander, ist nicht überliefert.) Rechts die *Surrey Street* entlang trifft man in der Mitte der Straße rechts auf einen Tordurchgang, über dem ein Schild auf das ›**Römische Bad**‹ ⑤ verweist, das sich hier versteckt. Der irreführende Name kennzeichnet ein 5 m langes Bassin aus Tudorzeiten, das durch eine Quelle immer frisches Wasser enthielt – entsprechend dem römischen Vorbild. Wenn man sich als Gruppe nicht vorher anmeldet (Tel. 7 98 20 64), kann man es nur durch eine große Glasscheibe betrachten.

Die *Surrey Street* weiter rechts hinunter gelangt man nun zur Themse. Die alten Backsteingebäude auf der rechten Seite, heute zum King's College der Universität gehörig, waren früher das ›*Norfolk Hotel*‹. Unten biegt man rechts in *Victoria Embankment* ein.

** **Embankment** ⑥–⑫ (**U-Bahn:** Embankment oder Temple)

Diese fast 3 km lange Uferstraße zwischen Westminster und Blackfriars Bridge ist das Produkt eines der größten Bauprojekte Londons im 19. Jh. Nachdem 1850 über 20 000 Menschen an der Cholera gestorben waren, fand man 1854 zu der Einsicht, daß die Abwässer, die in den Fluß gepumpt wurden, mit der Epidemie in direktem Zusammenhang standen. Da der Gestank der Themse auch für die Regierungsmitglieder in Whitehall am Fluß nicht mehr auszuhalten war, wurden 1864–70 unter der Leitung des Ingenieurs *Sir Joseph Bazalgette* steinerne Uferbefestigungen errichtet, die dem Gezeitenunterschied standhielten. Dahinter wurden Abwasserkanäle gezogen, ein Eisenbahntunnel gebaut, und oberhalb legte man eine großzügige Uferstraße an.

Die Eindrücke, die ein Spaziergang auf dem Embankment bietet, sind vielfältig: Man schaut dem Treiben an und auf dem Fluß zu, genießt den Blick auf die hier ankernden Schiffe und verweilt zwischendurch auf einer der Bänke, die durch ihre Gestaltung mit Sphinxköpfen schon auf den Obelisken in der Nähe verweisen *(S. 127)*. Spätestens auf dem Weg dorthin unter der Waterloo-Brücke hindurch, die von hier aus gut in ihrer Gesamtkonstruktion zu sehen ist, fallen die schmiedeeisernen viktorianischen Lampen ins Auge, deren massiver Form zierende Delphine Leichtigkeit verleihen *(vgl. S. 71)*. Und wenn man Glück hat, trifft man auch die ›*pavement artists*‹, die Pflastermaler, an und bestaunt ihre farbenfrohen Schöpfungen.

Hinter der Brücke geht rechts die *Savoy Street* hinauf; sie führt zu einem kleinen Platz mit einer Kirche: *Savoy Chapel* ⑥. Sie ist als einziges Bauwerk von einem großen Hospital übrig geblieben, das Henrys VII an der Stelle erbaut hatte, an welcher im Mittelalter zu Zeiten Henrys II der 1381 während des Bauernaufstandes abgebrannte Savoy-Palast gestanden hatte. Henry VIII ließ die Kapelle 1505–11 im Stil der englischen Spätgotik (Perpendicular Style) ausgestalten. Nach

Ägypten an der Themse: Sphinx-Figur am Victoria Embankment

einem Feuer 1864 wurde sie dem alten Vorbild entsprechend von Robert Smirke wiederaufgebaut. Besonders sehenswert sind das Königliche Gestühl und die reich verzierte Holzdecke.

Draußen sieht man rechts schon den **Savoy-Komplex** ⑦. Das *Savoy Theatre*, wie das *Savoy Hotel* von Richard D'Oyly Carte gebaut, diente den komischen Opern von W. S. Gilbert und Arthur Sullivan als Bühne; der heutige Bau von Tugwell und Ionides (1929) wird für Musicalaufführungen genutzt. *Savoy Hill* hinuntergehend, kommt man nun zum *Savoy Place* und dem unteren Eingang des *****Savoy Hotel**. Er führt in eine ganz eigene Welt, die 1884–89 und 1903–10 erbaut wurde: das glänzende Interieur eines der (immer noch) besten Hotels der Welt – nichts für kleine Geldbeutel. Aber einen Kaffee oder Sherry sollte man sich – allein schon des gerühmten Themseblickes wegen – gönnen.

Direkt hinter dem Hotel zum Fluß hin liegen die **Embankment Gardens** ⑧, in denen verschiedene Statuen berühmter Londoner stehen; links zum Beispiel ein Denkmal mit einer trauernden Frauenfigur für den Komponisten Arthur Sullivan. Gegenüber an der Themse ragt der Obelisk in den Himmel, der seit seiner Ankunft in London 1878 verniedlichend *›**Cleopatra's Needle**‹ ⑨ genannt wird – obwohl er mit der ägyptischen Königin nichts zu tun hat. Er ist aus rosafarbenem Assuan-Granit gebrochen, ca. 20 m hoch und 186 t schwer.

›Kleopatras Nadel‹ stand – zusammen mit ihrem Pendant, das in New York im Central Park, mittlerweile sehr umweltgeschädigt, seine neue Heimat hat – ab 1450 v. Chr. in Heliopolis vor dem Tempel des Sonnengottes und rühmte mit ihren Inschriften die Taten des Pharaos Thutmosis III. Ramses II., der Große, fügte ca. 200 Jahre später noch die Darstellungen eigener Ruhmestaten hinzu. Im Jahre 12 v. Chr. wurde der Obelisk nach Alexandria, Kleopatras Hauptstadt, gebracht. 1819 machte ihn der ägyptische Vizekönig Mohammed Ali der britischen Nation bei einem Besuch in London zum Geschenk. Erst 1877 kam der Obelisk, in einem Eisenzylinder verschifft, nach London und erhielt 1878, im 42. Regierungsjahr der Königin Victoria, seinen neuen Platz. In sein Fundament wurden für eventuelle spätere Forschungen zeitgenössische Utensilien eingelassen: Zeitungen, Münzen, ein Zugfahrplan, Haarnadeln und ein Bild von Victoria. Die beiden Sphinxen aus Bronze, Werke von G. J. Vuliamy, wurden 1882 hinzugefügt.

Hinter den Gärten erhebt sich der fast quadratische, 70 m hohe graue Betonklotz des *Shell-Mex House*, das 1931 erbaut wurde und die größte Turmuhr Londons trägt. Weiter am Fluß entlang liegt der **Charing Cross Pier** ⑩, von dem aus regelmäßig Schiffe stromabwärts nach Greenwich *(S. 236)* fahren. Wer sich für Conan Doyle und seine Sherlock-Holmes-Romane interessiert, sollte einen kleinen Abstecher in die *Northumberland Avenue* hinter dem Charing-Cross-Bahnhof machen; im Restaurant ›**Sherlock Holmes Tavern**‹ ⑪ hat man dem großen Kriminalisten ein kleines Privatmuseum eingerichtet.

Auf der rechten Straßenseite, vor der U-Bahn-Station Embankment, führen einige Stufen zur **Charing-Cross-Eisenbahnbrücke** ⑫, die 1863–66 konstruiert wurde, um die viktorianischen Londonbesucher direkt ins Stadtzentrum zu bringen. Die Fußgängerbrücke, die längs der Gleise verläuft, heißt *Hungerford Bridge*, so wie die alte Hängebrücke, die durch die viktorianische Eisenkonstruktion ersetzt wurde. Von ihr bietet sich wieder ein sehr schöner Blick auf den Fluß, die *Blackfriars Bridge* (Ingenieur-Architektur, erbaut 1860–69 von Joseph Cubitt und H. Carr), dahinter St Paul's Cathedral, links das Embankment und rechts das nun zu erkundende Kunst- und Kulturzentrum am South Bank.

** **South Bank** ⑬–⑱ (U-Bahn: Waterloo)

›South Bank‹ gehört zu den größten Projekten, die nach den Zerstörungen des 2. Weltkriegs in London in Angriff genommen wurden. Es galt, das Leben in der Nachkriegszeit schnell zu verbessern – vor allem auch in einem Stadtgebiet, das lange kulturell vernachlässigt worden war. 1951 dann war es soweit: In der Royal Festival Hall wurde das ›Festival of Britain‹ eröffnet, verknüpft mit Feierlichkeiten zum 100. Jahrestag der Londoner Weltausstellung (1851) und der Erinnerung an große

Zeiten. Außerdem wurde der erste Teil eines langgehegten und nicht unumstrittenen Planes verwirklicht, bei dem im Laufe der Jahre das größte Kunstzentrum Großbritanniens entstand, das in seiner Vielseitigkeit kaum zu überbieten ist.

Die *Royal Festival Hall ⑬, bis 1965 nach einem Entwurf von Robert Matthew und J. M. Martin weiter ausgebaut, bietet mit ihren 3400 Plätzen genügend Raum für große Konzerte bedeutender Orchester oder Solisten; ihre Akustik wird von Akteuren und Zuschauern gleichermaßen gerühmt. Täglich, an Wochenenden auch in zusätzlichen Matinee-Vorstellungen, bietet sie dem Besucher Kulturelles, tagsüber auch Ausstellungen und die verschiedensten Aktivitäten (z. B. Caféhausmusik oder Liedervorträge). Mehrere Restaurationen sorgen für das leibliche Wohl; das Restaurant bietet außerdem einen wunderschönen **Themseblick. Auch abends, wenn die Sehenswürdigkeiten der Stadt angestrahlt werden, lohnt sich der Weg hierher; bei Konzerten ist der Blick von der Terrasse in den Pausen im Preis inbegriffen (und wenn in dem Gebäude selbst abends die Lichter angehen, kann es tatsächlich festlich aussehen – eine Wirkung, die tagsüber angesichts der drückenden Betonburgen kaum erzielt werden kann).

Für kleinere Kammer- und Solistenkonzerte wurden 1967 in dem anschließenden Gebäude die **Queen Elizabeth Hall** ⑭ und der **Purcell Room** eröffnet. Sie können 1100 bzw. 270 Besucher aufnehmen und bieten mit ihren überschaubaren Räumlichkeiten eine intime Atmosphäre als die imposante Royal Festival Hall.

1968 schließlich wurde das graue ›Betonlabyrinth‹, wie die Londoner die Gebäude am South Bank auch (nicht gerade liebevoll) nennen, um die **Hayward Gallery** ⑮ erweitert. Sie ist schon von weitem als Gebäude zu erkennen, in dem moderne Kunst ausgestellt wird: Auf dem Dach bewegt sich eine von Philip Vaughan und Roger Dainton geschaffene bizarre Neonskulptur im Wind. Die Hayward Gallery ist eines der wichtigsten Museen für große internationale Wanderausstellungen in England. Ursprünglich vom ›Arts Council‹ (brit. Kulturträger) verwaltet, untersteht es erst seit 1987 dem South Bank Centre. Ausstellungsschwerpunkt ist die zeitgenössische britische Kunst wie Frank Auerbach, Gilbert and George und Richard Long. Hervorragend sind die Präsentationsmöglichkeiten: Kein Raum gleicht dem anderen, mobile Trennwände bieten weitere Variationen, die gleichbleibenden Kunstlichtverhältnisse sorgen für eine perfekte Ausleuchtung, drei Höfe bieten zusätzlichen Platz für Skulpturen – ein wirklich einzigartiges Museum für sehr eigenwillige Kunst.

Für das nächste Gebäude werden nicht nur Cineasten sich Zeit nehmen wollen: das **Museum of the Moving Image** ⑯, kurz ›MOMI‹,

South Bank bedeutet Theater: Straßenschauspieler auf den Terrassen des Britischen Nationaltheaters

bekannt als das größte Filmmuseum der Welt. (Ein Hinweis: Da es langfristig noch keine Möglichkeit gibt, hier etwas zu essen, sollte man vorher gegebenenfalls eine der Restaurationen der umliegenden Theater aufsuchen.) Es wurde 1988 als letztes Gebäude des Kulturzentrums eingeweiht und zeigt schon durch seine Bauweise, bei der Stahl und Glas überwiegen, daß es aus dem ›Nach-Betonzeitalter‹ stammt. Überwiegend finanziert wurde es von *John Paul Getty*, der die Pläne des

Britischen Filminstituts und des Nationalen Filmarchivs unterstützte, »ein Museum zu bauen, das lebendig ist«, ein Haus also, das seine Besucher in die Ausstellung miteinbezieht und sie motiviert, die Schaustücke zu benutzen und zu erleben. Kinder und Erwachsene werden gleichermaßen entführt in die Welt des Films mit all ihren Ausprägungen. 52 Ausstellungsstationen führen chronologisch durch die Geschichte des ›Bildes‹. Der Weg vom chinesischen Schattenspiel (2000 v. Chr.) über die ›Laterna Magica‹, erste Fotografien und Stummfilme, hin zum Tonfilm mit seinen vielen Genres (Western-, Kriegs-, Liebes-, Tanzfilme etc.), weiter zum Farbfilm, zum Fernsehen und bis zur Videotechnik ist durch Ausstellungsobjekte sehr plastisch veranschaulicht. Charlie Chaplins Handstock und seine Schuhe etwa sind ebenso zu sehen wie Marilyn Monroes weißes Kleid aus dem Film ›Das verflixte 7. Jahr‹. Fast immer kann der Besucher sich selbst den Entwicklungsabschnitt veranschaulichen, indem er z. B. entsprechende Filmausschnitte selbst aussucht oder sich gar in eine nachempfundene Produktion (Film und Fernsehen) miteinbeziehen läßt. Schauspieler in historischen Kostümen, die durch die wichtigsten Entwicklungsabschnitte führen, stehen dabei für Fragen zur Verfügung, bedienen alte Vorführkameras, treten als Regisseure in einem großen Hollywood-Studio auf oder fordern sogar den Besucher auf, Rollen zu übernehmen, für die er dann kostümiert und geschminkt wird.

Das angrenzende **National Film Theatre** ⑰ wurde 1951–57 praktisch unter der Waterloo Bridge gebaut. In zwei riesigen Kinos (über 1000 Plätze) wird mit täglich wechselndem Programm anspruchsvolle Filmkunst geboten.

Jenseits der Brücke folgt schließlich das *National Theatre ⑱, 1963 begründet und nach vielen Schwierigkeiten seit 1976 in dem Komplex an der Themse untergebracht. Mit diesem – ebenfalls sehr umstrittenen – Bau bot sich dem britischen Theater endlich eine längst notwendig gewordene Hauptbühne. Die Betonburg entwarf Denys Lasdun: 2400 Besucher finden hier Platz; im Restaurant können 1000 Personen gleichzeitig bedient werden; 8 Bars sorgen in den Pausen für die Zuschauer; großzügig angelegte Foyers bieten abwechslungsreiche Vorprogramme (sie sind meist auch ohne Eintrittskarte zugänglich). Drei Bühnen ziehen mit ihren vielseitigen Programmen die Besucher an – denen übrigens täglich, außer sonntags, auch Führungen durch das Gebäude angeboten werden. Das größte Auditorium im National Theatre ist das *Olivier Theatre* (1160 Plätze), benannt nach dem ersten Leiter des Nationaltheaters, dem Schauspieler Sir Laurence Olivier. Der Zuschauerraum ist fächerartig angelegt und bietet auf allen Plätzen eine gute Sicht; die Akustik ist allerdings nicht immer gleich gut. Das

Fragwürdiger Pomp im Pseudo-Renaissance-Stil: Die leerstehende London County Hall

Lyttelton Theatre (895 Plätze) wurde nach einer Familie benannt, die sich als Förderin des Nationaltheaters große Verdienste erworben hat. Die traditionelle Guckkastenbühne ist mit neuester Technik ausgestattet, doch läßt die Akustik auch hier manchmal leider zu wünschen übrig. Im Gegensatz zu den beiden anderen Bühnen bietet das *Cottesloe Theatre* experimentelles Theater. Es hat ein Stammensemble herangebildet, mit dem sich, trotz immer wieder neuer Anforderungen, ein routinierter und überzeugender Aufführungsstil entwickelt hat. Die Namensgebung erfolgte ebenfalls nach einem Förderer. Entspechend der Funktion gibt es in diesem Theater keine Bühne, sondern einen Spielraum in der Mitte, um den je nach Bedarf 200 bis 400 Zuschauer gruppiert werden können.

Nach dem Besuch der Museen und Theater des South Bank bietet sich ein Spaziergang durch die **Jubilee Gardens** ⑲ südlich der Charing Cross Bridge an. 1977 anläßlich des 25jährigen Kronjubiläums von Elizabeth II angelegt, sind sie Teil des 12 km langen *Jubilee Walk*, der den Besucher anhand von im Boden eingelassenen Steinen durch die Stadt führt (vgl. S. 69). Das Denkmal in den Gärten erinnert an die Briten, die mit den Internationalen Brigaden am Spanischen Bürgerkrieg teilnahmen. Weiter am Fluß entlang – gegenüber liegen die Regierungs- und Verwaltungsgebäude von Whitehall und Westminster – trifft man immer wieder auf im Boden eingelassene Platten mit Zitaten von berühmten englischen Literaten, die sich dichterisch über die Themse geäußert haben. Letzte Station ist hier die imposante **London County Hall** ⑳ mit ihrer 250 m langen Fassade. Im Pseudo-Renaissance-stil von Ralph Knott entworfen und 1912–33 erbaut, war sie bis 1986 Sitz des Stadtrats von Groß London, der dann aufgelöst wurde – die einzelnen Gemeinden übernahmen ihre Verwaltung selbst. Seitdem ist unklar, was mit dem riesigen Komplex (9 Stockwerke, über 2000 Räume) geschehen soll. Einige Stufen führen weiter hinauf zur ***Westminster Bridge (S. 69)*; am Ende der Brücke ist rechts der Eingang zum *U-Bahnhof Westminster*.

> Als **weiteres Programm** ab hier könnten die Rundgänge 3 *(Whitehall)* oder 2 *(Westminster)* in Frage kommen.

* 8 **Westend II: Aldwych · Covent Garden · Leicester Square**

Dauer des Rundgangs: ca. 2 Std. **U-Bahn:** Aldwych (Piccadilly Line) oder Temple (District Line); **Bus:** 1, 4, 6, 9, 11, 13, 15, 15B, X15, 30, 68, X68, 77A, 168, 171, 171A, 176, 188, 196, 501, 502, 505, 513

Etwa auf der Mitte der Achse *Fleet Street – Strand*, die Westminster und City miteinander verbindet, öffnet sich nach Norden halbmondförmig der Straßenzug ***Aldwych**. Erst 1905 eröffnet, sollte dieser Verkehrshalbkreis – in dessen ›Auge‹ James Gibbs' barockes Meisterwerk **St Mary-le-Strand (S. 125)* tapfer dem Verkehrsstrom trotzt – das nördlich anschließende ›Borough of Holborn‹ an den *Strand* anbinden. Die Straße *Kingsway*, die vom Scheitelpunkt von Aldwych aus nach Norden führt, ist die Hauptschlagader dieser Verbindung.

> Der östlich des *Kingsway* gelegene Juristenbezirk Holborns, **›The Temple‹, ist einem späteren Rundgang vorbehalten *(S. 142)*; das westlich gelegene Theaterviertel rund um *Covent Garden, *Leicester Square und *Drury Lane* ist vorher Ziel des folgenden Spaziergangs.

Auf die hochkarätige Londoner Theaterwelt – jenes ›Westend‹, das man durchaus in einem Atemzug mit dem New Yorker Broadway nennen darf – weisen bereits zwei Bauten an Aldwych hin: das **Strand Theatre** ① und das **Aldwych Theatre** ②, letzteres immerhin bekannt als Londoner Bühne der *Royal Shakespeare Company*, die jedoch seit 1982 im neuen Barbican Centre *(S. 184)* ihr neues Quartier hat. Eingerahmt von beiden wird eine weitere Londoner Institution: das vornehme ***Waldorf Hotel** ③, das kurz nach Eröffnung des Aldwych seine Pforten öffnete und von seinem zwar etwas behäbigen, aber dennoch distinguierten Bild bis heute nichts verloren hat. Und um noch einen großen Namen zu nennen: **Bush House** ④ schräg gegenüber ist das Gebäude, von dem aus der **BBC World Service** seine Nachrichten und Berichte in

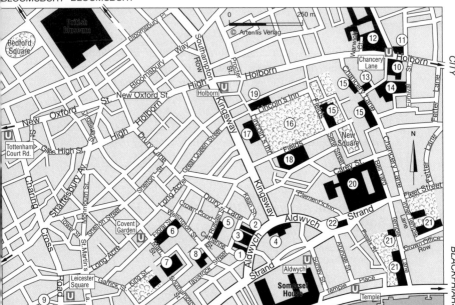

8 Westend II

① Strand Theatre *(S. 133)*
② Aldwych Theatre *(S. 133)*
* ③ Waldorf Hotel *(S. 133)*
④ Bush House (BBC World Service/
   India House/Australia House)
   (S. 133)
* ⑤ Drury Lane Theatre (›Theatre
   Royal‹) *(S. 135)*
* ⑥ Royal Opera House *(S. 135)*
* ⑦ Covent Garden Market/*St Paul's
   (S. 136)
⑧ London Transport Museum
   (S. 139)
* ⑨ Leicester Square *(S. 139)*

9 Holborn: Die Inns of Court

* ⑩ Staple Inn *(S. 143)*
⑪ Prudential Building *(S. 144)*
* ⑫ Gray's Inn *(S. 144)*
⑬ London Silver Vaults *(S. 145)*
⑭ Patent Office *(S. 145)*
** ⑮ Lincoln's Inn *(S. 145)*
** ⑯ Lincoln's Inn Fields *(S. 146)*
* ⑰ Lindsay-Haus *(S. 148)*
⑱ Royal College of Surgeons/Hunte-
   rian Museum *(S. 148)*
** ⑲ Sir John Soane's Museum *(S. 148)*
⑳ Royal Courts of Justice *(S. 151)*
** ㉑ The Temple *(S. 152)*
* ㉒ St Clement Danes *(S. 157)*

fast alle Länder der Welt sendet. (Links und rechts davon haben im **India House** und dem **Australia House** zwei Mitglieder des Commonwealth ihre Repräsentanz im Mutterland.)

Von Aldwych (dessen Name übrigens vermutlich zurückgeht auf die Zeiten König Alfreds, der den von ihm besiegten Dänen das hier liegende Gebiet übertrug, da es sich dabei um eine ihrer ›alten Siedlungen‹ – ›ald wic‹ – handelte) biegen wir nun in die **Drury Lane** ein. Hier beginnt das eigentliche Theater- und Amüsierviertel Westend/Soho *(vgl. S. 141)*. Im 16. und 17. Jh. war Drury Lane eine bei den tonangebenden Kreisen äußerst beliebte Wohngegend, ehe sie im 18. Jh. an

Eleganz verlor und überwiegend mit alkoholischen Exzessen und Schlägereien assoziiert wurde. Bis zum Ende des 19. Jh. hatte sich sogar eine der schlimmsten Slumgegenden Londons hier etabliert; erst mit dem Bau von Kingsway und Aldwych wurde dieser Notstand beseitigt.

Nach links biegt die *Russell Street* ab. Hier steht, an der Ecke zur *Catherine Street*, das traditionsreiche ***Drury Lane Theatre** ⑤, das offiziell eigentlich **Theatre Royal** heißt. Dieses mit 3000 Sitzen größte Londoner Theater gilt heute als Mekka vor allem für Musical-Fans. Diverse Statuen in den Vorräumen des Theaters erinnern aber auch noch an die Zeiten, in denen hier in der Hauptsache gefühls- und gestenreiches Sprechtheater aufgeführt wurde. Denn bereits im 17. Jh. stand an dieser Stelle ein Theater – angeblich sogar jenes, in dem *Nell Gwynne* vor 1665 Orangen (und vermutlich einiges mehr) verkaufte, ehe sie es zur Schauspielerin brachte und zur Geliebten Charles' II avancierte. *John Dryden*, eine weniger umstrittene Berühmtheit, war in den 1670er und 80er Jahren Hausdramatiker des Theaters; im 18. Jh. lag die Kontrolle des Betriebs weitgehend in den Händen von frühen Schauspielerstars wie *Colley Cibber* und *David Garrick*. Zu den berühmten SchauspielerInnen, die ihren ersten großen Auftritt hier hatten, gehörten auch Sarah Siddons, John Kemble und Edmund Kean.

Die *Russell Street* selbst und ihre Nebenstraßen waren im 17. und 18. Jh. berühmt für ihre Kaffeehäuser. Dryden, Pope, Swift, Fielding, Smollett und natürlich der fast schon unvermeidliche Dr Johnson gaben sich hier ein Stelldichein (etwa im legendären ›Will's Coffee House‹ in der *Bow Street*). Nach Zeitberichten, die allerdings von den eigenen biographischen Beschreibungen der Betroffenen abweichen, war Haus Nr. 8 der Ort, an dem Johnson seinen späteren Biographen James Boswell kennenlernte *(vgl. S. 157)*. Für Henry Fielding, den Autor der Geschichte vom Findling ›Tom Jones‹ (1749) und des ›Covent-Garden Journal‹ (1752), mag der Besuch im Kaffeehaus eine willkommene Abwechslung von seinem eigentlichen Alltagsgeschäft, der Tätigkeit als Magistrat, gewesen sein. Als solcher residierte er in der rechts in die Russell Street führenden *Bow Street*; und nach dieser wurde auch die von Fielding eingeführte frühe Polizeitruppe bezeichnet, die die ständig anwachsende Zahl von Überfällen bekämpfen sollte: die ›Bow Street Runners‹ *(vgl. S. 28)*.

An der Ecke Bow Street/Floral Street folgt nun das ***Royal Opera House** ⑥, weltbekannt auch als **Covent Garden Theatre** und eine *der* Adressen für Opern- und Ballettenthusiasten. In früheren Jahrhunderten wurde hier auch das Sprechtheater gepflegt; mit David Garrick, Sarah Siddons und Edmund Kean ist auch dieses Theater nicht arm an berühmten Schauspielern, die hier Triumphe feierten. Doch gab auch

Enrico Caruso hier einst ein Gastspiel und Diaghilevs russische Ballett-truppe trat in Covent Garden erstmals vor britischem Publikum auf. Seit 1956 hat das ›*Royal Ballet*‹, das aus dem ›Sadler's Wells Ballet‹ hervorging, sein Stammhaus an der Floral Street; die ›Royal Opera Company‹ residiert hier seit 1946. – Ein kleines *Theatermuseum* (um die Ecke in der *Mart Street*) dokumentiert die Geschichte des Theaters, seiner Architektur und seiner Hilfsmittel und läßt auch die Menschen, die diese Geschichte schrieben, nicht aus den Augen.

* **Covent Garden Market/*St Paul's Church** ⑦
(**U-Bahn:** Covent Garden)

Einen Steinwurf vom Opernhaus entfernt liegen die Markthallen von Covent Garden – einst Umschlagplatz für Obst und Gemüse, heute liebevoll rekonstruierter Trödel- und Snackbasar sowie ein Treffpunkt für Gaukler und Straßenkünstler und die, die ihnen gerne zuschauen.

Der Name dieses ehemaligen Marktes verweist noch zurück auf die Geschichte dieser Gegend. Denn ursprünglich erstreckte sich hier von *Long Acre* bis zum *Strand* ein Garten, der zum Kloster der Mönche von Westminster Abbey gehörte: der ›Convent Garden‹. Im Zuge der Säkularisation kam das Gelände an den *Earl of Bedford*, dessen Erben sich schließlich 1631–35 die Hilfe des Stararchitekten *Inigo Jones* sicherten, um hier eine standes- und zeitgemäß erscheinende Wohnanlage nach italienischem Vorbild zu errichten. Jones' Entwurf sah einen großen Platz vor, der auf zwei Seiten von eleganten Reihenhäusern gesäumt werden sollte. Diese ehemalige Gestalt des Platzes kann man heute allenfalls erahnen, auch wenn ein sehr viel jüngeres Ensemble von Häusern auf der Nordseite versucht, Jones' Entwurf nachzuempfinden.

Im Süden wurde der Platz einst von den Gärten des vom ersten Earl of Bedford errichteten Herrenhauses begrenzt, auf der Westseite sollte *St Paul's Church* dem Ganzen Geschlossenheit verleihen. Da der Earl jedoch ein sparsamer Mann war und als Angehöriger der Low Church ohnehin wenig Interesse an aufwendigen Kirchenbauten hatte, sollte St Paul's nach seinen Vorstellungen »little better than a barn« sein – woraufhin Jones ihm »the handsomest barn in England« versprach. So entwarf Jones, was dem Besucher heute im Gedränge, das zumindest an schönen Tagen auf dem Platz vor den Markthallen herrscht, meistens entgeht: eine relativ einfache rechteckige Grundform, die an ihrer ›Schauseite‹, d. h. nach Osten zum offenen Platz hin, mit einer Säulenhalle versehen ist. Diese Konstruktion brachte es jedoch mit sich, daß der Altar im Inneren nach Westen ausgerichtet war. Da sich damit aber der eher traditionsbewußte Klerus unter Führung des Londoner Bischofs William Laud nicht recht anfreunden konnte, mußte der ur-

Rush Hour in der Fleet Street *(S. 161)*. Im Hintergrund die Kuppel von St Paul's

sprüngliche Bau geändert werden. Neue Türen wurden eingesetzt und der eigentliche Haupteingang wurde bis heute nie als solcher genutzt. Von Anfang an galt St Paul's als die Kirche der Theaterleute und sonstigen Künstler (denen der Platz vor der Kirche also ganz zu Recht gehört), und zahlreiche Gedenktafeln im Innern der Kirche verweisen unübersehbar auf diese Funktion. Eine silberne Urne im Südteil enthält die Asche der großen Schauspielerin *Ellen Terry*; zu den Berühmtheiten, die in und um die Kirche ihre letzte Ruhestätte gefunden haben, gehören auch die Literaten *Samuel Butler* und *William Wycherley*.

Der eigentliche Marktbetrieb geht zurück auf eine königliche Charta von 1661. Sie gestattete dem Duke of Bedford die Einrichtung eines Obst-, Gemüse- und Blumenmarktes und in dieser Funktion gelangte Covent Garden über die Jahrhunderte hinweg zu Berühmtheit. George Bernard Shaw ließ sein Drama ›Pygmalion‹ um Eliza Doolittle, das Blumenmädchen von Covent Garden, denn auch stilgerecht vor der Kulisse von St Paul's beginnen.

Nachdem diverse späte Erben der Bedfords sich ihrer möglichen finanziellen Nöte durch die Veräußerung ihrer Rechte am Markt entledigt hatten, bestand dieser in seiner Funktion mehr oder weniger unverändert fort. Erst 1974 wurde er in (zunächst) räumlich weniger beengte Verhältnisse in Nine Elms/Vauxhall verlegt. Die in den 1830er Jahren entstandenen *Markthallen jedoch wurden weitgehend in die hier 1980 eröffnete Fußgängerzone integriert. So stellt sich Covent Garden heute mit seinen kleinen Läden, Boutiquen, Galerien, Cafés, Kneipen, Restaurants und den immer wieder wechselnden Straßenartisten dem Besucher als ein quicklebendiges Zentrum urbanen Lebens dar, das nie zur Ruhe zu kommen scheint. An Samstagen findet im *Jubilee Market* südlich des Hauptplatzes ein Markt für kunstgewerbliche Produkte statt.

Auf dem Areal des ehemaligen Blumenmarktes im Südosten des Covent Garden-Platzes hat das **London Transport Museum** ⑧ sein Quartier. Die verschiedensten Vorläufer der roten Londoner Doppeldeckerbusse können hier besichtigt werden, ebenso Dampflokomotiven oder die erste Londoner U-Bahn. Die sehr besucherfreundlich gestaltete Ausstellung versteht es, große und kleine Kinder ständig zu eigenen Aktivitäten in, um und mit den Fahrzeugen anzuregen.

✳ **Leicester Square** ⑨ **(U-Bahn:** Leicester Square)

Über *King Street, Garrick Street* und *Cranbourn Street* geht es von Covent Garden aus zum Leicester Square: ins Herz von Londons Theaterland.

ALIVE ON STAGE

RICHARD O'BRIEN'S

THE ROCKY HORROR SHOW

PICCADILLY THEATRE

TONIGHT at 7·00 and 9·15

Der Platz begann seine Karriere mit der Entscheidung eines Sohns eines Earl of Leicester im 17. Jh., sich hier ein Stadthaus zu errichten. Dem 1637 erbauten Wohnhaus folgte die Anlage eines zeittypischen Platzes mit einer zentralen Parkanlage, die – auch nicht ganz untypisch für die Zeit – schnell zu einem Lieblingsplatz der Duellanten wurde. Während des 18. Jh. blieb Leicester Square eine durchaus annehmbare Adresse für diejenigen Kreise, die sich derartige Erwägungen überhaupt leisten konnten. Im 19. Jh. aber verlor das Gebiet an Attraktivität für die ›besseren‹ Kreise. Eingeleitet wurde diese Entwicklung schon dadurch, daß sich in den vorhergehenden Jahrzehnten einige – noch dazu aus dem kontinentalen Ausland stammende! – Händler erdreistet hatten, die von ihnen erworbenen Häuser auch zu Geschäftszwecken zu nutzen.

Der eigentliche ›Abstieg‹ aber kam Mitte des 19. Jh. mit der Anlage der *New Coventry Street*, die das Verkehrsaufkommen auch in dieser Gegend erheblich erhöhte. Viele ehemals noble Privathäuser wurden geräumt, und es zogen Hotels, Ausstellungshäuser und Geschäfte hier ein. In den folgenden Jahrzehnten etablierten sich auch immer mehr Theater am Platz und in seiner Nähe, und der Ruf des Viertels verschlechterte sich zunehmend.

Heute ist *Leicester Square* eine Fußgängerzone, die freilich wenig vom Charme eines Covent Garden hat. Das Erscheinungsbild des Platzes dominieren die riesigen Plakatwände der zahlreichen Kinos, Snackbars und verschiedenen Restaurants, die zu (fast) jeder Tageszeit und für jeden Geldbeutel etwas bieten. Doch wen lauter und ein wenig hektischer Amüsierbetrieb nicht stört und wer gerne einfach nur Menschen beobachtet, der wird sich am Leicester Square wohl fühlen.

Im Gegensatz zum lauten Pflasterstrand des Square hat die kleine Parkanlage im Zentrum ihre Funktion als Ruhepol bis heute bewahren können, seit sie 1874 zum öffentlichen Park erklärt wurde. Das *Marmordenkmal William Shakespeares* in der Mitte des Platzes ist eine Replik der Statue in Westminster Abbey *(S. 44; Abb. 214)*. Auch die Bronzeplastik, die *Charlie Chaplin* in einer für ihn typischen Pose zeigt, hält die Erinnerung an das Theaterzentrum Leicester Square aufrecht.

Nach soviel Theatergeschichte hinein ins **Theater**? Die ›ticket booths‹ am Leicester Square sind der geeignete Platz, sich nach Karten, Preisen und Reservierungsmöglichkeiten zu erkundigen (mehr davon auf den ›Blauen Seiten‹ *S. 378ff.*). Wer direkt vor Ort Erkundigungen über Programme einziehen oder einfach nur die Atmosphäre der Theater schnuppern möchte, der schlendere vom Leicester Square über *St Martin's Lane* zum *Cambridge Circus* im Norden und von dort auf der **Shaftesbury Avenue** hinunter nach Piccadilly *(S. 111)* und Soho. Was gerade ›on stage‹ ist, werden Leuchtreklamen und Anschlagtafeln unübersehbar verkünden. Und noch ein Tip für die, die Tom Stoppards, Harold Pinters oder Andrew Lloyd Webbers Stücke auch zwischen zwei Buchdeckeln nach Hause tragen möchten: die gesamte ***Charing Cross**

◁ Theater am Leicester Square

Road, von *Leicester Square* bis zur *Tottenham Court Road (S. 248)*, ist ein Paradies für Büchernarren. Vom staubigen Antiquariatskeller bis hin zum *Buchkaufhaus Foyle's*, das von sich behauptet, der größte Buchladen der Welt zu sein, reicht hier die Palette.

Als **Anschlußprogramm** ab hier möglich wären ***Trafalgar Square (Rundgang **5**) mit den großen Nationalgalerien oder das Westend ab ***Piccadilly Circus* (Rundgang **6**).

** **9** **Holborn: Inns of Court · Soane's Museum · The Temple · St Clement Danes**

Dauer des Rundgangs: ca. 3–4 Std.; Museumsbesuch zusätzlich ca. 1½ Std. **U-Bahn:** Chancery Lane (Central Line); **Bus:** Linien 8, 17, 22B, 25, 45, 46, 171A, 221, 243, 259, 501.

Holborn war bis zur Verwaltungsreform von 1965 das kleinste Londoner Borough. Sein Name leitet sich von dem inzwischen längst trockengelegten Nebenfluß des Fleet Rivers ab; die breite Straße gleichen Namens, die das Viertel im Norden durchzieht, war im Mittelalter die wichtigste Verkehrsverbindung für den Transport von landwirtschaftlichen Produkten in die City. Die City beginnt genau an der Stelle, an der *Gray's Inn Road* auf Holborn trifft und so werden die zu den unterschiedlichen Boroughs gehörigen Straßenteile denn auch namentlich unterschieden: ›*High Holborn*‹ und ›*Holborn*‹. Die Grenzen der City werden seit dem frühen 12. Jh. bis zum heutigen Tag an dieser Stelle durch die sog. ›holborn bars‹ markiert, Obelisken aus Stein, die von vergoldeten Drachen – dem Wahrzeichen der City – gekrönt werden.

Die **Inns of Court:** Holborn erreichte nie einen anderen Stadtvierteln vergleichbaren Prestigewert, und zu keinem Zeitpunkt seiner Geschichte galt es als besonders elegantes Wohngebiet. In den mit Holborn verbundenen Assoziationen schwingt vielmehr stets eine Vorstellung des Gediegenen mit. Das mag auch damit zusammenhängen, daß vor allem ein Berufszweig das Bild dieses Viertels prägte: der der Juristen, die sich in und um die vier großen Londoner Juristenschulen ansiedelten (**Gray's Inn* ⑫, ***Lincoln's Inn* ⑮, ***Inner und Middle Temple* ㉑), die bis heute das Ausbildungsmonopol für den Anwaltsberuf haben. Die Juristenschulen waren es aber auch, die im 16. Jh. für die Belebung des sozialen Lebens hier sorgten, denn neben dem Jurastudium gehörten vor allem auch die ›social activities‹ zur Hauptbeschäftigung der Studenten.

So präsentiert sich der zwischen Kingsway und Fetter Lane, Holborn und Embankment gelegene Bezirk, durch den der folgende Spaziergang führt, heute als eine Art Universitätscampus mit stillen Innenhöfen, gepflegten Gärten, geschäftigen Colleges und Kanzleien und . . . natürlich ebenso geschäftigen Pubs.

Der **Rundgang** beginnt beim **U-Bahnhof Chancery Lane** und führt über *******Lincoln's Inn* ⑮ und *******Lincoln's Inn Fields* ⑯ (mit dem skurrilen *******Sir John Soane's Museum* ⑲) hinunter zum *Strand* und zu den weiträumigen Anlagen des *******Inner* und *Middle Temple* an der Themse. Letzte Station ist eine von Christopher Wrens zahlreichen City-Kirchen, *St Clement Danes ㉒ am *Strand*.

Gleich gegenüber dem U-Bahnhof erwartet uns eine prachtvolle elisabethanische Fachwerkfassade: die *›**Schauseite‹ des Staple Inn** ⑩. Sie ist in London einzigartig, denn im Gegensatz zu den Repräsentationsbauten der Tudors, denen über alle Jahrhunderte hinweg auch in London große denkmalpflegerische Aufmerksamkeit geschenkt wurde, und anders auch als in anderen Städten wie Canterbury oder Stratford-upon-Avon, ist in London neben Staple Inn kein einziges elisabethanisches Haus in der typischen schwarzweißen Fachwerkbauweise mit den überhängenden Giebeln mehr erhalten. Der Name des 1586 erbauten Gebäudes geht vermutlich auf ein Gasthaus zurück, das im 14. Jh. an

Elisabethanische Fachwerkkunst: Die ›Schauseite‹ des Staple Inn

gleicher Stelle stand und als Treffpunkt der Woll- und Tuchhändler
(›merchants of the staple‹) bekannt war. Im 15. Jh. dann brachte man
unter Henry V eine untergeordnete Abteilung der königlichen Gerichtsbarkeit im Hause unter: die ›Inns of Chancery‹, das ›Kanzlei-
gericht‹. Daß man – wie bei allen anderen Inns of Court später auch –
weiterhin von einem ›Inn‹, also einem ›Gasthof‹ sprach, ist einfach zu
erklären: Die neuen Gerichte boten nicht nur Raum für die Rechtsprechung, sondern auch Wohn- und Schlafraum für die, die sie studierten
und praktizierten. So entstand auch der 1545–89 entstandene Nach-
folgebau des ersten Inns aus verschiedenen, um zwei Innenhöfe gruppierten Wohnhäusern. Eines davon nutzte Samuel Johnson ein gutes
Jahr lang, um seinen Roman ›Rasselas‹ zu verfassen (wie man sagt, um
die Schulden und die Begräbniskosten seiner Mutter begleichen zu
können...)

Seit dem 18. Jh. werden die noch erhaltenen Gebäude des Staple Inn
überwiegend als Geschäftshäuser genutzt. Einer der ersten kommerziellen Besitzer, die **Prudential Insurance Company**, ließ sich 1879 auf
der gegenüberliegenden Straßenseite ein ebenfalls bis heute erhaltenes
eigenes Gebäude errichten ⑪; der erste in der langen Reihe der
Londoner Versicherungspaläste. Die Gesellschaft, ein überaus erfolgreicher Pionier des Versicherungswesens, konnte hierfür einen der
führenden Architekten der Zeitgewinnen: Alfred Waterhouse, nach
dessen Plänen 1879 (mit Erweiterungsbauten 1899) in Ziegel und
Terrakotta, mit Giebeln, Türmchen und Spitzbogenfenstern eines der
letzten großen Häuser im von den Viktorianern so geschätzten neogotischen Baustil entstand.

Ein kurzer Abstecher in nördlicher Richtung führt nun zu ***Gray's Inn**
⑫, einer der vier Londoner Juristenschulen.

Schon Ende des 13. Jh. war die Rechtsprechung in England zunehmend aus
der Hand der Kirche an weltliche
hauptberufliche Rechtsgelehrte übergegangen. Das Privileg für die Ausbildung der Juristen zum Anwalt liegt seit
Jahrhunderten bei den vier Londoner
Inns – Lincoln's Inn, Gray's Inn, Inner
und Middle Temple. Das bedeutet inzwischen, daß die angehenden Anwälte zwar ihr Studium an einer beliebigen
Universität absolvieren und als ›solici-
tor‹, d.h. nicht vor Gericht zugelasse-
ner Anwalt abschließen können. Wer
jedoch ›barrister‹, d.h. ein auch vor
Gericht agierender Anwalt werden
möchte, muß sich der zentralen, von
den Inns ausgerichteten Prüfung un-
terwerfen und sich einem der Inns zu-
ordnen lassen. Die Zugehörigkeit zu
seinem Inn hat jeder zukünftige ›barrister‹ dadurch zu dokumentieren, daß
er in einer gewissen Regelmäßigkeit –
derzeit mindestens an drei Abenden
jedes Trimesters – an dem gemeinsamen Dinner in der Hall seines Inns teil-
nimmt. Die vier verschiedenen Inns
werden im Prinzip unabhängig voneinander geführt, wobei die Administra-
tion den jeweils rangältesten Mitgliedern, den ›benchers‹, unterstellt ist.

Die um eine großzügige Grünfläche gruppierten Gebäude wurden im 2. Weltkrieg schwer beschädigt. Gut erhalten ist jedoch beim Eingang in *High Holborn (Haus Nr. 21)* der Torbogen aus dem 17. Jh. Zu den berühmten Männern, die am Gray's Inn tätig waren, gehörte auch der Philosoph und Staatsmann *Francis Bacon.* Er begann seine Laufbahn als Schatzmeister der Schule und blieb ihr auch nach seinem politischen und gesellschaftlichen Aufstieg stets verbunden. An ihn, der seine Räume hier bis zu seinem Tod behielt, erinnert ein Denkmal im *South Square.* Auf der Nordseite dieses Hofes befindet sich die nach schweren Beschädigungen nun wieder restaurierte ›Hall‹ aus dem 16. Jh., in der Shakespeares ›Comedy of Errors‹ 1594 uraufgeführt wurde. Westlich davon erstrecken sich die großzügigen Gärten, die unter Beteiligung Bacons um 1600 angelegt wurden und im 17. Jh. bevorzugtes Revier von Flaneuren (z. B. Samuel Pepys), aber auch von Duellanten waren.

Zurück auf High Holborn biegt man nun links in die *Chancery Lane* ein. Hier befinden sich im Keller des Hauses Nr. 53 die **London Silver Vaults** ⑬ mit ihrer im 19. Jh. eingerichteten Sammlung wertvoller antiker Silberobjekte. Auch moderne silberne Gebrauchsgegenstände sind zu sehen und können – bei entsprechend großer Reisekasse – in den verschiedenen unter einem Dach zusammengefaßten Läden auch käuflich erworben werden. Dahinter erhebt sich das **Patent Office** ⑭, das Londoner Patentamt, in dem mehr als zwei Millionen Patente registriert sind. Die heute von der British Library verwaltete, öffentlich zugängliche *Bibliothek* des Patentamts verfügt über eine umfangreiche Sammlung naturwissenschaftlicher und technischer Literatur.

** **Lincoln's Inn** ⑮ (**U-Bahn:** Holborn oder Chancery Lane)

Fast gegenüber den Silver Vaults liegt der Eingang zu Lincoln's Inn, einem weiteren der vier Londoner Inns of Court, an denen angehende Anwälte ihre Ausbildung absolvieren können.

Die Schule wurde Mitte des 13. Jh. gegründet und bezog zwischen 1412 und 1422 ihre bis heute genutzten Gebäude an der Chancery Lane. Mit der Schule sind viele berühmte Namen verbunden: *Thomas More* z. B., der streitbare Lord Chancellor Henrys VIII, sowie eine ganze Reihe späterer Premierminister (*Robert Walpole*, der jüngere *Pitt*, *Anthony Asquith* u. a.), die Mitglieder des Inns waren. *William Penn*, der Gründer Pennsylvanias, und der Historiker Macaulay *gehörten dazu, ebenfalls der Dichter John Donne*, der Schauspieler *David Garrick* und der Romancier *John Galsworthy*. Erst spät zählten auch Frauen zu denen, die sich hier auf eine möglichst erfolgreiche Karriere in Gesellschaft, Politik und Kultur vorbereiten konnten. Am weitesten von ihnen hat es wohl jene *Margaret Thatcher* gebracht, die als Premierministerin den 1980er Jahren in Großbritannien ihren unverkennbaren Stempel aufdrückte.

145

Das 1518 errichtete *Torhaus*, durch das man die Anlage von Lincoln's Inn betritt, trägt noch heute das Wappen des Earl of Lincoln, des Beraters Edwards I, auf den der Name der Schule zurückgeht. In den Räumen des Torhauses soll der Student Oliver Cromwell gewohnt haben, der England wenige Jahre später seine einzige kurze königslose Zeit bescheren sollte.

Links neben dem Torhaus befindet sich mit der *Old Hall* (1491 erbaut) das älteste der sog. *Old Buildings*, die ebenso wie die anderen Gebäude und die *Bibliothek* nur nach vorherigem schriftlichen Antrag zu besichtigen ist. Die danebenliegende *Kapelle* dagegen ist auch für Besucher frei zugänglich. Mit ihrem Bau wurde, angeblich nach einem Entwurf von Inigo Jones (andere Quellen nennen John Clarke als Architekten), 1619 begonnen. Den Grundstein legte John Donne, und wenn man den Berichten von John Aubrey glauben darf, dann wurde hier auch der jakobäische Dramatiker *Ben Jonson* tätig, der seinem Stiefvater als Maurer zur Hand gegangen sein soll – nach Berichten seines Zeitgenossen Thomas Fuller stets »mit einem Buch in der Tasche, wenn er die Kelle in der Hand hielt«.

Südlich der durch die Inns führenden Straße liegt der *New Square*, ein im 17. Jh. angelegter Platz, um den herum sich jetzt hauptsächlich ›solicitors‹ – nicht vor Gericht auftretende Rechtsanwälte – angesiedelt haben. In einem dieser Rechtsanwaltsbüros soll schon der vierzehnjährige Charles Dickens als Angestellter tätig gewesen sein.

Die Gärten auf der Nordseite des New Square werden eingerahmt von den klassizistischen *Stone Buildings*, in denen hauptsächlich die ›barristers‹ – vor Gericht zugelassene Anwälte – wohnen, und von der *New Hall and Library*. New Hall, mit Wandgemälden von George Frederick Watts ausgeschmückt, wurde erst im 19. Jh. im neogotischen Stil erbaut; die im gleichen Gebäude untergebrachte, 1497 gegründete Bibliothek hingegen ist die älteste Bücherei Londons. Mit mehr als 80 000 Bänden verfügt sie zugleich über Großbritanniens umfangreichste Sammlung juristisch einschlägiger Werke.

**Lincoln's Inn Fields ⑯, der weitläufige, platanengesäumte Platz westlich von Lincoln's Inn, ist der größte der vielen Londoner Squares. Studenten des Lincoln's Inn benutzten ihn einst (ab dem 14. Jh.) als Sportplatz; Anfang des 17. Jh. waren sie es auch, die eine geplante Bebauung des Areals verhinderten. Der Kompromiß, den William Newton daraufhin 1630 vorschlug, sah zwar eine teilweise Bebauung des Platzes vor, garantierte aber gleichzeitig, daß wesentliche Teile des ehemaligen Feldes für immer unbebaut bleiben sollten. Nur elf Jahre später hatte Newton seine Pläne in die Wirklichkeit umgesetzt, und die ehemaligen Felder wurden zeitweise zu einer modischen Wohngegend. Doch war das Wohnvergnügen hier noch lange Zeit getrübt, denn die unerschlossenen Areale zwischen den Häusern boten auch Straßenräubern ein geeignetes Einsatzfeld. Gelegentlich wurden hier auch Hinrichtungen vorgenommen – so etwa 1683, als der der Beteiligung an einer Verschwörung beschuldigte William Lord Russell hier sein Leben lassen mußte. Erst als die Felder 1735 eingezäunt wurden, kehrte die von den Anwohnern erwünschte Ruhe ein. 1894 jedoch erreichte der Londoner Magistrat wieder die Öffnung der Grünanlagen für die Allgemeinheit. Heutige Besucher locken auch die zahlreichen Bänke unter den hohen Platanen. Sie sind ideal für Ruhepausen geeignet und bieten vor allem zur Mittagszeit Gelegenheit, die aus der City und den umliegenden Anwaltskammern hierher flüchtenden, korrekt gekleideten Damen und Herren beim gelegentlich recht undamenhaften Verspeisen von Doppeldeckersandwiches und bei Gesprächen, die unter Umständen wenig gentlemanlike sind, zu beobachten – auch das ist ein Stück echt Londoner Alltagslebens.

Das einzige noch aus der Entstehungszeit des Platzes erhaltene Haus ist die 1640 wahrscheinlich von Inigo Jones entworfene **Stadtresidenz des Earl of Lind-**

Im Juristenbezirk des ›Temple‹ *(S. 152)*

147

say ⑰ (Westseite, *Haus Nr. 59/60*). Mehrgeschossig mit deutlich abgehobenem Erdgeschoß konstruiert, mit angedeuteten Säulen und einer klar strukturierten Fassade geschmückt, sollte es modellbildend für das spätere Londoner Stadthaus werden. Die danebenliegenden Häuser aus dem 18. Jh. wurden bewußt dem Lindsay-Haus angepaßt, so daß sich diese Straßenseite auch heute noch als geschlossenes Ensemble präsentiert. Im Haus Nr. 60 residierte zeitweilig der ehemalige britische Premierminister Spencer Perceval (1809–12).

Die Südseite wird vom **Royal College of Surgeons** ⑱ beherrscht. Das Gebäude wurde 1835 nach Plänen von Charles Barry erbaut, im Laufe der Jahre jedoch häufig erweitert und umgebaut, so daß von Barrys ursprünglichem Bau heute nur noch die Fassade mit ihrer ionischen Säulenhalle erhalten ist. Unter dem gleichen Dach befindet sich auch das **Hunterian Museum**, eine Ende des 18. Jh. von dem Chirurgen und Medizinhistoriker John Hunter begonnene und inzwischen stetig erweiterte Sammlung anatomischer und physiologischer Schaustücke (Besichtigung nur auf schriftlichen Antrag). Wer auch bei der Wahl seiner Anwälte nicht auf zumindest sekundären königlichen Glanz verzichten kann, der wende sich an die auf der Westseite unter Haus Nr. 66 residierenden Herren *Farrer & Co.*, sie vertreten auch die Interessen der Elizabeth Windsor, von Beruf Königin von England.

** **Sir John Soane's Museum** ⑲ (**U-Bahn:** Holborn) *(Farbtafel S. 155)*

Wichtigster touristischer Anziehungspunkt von Lincoln's Inn Fields sind jedoch die drei Häuser mit den Nummern 12, 13 und 14 auf der Nordseite: hier verbirgt sich John Soane's Museum, ein in jeder Hinsicht einmaliges, wenn auch kurioses Museum.

1792 erwarb **Sir John Soane,** der Architekt der Bank of England *(S. 191),* das Haus Nr. 12 und baute es nach seinen Vorstellungen völlig um. Schon damals pflegte Soane neben der Architektur seine antiquarischen Interessen, die sich in einer ausgeprägten und nicht sonderlich differenzierenden oder spezialisierten Sammelleidenschaft äußerten. Unterstützt von seiner recht vermögenden Frau, die seinem Eifer beim Erwerb unterschiedlichster Sammelobjekte kaum nachstand, füllten die von Soane erworbenen Schätze bald das ganze Haus, so daß er

1812 auch das danebenliegende Gebäude Nr. 13 kaufte. Zwölf Jahre später kam Haus Nr. 14 ebenfalls dazu. Nachdem Soane seine Schätze dem Staat mit der Auflage vermacht hatte, daß sie der Öffentlichkeit stets zugänglich sein sollten, obliegt die Verwaltung der weitgehend in ihrem ursprünglichen Zustand belassenen Häuser heute einem Trust. Dessen Angehörige bemühen sich in fast rührender Weise darum, die von Soane angelegte Sammlung gerade auch in ihrer teilweise ins Skurrile gehenden Vielfalt zu erhalten.

Äußeres: Das eigentliche Museum ist im mittleren Haus (Nr. 13) untergebracht, im hinteren Teil erstreckt sich die Sammlung jedoch über alle drei Häuser. Auch von der Fassadengestaltung her nimmt Nr. 13 den Mittelpunkt ein; die relativ schlichten Ziegelfassaden von Nr. 12 und Nr. 14, die nur von wenigen schmalen Querstreifen aus weißem Portlandstein gebrochen werden, bilden den Rahmen, der das mittlere Haus adäquat in Szene setzt. Bei diesem setzte Soane vor die dunkelrote Ziegelfassade aus weißem Stein eine Art Veranda, die sich wintergartenähnlich auch nach innen erstreckt. Auf Höhe des 2. Stocks sollten zwei den Karyatiden aus dem Erechtheon-Tempel (Ägypten) nachgebildete Figuren aus hellem Coade-Stein das Gegenstück zu den zwei ähnlichen Figuren am gegenüberliegenden College of Surgeons bilden. Das mittlere Fenster des 1. Stocks rahmen zwei kleine Podeste, die Soane als original erhaltene Überreste der im 14. Jh. entstandenen Nordfassade von Westminster Hall *(S. 60)* rettete und geschickt in seinen eigenen Entwurf einbezog.

Die Sammlung: Diese Symbiose von antiquarischem Sammlertum und architektonischem Geschick signalisiert dem Besucher schon von außen, was ihn im Innern des Museums dann erwartet: eine überwältigende Fülle von Fundstücken und Kunstgegenständen, die in den eigentlichen Wohnbereich einbezogen wurden. Soane nutzte alle Ecken und Winkel, jede Nische und jeden Türrahmen, um seine Schätze überhaupt präsentieren zu können. Um trotz der Menge der Schaustükke noch den Eindruck von – zumindest relativer – räumlicher Weite zu bieten, brachte Soane kleine und größere, konvexe und konkave Spiegel an, was aber in den meisten Räumen den Eindruck der hoffnungslosen Überfüllung kaum verhindern kann. Was das British Museum *(S. 250)* im Großen auszeichnet und beeinträchtigt, das bietet Soane's Museum auch auf kleinerem Raum: einen Querschnitt durch viele Jahrhunderte Kulturgeschichte, freilich sehr viel direkter erfahrbar, weil auf sehr viel engerem Raum präsentiert. Kaum ein Besucher wird sich die vielen einzelnen Ausstellungsstücke im Detail merken können, kaum jemand wird sich jedoch auch dem sinnlichen Eindruck und dem Zauber des Kuriosen entziehen können, den Soanes Haus noch heute ausstrahlt.

Rundgang

Gleich rechts von der Eingangshalle gelangt man zum **Speisesaal**, der gleichzeitig auch als Bibliothek benutzt wurde. Mobiliar und Bücher sind direkt aus dem Soane'schen Haushalt übernommen. Durch das mit Fundstücken aus der Antike vollgestopfte **Arbeitszimmer** geht es nach rechts zum ›**Picture Room‹**, für den man sich unbedingt etwas Zeit nehmen sollte. Die Schätze aus unterschiedlichen Epochen der Geschichte der Malerei wurden hier aus Gründen der Raumersparnis auf mehreren ›Schichten‹ von Holzvertäfelungen angebracht, die sich jeweils wie Fensterläden öffnen lassen. Zu bewundern sind hier u. a. Gemälde und Zeichnungen von Piranesi, Fuseli und Turner. Besondere Aufmerksamkeit verdienen zwei der berühmtesten Gemäldezyklen des Satirikers und Gesellschaftskritikers **William Hogarth:** ›A Rake's Progress‹ (1732/33) erzählt in acht Tafeln die Geschichte des langsamen gesellschaftlichen Abstiegs eines reichen Erben, der den Verlockungen des frühen Playboy-Daseins nicht widerstehen konnte. ›An Election‹ (1754) karikiert in vier Bildern die Vorgänge anläßlich einer Parlamentswahl.

Über eine kleine Treppe gelangt man hinunter zum Kellergeschoß mit der Krypta und dem Nachbau eines mittelalterlichen **Mönchszimmers**, das Soane ursprünglich als Teil einer ganzen Folge von mittelalterlichen Klosterräumen sah. Mit ihr wollte der Klassizist Soane – zumindest nach eigenen Aussagen – die die Architektur seiner Zeit dominierende Mode des ›Gothic Revival‹ ironisch kommentieren. Daneben liegt die **Begräbniskammer**, die mit dem *Sarkophag Setis I* (Pharao von 1303–1290 v. Chr.) eines der Glanzstücke der Soaneschen Sammlung beherbergt. Nachdem das British Museum den Erwerb des Sarkophags aus finanziellen Gründen abgelehnt hatte, kaufte Soane ihn 1825 zum Preis von 2000 Pfund und feierte seine neue Errungenschaft anschließend noch mit einem dreitägigen Empfang. Die Illustrationen auf dem Alabastersarg erzählen in Bildern und Hieroglyphen von der Reise des Sonnengottes Ra mit Osiris.

Zurück im Erdgeschoß gelang man durch eine Säulenhalle zum ›Dome‹,

der von antiken Skulpturen überquillt. Im daran anschließenden ›**New Picture Room**‹ sollte man den Blick auf verschiedene Gemälde Canalettos und Turners nicht versäumen. Von hier aus gelangt man durch einen Vorraum zum ehemaligen **Frühstückszimmer** der Familie, das neben diversen anderen Objekten auch einen Teil der Soane'schen Bibliothek enthält. Das durch eine kleine Lichtkuppel einfallende Licht, das durch mehrere Spiegel reflektiert wird, verleiht diesem Raum trotz seiner dunklen Möbel interessante Lichteffekte, die in ihrer ganzen Raffinesse allerdings nur dann erlebbar werden, wenn man das Frühstück in diesem ›Breakfast Parlour‹ auf den späten Nachmittag verlegt und sich auf wirklich sonnige Tage beschränkt.

An der ›**Shakespeare-Nische**‹ vorbei – bei der sich Soane allerdings mit einer Replik der in Stratford befindlichen Büste des Nationalbarden zufrieden geben mußte – geht es hinauf zu den **Wohnräumen der Familie Soane.** Sie sind nach der Restaurierung wieder mit ihrem ursprünglichen, zum Teil von Soane selbst entworfenen Mobiliar, zu bewundern. Für Soane'sche Verhältnisse sind diese Räume geradezu spärlich dekoriert; ›nur‹ in Nischen in den Türbögen finden sich kleine Skulpturen. Auch die Gemälde – u. a. von Watteau und Turner – können ihre Wirkung hier voller entfalten als in den Gemälderäumen, da sie schlicht einzeln nebeneinander arrangiert sind. Vom ›Verandah‹-Fenster des ›**South Drawing Room**‹ bietet sich dem Besucher auch ein Blick hinaus auf die Lincoln's Inn Fields: weit und (relativ) leer – nach der gebotenen Überfülle von Sir Johns Objekten eine Wohltat...

Über die Südseite der Lincoln's Inn Fields, *Serle Street*, *Carey Street* und *Bell Yard* führt der Weg nun in östlicher und südlicher Richtung weiter hinunter zum ›**Strand**‹. Der nicht nur für deutsche Ohren etwas ungewöhnliche Name dieser durchaus fest gepflasterten Straße, die sich von hier bis zu Charing Cross erstreckt, erinnert noch an die Zeiten, in

Gerichtstag in Holborn: Vor den Royal Courts of Justice am Strand

denen sich ›The Strand‹ als schmaler, sandiger Reitweg unmittelbar an der Themse entlangzog.

Rechts am Strand erstreckt sich die lange neogotische Front der **Royal Courts of Justice** ⑳, des höchsten Gerichtshofs für England und Wales. Mit seiner Einrichtung und der Einweihung durch Queen Victoria 1882 verlor Westminster Hall *(S. 60)* seine Funktion als Gerichtsort.

Gleich hinter dem Haupteingang des Gebäudes liegt die *Great Hall* mit ihren herrlichen Mosaikfußböden. Wer sich für die Geschichte der Rechtsprechung interessiert, den informiert das gleich neben der Hall liegende *Museum*. Auch Nicht-Juristen dürften es interessant finden; denn auch wenn das Beharren britischer Jurisdiktion auf Robe und Perücke den Verdacht nähren mag, daß sich über die Jahrhunderte hinweg nichts geändert habe bei der Repräsentation richterlicher Gewalt, so dokumentiert die kleine Ausstellung von historischer Richter- und Anwaltskleidung doch auch ein Stück Wandlungsfähigkeit.

Während der Verhandlungszeiten hat die interessierte Öffentlichkeit auch Zutritt zu den Galerien der etwa sechzig Gerichtshöfe, die sich links und rechts der Hall in den insgesamt fast 6km langen Gängen aneinanderreihen. Vor den Augen der Öffentlichkeit findet auch alljährlich um den 23. Oktober herum die historische Zeremonie der Zahlung der ›quit rent‹ statt: Dabei übergibt die Vertretung der City dem Vertreter der königlichen Gerichtsbarkeit stellvertretend für die Krone in einem feierlich inszenierten Akt zehn Reisigbündel, sechs

›Twinings Tea Shop‹ in der Fleet Street: Für Teekenner ein Dorado

Hufeisen und 61 Nägel als Miete für zwei Grundstücke, die heute längst niemand mehr lokalisieren kann und die aller Wahrscheinlichkeit nach längst in andere Hände übergegangen sind. Ebenfalls auf die enge Verbindung von Rechtsprechung und Monarchie (und die Sonderrechte der City!) verweist das alljährliche pittoreske Schauspiel des Einzugs des Lord Mayors und seiner Vereidigung.

Gegenüber dem Gebäude der Law Courts versteckt sich zwischen großflächigen Geschäftsauslagen ein schmaler Laden, der das Herz jedes Teetrinkers höher schlagen läßt: Hier nämlich haben **Messrs. Twinings** ihre Niederlassung, und ihr Laden – mit der vermutlich kleinsten Verkaufsfläche Londons – ist auch in den Zeiten des Instant-Teepulvers immer noch ein Dorado für jeden wirklichen Teekenner.

∗∗ **The Temple** ㉑ (**U-Bahn:** Aldwych oder Temple)

Ein paar Schritte von den Law Courts entfernt, in der Fleet Street, öffnet ein hölzerner ∗**Torbogen** aus dem 17. Jh. *(vgl. S. 163)* den Weg zur *Middle Temple Lane* und in eine Welt reger juristischer Aktivität einerseits und beschaulicher Ruhe andererseits – eine Welt auch, in der die Zeit ein bißchen stehengeblieben zu sein scheint: die Anlagen des ›Temple‹. Mit seinen engen Gassen, Wohnhäusern, Büros, kleinen Geschäften, Innenhöfen und Grünflächen erinnert das Areal an eine Zeit, in der es die Grundstückspreise noch erlaubten, Wohn- und Büroräume großzügig nebeneinander anzuordnen anstatt platzsparend in die Höhe zu bauen.

Der Begriff ›The Temple‹ faßt die zwei renommiertesten Londoner Anwaltsschulen, *Inner* und *Middle Temple* zusammen, die sich links bzw. rechts der zum Victoria Embankment hinunterführenden *Middle Temple Lane* erstrecken.

Im 12. Jh. hatte hier der **Templerorden** sein englisches Hauptquartier eingerichtet. Nach der Auflösung des Ordens 1312 jedoch waren die ausgedehnten Anlagen in den Besitz der Krone übergegangen und wenig später an die ›*Knights Hospitallers of St John*‹ vergeben worden. Diese vermieteten die Gebäude ihrerseits an einige Rechtsgelehrte und deren Studenten und begründeten damit eine Tradition, die bis heute das Erscheinungsbild des Temple prägt. Der Name ›Inner‹ und ›Middle‹ Temple bezieht sich vermutlich auf die jeweilige Lage zur City. Nie in die Juristenausbildung einbezogen war der ›Outer Temple‹; er bezeichnete einen Teil der Anlage, auf dem sich der Earl of Essex, einer der Günstlinge Elizabeths I, seine Residenz errichten ließ. Heute firmiert ein schlichtes Bürohaus am Strand unter diesem Namen.

Die Anlage des Temple und der größte Teil der Gemeinschaftshäuser sind der Öffentlichkeit tagsüber weitgehend uneingeschränkt zugänglich. Nachts freilich schließen sich die Pforten für diejenigen, die nicht, wie die Bewohner der Häuser und Büros, einen Schlüssel besitzen. Als Schlupfloch für alle, die über der Bewunderung der Anlagen die Zeit vergessen haben, bleibt aber der Ausgang am Ende der *Middle Temple Lane* zum *Embankment* hin stets offen.

Glanzstück der Anlagen des Middle Temple (in der *Middle Temple Lane*) ist die ***Middle Temple Hall** (von Fleet Street kommend rechts). Der ehrwürdige Speise- und Versammlungsraum des Gebäudes wurde einst von Elizabeth I persönlich eröffnet; im Jahre 1602 brachte Shakespeares Schauspieltruppe hier erstmals die heitere Komödie ›Twelfth Night‹ zur Aufführung. Inwieweit der Meister selbst dabei seine schau-

Von Elizabeth I einst persönlich eröffnet: Der Versammlungsraum des Middle Temple

spielerischen Talente entfaltete, ist allerdings umstritten und läßt sich heute wohl nicht mehr klären. Berühmt ist die schwere Stichbalkendekke der Hall, die nach schweren Beschädigungen im 2. Weltkrieg fachgerecht restauriert wurde. Vor dem langen Tisch der Hall, über dem man Porträts verschiedener englischer Könige und Königinnen angebracht hat, befindet sich ein kleinerer Tisch, genannt ›*The Cupboard*‹. Er soll aus Teilen der ›Golden Hind‹, des Schiffs des Weltumseglers und elisabethanischen Staatspiraten Sir Francis Drake, gefertigt worden sein. John Hawkins und Walter Raleigh, Drakes Zeitgenossen und Seeleute wie er, waren ebenfalls mit Middle Temple verbunden, außerdem der Dramatiker William Congreve und die Romanciers Henry Fielding und William Makepiece Thackeray.

Südlich der Hall steht das erst 1958 erbaute neue Gebäude der *Middle Temple Library*, deren Bestand trotz der enormen Verluste durch Bombeneinschläge im 2. Weltkrieg inzwischen wieder auf fast 100 000 angewachsen ist. Nördlich der Middle Temple Hall liegt auf der anderen Seite der Straße der *Pump Court*, dessen Gebäude, sofern sie nicht Kriegsschäden zum Opfer fielen und renoviert werden mußten, noch aus dem 17. Jh. erhalten sind. Der Hof wird nach links durch einen Arkadengang begrenzt, an den sich **Inner Temple Hall** und die dazugehörige *Bibliothek* anschließen. Im Gegensatz zu Middle Temple konnte Inner Temple Hall nach dem Krieg kaum mehr restauriert werden; das jetzige Gebäude wurde 1952–55 nach einem Plan von Hubert Worthington im Georgian Style völlig neu erbaut. Erhalten werden konnte am westlichen Ende jedoch die sog. ›buttery‹ aus dem 14. Jh.

Jenseits des Church Court liegt gegenüber von Inner Temple Hall die beiden Schulen gemeinsame **Temple Church**, die direkt der Krone unterstellt ist. Hier schloß Christopher Wren 1669 seine erste Ehe, hier wurde 1775 auch der romantische Dichter Charles Lamb getauft, der bis 1817 im Temple lebte. Mit ihrem – der Grabeskirche in Jerusalem nachgebauten – kreisförmigen Kirchenschiff aus dem späten 12. Jh. gehört die Kirche zu den nur fünf mittelalterlichen Rundschiffkirchen, die sich in England erhalten haben. 1240 wurde der ursprüngliche Altarraum zu einem Rechteck erweitert, so daß sich die Kirche heute als ein Mischung aus Spätromanik und Early English Style präsentiert. Nach schweren Kriegsschäden konnten das Fächergewölbe und die Spitzbogenfenster im Bereich des Altarraums restauriert werden, und die neu anfertigten Säulen aus Purbeck-Marmor paßten sich problemlos in die vorhandenen Gebäudereste ein. Erhalten blieb auch das Kellergewölbe aus dem 13. Jh. Im runden Teil der Kirche wurde der spätnormannische Torbogen sorgfältig wieder in seinen ursprünglichen Zustand zurückversetzt. Für die Pfeiler, die in mit Tierformen und grotes-

Eine der bekanntesten Brücken der Welt: Die Tower Bridge *(S. 219)*

ken Figuren reich verzierten Kapitellen enden, wurde Marmor aus den Gebieten verwendet, aus dem auch die Originalteile gefertigt waren.

Auf dem kleinen Friedhof nördlich der Kirche liegt der Dramatiker und Romancier *Oliver Goldsmith* begraben, der bis zu seinem Tod 1774 sechs Jahre lang in *Brick Court*, gleich beim Eingang in die Middle Temple Lane, gelebt hatte. Einige ruhige Jahre in der Geborgenheit des Temple verbrachte auch Dr Johnson, der hier angeblich erstmals mit seinem später zum ständigen Begleiter werdenden Biographen James Boswell zusammentraf (andere Berichte freilich lassen dieses ›erste Mal‹ in der Russell Street stattfinden, *S. 135*). Nach Osten hin wird The Temple begrenzt von *King's Bench Walk*, einer geruhsam dahinziehenden Straße, die von Häusern gesäumt wird, die zum Teil noch aus dem 17. Jh. stammen.

Auf einen Blick von außen muß man sich bei den im Stile bester englischer Gartenkultur angelegten **Gärten des Temple** beschränken; sie sind für die Öffentlichkeit leider nicht zugänglich. In den Anekdotenschatz der Weltgeschichte gingen sie dadurch ein, daß hier jene rote und jene weiße Rose gepflückt worden sein sollen, die zum Symbol der Herrscherhäuser Lancaster bzw. York wurden und den Kriegen, zu denen sich die dynastischen Auseinandersetzungen zwischen beiden Häusern ausweiteten, den Namen ›Rosenkriege‹ gaben.

Zum Ausgangspunkt in der *Fleet Street* zurückgekehrt, geht es nun, am *Temple Bar Memorial (S. 163)* vorbei, in westlicher Richtung den *Strand* hinunter. Hier steht etwas einsam auf einer kleinen Verkehrsinsel inmitten des unaufhörlich fließenden Verkehrsstroms die kleine, 1680/81 nach Plänen von Christopher Wren erneuerte Kirche ***St Clement Danes** ㉒. Nach schwerer Zerstörung im 2. Weltkrieg wurde sie originalgetreu wiederaufgebaut; sie dient heute als Hauptkirche der Royal Air Force. Auffällig ist ihr hoher Turm, den James Gibbs dem Wren'schen Entwurf zufügte. Der Name geht vermutlich auf eine früher an gleicher Stelle stehende Kirche zurück, welche die Anfang des 11. Jh. hier siedelnden Dänen gründeten. Ihr Anführer Harald I soll hier begraben gewesen sein. In der gesamten anglophonen Welt bekannt ist St Clement Danes durch das Kinderlied ›Oranges and lemons say the bells of St Clement's‹. Es berichtet von jener seit dem 16. Jh. geübten Gepflogenheit, an die Kinder der angegliederten Schule einmal jährlich eine Orange und eine Zitrone zu überreichen.

Ab hier als **weiteres Programm** zu empfehlen: **Somerset House mit den ****Courtauld Institute Galleries (S. 122*, Rundgang **7**) oder der Gang durch das Theaterviertel zu *Covent Garden und *Leicester Square (Rundgang **8**).

Dauer des Rundgangs: ca. 3 Std.; **Museumsbesuche** zusätzlich ca. 2–3 Std. **U-Bahn:** Aldwych (Piccadilly Line) oder Temple (District Line); **Bus:** Linien 1, 4, 6, 9, 11, 13, 15, 15B, X15, 30, 68, X68, 77A, 168, 171, 171A, 176, 188, 196, 501, 502, 505, 513.

Die City of London: Westminster markiert das politische Machtzentrum Londons; die City of London steht dagegen für den wirtschaftlichen Schwerpunkt der riesigen Metropole. Nicht von ungefähr spricht man heute auch in fast jeder deutschen Stadt von der ›City‹, wenn man damit das Geschäftszentrum kennzeichnen will. Die Eigentümlichkeiten der englischen Sprache bringen es mit sich, daß mit der Bezeichnung ›City‹ dieser Teil Londons quasi synonym steht für jede Art von urbaner und bürgerlicher Existenz. Die Wahrzeichen der City, ***St Paul's Cathedral*** ⑭ und das dahinter liegende *Gebäude der Versicherungsfirma Lloyds'* (Rundgang **11**, *S. 195*), verkörpern auf fast symbolische Weise Geschichte und Eigenheiten der City – die Koexistenz von Altem und Neuem, von Traditionsbewußtsein und Innovationsgeist, vom Sinn für Rituale und für Geschäfte, von Kunst und Kommerz.

Bis zur 2. Hälfte des 17. Jh. bestand die City of London überwiegend aus Holzbauten und Holzhäusern, die sich entlang eines labyrinthartigen Netzes von engen Straßen und Gassen aufreihten. Nachdem 1665 mehr als 100 000 Bewohner der überaus dicht besiedelten City der Pest zum Opfer gefallen waren, zerstörte das berüchtigte ›**Great Fire of London**‹ *(S. 23–24)* nur ein Jahr später nahezu alle Wohnhäuser und vernichtete insgesamt über 13 000 Gebäude. Trotz der an modernen Vorstellungen und zum Teil an kontinentaleuropäischen Einflüssen orientierten Wiederaufbaupläne der Architekten Christopher Wren, Robert Hooke und Richard Newcourt ließ der dringende Bedarf an Wohn- und Geschäftshäusern nach dem Großbrand wenig Zeit für grundlegende Umstrukturierungen. Dadurch hat die City bis heute trotz der Bedrohung durch die zeitgenössische Verkehrsplanung ihre auf die mittelalterliche Parzellierung durch Gilden und Handelsgesellschaften zurückgehende kleinräumige Grundstruktur noch weitgehend erhalten. Gleichzeitig jedoch wurde durch die immer höher strebende Bauweise des 20. Jh. der Luftraum der City in einer Weise erschlossen, von dem mittelalterliche und frühneuzeitliche Stadtplaner nicht einmal zu träumen wagten bzw. fürchten mußten. Ein Gang durch die Häuserschluchten der City gleicht dadurch trotz der horizontalen Kleinräumigkeit eher einer Abenteuertour durch den Grand Canyon als einer Wanderung durch das Mittelalter.

◁ Alt und neu in der City of London: Die ehrwürdige Royal Exchange, überragt vom Büroturm der National Westminster Bank *(S. 193f.)*

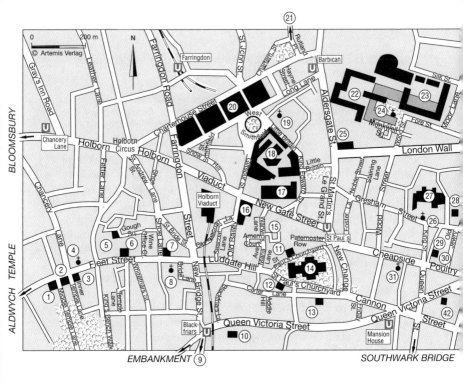

Die City of London

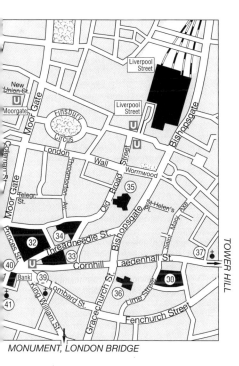

* ③② Bank of England *(S. 191)*
③③ Royal Exchange *(S. 192)*
③④ Stock Exchange *(S. 193)*
③⑤ National Westminster Bank
  (S. 193)
* ③⑥ Leadenhall Market/ehem. röm.
  Forum *(S. 194)*
③⑦ St Andrew-Undershaft *(S. 194)*
* ③⑧ Lloyd's-Gebäude *(S. 195)*
* ③⑨ St Mary-Woolnoth *(S. 195)*
④⓪ Mansion House *(S. 196)*
* ④① St Stephen-Walbrook *(S. 196)*
* ④② Mithras-Tempel *(S. 196)*

MONUMENT, LONDON BRIDGE

Der folgende **Rundgang** führt durch die Hauptader dieses pulsierenden Herzens Londons, die *Fleet Street,* über *Ludgate Hill* zur ****St Paul's Cathedral* ⑭. Von dort aus gelangt man über *Paternoster Square* und *Warwick Lane*, zum *Central Criminal Court,* besser bekannt als *Old Bailey* ⑯. Das *General Post Office* ⑰ und *St Bartholomew's* ⑱ , Londons traditionsreichstes Krankenhaus, sind die nächsten Stationen des Spaziergangs, der schließlich in den riesigen **Markthallen von Smithfields* ⑳ seinen Abschluß findet.

Fleet Street

Seit dem 18. Jh. ist Fleet Street, schon im Mittelalter einer der Hauptverkehrswege der City, der Hauptsitz der großen englischen Presseimperien: die ›street of ink‹ (Tintenstraße), wie man sie auch nannte, Heimat der Journalisten und vieler Schriftsteller und damit ein kulturgeschichtlicher ›Tatort‹ ersten Ranges. Der Name der Straße erinnert an das Flüßchen Fleet, das in Hampstead entspringt und bei der Blackfriars Bridge in die Themse fließt. 1765 wurde der Fluß im Bereich der Londoner Innenstadt überbaut und fließt nun, zum Teil als Abwasserkanal genutzt, unter der Farringdon Street und New Bridge Street zur Themse.

Geschichte: Schon im frühen Mittelalter war die Fleet Street mehr als eine einfache Straße zum Zwecke des Transports von Menschen und Fahrzeugen. Zunächst verband sich mit ihr hauptsächlich religiöse und klerikale Bedeutung, die Gründung von *St Bride's Church* ⑧ am Ende der Straße geht vermutlich bereits auf das 6. Jh. zurück, *St Dunstan's* ④ am Anfang wurde 1185 gegründet. Das ganze Mittelalter hindurch war die Straße eine beliebte Wohngegend für Bischöfe, Äbte und andere klerikale Würdenträger. Durch sie zogen aber auch die Monarchen zum Gottesdienst zur St Paul's Cathedral, und den reuigen oder auch nur vermeintlichen Sündern, die hier lange Zeit öffentlich Buße tun mußten, mag die scheinbar so kurze Fleet Street mit ihren zahllosen Schaulustigen unendlich lang erschienen sein.

Im Lauf der Jahrhunderte nahmen die auf Fleet Street gebotenen Spektakel zunehmend profaneren Charakter an. Feuerschlucker und jede andere Art von Gauklern fanden hier ein begieriges Publikum, Reisende stellten ihre ›Mitbringsel‹ in Form von Elefanten und anderen exotischen Tieren zur Schau. Daß zu diesen ›Ausstellungsobjekten‹ auch die aus fernen Ländern verschleppten Menschen gehörten, beeinträchtigte die Schaulust wenig, sondern stellte vielmehr einen besonderen Nervenkitzel dar. Bedrohlicher wurde es für die Bewohner aber bei den Umtrieben der ›Mohocks‹, eine Art aristokratische Rockertruppe, die hier im 18. Jh. ihr bevorzugtes Tätigkeitsfeld hatte *(S. 28)*.

In jenen Jahren wurde jedoch auch die ›**street of ink**‹ geboren: Im März 1702 erschien hier die erste englische Tageszeitung ›The Daily Courant‹. Ihr folgten in den nächsten Jahren immer mehr Zeitungen, so daß Fleet Street schließlich zum Inbegriff des englischen Pressewesens wurde. Auch wenn die meisten englischen Zeitungen heute ihre Produktion längst in die Außenbezirke verlagert haben – der ›Daily Telegraph‹ etwa zog Mitte der 80er Jahre in die Docklands um *(S. 233)* – so unterhalten doch viele zumindest noch ein Verwaltungsgebäude in der berühmten ›Tintenstraße‹.

Die Tinte, die in der Fleet Street so reichlich floß, tropfte nicht nur aus der Feder der Journalisten, die die Straße seit dem 18. Jh. überwiegend bevölkerten, sondern auch über aus der der **Literaten,** welche die zahlreichen Pubs und die in jenen Jahren besonders modisch werdenden Kaffeehäuser hier frequentierten. Im ehemaligen ›Devil's Tavern‹ gleich neben dem Haus Nummer 1 hatten schon über 100 Jahre früher *Ben Jonson* und *Samuel Pepys* verkehrt, ehe hier der ›Literaturpapst‹ des 18. Jh., *Dr Samuel Johnson,* mit seinem Clan von Bewunderern einzog. Auch *›Ye Old Cheshire Cheese‹ ⑥, ein in der 1667 renovierten Form weitgehend erhaltenes Pub, rühmt sich bis heute, von Dr Johnson und seinem Adlatus James Boswell frequentiert worden zu sein.

Ihre Wurzeln hat die Fleet Street mit dem Druck- und Verlagswesen übrigens in einer Zeit lange vor dem 18. Jh.: Schon im späten 15. Jahrhundert siedelten hier – neben den Klerikern – auch **Drucker und Verleger.** Zu den berühmtesten von ihnen gehörte dabei *Wynkyn de Worde*, ein Schüler des Vaters der englischen Druckkunst, William Caxton. De Worde verlegte in den Jahren kurz vor 1500 seine Druckerei von Westminster hierher und leitete damit eine neue Phase des englischen Buchwesens ein. Zu den Verlegern, die ihm folgten, gehörte auch der bekannteste Verleger des 16. Jh., *Richard Tottel,* der mit Thomas Mores ›Dialogue of Comfort‹, John Lydgates ›The Fall of Princes‹ und der Lyrikanthologie ›Tottel's Miscellany‹ einige der bedeutendsten literarischen Werke des 16. Jh. veröffentlichte.

Gleich am Beginn der Fleet Street erinnert das **Temple Bar Memorial** ①
an die besondere historische Rolle der Straße. An diesem Monument,
das die Statuen von Queen Victoria und ihrem Mann gleichsam gekrönt
vom Wahrzeichen der City, einem geflügelten Drachen, zeigt, empfängt der Lord Mayor den jeweiligen Monarchen bei dessen offiziellen
Besuchen in der City. Hier erteilt er ihm oder ihr in einem förmlichen
Ritual die Erlaubnis, die City zu betreten. Die heutige Steinsäule
ersetzte 1880 das ursprüngliche, von Christopher Wren geschaffene
dreigliedrige Tor, das seinerseits an der Stelle stand, an dem schon seit
dem 12. Jh. ein älteres Tor die Grenze zwischen Westminster und der
City markiert haben soll. Wrens Tor wurde im Zuge einer Straßener-
weiterung 1878 sorgfältig abgetragen und ist heute im Theobald's Park
in Hertfordshire zu besichtigen.

Nicht weniger geschichtsträchtig ist das erste Gebäude auf der rechten Seite, die ehemalige **Child's Bank** ②, heute Teil der *Royal Bank of
Scotland*. Die 1671 gegründete Child's Bank ist die älteste Bank Londons.

Etwas weiter östlich *(Haus Nr. 17)* markiert ein überbautes und mit
Holz verkleidetes Tor aus dem 17. Jh., das **Inner Temple Gate** ③, den
Eingang zu den weiträumigen Anlagen des Temple *(S. 142ff.)*. Im
ersten Stock dieses Tores erinnert heute eine ständige Ausstellung an
Samuel Pepys, den berühmten Chronisten des 17. Jh., dessen Tagebü-
cher die trivialen und banalen Seiten des Lebens seiner Zeit ebenso
dokumentieren wie die großen gesellschaftlichen und politischen Ereignisse *(S. 186,197)*. Der Name dieses von Eichenpaneelen und einer
Stuckdecke geschmückten Saals, ›*Prince Henry's Room*‹, geht auf den
Sohn von James I zurück. Ihm zu Ehren hieß das Pub, das hier
ursprünglich ansässig war, ›*The Prince's Arms*‹. Daneben steht seit 1887
das ›**Cock Tavern**‹, der Neubau des alten Pubs gleichen Namens, das auf
der gegenüberliegenden Straßenseite stand und zu dessen Kunden
neben Samuel Johnson auch Lord Tennyson und Charles Dickens
gehörten.

Gegenüber liegt auf der anderen Straßenseite **St Dunstan-in-the-
West** ④. Der ursprünglich mittelalterliche Kirchenbau wurde zu Beginn
des 19 Jh. erneuert. Sehenswert ist die Statue von Elizabeth I über dem
Ostportal, die einzige zeitgenössische Statue dieser erfolgreichen Mon-
archin. Daneben fanden hier die beim Abriß des Ludgate geretteten
Bildnisse des sagenumwobenen Königs Lud und seiner Söhne einen
sicheren Standort. Der berühmteste Vikar von St Dunstan war der
Dichter John Donne, der 1624–31 hier wirkte.

Etwas weiter östlich gelangt man über die Seitenstraße *Fetter Lane* zu

163

Johnson's Court und von hier zum *Gough Square* mit **Johnson's Memorial House** ⑤.Obwohl die Vermutung naheliegt und obwohl der große Johnson hier einige Zeit lebte, hat der Name Johnson's Court nichts mit dem Literaturkritiker zu tun, sondern geht auf einen Schneider zurück, der hier im 17. Jh. lebte. Vielleicht war es jedoch die Namensgleichheit, die Dr Johnson 1765 veranlaßte, hier seinen Wohnsitz zu nehmen – immerhin gefiel es ihm jedenfalls so gut, daß er zehn Jahre blieb. 1820 wurde hier die Zeitschrift ›John Bull‹ aus der Taufe gehoben, deren Name sinnbildhaft für bürgerlich-viktorianische Engstirnigkeit werden sollte.

Das Haus am *Gough Square*, das heute als Johnson-Gedenkstätte fungiert, ist von den vielen Häusern, die der stets von Geldnöten geplagte Literat und Literaturkritiker Johnson in London bewohnte, das einzige heute noch in seinem Urzustand erhaltene. Im Obergeschoß erstellte Johnson (mit Hilfe einiger Assistenten) in den Jahren um 1750 sein berühmtes Wörterbuch, das lange Zeit *das* Wörterbuch der englischen Sprache sein sollte. Auch die Beiträge für die Zeitschrift ›The Rambler‹, die Johnson leitete, entstanden hier – zweimal in der Woche, zwei Jahre lang. 1910 wurde das Haus von Cecil Harmsworth erworben und nach der Restaurierung nach und nach zur Gedenkstätte ausgebaut und stilgerecht möbliert. Zu den Schätzen des Hauses gehört u. a. eine Erstausgabe des Johnson'schen Wörterbuchs sowie ein Stück Stein, das der unermüdliche Sammler Johnson in dem Glauben, es handle sich um ein Stück der Chinesischen Mauer, erworben hatte. Neben einigen anderen Originalteilen des Johnson'schen Haushalts steht hier auch ›Dr Johnson's Chair‹, der Stuhl, der für Johnson im ›Old Cock Tavern‹ *(S. 163)* reserviert war.

Über den *Wine Office Court* kommt man auf dem Rückweg zur *Fleet Street* vorbei am wohl berühmtesten Pub Londons, dem *›**Old Cheshire Cheese**‹ ⑥, einst Treffpunkt berühmter Literaten wie Voltaire, Alexander Pope oder Oliver Goldsmith. Der Weg führt weiter vorbei an den Gebäuden bekannter Nachrichtenagenturen wie *Reuter's* und *Associated Press*, des ehemaligen Hauptsitzes des *Daily Telegraph* und, als interessantem Stück modernistischer Architektur inmitten von reichlich Historismus oder absoluter Stillosigkeit, des **Daily Express** ⑦ mit seiner schwarz gekachelten Fassade.

Kurz vor dem Ende der Fleet Street erhebt sich auf der rechten Straßenseite der höchste Kirchturm der City, der Turm der ›Pfarrkirche der Presse‹, ***St Bride's** ⑧. Im ›Great Fire‹ wurde das mittelalterliche Kirchengebäude, in dem Samuel Pepys getauft wurde, vollständig zerstört. Nachdem die Kirche 1670–84 nach einem Entwurf Wrens wiederaufgebaut worden war, wurde sie bei einem Bombenangriff im

Die Redaktionsbüros sind großenteils fortgezogen, die Kioske bleiben: Zeitungs-
händler an der Fleet Street

2. Weltkrieg wiederum schwer beschädigt; nur der Turm bieb weitgehend erhalten. Die Aufräumarbeiten förderten auch die Überreste
einer Kirche aus dem 6. Jh. zutage, so daß St Bride's heute als die *älteste
Kirche Londons* gelten darf.

Wrens Entwurf des oberen Teils des Turms – vier oktogonale, sich
nach oben verjüngende Stockwerke, die von Arkaden durchbrochen
und von einer zierlichen Spitze gekrönt werden – inspirierte unbestätig-
ten Gerüchten zufolge den Zuckerbäcker Rich zur ersten der berühmten englischen Hochzeitstorten. Auch wenn der Wahrheitsgehalt dieser
Inspiration nie zu klären sein wird, so steht doch zumindest fest, daß

Rich mit den Torten Schule machte und daß seine Backkünste ihn in jenen ökonomischen Stand versetzten, nach dem sein Name geradezu verlangte.

Nach der Zerstörung durch deutsche Bomben wurde die Kirche nach einem Entwurf von W. Godfrey Allen, der sich weitgehend an Wrens Originalentwurf orientierte, wiederaufgebaut. Neu hinzu kam dabei jedoch ein Wandgemälde von Glyn Jones an der östlichen Wand, das den Eindruck erweckt, bei dieser eigentlich flachen Mauer handele es sich um die Wölbung einer Apsis. Davor erinnert eine Eichentafel an *Edward Winslow*, der als einer der Pilgerväter die englische Kolonialisierung Amerikas einleitete. Er hatte als Druckerlehrling in der Fleet Street gearbeitet; seine Eltern waren in St Bride's getraut worden. An den Kirchenbänken erzählen zahlreiche Namensschilder von den vielen Journalisten und Publizisten, die in irgendeiner Weise mit St Bride's verbunden waren. Edgar Wallace, der unsterbliche Kriminalschriftsteller, ist einer von ihnen. In der Krypta der Kirche dokumentiert eine Ausstellung die lange Geschichte von St Bride's; auch die Überreste der Kirche aus dem 6. Jh. sind hier zu besichtigen.

Das Ende der *Fleet Street* markiert **Ludgate Circus,** von wo aus *Ludgate Hill* hinaufführt zur St Paul's Cathedral. Von *Ludgate Hill* aus eröffnet sich ein eindrucksvoller Rückblick auf die ›Zuckerbäckerarchitektur‹ von St Bride's.

Für theatergeschichtlich Interessierte einschlägig ist ein kurzer Abstecher über die *New Bridge Street* nach rechts in das Gebiet, an dessen ursprünglichen Namen heute nur noch die **Blackfriars Bridge** ⑨ erinnert. Der Name geht zurück auf ein ursprünglich hier angesiedeltes Dominikanerkloster, das während der Reformation vollständig vernichtet wurde. In elisabethanischer Zeit entstand am heutigen *Playhouse Yard* das erste feste Theatergebäude: 1576 gründete James Burbage hier ein Theater mit dem wenig originellen Namen ›The Theatre‹, das 1596 unter dem Namen ›Blackfriars Theatre‹ wiedereröffnet wurde. Nach der Blüte des Theaters in der elisabethanischen Zeit, in der die City eine entscheidende Rolle spielte, sollte es fast vierhundert Jahre dauern, ehe in der City wieder ein Theater eröffnet wurde. Erst 1959 wurde mit dem ***Mermaid Theatre** ⑩ (das inzwischen durch ein neues Gebäude ersetzt ist) hier das erste Theater seit dem 16. Jh. errichtet.

Der Weg zur St Paul's Cathedral *(S. 168)* führt zunächst über **St Paul's Churchyard.** Der Eingang hierzu ist teilweise integriert in das *Juxon House*, von dessen Aussichtsgalerie sich ein guter Blick über die City eröffnet.

St Paul's Churchyard war urspünglich in einem ganz konventionellen Sinne der zur Kathedrale gehörige Kirchhof. Gegen Ende des 15. Jh. jedoch entwickelte er sich zu einem **Zentrum des Londoner Buchhandels**. Begonnen hatte es damit, daß sich auswärtige Buchhändler ansiedelten, die sich mit der Entscheidung für diesen Standort dem Zugriff der mächtigen Gilden der City entziehen konnten. Der überraschende Zulauf, den diese Händler hier erfuhren, veranlaßte bald auch andernorts bereits etablierte Händler – wie etwa den in der Fleet Street niedergelassenon Wynkyn de Worde *(S. 162)* –, sich ebenfalls im Schatten der Kathedrale niederzulassen. Der Stempel ›sold by the booksellers of St. Paul's‹, galt (oder gilt) bis ins 20. Jh. hinein als allgemein anerkanntes Qua-litätsmerkmal. Das älteste erhalten gebliebene Buch mit diesem Stempel ist das ›Sarum Missal‹ aus dem Jahre 1500. Zu den Buchhändlern von St Paul's gehörte u. a. John Newberry, der im 18. Jh. als erster Kinderbüchern professionelle buchhändlerische Beachtung schenkte. Von diesem ehemaligen Ambiente von St Paul's Churchyard ist heute nur noch wenig geblieben; es dominieren Banken und Geschäftshäuser. Nur noch ein einziges, allerdings sehr renommiertes, Spezialgeschäft für alle Arten von Büchern läßt heute das Herz des Bücherfreundes höher schlagen – sofern er der japanischen Sprache mächtig ist, denn die Spezialität dieses Hauses liegt darin, daß es sich auf japanische Bücher konzentriert.

Im Bereich von St Paul's Churchyard sind zwei weitere Gebäude zu bewundern, die auf Entwürfe von Wren zurückgehen: nördlich der Kathedrale das **Chapter House** ⑪, das 1712/14 nach Plänen Wrens erbaut und nach der schweren Zerstörung im 2. Weltkrieg nach dessen Originalentwürfen wieder aufgebaut wurde; südwestlich davon die **Deanery** ⑫ (1672). Das etwas unscheinbare Haus mit der Nummer 37 nimmt heute die Stelle des ersten Gebäudes der **St Paul's School** ⑬ ein, eine der führenden Eliteschulen Großbritanniens. Zu ihren Schülern zählten u. a. John Milton, Samuel Pepys und G. K. Chesterton; *Lord Montgomery John Colet*, ehemals Dean of St Paul's, grundete sie im Jahre 1509. Da Colet gleichzeitig Mitglied der Tuchhändlervereinigung war, erfreute sich die neu gegründete Schule der großzügigen, wenn auch durch Zugeständnisse hinsichtlich der verwaltungsmäßigen Autonomie erkauften Unterstützung durch diese Kaufleute. Kurz nach ihrer Gründung war die Schule die größte in ganz Großbritannien. Sie konnte für die für damalige Verhältnisse enorme Zahl von 153 Schülern eine kostenlose Erziehung bereitstellen. Dabei hielten die Statuten ausdrücklich fest, daß diese Schüler »of all nations and countries indifferently« kommen sollten. Das ursprünglich auf der Ostseite der alten Kathedrale gelegene Bauwerk wurde wie die Kirche selbst im ›Great Fire‹ zerstört, 1670 aber an nahezu gleicher Stelle wieder errichtet und zu Beginn des 19. Jh. erneuert. 1884 mußte die Schule sich einen neuen Standort suchen. Sie zog zunächst nach Hammersmith, um dann schließlich 1968 zu ihrem heutigen Standort in Barnes überzusiedeln.

*** **St Paul's Cathedral** ⑭ (**U-Bahn:** St Paul's)

Wichtigstes Wahrzeichen der City und Hauptattraktion für Besucher aus aller Welt ist bis heute St Paul's Cathedral geblieben, der Sitz des Bischofs von London und die ›Gemeinde‹-kirche des gesamten Commonwealth. Doch trotz aller touristischen Betriebsamkeit, die sich in und um die Kathedrale entfaltet, wirkt sie immer noch authentischer in ihrem kirchlichen Charakter als etwa Westminster Abbey *(S. 40)*. Gerade im Innenbereich, der nicht völlig von Gedenktafeln und Ähnlichem ausgefüllt wird, empfängt sie den Besucher weniger mit musealer Geschichtsträchtigkeit als mit lichter Eleganz.

Mit einigen Superlativen kann dieses Meisterwerk Wren'scher Architekturkunst auch rein statistisch aufwarten: Sein Querschiff ist nicht nur das breiteste, das je eine anglikanische Kirche hatte oder haben sollte, es wird auch von der nach der des Petersdoms in Rom weltweit größten Kuppel gekrönt.

Die Vorgängerbauten

Die heutige Kathedrale ist bereits der fünfte Bau an diesem Standort. Der erste war ein römischer Tempel zu Ehren der Göttin Diana, dessen Überreste man bei den Aufräumarbeiten nach dem ›Great Fire‹ entdeckte. Die erste Kirche zu Ehren des hl. Paulus soll hier, Berichten des altehrwürdigen englischen Kirchenhistorikers Beda zufolge, im Jahre 604 von *Ethelbert*, dem ersten christlichen König einer englischen Region, gegründet worden sein. Sicher ist, daß mit *Mellitus* auch der erste Bischof von London hier geweiht wurde und daß Bischof *Eorconwald* zwischen 675 und 685 eine neue Kirche errichten ließ. Das Grab, das Eorconwald in seiner Kirche fand, war während des ganzen Mittelalters Ziel von Pilgerzügen.

Im 10. Jh. fiel Eorconwalds Kirche den immer wieder einfallenden Wikingern zum Opfer. Der 962 errichtete Nachfolgerbau war der Schauplatz des ersten allgemeinen Kirchenrats für ganz England. Doch auch dieser Neubau wurde 1087 ein Raub der Flammen – in der mittelalterlichen City mit ihren vielen Holzbauten nichts Außergewöhnliches. Der Neubau, der unter der Förderung von William II, dem Sohn des normannischen Eroberers, vom normannischen Bischof *Maurice* in die Wege geleitet wurde, wurde zum unmittelbaren Vorläufer der heutigen Kathedrale. Trotz der Rückschläge durch weitere Brände konnte bereits 1148 der Chor eingeweiht werden; der Turm, der der höchste werden sollte, der jemals in England gebaut worden war, wurde jedoch erst 1221 fertiggestellt. Die beiden Türme am westlichen Ende wurden lange Zeit auch als Gefängnis genutzt, am westlichen Ende der Kirche befand sich ein berühmtes Rosettenfenster.

Im 13. Jh. wurde St Paul's mit einer Mauer umgeben – aus einem simplen Grund: Die Kirche wurde, wie viele andere, nicht nur für religiöse Zwecke genutzt. Vielmehr glich das Mittelschiff mit seinen diversen Verkaufsständen wohl eher einem öffentlichen Marktplatz als einem kirchlichen Ort, und um nun wenigstens die Zahl der Diebstähle etwas einzudämmen, über die geklagt wurde, brauchte man diese Mauer. Ihren Verlauf markieren heute in etwa *Creed Lane, Ave Maria Lane, Paternoster Row, Old Change* und *Carter Lane*. Innerhalb dieser Mauer entstan-

Einer der größten Kirchenräume der Christenheit: ▷
St Paul's in der City of London

den nach und nach ein Kreuzgang (von dem heute noch Teile im Garten zu sehen sind), die Pfarrkirche *St Gregory's*, der Palast des Bischofs und *St Faith's Chapel*, die im späten 13. Jh. in die Krypta verlegt wurde.

Lange Zeit traf sich in St Paul's auch der ›**folk-moot**‹, eine dreijährlich stattfindende Volksversammlung, deren Besuch bis Anfang des 14. Jh. für alle männlichen Bürger obligatorisch war. Noch heute erinnert ein Denkmal an der nördlichen Außenmauer der heutigen Kathedrale an **St Paul's Cross**, die ›Times des Mittelalters‹, wie Thomas Carlyle diese ehemals außen angebrachte Kanzel beschrieb. Sie war Schauplatz der Verkündigung königlicher Kundmachungen, päpstlicher Bullen, von Hochzeiten im Königshaus, aber auch von Exkommunikationen. Politische Reden wurden hier ebenso gehalten wie konventionelle Predigten, und gerade zu politisch und religiös bewegten Zeiten waren diese oft kaum voneinander zu unterscheiden. Neben anderen haben die Bischöfe Latimer, Gardiner, Coverdale und Laud, allesamt durchaus in das politische Leben ihrer Zeit involviert, hier gepredigt. Unter St Paul's Cross mußte Jane Shore, die Geliebte Edwards IV, Buße tun; und auch die Verbrennung von Tyndales Bibelübersetzung und Luthers Werken fand hier statt. 1643 ordneten die Puritaner dann den Abriß der Kanzel an, die wie kaum ein anderes Baudetail Zeugin der Zeitläufte gewesen war.

Ein fester Bestandteil der Geschichte von St Paul's sind auch die zahllosen Prozessionen und Feiern, deren Ziel und Schauplatz die Kirche stets war. Um nur eines dieser Rituale zu nennen: Jedes Jahr am 6. Dezember wurde hier der ›Boy Bishop‹ inauguriert, der dann drei Wochen lang nominell die Rechte und Pflichten des Londoner Bischofs übernahm. Henry VIII und Elizabeth I mochten sich freilich mit dieser karnevalesken Verkehrung der Autoritätsverhältnisse nicht abfin-

den; sie schafften die Zeremonie kurzerhand ab.

Sir Christopher Wren und die neue Kathedrale: Nachdem St Paul's während der Reformation schweren Schaden genommen hatte und fast nur noch als öffentlicher Marktplatz fungierte, bahnte sich unter *Inigo Jones,* dem Architekten der Stuart-Könige, ein Aufschwung an. Jones ließ die zahlreichen Geschäfte und Werkstätten, die sich hier im Lauf der Zeit angesiedelt hatten, niederreißen, renovierte das Gebäude und fügte eine klassizistische Eingangshalle hinzu. Doch während des Bürgerkriegs wurde das eigentlich für die weitere Renovierung gedachte Geld beschlagnahmt. Cromwell ließ die Kirche u. a. als Stall für seine Kavallerie nutzen und die Eingangshalle wurde zum Verkaufsraum für alle Arten von kleinen Händlern. Mit dem Ende des Bürgerkriegs war auch St Paul's weitgehend verfallen.

Als schließlich 1663 Christopher Wren mit der Renovierung beauftragt wurde, empfahl er den Abriß der verbliebenen Gebäude und den völligen Neubau − ein Vorschlag, den die Kirchenverwaltung jedoch rigoros ablehnte. Von den verschiedenen Plänen für die Restaurierung, die Wren daraufhin vorlegte, wurde dennoch einer im Jahre 1666 akzeptiert. Zur Umsetzung dieses Plans kam es freilich nicht mehr, denn nur sechs Tage später brannte die City lichterloh − und zu den Opfern der Flammen gehörte auch St Paul's. Das einzige, was vom Innenraum erhalten blieb, war eine Statue John Donnes, die heute im südlichen Flügel des Chors steht. Ob des Ausmaßes der Zerstörung wurde nun wirklich der völlige Neubau beschlossen. Wren versuchte zunächst, die verbliebenen Gebäudeteile durch Sprengung zu beseitigen, versetzte damit jedoch die Londoner, die an ein Erdbeben glaubten, derart in Schrecken, daß er sich gezwungen sah, zu konventionelleren Abrißmethoden zu greifen.

Wren legte dem wählerischen Baukomitee drei Entwürfe vor. Das von ihm selbst favorisierte ›**Great Model**‹ (das im ›*Trophy Room*‹ von St Paul's zu besichtigen ist) fand jedoch nicht die Gegenliebe der strengen Kirchenherrn. Sie entschieden sich stattdessen 1675 für das sog. ›**Warrant Model**‹, ein taktischer Fehler insofern, als dieses Modell Wren bezüglich rein ›ornamentaler‹ Veränderungen des Entwurfs freie Hand ließ. Und wie der Begriff des Ornamentalen sehr großzügig auszulegen sei, das wußte Christopher Wren sehr wohl.

Um aber mögliche finanziellen Kürzungen während eines allmählichen Baus zuvorzukommen, begann Wren ungewöhnlicherweise damit, gleich den gesamten Grundriß anzulegen. Gleichmäßig zog er das gesamte Gebäude langsam hoch. Diese Bauweise hatte zwar zur Folge, daß der erste Gottesdienst erst 1697 stattfinden konnte, jedoch konnte Wren, als das Parlament wieder zur Sparsamkeit mahnte, den Bau unmöglich wieder verkleinern. Statt dessen bestrafte die Regierung den gewitzten Architekten mit der Kürzung seines Jahresgehalts.

***Die Kuppel *(Abb. S. 25)*

Wren kombinierte bei seinem Entwurf den traditionellen kreuzförmigen gotischen Grundriß mit aus Italien entlehnten Elementen. Statt des ursprünglich genehmigten spitzen Kirchturms entwarf er eine komplizierte Kuppelkonstruktion. Dem Gerücht nach wollte es der Zufall, daß der Stein, den ein Arbeiter ihm brachte, um damit den genauen Mittelpunkt der Kuppel zu markieren, ein Fragment eines alten Grabsteins war, auf dem symbolträchtig »resurgam« verkündet wurde: »Ich werde auferstehen!«

Die Konstruktion der Kuppel stellte Wren vor große Probleme. Die Proportionen des Äußeren und des Inneren des geplanten Baus verlangten unterschiedliche Kuppelgrößen, ein unlösbar scheinender Fall. Wren behalf sich: Er entwarf zwei unterschiedliche Kuppeln, die er mit einer Art konisch zulaufendem Zylinder miteinander verband. Obenauf setzte er ein Kreuz, dessen Spitze genau 365 Fuß vom Erdboden entfernt ist – d. h. einen Fuß für jeden Tag des Jahres. 24 Fenster – eines für jede Stunde des Tages – geben der Kuppel Licht; unmittelbar unter ihnen verläuft die berühmte **›Whispering Gallery‹**, so benannt wegen ihrer unglaublichen Akustik: Auch ein sehr leise gesprochenes Wort ist ohne Schwierigkeiten am gegenüberliegenden Punkt der Galerie zu hören (›to whisper‹ = flüstern; Zugang siehe *S. 173)*.

Die Schauseite von St Paul's, die ***Westfassade**, wird von einer großzügigen Treppenflucht und einer Säulenhalle mit zwölf paarig angeordneten Säulen gebildet, die wiederum zu einer weiteren Halle mit acht Säulen führt. Auf der Giebelspitze steht eine Statue des hl. Paulus, flankiert von St. Peter und St. Jakob; im Tympanon ist die Bekehrung des Kirchenpatrons dargestellt. Der Schöpfer dieser Werke ist *Francis Bird*, der auch das Taufbecken von St Paul's und eine berühmte ***Statue von**

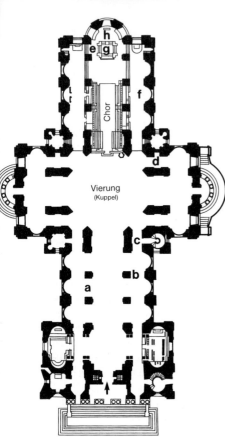

St Paul's Cathedral: Grundriß

a Wellington-Monument
b Holman Hunts ›The Light of
   The World‹
c Treppe zur Kuppel und
   ›Whispering Gallery‹
d Eingang zur Krypta
e Gitter von Tijou
f John Donne-Denkmal
g Hochaltar
h ›American Chapel‹

Queen Anne gestaltete, während deren Regierungszeit die Kathedrale vollendet wurde. Eine Kopie dieser Statue steht auf dem Platz vor der Westfassade, von einem kreisrunden Gitter umzäunt, den Rücken der Kathedrale und das Gesicht den ›ginshops‹ am Ludgate zugewandt, wie aufmerksame Zeitgenossen schon im 18. Jh. süffisant vermerkten.

Innenraum: Trotz der barocken Details ist St Paul's Cathedral im wesentlichen noch auf gotischen Grundstrukturen errichtet. Man spürt das, wenn man die Kirche durch das Westportal betritt: Der Grundriß ist kreuzförmig, drei hohe Schiffe streben dem Altarraum zu, über den Arkaden erheben sich Triforium mit Lichtgaden – der traditionelle gotische Wandaufbau. In diesem Raum will das massive *Denkmal des Duke of Wellington* (a**), das als erstes den Blick des Besuchers auf sich zieht, nicht so recht passen. Die Fertigstellung dieses von einer Bronzestatue gekrönten marmornen und mit allegorischen Skulpturen versehenen Monuments nahm mehr als zwanzig Jahre in Anspruch; sein Schöpfer, Alfred Stevens, erlebte sie nicht mehr. Dezenter, aber in seiner Emotionalität nicht weniger wirkungsvoll, ist Holman Hunts Gemälde ›*The Light of the World*‹ (**b**), gegenüber am vierten Pfeiler im südlichen Seitenschiff. Es gilt als eines der populärsten Werke aus der Schule der Präraffaeliten (*S. 398*) und zeigt Christus mit dem ›Licht der Welt‹ vor der Tür einer dornenüberwucherten Hütte. Über der Vierung schließlich, am Treffpunkt von Haupt- und Querschiff, thront kreisrund

die *****Kuppel**, mit Mosaiken und Fresken von *James Thornhill* geschmückt, die aus dem Leben des hl. Paulus erzählen. An der Südwest-
ecke der Vierung befindet sich die *Treppe* (**c**), die zur **›**Whispering
Gallery**‹ hinaufführt *(S. 171)* und weiter zur *Stone Gallery,* die außen
um die Kuppel herum verläuft, und schließlich ganz hinauf zur Spitze
mit der ›*Goldenen Kugel*‹ – ein beschwerlicher Aufstieg, der aber
belohnt wird mit einem einzigartigen ****Blick** über Londons Dächer.

Doch auch in die Tiefe führt ein Weg: In der Nordwestecke der
Vierung liegt der Eingang (**d**) zur **Krypta** von St Paul's, in der, dem
Rang der Kirche angemessen, Englands Nationalhelden ihre letzte
Ruhe fanden. Der erste freilich, der hier begraben wurde, war nahelie-
genderweise Wren selbst. Der Standort seines Grabes wird heute durch
eine schlichte schwarze Marmorplatte markiert. Weitaus auffälliger
dagegen ist das Grab Lord Nelsons, dessen schwarzer Marmorsarko-
phag ursprünglich von einem Florentiner Künstler für Cardinal Wolsey
angefertigt worden war. Nachdem dieser bei seinem König Henry VIII
in Ungnade gefallen war, konfiszierte Henry den Sarkophag und ließ
ihn nach Windsor Castle bringen. Dort lag er ungenutzt, bis er schließlich 1806 in Lord Nelson einen würdigen ›Benutzer‹ fand.

Im Ostteil der Kathedrale öffnen sich **Chor und Altarraum**. Das
wunderschöne ***Chorgestühl** schnitzte *Grinling Gibbons*, ein Einwande-
rer (aus Holland) wie jener Jean Tijou (aus Frankreich), der im
nördlichen Chorseitenschiff eines seiner vollendeten schmiedeeisernen
***Gitter** (**e**) hinterließ. Die *Orgel* über dem Chor (auf der Händel und
Mendelssohn-Bartholdy ihre Künste demonstrierten), ist ebenfalls eine
Arbeit von Gibbons, wenn auch von Wren selbst entworfen. Südlich des
Chors verdient ein Denkmal besondere Beachtung: die *Statue John
Donnes* (**f**), geschaffen von Nicholas Stone und einziges Bildwerk, das
aus der alten Kathedrale erhalten ist. John Donne (1572–1631), einer

Schnitzerei von Grinling Gibbons am Chorgestühl von St Paul's

der bedeutendsten Dichter seiner Zeit, war viele Jahre Dekan von St Paul's.

Obwohl St Paul's wegen seiner Höhe während des 2. Weltkriegs besonders gefährdet erschien, wurde es durch die deutschen Bombenangriffe sehr viel weniger beeinträchtigt als die meisten umliegenden Gebäude. Nur der viktorianische *Hochaltar* (**g**) wurde zerstört und 1958 durch einen neuen baldachingekrönten Altar, der den Weltkriegsopfern aus den Commonwealth-Ländern gewidmet ist, ersetzt. Die ehemalige ›*Jesus Chapel*‹ hinter dem Altar, ebenfalls durch Bomben beschädigt, wurde zu Ehren der gefallenen amerikanischen Soldaten als ›*American Chapel*‹ (**h**) wieder restauriert. – Schon bald nach dem Krieg konnte St Paul's seine Rolle als neben der Westminster Abbey wichtigster Schauplatz repräsentativer Zeremonien wieder aufnehmen; das jüngste ›hochoffizielle‹ Ereignis, das hier begangen wurde, war die Hochzeit des Thronfolgers Prince Charles im Sommer 1981.

> Ein **Hinweis zur Orientierung:** Wer ab hier den Rundgang in Richtung *Bank* und *Tower Hill* fortsetzen möchte, hält sich ab hier an die Rundgänge **11** (Karte *S. 160/61*) oder **12** (Karte *S. 198/99*).

Sicher etwas ungewöhnlich mutet der Name **Pater Noster Square** ⑮ an, den der nördlich der Kathedrale gelegene Platz trägt. Vermutlich geht er auf mittelalterliche Zeiten zurück, in denen der Klerus von St Paul's in seinen Prozessionen durch die Straßen um die Kathedrale zog und dabei seine Gebete rezitierte. Darauf deuten auch einige andere topographische Bezeichnungen in dieser Gegend hin, wie etwa ›*Ave Maria Lane*‹ oder ›*Amen Court*‹.

John Stow, der 1598 als erster eine detaillierte topographische und kartographische Beschreibung Londons erstellte, hatte allerdings noch eine etwas andere Erklärung für diese Namensgebung parat: Hier seien auch Rosenkränze hergestellt worden, und deren Produzenten habe man auch ›Pater Noster makers‹ genannt. Im 16. Jh. war der Platz allerdings aus weitaus weniger sakralen Gründen in ganz London berühmt: Hier fanden sich die beliebtesten Kneipen Londons und jene Lokale, in denen sich die Theaterleute aus dem nahegelegenen elisabethanischen Theaterviertel trafen. Besonderer Popularität erfreute sich etwa ›*The Castle*‹, in dem der elisabethanische Starkomiker und Clown der Shakespeare-Truppe, Richard Tarlton, regelmäßig verkehrte.

Nach der Feuersbrunst von 1666 nahmen die durch das Feuer aus St Paul's Churchyard vertriebenen Buchhändler den Platz ein. Daniel Defoes ›Robinson Crusoe‹ wurde 1719 hier veröffentlicht. Defoes Verleger verkaufte wenig später seinen Besitz an einen damals noch unbekannten Mann namens Thomas Longman. Dieser begründete einen Verlag, der zu einem der angesehensten englischen Verlage unserer Tage heranwachsen sollte.

Im 2. Weltkrieg wurde *Paternoster Square* schwer zerstört. Etwa sechs Millionen wertvolle Bücher wurden dabei vernichtet. Wiederaufgebaut wurde jener Abschnitt, der vom 17. bis zum Ende des 19. Jh. den Londoner Fleischmarkt beherbergte, ehe dieser 1889 nach Smithfield verlegt wurde *(S. 179)*. Heute trifft man auf eine großzügige Fußgängerzone mit unterschiedlichen Geschäften und Bürokomplexen. Eine bronzeüberzogene Fiberglasplastik *›Paternoster – Shepherd and Sheep‹* von Elizabeth Frink (1975) erinnert an die einstige Nutzung dieses Platzes.

Am Paternoster Square wurde seine Geschichte zum ersten Mal veröffentlicht: Daniel Defoes ›Robinson Crusoe‹

›Old Bailey‹ ⑯ (U-Bahn: St Paul's)

Über *Warwick Lane* und *New Gate Street* kommt man nun zum **Central Criminal Court**, nicht nur Krimifreunden besser bekannt unter seinem ›Kosenamen‹ **Old Bailey**. Er steht an der Stelle, an der sich jahrhundertelang das **Newgate-Gefängnis** befand.

Die **Geschichte** dieses berühmt-berüchtigten Gefängnisses reicht vermutlich bis ins 12. Jh. zurück. Zu dessen bekannteren Insassen gehören einige illustre Persönlichkeiten: Ben Jonson, Christopher Marlowe und Daniel Defoe, die Literaten, aber auch William Penn, der später zum Gründer Pennsylvanias werden sollte. Defoe ließ denn auch seine Romanheldin Moll Flanders von Newgate aus ihren Weg durch die verschiedenen Schichten der englischen Gesellschaft des 18. Jh. nehmen.

Trotz diverser Neu- und Umbauten war ›Newgate Prison‹ berüchtigt wegen seiner katastrophalen hygienischen Verhältnisse. Böses wird auch berichtet über die Brutalität sowohl zwischen den Gefangenen als auch seitens der Wärter gegenüber den Insassen. Doch das Volk hatte durchaus seine Freude daran: Im 18. Jh. galt Newgate als eines der beliebtesten

Sonntagsausflugsziele Londons. Eine Attraktion besonderer Art waren dabei die hier stattfindenden öffentlichen Hinrichtungen, bei denen es zuging wie auf einem Jahrmarkt. Erst 1793 wurden sie nach Tyburn verlegt *(S. 290)* und 1868 schließlich endgültig eingestellt.

1539 wurde neben dem Newgate Prison erstmals ein in der Folgezeit mehrmals umgestaltetes Gerichtsgebäude errichtet, das nach dem Namen der Straße, in der es stand, sehr schnell ›Old Bailey‹ genannt wurde. Nach dem Abriß des Gefängnisses wurde dann zwischen 1902 und 1907 auf dem ehemaligen Gefängnisgelände das heutige Old Bailey errichtet. Schon zu Beginn des 19. Jh. waren die Befugnisse des alten Old Bailey, das eher gewohnheitsmäßig die Jurisdiktion über das gesamte Londoner und angrenzende Gebiete ausgeübt hatte, offiziell auf die neue zentrale Justizbehörde, den Central Criminal Court, übertragen worden.

Der **Central Criminal Court**, dessen Befugnisse sich über ganz Greater London erstrecken, zeigt sich bei bestimmten Gelegenheiten der Geschichte seines eigenen Gebäudes durchaus bewußt: An den ersten beiden Tagen jeder Sitzungsperiode betreten die Richter den Sitzungssaal mit Sträußen wohlriechender Blumen, und dienstbare Geister verstreuen duftende Kräuter, um damit an die weit weniger angenehmen Gerüche (und die damit verbundenen Krankheiten) alter Newgate Prison-Zeiten zu erinnern. In den ehrwürdigen Gemächern, zu denen bei den Sitzungsperioden in der Regel auch die Öffentlichkeit auf den Galerien zugelassen ist, fanden zahlreiche berühmte Prozesse statt; die Verhandlung gegen den gefürchteten Massenmörder J. R. Christie (1953) und der aufsehenerregende Fall des ›Yorkshire Ripper‹ P. Sutcliffe (1981) sind wohl die bekanntesten von ihnen.

Von Old Bailey aus sind es nur wenige Minuten zum Post Office (Ecke *Newgate/King Edward Street*), nach seiner früheren Bezeichnung **General Post Office** ⑰ noch heute meist mit ›G.P.O.‹ abgekürzt. Einmalig ist die unter dem G.P.O. verlaufende ›Rohrpost‹, eine Art Minizug, die zwischen Whitechapel und Paddington verkehrt und täglich mehr als 40 000 Postsäcke transportiert. Im G.P.O.-Gebäude ist auch das **National Postal Museum** untergebracht, ein Dorado für Briefmarkensammler. Auf die private Initiative des begeisterten Philatelisten Reginald M. Phillips aus Brighton zurückgehend, werden hier seit 1966 wertvolle Briefmarken und postgeschichtlich interessante Dokumente gesammelt und ausgestellt. Neben anderem sind Exemplare aller Briefmarken zu sehen, die jemals im Namen der Britischen Post herausgegeben wurden – die Marken aus allen ehemaligen Kolonialländern eingeschlossen.

King Edward Street mündet schließlich in die Straße *Little Britain*, eine verwinkelte und enge Gasse, deren ungewöhnlicher Name an die Zeit vor dem 16. Jh. erinnert, als hier die Herzöge der Bretagne (engl. ›Brittany‹) ihre Stadthäuser hatten.

St Bartholomew's ⑱
(U-Bahn: St Paul's)

Auf der linken Straßenseite beherrschen Little Britain die weitläufigen Anlagen des **St Bartholomew's Hospital**. Dieses 1123 von dem Augustinermönch Rahere gegründete Krankenhaus ist das älteste Londons. Rahere, einstmals lebenslustiger Hofclown Henrys I, erkrankte auf einer Pilgerfahrt nach Rom an Malaria und gelobte für den Fall einer glücklichen Heimkehr eine gründliche Änderung seines bisherigen Lebensstils. Dies beinhaltete auch die Gründung eines Klosters und eines Krankenhauses. Um dieses Gelübde umsetzen zu können, erhielt er von Henry I ein größeres Stück Land in jenem Bereich gleich außerhalb der Stadtmauern der City, der noch heute *Smithfield* heißt – obwohl in diesem heute dicht besiedelten und bebauten Gebiet nur noch wenig an das ›smooth field‹ (ebenes Feld) erinnert, das Grundlage für die Namensgebung werden sollte.

Einer der ersten berühmten Patienten des Hospizes war der Rebell *Wat Tyler*, der 1381 vom Lord Mayor der City schwer verwundet worden war. Die Kunst der Ärzte war allerdings im Falle Tylers überflüssig, denn nur kurz nach Tyler trafen seine Verfolger hier ein: Tyler wurde auf der Stelle hingerichtet *(vgl. S. 179)*.

Das Torhaus von St Bartholomew's *(S. 178)*

Als das angegliederte Kloster während der englischen Reformation unter Henry VIII aufgelöst wurde, behielt das Krankenhaus dennoch seine Funktionsfähigkeit. 1548 wurde es der Autorität der City-Verwaltung unterstellt. Die Bindung an die Kirche blieb jedoch weiterhin relativ eng: Noch 1744 erging ein Erlaß, nach dem allen, die nicht zur Sonntagsmesse erschienen waren, an diesem Tag das Essen entzogen werden sollte.

Einer der berühmtesten Ärzte von St Bartholomew's war der Entdecker des Blutkreislaufs, *William Harvey,* der 1609–33 hier als Chirurg wirkte. Ab dem 17. Jh. wurden auch Medizinstudenten hier ausgebildet; ›Bart's‹ hat damit die älteste medizinische Fakultät Londons (seit 1900 Teil der University of London).

Sehenswert ist vor allem das *Torhaus am Eingang der Klinikanlage in Little Britain *(Abb. S. 177)*. Über der 1702 erbauten Pforte erinnert eine Statue von Francis Bird an Henry VIII, der dem Krankenhaus auch nach der Säkularisation das Überleben gesichert hatte. Links vom Tor lädt **St Bartholomew-the-Less** mit dem noch aus dem 15. Jh. erhaltenen Turm die Besucher ein. Nach der Reformation wurde diese kleine Kirche, die ursprünglich als Kapelle des Krankenhauses gegründet worden war, zur Gemeindekirche. 1573 wurde *Inigo Jones*, der neben Wren wohl berühmteste englische Architekt, hier getauft. Im 18. Jh. gestaltete *George Dance* das Innere der Kirche neu. Dance' ursprüngliche Holzkonstruktion wurde dann 1823–25 von Thomas Hardwick in einem Steinbau neu errichtet, der sich jedoch an Dance' achteckiger Raumkonzeption orientierte. Nach den schweren Zerstörungen im 2. Weltkrieg wurde die Kirche in den fünfziger Jahren renoviert und steht heute dem Besucher offen.

An der nördlichen Begrenzung des St Bartholomew Hospital, *West Smithfield*, steht mit *St Bartholomew-the-Great** ⑲ eine der ältesten Kirchen Londons. Die von der ursprünglichen normannischen Kirche noch erhaltenen Teile des Chors (Triforium, Rundbögen und Rundsäulen) sind die einzigen Überreste von Raheres Kloster. Nachdem unter Rahere selbst der Chor und die Lady Chapel entstanden waren, fügten seine Nachfolger das lange Hauptschiff und die Seitenschiffe dazu. Im 14. und 15. Jh. erhielt die Kirche Glockenturm, Kreuzgang und Kapitelhaus. 1515 ließ ein Prior ein Erkerfenster mit Blick über den Chor einbauen, angeblich, um die Opfergaben auf dem gegenüberliegenden Grab Raheres besser kontrollieren zu können. Im Zuge der Säkularisation wurde 1539 ein Großteil des Hauptschiffs abgerissen, die restlichen Gebäude der Anlage wurden an die ohnehin nicht mittellose Familie Rich verkauft *(S. 165)*, in deren Besitz sie bis 1862 blieben. Die Rich vermieteten die meisten Gebäude für unterschiedliche Zwecke; die

Krypta etwa diente lange Zeit als Wein- und Kohlenkeller, und in der ehemaligen Lady Chapel war einige Zeit eine Druckerei untergebracht, in der Benjamin Franklin, später einer der Gründer der Vereinigten Staaten von Amerika, 1725 beschäftigt war. In den Kreuzgängen wurden Ställe eingerichtet, im Nordflügel ließ sich ein Schmied nieder.

Erst 1863–85 wurde die Kirche wieder restauriert; 1893 wurde die Westfront nach Plänen von Aston Webb wieder in ihren vermuteten Urzustand versetzt. Original erhalten ist das Taufbecken aus dem 15. Jh., über dem 1697 schon William Hogarth getauft worden war.

* **Central Markets (›Smithfields‹)** ⑳ (**U-Bahn:** Farringdon oder Barbican)

Rahere gründete in Smithfield nicht nur ein Kloster und ein Hospiz: Wohl als Reminiszenz an seinen früheren Beruf rief er gleichzeitig den berühmten **Bartholomew Fair** ins Leben. Dieser nicht nur von Shakespeares Zeitgenossen Ben Jonson literarisch verewigte Jahrmarkt wurde zu einer höchst einträglichen Erwerbsquelle für Raheres Kloster; bereits 1133 hatte ihm der König sämtliche Rechte daran überschrieben. Noch als Prior seines Klosters trat Rahere selbst regelmäßig mit seinen alten Zauberkunststückchen auf dem Jahrmarkt auf. Bis zum 16. Jh. jedoch war Bartholomew Fair nicht nur als Jahrmarkt bekannt; er war auch der größte Londoner Markt für Tuch- und Viehhandel – eine außerordentlich ergiebige Finanzquelle, auf die schon bald auch die City Anspruch erhob durch Abgaben, die sie von den Händlern verlangte. Bis nach der Säkularisierung des Klosters blieb dies ein ständige Zankapfel.

Im Verlauf des 17. Jh. wurde der Marktcharakter weitgehend in den Hintergrund gedrängt. Bartholomew Fair gehörte nun ausschließlich den Gauklern, Artisten, Marktschreiern und sonstigen jahrmarktsüblichen Kuriositätenhändlern. Selbst außerhalb der eigentlichen Marktperioden diente Smithfield Market als Austragungsort von Spektakeln unterschiedlichster Art. Schon im Mittelalter waren Ritterturniere hier aufgeführt worden, 1381

war Wat Tyler *(S. 177)* hier mit Richard II zusammengetroffen, und volle 400 Jahre lang hatte das Gelände als öffentlicher Hinrichtungsort gedient. Zahllose vermeintliche Häretiker und Hexen wurden hier auf qualvolle Weise zu Tode gebracht.

Im 16. und 17. Jh. nun kamen Faustkämpfe und Duelle als Publikumsattraktionen hinzu. Schon bald trug dies dem Markt einen neuen Beinamen ein: ›Ruffian's Hall‹, Haus der Schläger. So kam schließlich, was kommen mußte: Die Klagen, sowohl über die vielen Schlägereien als auch über die Viehtreiber, die ihre Tiere rücksichtslos durch die Straßen trieben (bis zur Mitte des 19. Jh. wurde sogar offen auf den Straßen geschlachtet!), häuften sich. Mit der Popularität des Marktes, vor dessen Schließung selbst die Puritaner während des Commonwealth zurückgeschreckt waren, war es dahin. Das viktorianische Bürgertum sah die öffentliche Ordnung gefährdet und setzte alle Hebel in Bewegung, um dem in seinen Augen nicht nur unhygienischen, sondern auch unmoralischen Treiben ein Ende zu setzen. Nachdem die Behörden der City über genügend finanzielle Mittel verfügten, um dem letzten Inhaber der Rechte am Markt, Lord Kensington, einen Verkauf dieser Rechte schmackhaft zu machen, konnten sie den Markt schließlich 1855 schließen. Der Vieh- und Pferdemarkt wurde nach Islington verlegt.

179

In der City of London ist immer irgendwo gerade Markttag. Hier in der Petticoat Lane (U-Bahn: Aldgate). Siehe dazu auch *S. 386*

Der eigentliche Markt wurde 1868 am heutigen Smithfield Market oberhalb der Smithfield Street als *›Central London Meat Market‹* neu eröffnet. Der Architekt des neuen Marktes orientierte sich bei seinen Plänen an Paxtons Modell von Crystal Palace *(S. 295)*; eine erste Untergrundbahn verband Smithfield Market mit allen größeren Londoner Bahnhöfen. Heute hat der Markt über 3000 Beschäftigte, eine eigene Polizei und sogar ein Pub, das von den ansonsten in England üblichen streng geregelten Öffnungszeiten abweichen darf: schon ab sechs Uhr dreißig morgens darf hier getrunken werden!

Die nördliche Begrenzung des Marktes bildet *Charterhouse Street*. Über *Charterhouse Square* führt sie zum **Charterhouse** ㉑, einem ehemaligen, 1371 von Walter de Manny gegründeten Karthäuserkloster. Nach der Säkularisation war es in die Hände verschiedener Adeliger gelangt, die nach diversen Umbauten hier glanzvolle Feste feierten; zu den Gästen zählte auch Elizabeth I. Erst als 1611 der wohlhabende Kohlenhändler Thomas Sutton das Gelände erwarb, wurde es wieder weniger exklusiven Zwecken zugeführt; er errichtete hier ein Krankenhaus und eine Schule für ›poor boys‹. Aus dieser einstigen Schule für Unterschichten entwickelte sich im Lauf der Zeit eine der führenden Privatschulen Englands. Einer ihrer berühmtesten Schüler war William M. Thackeray, Verfasser des Gesellschaftsromans ›Vanity Fair‹ (›Jahrmarkt der Eitelkeiten‹, 1847–48). In einem seiner Romane (›The Newcomes‹, 1853) hat er Charterhouse verewigt: als ›slaughterhouse‹, zu deutsch ›Schlachthaus‹. 1872 zog die Schule in neue Gebäude in der Grafschaft Surrey (Godalming) um.

Charterhouse wurde im 2. Weltkrieg schwer zerstört. Die meisten der aus dem 16. Jh. stammenden Gebäude wurden aber in den fünfziger Jahren sorgfältig und detailgetreu restauriert. Durch das aus dem 15. Jh. stammende Torhaus erreicht man den *Master's Court*, wo man nach dem Krieg unter den Trümmern auch Überreste der mittelalterlichen Klostermauern fand. Das ehemalige Kapitelhaus des Klosters, dessen südliche und östliche Wand noch aus dem 14. Jh. erhalten ist, wird heute als Kapelle genutzt. Am Nordende des Master's Court ist für Besucher auch die *Great Hall* zugänglich, die im 16. Jh. von Lord North unter Verwendung von Steinen des alten Klosters errichtet wurde. Sie dient den wenigen verbliebenen Mönchen, die nach der Restaurierung des Klosters 1951 hierher zurückkehrten, als Refektorium. Sehenswert ist der gut erhaltene Kamin aus dem 16. Jh. Über der Bibliothek liegt die *Great Chamber*, einer der prunkvollsten erhaltenen elisabethanischen Räume. Er erstrahlt heute nach der Restaurierung wieder im alten Glanz vergoldeter Stuckdecken und erlesener Gobelins.

* 11 City II: Barbican Centre · Museum of London · Guildhall · Bank of England

Dauer des Rundgangs: ca. 2–3 Std.; **Museumsbesuche** zusätzlich ca. 2 Std. **U-Bahn:** Barbican (Circle Line); **Bus:** Linien 4, 141, 279A, 502

Auch dieser Rundgang führt durch das historische Zentrum der City of London, in der das wirtschaftsmächtige und handeltreibende Bürgertum dem Machtbestreben der Krone mehr als einmal Paroli bot. Noch heute verweisen die meisten Straßennamen hier zurück auf frühe römische, angelsächsische und vor allem mittelalterliche Zeiten, die das Erscheinungsbild der City so nachhaltig prägten und deren Kleinräumigkeit und verwinkelte Straßenführung bis heute nachwirken.

> Wichtigste **Stationen des Spaziergangs** sind das ***Kulturzentrum Barbican* ㉒, das **Museum of London ㉕, die *Guildhall ㉗ und schließlich die älteste Nationalbank der Welt, die *Bank of England in der *Threadneedle Street*.

** Das Barbican Centre ㉒

Geschichte: Barbican bezeichnete zunächst schlicht einen Teil der mittelalterlichen Befestigungsanlage (möglicherweise auch nur einen Wachturm – ›Barbakane‹), die die City begrenzte; sie wurde 1267 auf Wunsch Henrys III beseitigt. Inzwischen hatte sich der Name jedoch auch als Bezeichnung für die umliegende Gegend etabliert. Als Wohngebiet erreichte ›The Barbican‹ zwar nie den Prestigewert weiter westlich gelegener Teile der City, dennoch bezog besonders im 16. und 17. Jh. eine Reihe wohlhabender und illustrer Persönlichkeiten hier ihr Domizil. Zu Zeiten von Elizabeth I etwa residierte hier der spanische Botschafter, und wenige Jahrzehnte später lebte John Milton hier für einige Jahre. Im wesentlichen aber blieb das Barbican eine bürgerliche und kleinbürgerliche Wohn- und Geschäftsgegend.

Deutsche Bombenteppiche richteten während des 2. Weltkriegs verheerenden Schaden im Barbican-Viertel an. Kein anderer Stadtteil Londons wurde von den Angriffen in einem vergleichbaren Ausmaß zerstört, und es dauerte seine Zeit, bis die Londoner den Schock darüber einigermaßen verarbeitet hatten und mit dem Wiederaufbau begannen. Um zu verhindern, daß dieser Teil der City ganz dem Big Business und den Bankpalästen anheimfiel, wurde dann jedoch 1956 auf Betreiben des Wohnungsbauministers *Duncan Sandys* und ganz im Überschwang der Aufbruchstimmung der fünfziger Jahre und mit dem Optimismus der frühen Labour-Regierungen ein riesiges Neubauprogramm in Angriff genommen. Auf 24 ha sollte sich in Hochhäusern und flacheren Betonbauten, den stadtplanerischen Konzepten der Zeit entsprechend, das neue Barbican mit Wohnungen, Läden, Schulen, Cafés, Pubs und dazwischen gestreuten Fußgängerbereichen und Erholungsflächen wie ein Phoenix aus Schutt und Asche erheben. Die gesamte City sollte rund um die Uhr mit neuem Leben erfüllt werden und dabei für alle Schichten der Bevölkerung attraktiv und erschwinglich bleiben. Als besondere Anziehungspunkte für alle Londoner sollten dabei auch ein neuartiges Stadtmuseum und ein Kulturzentrum integriert werden.

Die Rechnung der Stadtplaner sollte sich jedoch nur teilweise als richtig erweisen. Zwar leben heute etwa zwei Drittel der City-Bewohner in den bis zu 125 m hohen neu entstandenen Gebäuden, jedoch handelt es sich dabei um jene ›besser‹ – sprich ›sehr gut‹ – verdienenden Bürger, die sich die immens hohen Miet- oder Kaufpreise des Barbican überhaupt leisten können. Auch nach der Eröffnung des Museum of London (1975) und des Barbican Centre mit seinen Theatern, Kinos, Konzert- und Konferenzsälen (1982) kehrte zwar zu bestimmten Zeiten etwas Leben in das Barbican ein, jedoch behielt es stets den Charakter einer etwas unnahbaren Insel innerhalb der City. Bislang jedenfalls hat es noch nicht den lebhaften Zulauf erreichen können, den sich die diversen Kulturgebäude des South Bank inzwischen gesichert haben *(S. 128ff.)*. Schuld daran ist schon die nicht eben besucherfreundliche Gestaltung des Zugangs – unabhängig davon, von welcher Richtung und mit welchem Verkehrsmittel man sich dem Barbican nähert. Zwar sorgen inzwischen unterschiedliche Farbmarkierungen für eine bessere Orientierung des Besuchers auf den Fußgängerbrücken und -wegen, die sich auf Betonstelzen durch das gesamte Barbican ziehen, doch nach wie vor wirkt die etwas trutzige Wohn- und Kulturburg auf viele Besucher eher abschreckend als einladend. Dies ist umso bedauerlicher als sich die Eroberung durchaus lohnen würde, und sei es auch nur, um in einem der Cafés unter freiem Himmel beim Geplätscher der Brunnen und des (künst-

lichen) Sees bei Tee, Sherry oder Gui-
ness darüber zu spekulieren, ob medi-
terranes *dolce far niente* und angelsächsische *tea time* nicht vielleicht
doch auf ein gemeinsames römisches
Erbe zurückgehen könnten.

Besichtigung: Von der **U-Bahn Station Barbican** aus gelangt man, den
unübersehbaren Hinweisschildern folgend, auf Fußgängerbrücken hinauf zum Barbican Centre. Auf neun unterschiedlichen Ebenen beherbergt es neben Konferenzräumen, zwei Restaurants und Coffee Shops
auch eine Bibliothek, eine zweigeschossige Kunstgalerie und einen
Buchladen. Hauptanziehungspunkt dürften jedoch die Konzert-, Thea-
ter- und Kinosäle sein. Nach langen Jahren der gastweisen Unterbringung im Aldwych Theatre *(S. 133)* fand die **Royal Shakespeare Company** hier endlich eine adäquate ständige Bleibe in dem mehr als 1100
Sitzplätze umfassenden großen Theater; die angeschlossene Experi-
mentierbühne ließ sich im Kellertheater – mit dem passenden Namen
›The Pit‹ (›Die Grube‹) – nieder. Im mehr als 2000 Zuhörer fassenden
Konzertsaal, dessen Akustik in aller Welt als vorbildlich gilt, hat heute
das **London Symphony Orchestra** seinen ständigen Sitz. Wer weder für
Konzert noch für Theater eine Karte ergattern konnte (dazu *S. 387*),
wird sicher in einem der **Kinos** des Barbican Centre ein attraktives
Angebot finden, und wer es einrichten kann, erscheint etwas früher und
nimmt sich Zeit für einen Abstecher in den der Galerie angegliederten
Skulpturenhof auf Ebene 8, wo unter freiem Himmel Plastiken verschie-
denster zeitgenössischer Künstler der ansonsten nüchternen Freiterras-
se eine ganz eigene Atmosphäre verleihen.

Gleich neben dem Barbican Centre liegt die **Guildhall School of Music
and Drama** ㉓, die sich von ihren Anfängen als reine Musikschule zu
einer renommierten Musik- und Theaterhochschule gemausert hat; ein
Aufstieg, der sich auch räumlich niederschlug und von einem leerste-
henden Lagerhaus über ein Gebäude in Blackfriars schließlich 1977 ins
Barbican führte.
 Wenige Meter über die Fußgängerbrücke lassen – gegenüber der
Ecke von *Fore Street* und *Wood Street* – zwischen all den modernen
Betonbauten ein Relikt früherer Jahrhunderte erscheinen: ***St Giles
Cripplegate** ㉔. Der Name dieser zum Teil noch aus dem 16. Jh. stammenden Gemeindekirche des Barbican verweist aller Wahrscheinlich-
keit nach auf das ›Cripplegate‹ (›Krüppeltor‹), eines der ehemaligen
Londoner Stadttore, das gegenüber an der Stelle stand, an der sich
heute *London Wall* mit *Wood Street* trifft. Die Kirche geht zurück auf
das 11. Jh., in dem sie auch bereits St Giles als dem Patron der Krüppel
geweiht wurde. Nach mehreren Bränden wurde sie Mitte des 15. Jh. neu

errichtet und etwa 100 Jahre später teilweise erneuert. Nach schwerer Beschädigung durch deutsche Bomben im 2. Weltkrieg wurde die Kirche restauriert, dabei konnten einige wenige Teile des ursprünglichen gotischen Gebäudes erhalten werden – etwa der noch aus dem 15. Jh. stammende Turm mit seinen Erweiterungen aus dem Jahr 1683 oder die ebenfalls aus dem 15. Jh. erhaltenen Arkaden, die das Hauptschiff von den beiden Seitenschiffen trennen.

Zu den bekannteren Persönlichkeiten der englischen Geschichte, die hier ihre letzte Ruhe fanden, gehören der elisabethanische Seefahrer *Martin Frobisher* und *John Speed*, einer der Pioniere der englischen Kartographie. Auch *John Milton*, einer der bedeutendsten Dichter des 17. Jh., fand hier 1674 sein Grab; den ursprünglichen Standort markiert noch heute ein Gedenkstein. 54 Jahre zuvor hatte Oliver Cromwell, der den Dichter Milton zum ›Minister of Foreign Tongues‹ erklärt hatte, hier geheiratet. 1589–1605 war *Lancelot Andrewes*, einer der Väter der englischen Bibelübersetzung, als junger Pfarrer in St Giles tätig.

** **Museum of London** ㉕ (**U-Bahn:** Barbican oder St Paul's)

Den Hinweisschildern folgend, gelangt man weiter über die Fußgängerbrücke zum Museum of London, einer nach außen hin eher abweisenden Betonburg (Architekten: Powell and Moya), die seit ihrer Eröffnung (1976) die Schätze zweier alter Stadtmuseen vereinigt: die des ehemaligen London Museum, das sich auf die Londoner Stadtgeschichte seit den Anfängen spezialisiert und sich vor allem um die Dokumentation kultur- und sozialhistorischer Entwicklungen und die Darstellung des Alltagslebens abseits der vermeintlich großen politischen Geschichte verdient gemacht hatte, und jene des früheren Guildhall Museum, das sich ähnlichen Aufgaben widmete, sich dabei aber ganz auf die Geschichte der City konzentrierte.

Für jeden, der sich für die Geschichte der Stadt London interessiert und diese nicht nur aus Büchern erarbeiten will, ist das Museum of London ein wahres Dorado. Da die Präsentation der Exponate sich an neuesten museumspädagogischen Gesichtspunkten orientiert, wird auch eventuell mitreisenden Kindern hier die Zeit nie lang werden, und London hat auf diese Weise mit hoher Wahrscheinlichkeit weitere lebenslange Bewunderer für sich gewonnen. Da der Fundus des Museums die Kapazitäten der zur Verfügung stehenden Ausstellungsflächen bei weitem übersteigt, wird ein Teil der Exponate von Zeit zu Zeit ausgewechselt. Das Prinzip der Chronologie bleibt jedoch stets bestimmend für das Arrangement.

Ein **Rundgang** beginnt am besten in den sich an die Informationsstände im *Erdgeschoß* anschließenden Räumen, die Londoner Geschichte von prähistorischen Zeiten bis zur Mitte des 17. Jh. illustrieren. *Saal 4* präsentiert Waffen, Werkzeuge und Gegenstände des täglichen Gebrauchs aus der *Vor- und Frühgeschichte Londons*, viele davon entdeckt und ausgegraben bei der Anlage des Flughafens Heathrow im Londoner Westen.

Der folgende *Raum 5* beherbergt Gegenstände, die aus der *Zeit der römischen Besatzung* ›Londiniums‹ überliefert sind: u. a. ein aus dem 1. Jh. stammender Tonkrug mit der Inschrift ›Londini‹, der älteste erhaltene Beleg für die namentliche Bezeichnung der kleinen Siedlung am Unterlauf der Themse. Nicht versäumen sollte man auch die Skulpturen und das Relief aus dem Mithrastempel aus dem 2. oder frühen 3. Jh., der 1954 unweit von Walbrook entdeckt wurde *(S. 196)*. Von den Fenstern dieses Raumes bietet sich ein Blick auf jenen Teil der Stadtmauer, der schon zur Befestigung der ersten römischen Siedlung diente; daneben verdeutlichen verschiedene Modelle den Verlauf dieser ehemaligen Mauer.

Saal 6 birgt Streitäxte und andere Waffen, die eine Ahnung von den kriegerischen Auseinandersetzungen der *angelsächsischen Zeit* und der Zeit der Wikingereinfälle entstehen lassen. Prunkstücke sind u. a. die ›scramasaxes‹, lange Kampfmesser aus der angelsächsischen Zeit, aber auch nicht dem Kriegshandwerk entstammende Stücke wie der mit Runen beschriftete *Grabstein eines Wikingers* (11. Jh.) sowie die Broschen und Fibeln aus angelsächsischen Grabbeigaben.

Besonderer Stolz des dem *Mittelalter* gewidmeten Saals sind die *Fragmente des Eleonor Cross (S. 98)*, das 1294 in Cheapside errichtet und 1643 weitgehend zerstört wurde, dann die aus der Guildhall stammenden Statuen der vier bürgerlichen Tugenden

(15. Jh.) und diverse Grabplatten aus dem 13. Jh. Eine Reihe von zum Teil mehrfarbigen Keramikkrügen und -schalen, die vom europäischen Festland importiert wurden, unterstreicht, daß sich auch Englands so gern gehegte Inselmentalität der Internationalität des Mittelalters nie so ganz verschließen konnte.

Objekte des täglichen Gebrauchs machen in den Sälen ›Tudor London‹ und ›Early Stuart London‹ die Kontinuität und die Wandlungen des Alltagslebens über die Jahrhunderte hinweg sichtbar. Ein Indiz für den Aufschwung, den Geographie und Kartographie im 16. Jh. nahmen, ist die nur durch Zufall erhaltene Kupferplatte mit der Stichvorlage für die älteste bekannte Karte Londons aus dem Jahr 1558. Besonderer Stolz des Museums ist der sog. *›Cheapside Hoard‹*, ein Juwelenschatz, der 1912 in Cheapside entdeckt wurde und in dem man das Lager eines jakobäischen Juweliers vermutet. Spektakulärer Höhepunkt dieser Säle ist schließlich die tägliche *Neuinszenierung* des *›Great Fire‹ (S. 23–24)* in *Saal 10:* In einem abge-

Samuel Pepys, Chronist und Klatschmaul im London der späten Stuarts

dunkelten Raum wird der Besucher in einer (melo)dramatischen Inszenierung mittels Tonband, Bild und technischer Effekte in das flammende Inferno zurückversetzt, das 1666 so viel Schaden in der City anrichtete. Etwas ruhiger geht es weiter in den darunterliegenden Räumen, die Londoner Geschichte der letzten 300 Jahre dokumentieren. Im ›Late Stuart Room‹ wurde u. a. ein Zimmer aus der 2. Hälfte des 17. Jh. rekonstruiert unter Verwendung der originalen Holzvertäfelung und des Kamins eines Landsitzes in Surrey (Poyle Park, 1655) und des Deckengemäldes eines Hauses in der Londoner Buckingham Street (ca 1676). Auch ein Teil des *Haushalts von Samuel Pepys* fand hier die Öffentlichkeit, die auch Pepys selbst sein Leben lang gesucht hat (u. a. sein Schachspiel mit eleganten Figuren aus Elfenbein).

Die Veränderung Londons durch neue architektonische Konzeptionen wie terraces und squares wird durch verschiedene Illustrationen und Zeichnungen im ›Georgian Room‹ für jeden Besucher unmittelbar nachvollziehbar gemacht. Reklametafeln und Einrichtungsgegenstände von kleinen Geschäften und Lokalen machen die Veränderungen des Alltagslebens ebenso greifbar wie die *historische Modenschau*, die bürgerliche Alltagskleidung

und Sonntagsstaat gleichberechtigt neben den ›Georgian Dandy‹ stellt. Aber auch die dunklen Seiten des 18. Jh. werden nicht geleugnet: Die Rekonstruktion einer Zelle des Schuldgefängnisses enthält eine Wand mit Originalgrafitti von Gefangenen; Originalteile des ehemaligen *Newgate Prison (S. 175)* machen auch die Härte des damaligen Strafvollzugs sichtbar.

In den Räumen, die sich mit der *viktorianischen Zeit* beschäftigen, wurde u. a. ein frühviktorianisches Klassenzimmer rekonstruiert; außerdem: kleine Läden und Büros sowie die Nachstellung einer Music Hall Szene.

Was das frühe 20. Jh. noch als revolutionäre Veränderung seines Lebens empfand, weckt im heutigen Besucher schon fast nostalgische Gefühle: der niederweckend schöne Jugendstilfahrstuhl von 1928 aus dem Kaufhaus Selfridges, ein Ladentisch aus einer Londoner Woolworth-Filiale der 1930er Jahre oder auch Teile der Fassade von ›Lyons' Teashop‹ aus edwardianischen Zeiten. – Auf den Weg zum Ausgang kommt der Besucher schließlich noch an einem Objekt vorbei, das mehr ist als nur Museumsexponat: die goldgeschmückte *Kutsche aus dem 18. Jh., mit der der ›Lord Mayor of London‹ noch heute alljährlich zum Amtsantritt und zu anderen offiziellen Anlässen fährt.

Der Fußgängerweg vom Museum of London (Schildern ›St Paul's Cathedral‹ folgen) überquert *London Wall*, eine breite Hauptverkehrsstraße, die im wesentlichen dem Verlauf der alten Londoner Stadtmauer folgt. Ursprünglich sollte London Wall in das Wiederaufbaukonzept nach dem 2. Weltkrieg einbezogen werden und eine architektonisch ansprechende Verbindung zwischen den verschiedenen Wohn- und Bürokomplexen des neuen Barbican herstellen – ein Unterfangen, das jedoch als weitgehend gescheitert angesehen werden kann. Über Stufen geht es von der Fußgängerbrücke hinunter zur *Noble Street*, der man bis zur *Gresham Street* folgt, die nach links zur (neo)gotischen Fassade des administrativen Zentrums der City, der Guildhall, führt. Vor dem imposanten Vorhof der Guildhall steht **St Lawrence-Jewry** ㉖, die offizielle Kirche der City Corporation.

* **Die Guildhall** ㉗ (**U-Bahn:** Moorgate oder Bank)

Geschichte: Schon vor der Einsetzung des ersten Lord Mayor of London im Jahre 1192 trafen sich die Mächtigen der Stadt in einem in unmittelbarer Nähe der heutigen Guildhall gelegenen Gebäude. Wie so vieles in der Londoner Geschichte dürfte auch die Errichtung der neuen Guildhall, mit deren Bau 1411 begonnen wurde, ein Teilaspekt des immerwährenden Machtkampfes zwischen Monarchen und City-Bürgern gewesen sein, und die Repräsentanten der City wurden (werden) nicht müde zu betonen, daß der zentrale Versammlungsraum, die *Great Hall, nach Westminster Hall *(S. 60)* – dem Schwerpunkt der monarchischen Machtausübung – der größte derartige Raum ist.

Nach ihrer Fertigstellung 1425 behielt die Guildhall lange Zeit ihr ursprüngliches Gesicht, das auch nach den schweren Schäden durch das ›Great Fire‹ wieder weitgehend unverändert hergestellt wurde. 1788/89 wurde nach Entwürfen von George Dance d. J. die Südfassade völlig erneuert, wobei Dance sich dem gotischen Stil vorsichtig anzupassen versuchte. Seither kam eine Reihe von Anbauten hinzu, die modernen Ergänzungen fügten sich jedoch harmonisch in das dominant mittelalterliche Erscheinungsbild der Guildhall ein.

Original erhalten sind die *Krypta* und Teile der *Great Hall*. Über der Pforte mit ihrem ebenfalls aus dem 15. Jh. erhaltenen Gewölbe ist das Wappen der City mit der Bitte ›Domine dirige nos‹ (›Herr führe uns‹) angebracht *(Abb. S. 19)*. Die Pforte selbst führt direkt zur ***Great Hall**, dem Glanz- und Kernstück des Rathauses. Im 20. Jh. wurde das Dach der Hall nach Plänen von Giles Scott völlig erneuert. Außerdem wurden neue Fenster eingebaut, in die die Namen aller 663 bis dahin bekannten ehemaligen Lord Mayors integriert wurden sowie die Wappen der 12 Gilden und Innungen der ›City of London Corporation‹. Denkmäler an der Nord- und Südseite ehren u. a. Lord Nelson, den Duke of Wellington und William Pitt d. J.; die Westseite beherrschen die Gestalten der beiden mythologischen Väter Londons, *Gog und Magog*, die der Sage nach 1000 Jahre v. Chr. die Stadt als das wiedergeborene Troja gründeten. Nachdem die aus dem 18. Jh. stammenden Figuren, die ihrerseits bereits auf mittelalterliche Vorgänger zurückgingen, durch deutsche Bomben vernichtet worden waren, wurden sie 1953 durch die Holzskulpturen von David Evans ersetzt. Rechts davon eine Bronzestatue eines Politikers, dessen ontologischer Status zwar sehr viel eindeutiger ist, der aber nichtsdestotrotz schon fast zum Mythos wurde: *Winston Churchill.*

Die Hall dient heute vor allem als Fest- und Versammlungsraum. Empfänge und Bankette werden hier ausgerichtet, aber nach wie vor auch traditionelle Zeremonien wie etwa die alljährliche Wahl der Sheriffs. 1848 gab Chopin hier ein Benefizkonzert zugunsten polnischer Flüchtlinge. In früheren Jahrhunderten wurde hier auch zu Gericht gesessen, und unter denen, die hier ihr Todesurteil entgegennehmen mußten, war neben anderen auch Erzbischof Cranmer, der hier 1554 sein Engagement in der Politik mit dem Tode bezahlte, ebenso wie Lady Jane Grey, die sich neun Tage lang als Monarchin fühlen durfte, ehe auch ihr im gleichen Jahr wie Cranmer der Prozeß gemacht wurde.

Unter der Halle befindet sich die mittelalterliche *Krypta*, in deren westlichem Abschnitt man bei der Restaurierung Teile eines aus dem 13. Jh. stammenden Vorläuferbaus der Guildhall entdeckte. Nördlich der Great Hall bietet die *Livery Hall* allen Gilden, Innungen und Zünften, die keine eigenen Gebäude besitzen, einen geeigneten Versammlungsort.

Im Vorhof der Guildhall blickt man auf der Ostseite auf die **Guildhall Art Gallery** und auf der gegenüberliegenden Seite auf die **Guildhall Library**. Die Galerie ist auf britische Malerei des 19. Jh. spezialisiert, aus Platzgründen kann jedoch nur ein kleiner Teil der Sammlung ständig ausgestellt werden. Die 1425 begründete Bibliothek ist eine schier unerschöpfliche Fundgrube für jede nur erdenkliche Frage, die man über die Stadt London haben kann. Die Bibliothek verfügt über die größte Sammlung von Londoner Stadtansichten und über zahlreiche wertvolle Manuskripte. Londoner Stadtpläne aus dem 16. und 17. Jh. sind hier ebenso zu bewundern wie William Shakespeares Unterschrift unter einer Urkunde über den Verkauf eines Hauses in Blackfriars. Auch die erste, zweite und vierte Folioausgabe von Shakespeares Dramen gehören zu den hier verwahrten Schätzen. – Als letztes schließlich lädt auch das **Guildhall Clock Museum** zu einer Besichtigung seiner umfangreichen Sammlung von Uhren und anderen chronometrischen Geräten aus sechs Jahrhunderten ein.

Zurück in der *Gresham Street* setzt sich der Weg in östlicher Richtung fort, vorbei am **Gresham College** ㉘, wo Thomas Gresham 1579 nach portugiesischem Vorbild erstmals eine Möglichkeit zur systematischen navigatorischen Ausbildung der englischen Seeleute schuf – ein Grundstein für Englands Aufstieg zur Seemacht.

Old Jewry, der Name der kurz darauf nach rechts einbiegenden Straße, macht schon deutlich, daß wir uns jetzt in jenem Viertel Londons befinden, das bis 1290 überwiegend von Juden bewohnt wurde, ehe diese unter Edward I vertrieben wurden. Diese Vertreibung war freilich nur der Hohepunkt der jahrzehntelangen Diskriminierungen, und es sollte bis zum 17. Jh. dauern, ehe sich hier wieder Juden ansiedelten.

Kurz vor dem Ende von Old Jewry sollte man rechts einen Blick in **Frederick's Place** ㉙ werfen, eine winzige Seitenstraße mit einer Reihe

›The Golden Fleece‹ in der Queen Street, eines der typischen Pubs der Londoner City

von ›terraced houses‹, die 1776 von den Gebrüdern Adams entworfen wurden.

Old Jewry mündet schließlich in *Poultry*, eine kurze Straße, die sich nach Westen als *Cheapside* fortsetzt. Beide Straßennamen erhalten die Erinnerung an die mittelalterliche Nutzung dieser Gegend aufrecht: In Cheapside – der Name leitet sich vom altenglischen Wort für ›handeln‹ und ›Markt‹ ab – befand sich im Mittelalter der wichtigste Markt Londons. Im Gebäude gleich an der Ecke ist die **Mercers' Company** ㉚ untergebracht, die größte und im Mittelalter einflußreichste der Londoner Innungen.

Etwas weiter westlich liegt schräg gegenüber Wrens *St Mary-le-Bow ㉛ mit ihrem berühmten Glockenturm. Der Name verweist auf eine Besonderheit der Konstruktion einer Vorläuferin der heutigen Kirche, auf die die Londoner zur Zeit der Entstehung besonders stolz waren: Hier wurden erstmals die Steinbögen (›bows‹) verwendet, die sich erst im Lauf der folgenden Jahre größerer Beliebtheit erfreuen sollten. Von diesem ursprünglichen Bau ist heute nur noch die Krypta erhalten. Den 1683 abgeschlossenen Neubau seiner Kirche krönte Wren mit einem über 60 m hohen Turm und einer Wetterfahne in Form eines geflügelten Drachen.

Die **Glocken von Bow Church**, wie die Kirche auch heißt, spielen in der Mythologie und im täglichen Leben der City eine wichtige Rolle: Durch sie soll Londons erster großer sozialer Aufsteiger, *Dick Whittington*, der es Anfang des 15. Jh. vom armen Schlucker zum reichen Mann und mehrfach zum Lord Mayor gebracht haben soll *(S. 278)*, überhaupt erst nach London gelockt worden sein. Während des 2. Weltkriegs war der Klang dieser Glocken das Erkennungszeichen, das die BBC für alle Widerstandskämpfer aussandte. In früheren Jahrhunderten war der Klang der Bow Bells um 21 Uhr auch das Signal für das allgemeine Ende des Arbeitstages; heute haben die Glocken von Bow Church vor allem für den Londoner Lokalpatrioten eine wichtige Funktion, denn sie trennen die Spreu vom Weizen: Nur wer in Hörweite der Bow Bells geboren ist, darf sich, so heißt es, als ›Cockney‹ und damit als wirklich waschechten Londoner bezeichnen.

Die Banken – sehenswert ist vor allem die klassizistisch inspirierte Verwaltungszentrale der *Midland Bank* von Edwin Lutyens – des *Poultry*, des, wie der Name schon sagt, ehemaligen Geflügelmarkts, fungieren sozusagen als Vorposten jenes Gewerbes, das wenige Meter in östlicher Richtung seit Jahrhunderten seine Bastionen zwischen **Threadneedle Street** und **Lombard Street** bezogen hat: Hier wurde der Ruhm der City als Handels- und Bankenzentrum begründet. Besonders in der *Lombard Street*, deren Name zurückgeht auf die italienischen (lombardischen) Händler, die sich hier im 12. Jh. ansiedelten, folgt ein Bankhaus auf das andere; es soll hier mehr Filialen amerikanischer Banken geben als in New York, mehr japanische als in Tokio. Vornehme Herren – Frauen sind in diesen Höhen des Londoner Bankgeschäfts eine Rarität – im dunklen Nadelstreifen bestimmen hier die Szene ebenso wie ihre potentiellen Nachfolger im edlen Designeranzug. Kaum einer von ihnen dürfte seine Zukunft in der vergleichsweise brotlosen Zunft der Dichter sehen ganz anders als jener *Thomas Stearns Eliot*, der einst im Haus Nr. 71, in der Zentrale von Lloyd's Bank seinen Lebensunterhalt verdiente, ehe er sich adäquateren Beschäftigungen zuwandte und schließlich zu einem der bedeutendsten englischsprachigen Dichter des 20. Jh. avancierte (Nobelpreis 1948).

∗ **Bank of England** ㉜ (**U-Bahn:** Bank)

Den Eingang zum Bankenviertel – einem der größten Kapitalumschlagsplätze der Welt – bildet ein Verkehrsknotenpunkt, von dem aus sechs wichtige und stark frequentierte Straßen in alle Himmelsrichtungen führen und für den sich eine schlichte, doch symptomatische Bezeichnung eingebürgert hat: ›The Bank‹. Ausschlaggebend für diese Bezeichnung war das Gebäude an der nördlichen Seite, ›The Old Lady of Threadneedle Street‹, die wuchtige *Bank of England*.

Geschichte: Die Idee zu dieser britischen Institution, die heute als Währungs- und Notenbank dem Privatkunden natürlich nicht zugänglich ist, wurde Ende des 17. Jh. geboren. Ursprünglich war sie als Remedur gegen die chronische Geldknappheit der Stuartkönige gedacht. Anfangs war die Verwaltung der neuen Bank in den ›Halls‹ verschiedener Innungen untergebracht. Doch schon nach wenigen Jahrzehnten wurden die Rufe nach einem eigenen Gebäude für das überaus erfolgreiche Unternehmen immer lauter und 1734 bezog die Bank of England erstmals ein Gebäude in der *Threadneedle Street.*

Nach diversen Umbauten und Erweiterungen wurde schließlich 1788 **John Soane** mit der Errichtung eines zweckentsprechenden und repräsentativen Neubaus beauftragt – Soane machte sich dies zum Lebenswerk. Es dauerte bis 1833, bis er das Gesamt-kunstwerk ›Bank‹ als abgeschlossen erachtete. Um eine zentrale Rotunda gelegen hatte Soane ein Ensemble von Kuppelsälen, hallenartigen Arbeitsräumen, Lichthöfen und Grünflächen entworfen, deren äußere Front lediglich durch klassizistische Säulen aufgelockert wurde. Die nüchternen Bankmanager der folgenden Jahrzehnte freilich maßen Soanes elegantem und ausgeklügelten Entwurf sehr viel weniger Bedeutung zu als alle Architekten und Kunsthistoriker; keine 90 Jahre nach der Fertigstellung der Bank – die immerhin 45 Jahre in Anspruch genommen hatte – wurde Herbert Baker mit der völligen Neugestaltung der Innenräume beauftragt, so daß heute von Soanes Bau nur noch die Außenmauern erhalten sind. Ein Modell von Soanes ursprünglichem Bau ist jedoch nach wie vor im Sir John Soane's Museum in Holborn zu bewundern *(S. 148).*

Gegenüber der Bank of England, in der Gabelung zwischen *Threadneedle Street* und *Cornhill*, steht das ehemalige Börsengebäude, **The Royal Exchange** ㉝. Bereits im 16. Jh. war an dieser Stelle auf Betreiben des wohlhabenden Seidenhändlers und Ökonomen Thomas Gresham die erste Londoner Warenbörse errichtet worden, um den in elisabethanischen Zeiten sprunghaft gewachsenen Warenverkehr in geordnetere Bahnen zu lenken. Der vergoldete Grashüpfer, der den sich auf der Ostseite erhebenden Turm krönt, erinnert noch heute an diesen Gründer der Börse, dessen Wappentier dieses nicht unbedingt mit Finanzgeschäften assoziierte Tierchen war. Das heutige klassizistische Gebäude mit der eindrucksvollen, von korinthischen Säulen gestützten Vorhalle, von deren Stufen traditionellerweise jeder neue Monarch ausgerufen wird, entstand in den 40er Jahren des 19. Jh. nach Plänen von William Tite. Das Tympanon der Vorhalle von Richard Westmacott zeigt ›Commerce‹, die allegorische Figur des Welthandels, umringt von Londoner Würdenträgern, wohlhabenden Geschäftsleuten und Vertretern ausländischer Handelspartner.

Im 17. und 18. Jh. hatte die Warenbörse über ihren rein kommerziellen Zweck hinaus auch eine wichtige Funktion als ein gesellschaftlich akzeptabler Ort zum Austausch von Nachrichten – nur böswillige Geister konnten dies als Klatsch und Tratsch bezeichnen. Seit 1939 aber

Disziplin beim ›queueing‹, dem Schlangestehen, gilt als britische Tugend

hat die Royal Exchange mehr oder weniger ausgedient. Heute befinden sich nur noch einige wenige Büros hier; der Innenhof im Renaissancestil wird noch gelegentlich als Ausstellungsfläche genutzt. Vor dem Börsengebäude thront der *Duke of Wellington* auf seinem Pferd und ein *Denkmal von Aston Webb* erinnert an die Gefallenen der beiden Weltkriege.

Wenige Meter von der ehemaligen Warenbörse entfernt steht an der Ecke *Threadneedle/Old Broad Street* die **Stock Exchange** ㉞, das moderne Gebäude der Wertpapier- und Aktienbörse. Nachdem das ursprüngliche Gebäude aus dem Jahr 1802 in den 60er Jahren unseres Jahrhunderts abgerissen wurde, entstand hier 1970 bzw. 1973 das neue, 26 Stockwerke hohe Gebäude: Im jüngeren Teil befindet sich eine Galerie, von der aus auch Nicht-Börsianer einen Blick hinter die Kulissen des Börsengeschäftes werfen können – zumindest soweit sie in der Lage sind, dem hektischen Treiben, das unter ihnen abläuft, eine sinnvolle Interpretation zuzuordnen (Zugang zur Galerie in der *Old Broad Street*).

Etwas weiter nördlich ragt auf der rechten Seite der Old Broad Street unübersehbar der Büroturm der **National Westminster Bank** ㉟ auf *(Abb. S. 158)*, eines jener modernen Bauwerke, die so sehr den Zorn

›Bohrinsel‹ oder architektonischer Geniestreich? Das neue Lloyd's-Gebäude in der City (Fassadenausschnitt)

des königlichen Architekturkritikers Charles Windsor erregten, die von vielen aber auch als Gegengewicht gegen allzuviel Historismus und Eklektizismus begrüßt wurden.

Die Fortsetzung von Cornhill ist die *Leadenhall Street*, die Straße, die in erster Linie mit dem Schiffsbau verbunden ist. Gleich rechts führt eine winzige Seitenstraße zu ***Leadenhall Market** ㊱. An dieser archäologisch besonders interessanten Stelle befand sich das **Forum des römischen Londinium**; und der Markt, der hier im 14. Jh. eingerichtet wurde, fand vermutlich genau auf den Überresten einer römischen Basilika aus dem späten 1. oder frühen 2. Jh. statt, die inzwischen freigelegt wurden. Ende des 19. Jh. wurde der Markt wieder eröffnet. Wer im schicken Covent Garden Market *(S. 136)* die zwar möglicherweise etwas unfeine, aber authentische Markthallenatmosphäre vermißt, der findet sie hier fast noch in Reinform.

Etwas weiter östlich bietet *Leadenhall Street* dann eine architekturhistorische Zeitreise der besonderen Art: Links, an der Einmündung von *St Mary Axe*, steht, klein und unscheinbar, **St Andrew-Undershaft** ㊲, eine der wenigen City-Kirchen, die das ›Great Fire‹ mehr oder weniger unbeschadet überstanden. Der Name des Kirchleins geht auf den Maibaum zurück, der hier bis 1517 alljährlich aufgestellt wurde und der die Kirche um einiges überragte. (Von dieser ersten Kirche ist heute nur noch ein Teil des Turms erhalten; die Kirche wurde 1520–32 praktisch neu erbaut.) Im Innern befindet sich die Büste *John Stows*, der 1598 mit seiner ›*Survey of London*‹ die erste systematische topographische Beschreibung Londons vorgelegt hatte. Noch heute wird er dafür geehrt, indem der Lord Mayor ihm – respektive seiner steinernen Büste – persönlich jedes Jahr bei einem feierlichen Gottesdienst einen neuen Federkiel in die Hand drückt. Eine Gedenktafel im Südflügel erinnert an *Hans Holbein*, den Hofmaler Henrys VIII, der zur Gemeinde von St Andrew gehörte.

Welcher Kontrast dann aber gegenüber: Glitzernd und unübersehbar erhebt sich hier ein Gebäude, das nicht nur dem Prince of Wales schlaflose Nächte verursacht hat: das neue ***Gebäude der Versicherungsgesellschaft Lloyd's of London** ㊳. Der gigantische Glas-Stahl-Beton-Bau des Architekten *Richard Rogers*, der auch am Bau des Centre Pompidou in Paris beteiligt war, gilt vielen als ›Bohrinsel‹, die die altehrwürdige City endgültig an das technologische Zeitalter ausliefere. Befürworter dagegen betonen die Funktionalität und zeitgemäße Ästhetik des Turms, der sich gerade um jene Transparenz und Öffentlichkeit bemühe, an denen es repräsentativen Bürohäusern ansonsten gebricht. Man mag dazu stehen, wie man will, sehenswert ist das Gebäude auf jeden Fall, und seit seiner Eröffnung 1986 hat es sich bereits zu einem Publikumsmagneten entwickelt, der – nach Voranmeldung – für jedermann zu besichtigen ist. Auffälligstes Kennzeichen des Giganten ist die Umkehrung der herkömmlichen Innen/Außenrelation, denn technische Funktionen und Vorrichtungen, die normalerweise eingekleidet werden, sind hier in den sechs außen um das zentrale Atrium gruppierten Funktionstürmen (an die ihrerseits die gläsernen Aufzüge angebaut wurden) deutlich sichtbar angebracht. Nach oben hin wird dieses Wunderwerk schnörkellosen zeitgenössischen Bauens von einer Glaskuppel abgeschlossen, die, besonders in nächtlicher Bestrahlung, längst zu einem weiteren Wahrzeichen der City geworden ist. – Zu den Vorgängerbauten des neuen Lloyd's-Gebäudes gehörte übrigens das *East India House*, in dem u. a. John Stuart Mill als Angestellter der East India Company tätig war.

Über *Lime Street, Fenchurch Street* und deren Verlängerung *Lombard Street* geht es nun zurück zur ›Bank‹. Kurz vor der Einmündung der *Lombard Street* in die *King William Street* taucht rechts Nicholas Hawksmoors Meisterwerk ***St Mary-Woolnoth** ㊴ auf, eine außen von schwerem Bossenwerk bestimmte Kirche, die sich an klassischen Vorbildern zu orientieren scheint. Durch den Säulenportikus unterhalb der zwei quadratischen Turmaufbauten gelangt man jedoch in einen Innenraum, der ganz von barocker Fülle und Helligkeit bestimmt ist. Die

Eckpunkte des quadratischen Grundrisses werden durch korinthische Säulengruppen markiert, die stuckverzierte hellblaue Decke unterstreicht das leichte, lichtdurchflutete Ambiente des Raumes. Eine Gedenktafel im südlichen Teil der Kirche erinnert an den Kaffeehausbesitzer Edward Lloyd, in dessen Geschäftsräumen unter seinem Namen die Versicherungsagentur gegründet wurde, die der City später einen solch aufregenden Neubau bescheren sollte *(s. oben)*.

Zurück am Verkehrszentrum ›Bank‹ gibt es nun noch das der Bank of England diagonal gegenüberliegende **Mansion House** ⑩ zu besichtigen – immerhin die offizielle Residenz des Lord Mayor, 1739–53 von *George Dance d. Ä.* nach palladianischem Vorbild erbaut. Das Tympanon über der von korinthischen Säulen getragenen Vorhalle zeigt in allegorischen Skulpturen (von Robert Taylor) den Aufstieg der Stadt London zu Reichtum und Macht. Der wichtigste Repräsentationsraum ist die *Egyptian Hall*, die mit Ägypten wenig mehr als den Namen gemeinsam hat; Vorbild für die Gestaltung dieses Prunk- und Festsaals war Vitruvs Beschreibung eines ›ägyptischen‹ Raumes in seiner ›Baukunst‹. Von diesem Saal setzt sich jedes Jahr im November die ›Lord Mayor's Show‹ in Bewegung, die den neu gewählten Lord Mayor in seiner goldenen Kutsche zu seinem Antrittsbesuch bei den Law Courts bringt *(S. 151, 187)*.

Der Besuchereingang zum Mansion House (Besichtigung nur nach vorheriger schriftlicher Anmeldung möglich) liegt links um die Ecke in der kleinen Straße *Walbrook*, die den Namen des Flüsschens, das sich noch durch das mittelalterliche London schlängelte, lebendig erhält. Direkt neben Mansion House steht mit ***St Stephen-Walbrook** ⑪ ein weiteres Beispiel Wren'scher Baukunst. Die innen kassettierte Kuppel, sozusagen entstanden als Übung für die noch in Bau befindliche St Paul's Cathedral, wird von acht Bögen getragen, die sich auf korinthische Säulengruppen stützen. Typisch für Wren ist sein Spiel mit unterschiedlichen Grundrißformen, das auch hier erkennbar wird. Von der ursprünglichen Innenausstattung sind noch die Kanzel und die Altarschranke erhalten, die Orgel dagegen kam erst Mitte des 18. Jh. hinzu.

Die letzte Station nun führt uns an den Beginn der Londoner Geschichte: Durch die gegenüber von St Stephen's einmündende kleine *Bucklersbury* erreicht man *Queen Victoria Street*, in die wir nach links einbiegen. Bei den Ausschachtungen für das Haus Nr. 11, den massigen Bürokomplex *Bucklersbury House*, wurden 1954 die Überreste eines römischen Tempels freigelegt: ***The Temple of Mithras** ⑫, der vermutlich von 90–350 n. Chr. als Tempel genutzt wurde. Vermutungen, daß die in London stationierten römischen Soldaten diesem Sonnengott persischen Ursprungs huldigten, waren schon auf Grund früherer Funde vereinzelter Skulpturen entstanden. Diese früheren Ausgrabungen sind ebenso wie der hier entdeckte Mithras-Kopf im Museum of London *(S. 186)* zu besichtigen; die freigelegten Überreste des Tempels selbst wurden im ehemaligen Tempelhof wieder aufgebaut und können frei besichtigt werden.

Der nächste **U-Bahnhof** ist *Mansion House*. Wer ****St Paul's Cathedral* *(S. 168)* noch nicht gesehen hat, könnte auch zu Fuß hingehen (über *Cannon Street* und *St Paul's Churchyard* ca. 5 Minuten vom Mithras-Tempel). Ab Mansion House führt die U-Bahn auch direkt zum *Tower Hill* (zwei Stationen auf der District Line), wo der nächste Spaziergang beginnt.

12 City III: All Hallows Barking · Monument · London Bridge

Dauer des Rundgangs: ca. 2 Std., **Kirchenbesuche** zusätzlich ca. 2 Std.
U-Bahn: Tower Hill (District und Circle Line); **Bus:** Linien 15, 15X, 25, 42, 78, 100

**Auf den Spuren von Samuel Pepys und Christopher Wren:
London nach dem ›Großen Feuer‹ von 1666**

Samuel Pepys (1633–1703), der Nachwelt bekannt als augenzwinkernder Chronist der Londoner Gesellschaft nach der Restauration der Stuart-Könige, ist mit dem ›Great Fire‹ von 1666 *(S. 23–24)* fast untrennbar verbunden. Denn das weitaus meiste, was wir über die folgenreiche Katastrophe und ihren Hintergrund wissen, verdanken wir Pepys' minutiös geführtem (und äußerst amüsant zu lesenden) Tagebuch, das er von 1660 bis 1669 schrieb. In fünf Tagen fielen damals 89 Kirchen und mehr als 13.000 Häuser in über 400 Straßenzügen in Schutt und Asche; 250 000 Menschen wurden obdachlos, vier Fünftel der City zu einem Trümmerhaufen.

Wesentlich beteiligt am Wiederaufbau war der Baumeister **Christopher Wren** (1632–1723), dessen Hauptwerk ****St Paul's Cathedral* ist *(S. 168)*. Insgesamt aber hat Wren noch weitere 52 Kirchen in dem zerstörten London wiedererrichtet – ein gigantisches Programm und in der Geschichte der britischen Architektur ohne Beispiel. Einige von Wrens Kirchen sind Stationen des folgenden Rundgangs, die meisten erneut restauriert oder in Teilen wiedererrichtet nach der zweiten großen Katastrophe, die sie heimsuchte, dem Bombenhagel des 2. Weltkriegs. Dennoch sind sie noch immer Zeugnisse der Genialität dieses wohl größten Architekten, den England je besessen hat und der, wie er selbst einmal – mit typischem Understatement – schrieb, »einen gewissen Eindruck auf die Welt gemacht« hat.

Samuel Pepys hat in der Nähe des Tower Hill gelebt und gearbeitet, worüber sein Tagebuch ebenfalls detailliert Auskunft gibt. Wenn man heute auf seinen Spuren wandelt, wird deutlich, wie sehr sich gerade dieser Teil Londons verändert hat. Die Nähe der City mit ihren Bank- und Bürokomplexen hat einen Bauboom ausgelöst, der den historischen Gebäuden kaum noch Platz, geschweige denn Wirkung läßt. Aber das, was erhalten geblieben ist, ist dafür von um so größerer Bedeutung.

Tower Hill und Southwark

12 City III: All Hallows Barking, Monument, London Bridge

① Port of London Authority *(S. 199)*
② Trinity House *(S. 200)*
* ③ St Olave's *(S. 200)*
④ All Hallows Staining *(S. 201)*
⑤ Corn Exchange *(S. 201)*
** ⑥ All Hallows Barking *(S. 201)*
* ⑦ St Dunstan-in-the-East *(S. 203)*
⑧ St Mary-at-Hill *(S. 203)*
⑨ St Margret-Pattens *(S. 203)*
* ⑩ The Monument *(S. 205)*
* ⑪ St Magnus-the-Martyr *(S. 205)*
* ⑫ London Bridge *(S. 206)*
⑬ Billingsgate Market *(S. 207)*
⑭ Custom House *(S. 207)*
⑮ Fishmongers' Hall *(S. 207)*

13 Southwark

** ⑯ Southwark Cathedral *(S. 209)*
⑰ Borough Market *(S. 213)*
⑱ St Mary-Overie-Dock *(S. 213)*
⑲ Winchester Palace *(S. 213)*
⑳ ›The Anchor‹ *(S. 213)*
㉑ New Globe Theatre *(S. 214)*
㉒ Globe Museum *(S. 214)*
㉓ Shakespeare Memorial *(S. 214)*
㉔ Talbot Yard *(S. 215)*
* ㉕ George Inn Yard *(S. 215)*
㉖ St Thomas *(S. 215)*
㉗ Guy's Hospital *(S. 215)*
㉘ London Dungeon *(S. 216)*
* ㉙ Hay's Galleria *(S. 216)*

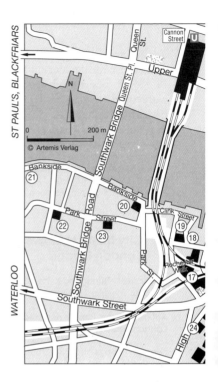

14 Tower Hill

㉚ World Trade Centre *(S. 217)*
** ㉛ Tower Bridge *(S. 219)*
㉜ H. M. S. Belfast *(S. 219)*
* ㉝ Design-Museum *(S. 219)*
* ㉞ St Katherine's Docks *(S. 220)*
*** ㉟ The Tower *(S. 222)*

Der **Rundgang** beginnt an der *U-Bahn-Station Tower Hill* und führt von dort westwärts durch das Viertel, in dem Pepys lebte. **St Olave's* ③, Pepys' Gemeindekirche, und mehrere Wren-Kirchen (besonders zu nennen: ***All Hallows Barking* ⑥) sind Stationen auf dem Weg, ebenso das von Wren an der Stelle, an der das Feuer ausbrach, errichtete *Monument ⑩ in der *Fish Street*. Endpunkt ist *London Bridge ⑫, der älteste Themseübergang der Metropole, heute im Schatten moderner Bank- und Verwaltungspaläste gelegen.

Die Plattform vor dem **U-Bahnhof Tower Hill** bietet mit ihren Hinweistafeln eine informative Aussicht auf den Tower und seine Umgebung (dazu ausführlich der Rundgang **14**, beschrieben ab *S. 216*), zu der auch der rechter Hand gelegene **Trinity Square** gehört. Im Gedenkpark, in

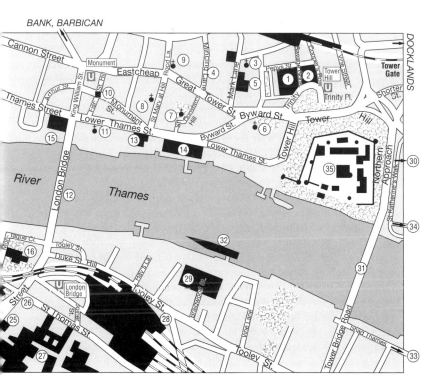

den dieser ehemalige Platz umgewandelt worden ist, stehen zwei *Denkmäler* – entworfen von Edwin Lutyens, erbaut zwischen 1922 und 1952 – *für die Gefallenen der Britischen Handelsmarine und der Royal Navy:* links für die 12 000 Marineopfer des 1. Weltkriegs (in Form einer Gedenkhalle), im Zentrum des Parks für die 24 000 gefallenen Seeleute des 2. Weltkriegs. Letzteres hat die Umrisse eines Schiffes; in die Steinwände wurden die Namen der untergegangenen Schiffe und ihrer Besatzungen eingemeißelt. Die Skulpturen sind Werke des Bildhauers Charles Wheeler.

Das alles überragende Gebäude gegenüber vom Park, das **Port of London Authority Building** ①, wurde 1912 von Sir Edwin Cooper für die Hauptverwaltung des Londoner Hafens gebaut, die den gesamten Themseverkehr beaufsichtigt. Sie hat heute ihren Sitz in den nahegelegenen St Katherine's Docks *(S. 220)*. An der Nordseite des Parks liegt das namengebende *Trinity House (s. unten)*. Auf dem Weg dorthin ist im Rasen eine Platte eingelassen, die auf die Stelle verweist, an der in früheren Zeiten das *Schafott auf dem Tower Hill* gestanden hat. Diese Hinrichtungsstelle – wie die im Tower selbst *(S. 226)* – war adeligen Delinquenten vorbehalten; 1386–1747 wurden hier 75 bekannte Persönlichkeiten enthauptet. Die Vollstreckung ihrer Todesurteile zog jedesmal Tausende von Zuschauern an, die dieses Ereignis mit Volksfestcharakter nicht missen wollten. Eine makabere Vorstellung.

Trinity House ②, 1793–95 von Samuel Wyatt erbaut, war für die seit 1514 bestehende Vereinigung ›*Brotherhood of the Trinity*‹ bestimmt, die seit der Zeit Henrys VIII für Bau und Überwachung der Beleuchtung auf den Gewässern (z. B. Leuchttürme und -schiffe) und weitere Seewegskennzeichen zuständig ist (heute als ›*Britain's Lighthouse Authority*‹). 1676–78 war Pepys hier leitend tätig.

Rechts beginnt die **Cooper's Row**, wo auf der rechten Straßenseite, unter den Säulen des Hauses Nr. 8–10 der Zugang zu einem Stück der alten *römischen Stadtmauer verborgen ist. Insgesamt hat sie eine Höhe von 10,60 m; das untere, aus roten Ziegeln gebaute Teilstück (Höhe 4,40 m) ist römisch, die obere Hälfte (Höhe 6,20 m) wurde im Mittelalter hinzugefügt. Reste einer doppelten Wendeltreppe sind ebenso zu erkennen wie die Schießscharten für Bogenschützen und der obere Wehrgang, der nur noch 90 cm breit war.

Ein Stück weiter beginnt links die **Pepys Street,** benannt nach dem berühmten Tagebuchschreiber. Hier wie überhaupt in der Nähe des Tower und des Hafens befanden sich wichtige Verwaltungsgebäude (Marine, Militär, Getreidebörse, Zoll), in denen Pepys als hoher königlicher Verwaltungsangestellter ständig zu tun hatte: 1673 war er Sekretär der Admiralität geworden. Seine Wohnung und sein Büro befanden sich in der Straße *Seething Lane*, die am Ende die Pepys Street kreuzt (Hinweistafel auf die ehemalige Marineverwaltung links hinter dem Zaun). *St Olave's ③ schräg gegenüber war Pepys' Gemeindekirche. Den Kirchhof erreicht man durch ein altes Tor, das den Besucher mit seinen Totenschädeln an die Vergänglichkeit allen Lebens erinnert. Wohl deshalb hat Dickens es in seinem Werk ›The Uncommercial Traveller‹ als ›St Ghastly Grin‹ beschrieben – ›Sankt Schauriges Grinsen‹. (Wenn das Tor geschlossen ist, befindet sich der Eingang der Kirche an der Nordseite in der *Hart Street*.) Die heutige Kirche – sie wird z. Zt. renoviert – wurde um 1450 im Stil der englischen Spätgotik erbaut. Sie gehört zu den acht Kirchen, die 1666 vom Feuer verschont blieben. Ein Werk der Zerstörung vollbrachten dagegen deutsche Bomben im 2. Weltkrieg, denen vor allem das wunderschöne Deckengewölbe zum Opfer fiel. Die erste Kirche an dieser Stelle (um 1050) soll dem heiligen König Olaf von Norwegen geweiht gewesen sein, der London 1014 zusammen mit König Ethelred gegen die Dänen verteidigt hatte. Von der vermutlich ersten Steinkirche hier aus dem Jahre 1109 ist nur die gewölbte Krypta stehengeblieben; die Sakristei des heutigen Baus stammt aus dem Jahre 1662, der Turm entstand 1732.

Im Kircheninneren sind es vor allem die alten *Gedenktafeln*, die die Blicke anziehen: der Gedenkstein (1608) für den Kaufmann Sir James Deane etwa (über der Sakristeitür) oder die ›memorials‹ für die beiden Ratsherren Andrew und Paul Baynnige (1610 bzw. 1616; links beim Altar). Hier befindet sich auch die weiße Marmorbüste von John Bushnell, die Pepys 1672 zur Erinnerung an seine 1669 verstorbene Frau anfertigen ließ. Sie ist in einem Gewölbe unter dem Chorraum beigesetzt – ganz in der Nähe ihres Gatten, dessen markanter Gedenkstein (1884, von Arthur Blomfield) sich an der Südwand befindet. (An der Außenwand ist hier der ehemalige Aufgang zur Galerie gekennzeichnet, die im 17. Jh. die Seitenschiffe einnahm und auf der Pepys einen Ehrenplatz hatte.) Beachtenswert sind außerdem die elisabethanischen Kommunionbänke und die Grinling Gibbons zugeschriebene Kanzel. Mittwochs und donnerstags werden in der Kirche zwischen 13 und 14 Uhr ›lunchtime concerts‹ gegeben. (Und danach vielleicht zum alten Restaurant ›*The Ship*‹ weiter links in der *Hart Street*: hier gibt es die besten ›fish and chips‹ in der City!)

In der *Mark Lane* (rechts ab) liegt links der Perpendicular-Turm (15. Jh.) einer 1870 abgerissenen Kirche: **All Hallows Staining** ④. Der Namensbestandteil ›Staining‹ verweist darauf, daß die vermutlich um 1140 entstandene Kirche schon damals nicht aus Holz, sondern aus ›Steinen‹ errichtet wurde (›All Hallows‹ = Allerheiligen). Elizabeth I soll hier 1554 nach ihrer Freilassung aus dem Tower an einem Dankgottesdienst teilgenommen haben. In die *Mark Lane* zurückgehend, fällt links der langgestreckte Bau der **Corn Exchange** ⑤ (Getreidebörse) auf; er wurde 1750 erbaut, 1880 erneuert und 1953 nach schweren Bombenschäden des 2. Weltkriegs wiederaufgebaut. Gegenüber lag bis vor wenigen Jahren die königliche Zollverwaltung, die einem Neubaukomplex der Postmoderne gewichen ist.

** All Hallows Barking by the Tower ⑥ (U-Bahn: Tower Hill)

Unten an der Hauptstraße liegt linker Hand eine weitere Allerheiligenkirche: *All Hallows Barking by the Tower*, deren Name dieses Mal auf die Lage, den ehemaligen Stadtteil Barking beim Tower, verweist. Auf ihr Gründungsdatum bezogen, ist sie die älteste Kirche Londons.

Geschichte: Bereits zu sächsischen Zeiten (675) von den Nonnen der nahegelegenen (nicht mehr existierenden) *Barking Abbey* gegründet, liegt All Hallows auf einem schon zu römischer Zeit (ca. 200 n. Chr.) bebauten Grundstück (Funde in der Krypta). Als unter Henry VIII alle Klöster geschlossen wurden, mußte auch Barking Abbey 1563 aufgegeben werden; die Kirche blieb jedoch als Gemeindekirche und Gebetsraum für Seefahrer erhalten.

1666 überlebte sie als eine von acht Kirchen das ›Große Feuer‹; ihr Ziegelturm von 1658 war der einzige Kirch- turm, der diesen Brand überstand, und stellt so das einzige Beispiel Crom- wellscher Architektur in England dar. Samuel Pepys hat vom Turm aus Be- obachtungen über das Feuer gemacht, von denen er in seinem Tagebuch be- richtet, und so wissen wir, daß zur Ret- tung der Kirche ein Admiral Sir William Penn maßgeblich beitrug, indem er mehrere Häuser in der Nähe einfach sprengen ließ, um das Feuer aufzuhal- ten. Sein Sohn, der spätere Gründer von Pennsylvania, USA, war am 23. 10. 1644 hier getauft worden.

Seit 1922 ist die Kirche Hauptsitz der weltweiten christlichen Bruder- schaft ›Toc H‹, die 1950 von Neville Talbot gegründet wude. Der Name geht zurück auf die Initialen T. H. für Talbot House, ein privat geleitetes Sol- datenheim im 1. Weltkrieg, das im Morsealphabet mit Toc-H abgekürzt wurde. Große Zerstörungen richteten deutsche Bomben 1940 an, die nur den Turm und die Außenwände ste- henließen. Erst 1957 konnte nach lang- jährigem Wiederaufbau die Kiche er- neut geweiht werden. 1959 erhielt sie den Glockenturm.

Die Schätze von All Hallows, vor allem in der Krypta, lohnen den Besuch. Als Haupteingang dient das *Nordportal*, über dem sich drei bemerkenswerte Statuen befinden: Die linke stellt Ethelburga dar, die 1. Äbtissin von Barking Abbey; in der Mitte steht eine Marienstatue; rechts erinnert die Statue von Bischof Lancelot Andrewes an die Bedeutung dieser Kirche im Zusammenhang mit der englischen Bibel- übersetzung, der sog. ›Authorized Version‹ unter James I; vier von sechs daran beteiligten Gelehrten waren Priester dieser Kirche.

Im lichtdurchfluteten *Innenraum* fällt zunächst in der Mitte an der Nordwand ein schöner Gedenkstein (1583) für Hieronimus Benalius aus Bergamo, Italien, auf, der hier bestattet wurde. Rechts zum Mittel- schiff hin steht die Kanzel von 1670, die die 1940 zerstörte ersetzt; weiter links an der Nordwand das beeindruckende Grabmal des Ratsherren John Croke (15. Jh.). Geradeaus, in der *Lady Chapel,* fallen die Tafel- malereien auf; sie sind wohl Teile einer größeren belgischen Arbeit gewesen, die vermutlich die Anbetung der Hll. Drei Könige darstellte. Man geht davon aus, daß es sich um eine Auftragsarbeit (1493) von Sir John Tate handelte (Vorfahre der gleichnamigen Zuckerfabrikanten, *S. 64*), der links kniend im Gebet dargestellt ist.

Am Altarraum vorbei kommt man zum südlichen Seitenschiff. Über dem kleinen Altar hängt an der Holzwand das *Kruzifix* der ›*Cutty Sark*‹, die im 19. Jh. Tee aus China brachte und nun in Greenwich auf Trockendock liegt *(S. 238)*. Der Korpus ist aus Elfenbein und soll ursprünglich von einem spanischen Schiff der Armada, also aus dem 16. Jh., stammen. An der Südmauer liegt links der Zugang zu zwei Ge- betskapellen: das ›*Oratory of St Clare*‹ ist die Kapelle der Toc-H- Frauenbewegung; die ›*Chapel of St Francis*‹ ist Franz von Assisi ge- weiht. Der sog. ›sächsische Bogen‹, dessen Rundung mit römischen Ziegeln gemauert ist, wurde erst 1940 entdeckt; deutsche Bomben

hatten die Wand, hinter der er versteckt war, weggerissen. Die Aus-
maße des Bogens legen die Vermutung nahe, daß schon die Gründerkir-
che die Größe des heutigen Mittelschiffs gehabt haben muß. Geradeaus
in der Taufkapelle steht ein Becken, dessen geschnitzter Aufsatz als
Werk von Grinling Gibbons angesehen wird.
Besonders sehenswert ist die im 14. Jh. gebaute ****Krypta** der Kirche
(Besichtigung auf Anfrage). Wie ein Geschichtsbuch führt sie durch die
Jahrhunderte: So dokumentieren Reste eines Mosaikfußbodens aus der
Zeit um Christi Geburt römisches Leben ebenso wie die ausgestellten
Münzen, Schminkutensilien oder ein römischer Grabstein. Grundmau-
ern aus der Sachsenzeit führen in die Gründungszeit der Kirche. Ein
kleiner schlichter Reisealtar, den Richard I auf seinen Kreuzzügen bei
sich hatte, erzählt von der Frömmigkeit des Mittelalters, und die
Kirchenregister schließlich führen in die Neuzeit (u. a. 1797 Trauung
John Quincy Adams', später 6. Präsident der USA). Wunderschön ist
die Sammlung alter Messinggrabplatten (*brasses*), die die Kirche besitzt
(mit angeschlossenem ›Brass Rubbing Centre‹, in dem Besucher selbst
Abdrucke von Grabplatten herstellen können).

Einen Steinwurf entfernt liegt in einem kleinen Garten die – ebenso
traurige wie pittoreske – Ruine von ***St Dunstan-in-the-East** ⑦, der
ehemaligen Nachbarkirche von All Hallows Barking und wie diese
durch deutsche Bomben weitgehend zerstört. Von der ehemaligen
Wren-Kirche, die an der Stelle einer sächsischen Vorgängerin nach dem
›Great Fire‹ hier entstand, blieb nur der Turm von 1698 stehen. Er gilt
als einer der elegantesten Türme Wrens und soll sein Lieblingsturm
gewesen sein, kann aber leider nicht besichtigt werden.
  Wieder einen Häuserblock weiter westlich, vorbei an den Büros einer
Börsenmaklergemeinschaft (in der *St Dunstan's Lane*), durch deren
große Fensterfront man dem hektischen Treiben an Telefonen und
Computern zuschauen kann, trifft man auf die nächste Wren-Kirche: **St
Mary-at-Hill** ⑧ (1670–76 erbaut) in der gleichnamigen Straße. Ein
unscheinbarer Torbogen bildet den Zugang zur engen Passage, die zur
Kirche führt, die seit jeher Gotteshaus der Händler vom nahegelegenen
›Billingsgate Market‹ an der Themse war *(S. 207)*. Die bemerkenswerte
Innenausstattung aus dem 17./18. Jh. wurde wie das Gebäude selbst
1988 wieder durch ein Feuer schwer in Mitleidenschaft gezogen. Solan-
ge die Restaurierung andauert, ist auch der kleine Gang an den Kir-
chenmauern entlang in die *Lovat Lane* geschlossen.
  Jenseits von *Eastcheap*, der weiter oberhalb verlaufenden Hauptstraße, liegt die Kirche **St Margret-Pattens** ⑨. Zuerst an dieser Stelle
erwähnt wurde 1067 eine kleine Holzkirche, deren Nachfolgerin (1538)

Im Spiegel des 20. Jh.: Der Turm von St Margret-Pattens

dem ›Großen Feuer‹ zum Opfer fiel und durch Wrens Neubau 1684–87 ersetzt wurde. Der 1702 vollendete schlanke 66 m hohe Turm ist der dritthöchste Kirchturm der City und das einzige erhaltene Beispiel der Wren'schen Holztürme mit Bleiverkleidung. Nach Bombenschäden des 2. Weltkriegs wurde die Kirche 1955/56 restauriert. Der Namenszusatz ›Pattens‹ bezieht sich auf die so bezeichneten Überschuhe (Holzplateau mit Lederriemen zum Unterschnallen), um Schuhe vor Schmutz zu schützen, die im Mittelalter in der Umgebung der Kirche hergestellt wurden. Noch heute erinnert ein Schild an alte Zeiten: »Will the women remove their pattens before entering the church . . .«

Im schlichten Inneren sind die beiden Gebetsbänke rechts und links vom Eingang einen Blick wert; mit ihren Holzbaldachinen sind sie die einzigen dieser Art in London. Der rechte trägt oben das Monogramm ›C. W. 1686‹, das Wren als Bankinhaber zugeschrieben wird. Die schöne Orgelverkleidung stammt aus dem 18. Jh., das Stundenglas bei der Kanzel aus dem Jahr 1750. Die Kanzel selbst und das Lesepult (Adler, der Schlange in den Fängen hat) sind Beispiele exzellenter Holzschnitzerei. Bemerkenswert sind auch die kunstvollen Schwertständer, in denen prominente Kirchgänger während der Messe ihre Waffen abstellten.

* **The Monument** ⑩ (**U-Bahn:** Monument)

Auf dem Weg von St Margaret's nach Westen kreuzt die Hauptstaße ein unscheinbares Gäßchen mit dem amüsanten Namen **Pudding Lane** (links ab). Die meisten Londoner kennen sie: Hier nämlich nahm am 2.9. 1666 im Laden des Hofbäckers Thomas Faryner das verheerende Feuer seinen Anfang. Das an dieses Ereignis erinnernde Monument, dessen Höhe von 67 m genau die Entfernung zum Brandherd ausmacht, haben Christopher Wren und Robert Hocke, der Stadtbaumeister, in sechsjähriger Arbeit (1671–77) aus Portland-Sandstein errichtet. Das Ergebnis: die höchste freistehende Steinsäule der Welt. Zwischen den Hochhäusern der City jedoch kommt sie heute kaum noch zur Geltung. Auch die 14 m hohe Urne auf ihrer Spitze mit einem vergoldeten Flammenball ist nur noch von wenigen Punkten in der Stadt aus zu sehen. Aber von ihrer Plattform (Aufstieg über 311 Stufen) bietet sich immer noch ein lohnender Blick über die City. Der Sockel des Monuments ist mit einem allegorischen Fries versehen, der König Charles II im römischen Gewand zeigt und London als trauernde Frau angesichts von Ruinen. Eine lateinische Inschrift berichtet von den Bauvorschriften, die Charles II erließ (festgelegte Höhe der Häuser, Brandmauern, gerade Straßen, regelmäßige Abflußreinigung), um eine ähnliche Zerstörung künftig zu verhindern. – Der Pub ›Walrus and Carpenter‹, Monument Street 45, bietet angenehme Möglichkeiten für eine Pause.

Links führt *Fish Street Hill* zur Themse – schon seit römischen Zeiten. Heute ist die Bebauung so eng, daß die Kirche *St-Magnus-the-Martyr ⑪ kaum zu erkennen ist. Spätestens seit sächsischen Zeiten hat an diesem Ende der ersten Themsebrücke eine Kirche gestanden, die vermutlich dem hl. Magnus der Orkney-Inseln geweiht war. Auch sie wurde durch das Feuer 1666 zerstört – gleich am ersten Tag, wie Pepys beschribt. 1671–87 baute Wren sie wieder auf, mit einem 61 m hohen *Glockenturm, der als der schönste des Meisters gilt und erst 1705 vollendet wurde. Seine kleine Kuppel mit der obeliskartigen Spitze ist heute durch die Umgebung seiner Wirkung beraubt. Die unteren Bögen des Turms überspannten früher den Fußweg der Old London Bridge, die direkt an der Kirche begann. (Einige Blöcke der alten Brückenpfeiler liegen noch im Kirchhof.) Ganz in der Nähe befand sich der zentrale Fischmarkt und auf der anderen Straßenseite an der Brücke die Zunfthalle der Fischändler, die hier ihre Kirche hatten.

Der heutige Wren-Bau trägt die typischen ›Kennzeichen‹ des Meisters: hoher spitzer Turm, Tonnengewölbe, klassizistische Säulen, seitliche Galerien für zusätzliche Plätze. Schon T. S. Eliot bezeichnete den Innenraum von St Magnus als »inexplicable splendour of Ionian white and gold. . .«. In fast allen Wren-Kirchen gleichermaßen herausragend sind die Altäre. Auch hier bildet der außergewöhnlich große sowie kunstvoll geschnitzte und bemalte *Altaraufsatz* den Höhepunkt der Kirche. Die beiden Bilder zeigen Moses und Aaron, Sinnbilder Christi. Eingerahmt sind diese vom ›Vater Unser‹ und den 10 Geboten. Darüber erkennt man den goldenen Pelikan, der sein Junges mit seinem Blut füttert; seit dem Mittelalter ist dieser Vogel Symbol für den Opfertod Jesu.

Eine Holzplastik (1928), die den Schutzpatron, den hl. Magnus, mit einer Kirche in der linken Hand zeigt, findet man in der Mitte des rechten Seitenschiffes. Die Kanzel geht auf Wren zurück, ausgefallen ist ihr reich verzierter ›Himmels‹baldachin mit der Darstellung des Hl. Geistes auf der Unterseite. Die Orgel datiert von 1712. An der Südostwand findet man das Grabmal von Miles Coverdale, der 1532 die Bibel ins Englische übersetzte und auch Pfarrer in St Magnus war. Der Baumeister Henry de Yevele *(S. 41)*, der auch Brückenmeister der alten London Bridge war, fand sein Grab in der Marienkapelle.

* **London Brigde** ⑫ **(U-Bahn:** Monument)

»London Bridge is falling down, falling down . . .« Wenn Geschichte greifbar sein könnte, hier wäre sie es, denn bis zu den Anfängen Londons hat es an dieser Stelle Uferverbindungen gegeben, von deren Vergänglichkeit nicht nur die berühmten Kinderverse ein Lied zu singen wissen.

Geschichte: Die erste überlieferte Holzbrücke Londons wurde 1014 bei einem skandinavischen Angriff zu Verteidigungszwecken von König Olaf abgerissen. Die erste Steinbrücke stand 1206 – nach dreißigjähriger Bauzeit. Ihr Baumeister, *Peter of Cole Church*, hatte die Fertigstellung ›seiner‹ Brücke nicht mehr erlebt, die bis 1749 die einzige Brücke Londons blieb, über 600 Jahre bestand und im Mittelalter zu den meistbewunderten Bauwerken Europas zählte. Sie war auf 20 Pfeilern erbaut, die 19 Torbögen trugen und jeweils mit weit ins Wasser ragenden Holzpiers versehen waren, die zwar starke Strömungen hervorriefen, aber den Gezeitenunterschied milderten. Zunehmend wurde die Brücke bebaut, die um 1350 genau 198 Häuser trug. In ihrer Mitte befand sich eine Zugbrücke, um Segelschiffe durchzulassen. Am Südende wurden die Köpfe Hingerichteter aufgespießt. Finanziert wurde die Brücke durch Mieten, Passierzölle und Testamente.

Im 19. Jh. aber hatte die alte Brücke endgültig ausgedient. 1825–31 wurde ca. 20 m weiter eine neue Steinbrücke erbaut, die über 600jährige 1832 abgerissen. Die neue Brücke, von *John Rennie* entworfen (der auch die alte Waterloo Bridge, *S. 121*, gebaut hatte) und unter seinem Sohn vollendet, wurde 1904 erweitert. Dennoch war sie auf Dauer dem zunehmenden Verkehr nicht gewachsen und mußte 1973–76 der heutigen Brücke von *Harold Knox*

Um 1350 trug sie genau 198 Häuser: Die alte London Bridge auf einer Vedute von N. J. Vischer (1616)

King weichen. Rennies Brücke verschwand aber trotzdem nicht: 2,5 Mio. Dollar bezahlte die Stadt Lake Havasu City, Arizona (USA), um die Brücke ab- und in Arizona wiederaufzubauen.

Der Blick von der London-Brücke auf die Stadt hat sich im Laufe der Jahrhunderte sehr verändert. Während Pepys, als er das ›Große Feuer‹ vom Wasser aus hier an der Brücke beobachtete, die Kirchtürme zur Orientierung benutzte, um die Ausdehnung des Brandes einzuschätzen, dienen uns heute eher moderne Hochbauten als solche Fixpunkte. Von der linken Brückenseite aus ist am Cityufer der seit 1699 bestehende **Billingsgate Market** ⑬, der frühere Hauptmarkt für Fische, zu erkennen. Das Gebäude, 1874–77 von Horace Jones erbaut, dient heute Finanzbüros der City als Unterkunft, nachdem 1981 der Fischmarkt nach Greenwich zur *Isle of Dogs* verlegt wurde. Das sich anschließende **Custom House** ⑭, das Zollhaus, wurde 1814–17 mit seiner imposanten, 162 m langen Säulenfassade gebaut; es beherbergt die Zollämter sowie das Mehrwertsteueramt. Auf der rechten Brückenseite liegt der klassizistische Bau der **Fishmongers' Hall** ⑮, das Zunfthaus einer der ehemals reichsten Gilden der Stadt und 1831–34 von den Architekten Harry Roberts und George Gilbert Scott errichtet. Es kann nach Voranmeldung beim Archivar (Tel. 6 26 35 31) besichtigt werden.

Die nächsten **U-Bahnhöfe** sind *Monument* (in der Nähe der *Bank of England, *S. 191*) und am Südufer *London Bridge Station* (folgender Rundgang).

207

** 13 Southwark: Southwark Cathedral und Shakespeares Theater

Dauer des Rundgangs: ca. 2 Std.; **Besichtigungen** zusätzlich ca. 2–3 Std.
U-Bahn: London Bridge (Northern Line); **Bus:** Linien 8A, 10, 17, 21, 35, 40, 43, 44, 47, 48, 70, 70A, 501, 513.

Am Südufer der Themse, von wo aus bis 1749 die einzige Verbindung zur City über die London Bridge bestand, liegt ein Stadtteil, der jahrhundertelang als höchst anrüchig galt: Southwark, weniger Zentrum von Handelsniederlassungen als vielmehr eine arme Gegend vor den Toren der Stadt, ein Gebiet außerhalb ihres Schutzes und ihrer Rechtsprechung (besonders seit dem Mittelalter) mit buntem Bevölkerungsgemisch, das zusätzlich durch die Nähe zum Hafen geprägt war. Viele Mittellose kamen hier an und hofften auf Arbeit. Die Lage am Fluß zog Seifensieder, Brauer und Gerber an, die mit ihren Gewerben dem Fischgeruch Konkurrenz machten. Berühmt (und berüchtigt) war dieser Vorort für seine Gasthäuser und Pubs, Bordelle und Garküchen, Hahnenkampfarenen und Theater; Southwark war das Vergnügungszentrum des Londoner Mittelalters.

Zum einen lag dies daran, daß die Reisenden, die vor geschlossene Stadttore kamen, hier Unterkunft und Abwechslung fanden; zum anderen – spätestens seit 1575, als die Schauspieler aus der Stadt gewiesen wurden – daran, daß sich hier die Theater angesiedelt hatten und immer mehr Londoner das Südufer besuchten. Ein besonderer Anziehungspunkt war um 1600 das *Globe-Theater (S. 214)*, wo *William Shakespeare* mit seiner Theatergruppe auftrat und durch seine Schauspielkunst, seine Dramenstoffe und seine Sprachartistik sowie nicht zuletzt auch durch seinen Theaterbau für Aufsehen sorgte. Auch in späteren Jahrhunderten blieb Southwark ein ärmlicher Stadtteil, dessen oft trostloses Leben Charles Dickens in seinen Romanen (z. B. ›Oliver Twist‹ oder ›Little Dorrit‹) festgehalten hat. Heute präsentiert sich Southwark als ›Kontrastprogramm‹, in dem sich Historisches und Modernes, Ruinen und Neubauten, Tradition und Veränderung direkt gegenüberstehen und teilweise auch interessante Verbindungen eingehen.

Diesen Gegensätzen versucht der folgende **Rundgang** gerecht zu werden, der einerseits Shakespeares Spuren folgt (***Southwark Cathedral* ⑯, *Globe Theatre* ㉑, **George Inn* ㉕), andererseits auf die Geschichte Southwarks von den Anfängen bis heute (*Overie Dock* ⑱, *Winchester Palace* ⑲, *Talbot Yard* ㉔, **Hay's Galleria* ㉙) aufmerksam macht.

Der Rundgang beginnt an der **London Bridge Station**, der 1836 der erste der Londoner Bahnhöfe gewesen ist und bis heute die Hauptstadt mit Südengland (Canterbury, Dover) verbindet. Von hier aus weisen Hinweisschilder den Weg zur Southwark Cathedral, einem der schönsten gotischen Bauwerke Londons.

** Southwark Cathedral ⑯

Die Schönheit von Southwark Cathedral ist heute nur noch von innen zu genießen. Von außen kommt sie kaum zur Geltung, denn sie wurde eingezwängt zwischen Bahnlinien, moderne Bürobauten und Markthallen.

Geschichte: Die erste Kirche am Ort errichtete man im Jahre 606, zusammen mit dem Kloster ›Mary over the river‹. Später (1106) wurde sie von Normannen vergrößert. Nach einem Brand entstand ab 1206 der gotische Bau ›St Mary Overie‹ auf normannischen Resten. Die Grundmauern des Turms, Chor, Chorumgang und die massiven Säulen in der Mitte des Chorschiffes stammen alle noch aus dieser Zeit. Um 1390 zerstörte abermals ein Feuer große Teile des neuen Gebäudes. Kurz nach der Restaurierung stürzte 1469 das Mittelschiff ein; sein Steingewölbe wurde daraufhin in Holz neu gebaut. 1539 ging das Kloster in den Besitz von Henry VIII über, der die Kirche jedoch zur Gemeindekirche von Southwark erklärte (›St Saviour Southwark‹).

Zu Beginn des 19. Jh. war die Kirche so verkommen, daß sogar ihr Abbruch erwägt wurde. Zum Glück gab es genügend Fürsprecher für ihren Erhalt, so daß 1818–27 unter George Gwilt erste grundlegende Restaurierungen durchgeführt wurden. 1831–41 ließ dieser das hölzerne Mittelschiff notdürftig erneuern. Als sich abzeichnete, daß die Kirche eine Kathedrale und Sitz des Bischofs der neu zu schaffenden *Diözese Southwark* werden sollte, war ihr Wiederaufbau im alten Stil beschlossene Sache: Der Architekt *Sir Arthur Blomfield* (1824–99) und der Baumeister *Thomas Rider* ließen sie in ihrer alten und heutigen Schönheit wiedererstehen. – Es lohnt sich, gegen 13 Uhr herzukommen (montags und dienstags), zur Zeit der einstündigen Mittagskonzerte.

Der *Eingang* befindet sich an der Südseite; der Rundgang erfolgt im Uhrzeigersinn. Sofort links fallen in der Wand die Reste eines *normannischen Bogenganges* (**a**) aus dem 13. Jh. auf. Beim Taufbecken bietet sich ein sehr schöner Blick durch das Mittelschiff auf den Altarraum und die klare Gliederung der gotischen Konstruktion. (Die Tatsache, daß das Gewölbe des Hauptschiffes verhältnismäßig neu ist, schmälert diesen Eindruck nicht.) Rechts in der Nordwestecke sind an der Wand die *hölzernen Bossen* (**b**) zu sehen, die von den 150 aus dem Gewölbe von 1469 erhalten geblieben sind. Sie dokumentieren sowohl das hohe Niveau der Schnitzkunst des 15. Jh. als auch die Lebenslust der damaligen Zeit (z. B. Judas Ischariot, der vom Teufel verschlungen wird, im Schottenrock; das aufgedunsene Gesicht eines Vielfraßes).

209

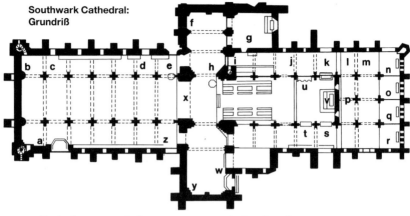

Southwark Cathedral:
Grundriß

a Reste des normannischen
  Bogengangs
b hölzerne Bossen von 1469
c Normannischer Torbogen
d Grab von John Gower
e Normannischer Durchgang
f Grabmal für Lionel Lockyer
g Harvard-Kapelle
h Turmpfeiler
i abgeknickter Torbogen
j Trehearne-Grabmal
k Ritter-Totenfigur / Humble-
  Monument
l Eichentruhe
m Schiffsmodell

n Andreaskapelle
o Christophoruskapelle
p Kriegsdenkmal
q Marienkapelle
r Kapelle des hl. Franziskus
  und der hl. Elisabeth von Ungarn
s Bischof Andrewes Grabmal
t Grabmal von Bischof Talbot
u Bischofsgestühl
v Altar und Altartrennwand
w Wappen und Hut von
  Kardinal Beaufort
x Kandelaber
y Wanddenkmal für John Bingham
z Shakespeare-Monument

Der *Torbogen* (**c**), der dann in der Nordwand den Durchgang zum modernen Anbau bietet, ist wieder ein Relikt der normannischen Kirche von 1106, die 1206 abbrannte. Ihre Fundamente befanden sich ca. 50 cm tiefer als die heutige Kathedrale. Weiter an der Nordwand fällt das ***Grabmal für John Gower** (**d**) (1408) auf. Gower, ein Zeitgenosse Chaucers, war einer der ersten großen englischen Literaten, der entsprechend seiner Zeit seine Werke in Englisch, Latein und Französisch verfaßte. Sein Grabmal legt davon Zeugnis ab: Der Kopf der lebensgroßen Figur des Dichters ruht auf Nachbildungen seiner drei Hauptwerke, die zwar lateinische Titel tragen, aber jeweils in einer der drei Weltsprachen verfaßt waren. Gower, Hofdichter unter Richard II und Henry IV, lebte in seinem Haus im nahegelegenen Klosterbereich an der Themse.

Auch der nächste *Durchgang* (**e**) ist Teil des ehemals normannischen Kirchenbaus. Die alten Türpfosten (innen) markieren den früheren Zugang zum Kreuzgang des Klosters. Das Weihwasserbecken rechts stammt vermutlich noch aus dieser Zeit. Von den drei Grabmälern im nördl. Querschiff ist das von *Lionel Lockyer* (**f**) aus dem Jahre 1672 besonders bemerkenswert. Dieser Arzt – eher Quacksalber – war mit seinen ›Wunderpillen‹ berühmt geworden, die er angeblich aus Sonnenstrahlen gefertigt hatte. Die Kommunionbank mit den gewunden gedrechselten Beinen ist vom Anfang des 17. Jh. Die Wände hier im Querschiff (13. Jh.) weisen sich u. a. durch die erhaltenen Sandbögen als Reste des normannischen Baus aus.

In die angrenzende *Harvard-Kapelle* (**g**) gelangt man durch zwei Rundbögen, die ebenfalls noch normannisch sind. Ursprünglich befand sich hier die Kapelle, die Johannes dem Evangelisten geweiht war, später die Sakristei. 1907 wurde sie mit Mitteln, die Harvardstudenten stifteten, restauriert und dem Gründer ihrer Universität, John Harvard, gewidmet, der hier 1607 getauft worden war und später nach Amerika auswanderte. Der kostbare *Tabernakel*, ein Entwurf von A.W.N. Pugin von 1851, kam 1971 aus Ramsgate hierher.

Zurück ins Querschiff gehend, hat man einen guten Blick auf die mächtigen *Pfeiler des Turms* (**h**; 13. Jh.). Die *Kanzel* hier im Altarraum ist von 1702. Weiter oben erblickt man die *Turmgalerie* aus dem 14. Jh. Ein ungewöhnlich abgeknickter *Torbogen* (**i**) bildet hier links den Eingang zum nördl. Chorumgang. Besonders auffällig ist links das *Trehearne-Grabmal* (**j**) von 1618, das den Hofbeamten James' I, John Trehearne, und seine Frau Margaret mit einer Tafel in den Händen zeigt, die seine Qualitäten preist; unter ihnen sind ihre Kinder – wie sie auch in zeitgenössischer Kleidung – dargestellt. Weiter links ist eine der ältesten *hölzernen Totenfiguren* (**k**) Englands zu besichtigen. Sie wurde ca. 1280–1300 in London aus Eiche gefertigt und stellt vermutlich einen Ritter aus der angesehenen Warenne-Familie dar, die zu den Wohltätern des Klosters gehörte. Das *Humble-Monument* gegenüber entstand Anfang des 17. Jh. und stellt den Londoner Ratsherren Richard Humble mit seiner ersten Frau Margaret und seiner zweiten Frau Isabel in zeitgenössischer Kleidung dar.

Dann betritt man den *Retrochor*, der im 13. Jh. gebaut, danach häufig restauriert, zeitweilig (im 16. Jh.) aber auch als Backstube und Schweinestall zweckentfremdet wurde. Sein niedriges Kreuzgewölbe vermittelt ein beeindruckendes Raumgefühl. Links an der Nordwand steht eine einzigartige *Eichenholztruhe* (**l**) mit wunderschönen Einlegearbeiten. Sie gelangte 1588 als Geschenk von Hugh Offley und Richard Harding (auf sie verweisen die Wappenbilder) in den Besitz der Kirche, die sie zur Aufbewahrung alter Register nutzte. An der Ecke steht ein *Schiffsmodell* (**m**), das Ende des 17. Jh. entstand und ein altes niederländisches Segelschiff darstellt – ein Geschenk von Reverend Cuthbert

Bardsley. Die 1. Kapelle ist dem *hl. Andreas* (**n**), die 2. dem *hl. Christophorus* (**o**) geweiht. Das *Kriegsdenkmal* (**p**), ein Werk Compers, wurde hier Mitte dieses Jh. errichtet und stellt den *hl. Georg* im Kampf mit dem Drachen dar. Eine *Marienkapelle* (**q**) hat es hier seit ca. 1330 gegeben; sie wurde um diese Zeit zusammen mit dem Hauptschiff erbaut. Die letzte Kapelle ist dem *hl. Franziskus* und der *hl. Elisabeth von Ungarn* (**r**) geweiht.

Vom Retrochor gelangt man in den *südl. Chorumgang*, wo sich rechts zunächst das Grabmal des Bischofs von Winchester, *Lancelot Andrewes* (**s**), von 1626 befindet, das die lebensgroße Figur des berühmten Übersetzers des Neuen Testaments zeigt; daneben ist das Grab des 1. Bischofs von Southwark, *Edward Talbot* (**t**), der 1905–11 hier wirkte. Rechts kann man zwischen den Säulen einen Blick auf das *Bischofsgestühl* (**u**) werfen, das wie das Chorgestühl im 19. Jh. entstand.

Den **Chor- und Altarraum** (**v**) mit seinem auffallenden Altarretabel überblickt man am besten von der Mitte des Querschiffes aus. Der Chorraum ist ein besonders schönes Beispiel der englischen Frühgotik des späten 13. Jh. mit seiner schlichten Säulen- und einfachen dreigeteilten Gewölbegestaltung; die einzige Auflockerung stellt das Triforium mit seiner Vielzahl von Spitzbögen dar. Der Altar und die Altarwand sind dagegen ein exzellentes Beispiel der englischen Spätgotik: 1520 unter Bischof Fox errichtet, bilden sie mit ihren vielen Verzierungen den Gegensatz zur schlichten Wand- und Gewölbegestaltung. Die Vergoldung des Altars sowie seine Stoffverzierungen erfolgten im Zuge von Compers Restaurierung 1930, zu der auch das Glasfenster über dem Altar gehört.

In der Mitte des Querschiffes steht man unter einem *Messingkandelaber* (**x**) von 1680, dessen Inschrift auf Dorothy Applebye, die Witwe eines Brauers, verweist, die diesen Leuchter ihrer Gemeindekirche schenkte. Das Glockengeläut im Turm gilt als eines der schönsten Großbritanniens. Das *südl. Querschiff* wurde 1310 vollendet. Gegenüber dem Südportal hängt hier das *Denkmal für John Bingham* (**y**) von 1625. Ihm verdankte die Gemeinde es, daß die Kirche 1614 aus dem Besitz James' I zurückerworben werden konnte. Direkt neben dem Portal hängen an der Säule das *Wappen und der Hut von Kardinal Beaufort* (**w**); sie erinnern an eine der bedeutendsten Persönlichkeiten des 15. Jh. Als Halbbruder Henrys IV hatte er großen Einfluß auf das politische Geschehen seiner Zeit und nahm in dieser Kirche die Eheschließung zwischen James I und Joan Beaufort vor.

An der Südwand des Südschiffes kommt man zum ***Shakespeare-Monument** (**z**), das 1912 in Erinnerung an das wohl berühmteste ehemalige Gemeindemitglied errichtet wurde. Die nachdenklich daliegende Alabasterfigur des Dichters ist ein Werk Henry McCarthys; hinter ihr blickt man auf ein Relief, das eine Stadtansicht Southwarks aus dem 17. Jh. zeigt mit dem berühmten Globe Theatre, dem nahegelegenen Winchester Palace und natürlich der Kathedrale, damals noch ›St Saviour‹. Shakespeares Bruder Edmund wurde hier 1607 beigesetzt (Shakespeare selbst ist in seinem Geburtsort Stratford-upon-Avon begraben); eine Gedenkplatte im Chor erinnert an ihn. Unmittelbar darüber befindet sich das ›Shakespeare-Fenster‹ mit Reminiszenzen an sein literarisches Werk.

Draußen führen rechts ein paar Stufen hinauf zur *Cathedral Street*, an der links die alten Markthallen des **Borough Market** ⑰ liegen. Dieser Obst- und Gemüsemarkt wurde um 1550 von Edward VII begründet (heute Großmarkt). Rechts in Richtung Themse gehend, führt die Straße schräg links zu dem kleinen **St Mary-Overie-Dock** ⑱ – benannt nach dem ehemaligen in der Nähe gelegenen Kloster *St Mary-over-the-river*. Der in diesem alten Dock ankernde Schoner ›*Kathleen and May*‹ kann besichtigt werden und zeigt die Einrichtung eines alten Handelsschiffes. Der *Blick vom angrenzenden Riverpub ›*Old Thameside Inn*‹ auf London Bridge und die City gegenüber lohnt einen kleinen Zwischenstop in dem umgebauten früheren Lagerhaus.

Dann geht es rechts weiter in den *Winchester Square*. Die Namen der umliegenden Straßen verweisen fast alle auf den ehemaligen Besitzer des Areals, der hier seinen Stadtpalast mit Parks und verschiedenen Besitzungen hatte: den Bischof von Winchester. Die Reste des **Winchester Palace** ⑲ bzw. seiner großen Halle aus dem 14. Jh. sind erhalten; die Palastwand mit dem Maßwerk eines alten Rosettenfensters wirkt vor dem Hintergrund des angrenzenden Speicherhauses schön und unwirklich zugleich. Die *Clink Street* rechts erinnert an das Gefängnis hier am Fluß: ›The Clink‹, das laut zeitgenössischen Berichten vor allem Säufer und Randalierer aufnahm und so bekannt war, daß sein Name umgangssprachlich als Synonym für ›Knast‹ im allgemeinen benutzt wurde. An die Atmosphäre eines der ›public houses‹ hier am Fluß (deren weibliche Bewohner – Prostituierte – als ›Winchester-Gänse‹ bekannt waren), erinnert nur noch ›**The Anchor**‹ ⑳; es entstand erst 1775 und ist häufig verändert worden. Man erreicht es, indem man sich weiter rechts am Fluß hält, in der Straße *Bankside*. Früher war hier eine schmutzige Kneipe, wo sich Schmuggler, Flußpiraten, ehemalige Sträflinge und andere dunkle Gestalten trafen. Später, nach dem Brand von 1666, mietete sich hier Dr Samuel Johnson (1709–84) für ein Jahr ein. An den Sprachforscher erinnert bis heute der ›*Dr Johnson Room*‹. Der Flußblick von hier ist besonders schön.

Der Weg führt immer weiter am Fluß entlang – unter der **Southwark Bridge** hindurch (erbaut 1819 von John Rennie; 1921 Neubau, Entwurf Sir Ernest George) – und schließlich zum **New Globe Theatre** ㉑, das 1993 eröffnet werden soll. Dieser Komplex umfaßt dann ein Theater mit 1500 Plätzen, das Shakespeares ursprünglichem Theater in seiner Form nachgebaut sein wird, außerdem ständige Ausstellungen zu Shakespeares Leben, einen Geschäftsbereich und einen Platz für Veranstaltungen, zur Themse hin. Ganz in der Nähe des früheren ›Kardinalskai‹, an der Ecke *Bankside/Cardinal Cap Alley,* hat hier am Fluß in Nr. 49 angeblich Christopher Wren gewohnt und von dort aus den Wiederaufbau ›seiner‹ City beobachtet.

Der Weg führt auf der *Bankside* zurück, bis rechts die Straße *Bear Gardens* abgeht. In der *Bear Gardens Alley* liegt das **Globe Museum** ㉒ in einem umgestalteten Lagerhaus aus dem 18. Jh. Seine Exponate dokumentieren – liebevoll bis ins Detail – die Geschichte des Elisabethanischen Theaters. Die *Park Street* führt links zum **Shakespeare Memorial** ㉓ , an der Stelle stehend, an welcher 1599 Shakespeares berühmtes Theater ›The Globe‹ erbaut wurde. 1613 brannte es nieder, nachdem sich beim Abfeuern eines Kanonenschusses – während der Aufführung von ›Henry VIII‹ – das Strohdach entzündet hatte. Aber das wohl bekannteste Theater der damaligen Zeit wurde schnell wiederaufgebaut und erst 1644 abgerissen, um Wohnhäusern Platz zu machen. Mit der Restauration begann ab 1660 eine Umorientierung, d. h. die Theater fanden – nach der ›theaterlosen Zeit‹ unter den Puritanern – königliche Unterstützung und siedelten sich wieder in der Stadt an, vor allem in *Covent Garden* und *Haymarket.*

William Shakespeare (1564–1616) war 1593 nach London gekommen, zur Blütezeit des Elisabethanischen Theaters. Spätestens ab 1594 war er Mitglied in der Schauspielgruppe ›Lord Chamberlain's Men‹, in der er Richard Burbage kennenlernte, der einer berühmten Schauspielerfamilie angehörte. Sie setzten schnell ihren gemeinsamen Plan von einem eigenen Theater in die Tat um: Finanzielle Beteiligungen wurden festgelegt, und 1598 schifften mehrere Boote in einer aufsehenerre-

Das Shakespeare-Denkmal in der Abtei von Westminster *(S. 44)*

genden Aktion die Holzmaterialien des Burbage-Theaters (das Richards Vater James in Shoreditch 1576 erbaut hatte) über die Themse, um sie für das ›Globe‹ wiederzuverwenden. 1599 wurde der Neubau eröffnet: von außen achteckig, innen ein ›hölzernes O‹, wie im Prolog des Dramas ›Henry V‹ gesagt wird. In ihm fanden viele Zuschauer auf Galerien Platz; dies war den langjährigen Spieltraditionen in den Galerie-Gasthöfen – zu denen der Rundgang nun führt – nachempfunden worden.

Den Windungen der *Park Street* folgend und vorbei an der Rückseite des *Borough Market* ⑰ , kommt man in die *Borough High Street* und den **Talbot Yard** ㉔. Durch *Geoffrey Chaucer* (ca. 1340–1400) und sein literarisches Meisterwerk ›The Canterbury Tales‹ wurde dieser Ort berühmt: als ›Tabard Inn‹, das Chaucer realistisch schilderte als Treffpunkt der Pilger, die sich Ende des 14. Jh. hier versammelten, um ihre Reise nach Canterbury zum Grab des Märtyrerbischofs Thomas Becket anzutreten. Die meisten der ›Inns‹ vom Schlage des ›Tabard‹ verschwanden mit dem Aufkommen der Eisenbahn, als sich ihre Funktion als Postkutschenstation zunehmend erübrigte.

Nicht so ›The George‹ im *George Inn Yard ㉕, das auf eine seit 1554 ununterbrochene Tradition zurückblicken kann. Dieses historische Gasthaus mit seinen Galerien, das letzte seiner Art in London, wurde 1677 nach einem Großbrand entsprechend den ursprünglichen Plänen wiederaufgebaut. Das Gebäude bestand aus drei Seitenflügeln, so daß ein Innenhof entstand, der nur nach einer Seite hin offen war. Diese Gelegenheiten nutzen viele Wanderbühnen zu Aufführungen. Auch Shakespeare soll hier aufgetreten und ein häufiger Gast gewesen sein. Bis heute finden im Sommer Aufführungen von Shakespeare-Dramen statt. (Info Tel. 0 71/4 07 20 56). 1889 zerstörte ein weiterer Brand zwei Flügel, so daß nur der heutige Südflügel in seiner alten Form erhalten blieb.

Weiter rechts der Hauptstraße folgend, kommt man rechter Hand zur *St Thomas Street*: Hier stehen einige schöne alte georgianische Häuser aus dem 18. Jh. Nach wenigen Metern folgt links die Kirche **St Thomas** ㉖, heute das Kapitelhaus von Southwark Cathedral und 1703 als Kirche des hier gelegenen St Thomas Hospital erbaut. Den Dachstuhl, in dem früher Heilkräuter getrocknet wurden, baute man 1822 zu einem *Operationssaal* für das Krankenhaus aus. Dieses sog. *Operating Theatre, das Verhältnisse des 19. Jh. widerspiegelt, die keine Narkosemittel kannten, wurde erst 1956 entdeckt. In der Mitte des kreisförmigen Operationssaals mit Zuschauerplätzen für Medizinstudenten stand ein bis 1862 benutzter OP-Tisch, unter dem eine Kiste mit Sägemehl stand, die der Operateur immer an die Stelle schob, an der das meiste Blut floß. Zu sehen sind außerdem Geräte und Apparate der Chirurgie des

19. Jh. Schräg gegenüber liegt **Guy's Hospital** ㉗, das 1726 fertiggestellt wurde, gegründet und finanziert von dem Buchhändler Thomas Guy (1644–1724), der mit Aktienspekulationen reich geworden war. Seine Gedenkstatue (1724) steht im Vorhof. – Einer der berühmtesten Medizinstudenten am Guy's Hospital war der romantische Dichter John Keats.

Links führt nun die *Joiner Street* in einer Art Tunnel unter den Gleisen des Bahnhofs *London Bridge Station* her. Ein Stück weiter rechts in der *Tooley Street* befindet sich in dunklen Gewölben die Gruselshow **London Dungeon** ㉘. Hier wird mit Wachspuppen, aber dennoch sehr realistisch und blutrünstig, die grausame Geschichte Londons und Großbritanniens vom Mittelalter bis zum 17. Jh. dargestellt (u. a. der Mord an Bischof Becket, Hexenverfolgungen und Folter, Ereignisse der Pestzeit, berühmte Mordfälle, Hinrichtungen). Kindern sollte man dieses (auch nicht billige) ›Vergnügen‹ ersparen. Wer lieber ein Raumschiff besteigen und sich zu anderen Gestirnen aufmachen möchte, muß der *Tooley Street* noch ein bißchen weiter rechts folgen: Das ›*Space Adventure*‹ bietet einen der größten Raumschiff-Simulatoren der Welt. Schräg gegenüber befindet sich der Eingang zu ***Hay's Galleria** ㉙. Sie ist das erste Rennomierprodukt des Gesamtprojekts ›London Bridge City‹, bei dem alle ehemaligen Lagerhäuser, Werften etc., die zwischen *London Bridge* und *Tower Bridge* liegen, in ein neues Einkaufs- und Bürozentrum umgewandelt werden sollen (vgl. hierzu auch *S. 230*). – Nächste **U-Bahn:** London Bridge Station.

*** **14** **Tower Hill: Tower Bridge · St Katherine's Docks · Tower**

Dauer des Rundgangs: ca. 1 ½ Std.; Besichtigungen zusätzlich ca. 5 Std. **U-Bahn:** Tower Hill (Circle Line und District Line); **Boot:** ›Riverbus‹ bis Tower Pier; **Bus:** Linien 15, 42, 47A, 56, 78.

Tower und Tower Bridge: Wohl für jeden Londonbesucher gehört die Besichtigung der alten Festungsanlage und der weltberühmten Brücke in ihrer Nähe zum geplanten Programm. Den Statistiken zufolge zählt der Tower of London jedenfalls zu den meistbesuchten Bauwerken nicht nur Londons, sondern ganz Europas. Auf den ersten Blick scheint dies unerklärlich, denn weder wirkt die Festung von außen attraktiv, noch liegt sie in einem Stadtteil, der übermäßig interessant zu nennen wäre. Denn ganz anders als das Westend, Kensington oder Westminster wird Tower Hill von häßlichen Neubauten fast erdrückt.

Die Route: Im Tower, so weiß man, liegen die britischen Kronjuwelen, und die Geschichte der großen Könige und Königinnen und ihrer Taten und Untaten sind nirgends so präsent wie hier. Der Tower ist – ähnlich wie ****Schloß Windsor (S. 357)* – ein Symbol der Kontinuität englischer Geschichte; und entsprechend ehrfurchtsvoll nähert man sich ihm. Der hier vorgeschlagene Rundgang möchte dem Rechnung tragen, indem er *vor* Besichtigung des Tower selbst zunächst durch die unmittelbare Umgebung der Zitadelle führt: Nicht nur die imposante **Tower Bridge ㉛ – eine der technischen Großtaten des viktorianischen Zeitalters – steht dabei auf dem Programm, sondern auch die Docks und Kais in der Nähe mit dem *Design-Museum ㉝, dem *Museumsschiff ›Belfast‹* ㉜ und den Galerien und Restaurants der renovierten **St Katherine's Docks* ㉞. Wer jedoch geradewegs zum ***Tower ㉟ möchte, kann dies natürlich auch tun; ab *Seite 210* findet er die Beschreibung. (Wenn man es schafft, schon frühmorgens am Tower zu sein, sollte man, um lange Wartezeiten und Gedränge zu vermeiden, den Rundgang ohnehin dort beginnen und dann an der Tower Bridge fortsetzen.)

Ausgangspunkt ist die **U-Bahn-Station Tower Hill** *(vgl. auch S. 198)*. Die Stufen rechts und dann weiter links führen zu einer Unterführung (Richtung des Hinweisschildes ›Tower of London Entrance‹), an deren Ende ein Stück der alten **römischen Stadtmauer** zu sehen ist, in das im frühen Mittelalter ein Stadttor eingebaut wurde *(vgl. S. 200)*.

Die **römische Stadtbegrenzung** wurde ca. 190–225 n. Chr. gebaut. Sie hatte insgesamt eine Länge von 5 km, war 8 m hoch, 2 m dick und umschloß eine Fläche von über 100 ha. Sechs Tore führten aus der Stadt auf die Hauptverbindungswege. Die Kennzeichnung der Lage dieser Tore ist bis heute in einigen Straßennamen erhalten: *Ludgate, Newgate, Aldersgate, Cripplegate, Bishopsgate, Aldgate.* Im Mittelalter wurden die Reste der römischen Mauer in neue Wehranlagen integriert, wie hier am Tower, wo die Reste eines mehreckigen Turmes erhalten sind, der ein Stadttor befestigte. Drei Pfeilscharten verweisen auf den Wehrcharakter ebenso wie die Einkerbungen, in denen ein Fallgitter angebracht war. Die exzellenten Steinmetzarbeiten legen die Vermutung nahe, daß das Tor Ende des 13. Jh. von königlichen Steinmetzen gebaut wurde, die zu dieser Zeit auch den Tower umgestalteten.

Der Weg führt links weiter am 1843 trockengelegten Graben des Towers entlang; aus dieser Perspektive bekommt man eine gewisse Vorstellung von der Uneinnehmbarkeit dieser 5 ha großen Festungsanlage. Rechts führen dann Stufen zur Straße in Richtung Towerbrücke *(Northern Approach)*, an der links vor der Brücke das ›**World Trade Centre**‹ ㉚ liegt, ein großes Kongreß- und Bürozentrum.

Tower Bridge, vom Nordufer der Themse gesehen

** **Tower Bridge** ㉛ (U-Bahn: Tower Hill) (*Farbtafel S. 156*)

Tower Bridge gehört zu den bekanntesten Wahrzeichen Londons. Als letzte Brücke vor der Themsemündung wurde sie 1886–94 nach einem Entwurf von *Horace Jones* und *John Wolfe-Barry* im neugotischen Stil gebaut. Die beiden markanten Türme (Höhe 66 m, Entfernung voneinander 236 m) sind eigentlich Stahlkonstruktionen, die mit Granit und Portlandsandstein verkleidet wurden. Sie beherbergen die hydraulischen Anlagen, mit denen die beiden je 1100 t schweren Teile der Zugbrücke (die sich 9 m über dem Wasserspiegel schließt) früher hochgepreßt wurden. Seit 1976 besorgt dies eine elektrische Anlage, die die Durchfahrt für Schiffe in 90 Sekunden freimacht.

Bei dieser Installation wurde die Brücke 1982 einer grundlegenden Restaurierung unterzogen und danach der Öffentlichkeit als *Museum* übergeben. In den Brückentürmen ist nun eine Ausstellung eingerichtet, die die Entstehung der Brücke, die Schwierigkeiten bei ihrem Bau und technische Details dokumentiert. Außerdem wurde 1982 der Fußgängerüberweg, der 1912 nach zahlreichen Selbstmorden geschlossen worden war, verglast und wieder geöffnet. Von hier aus bieten sich einmalige Ausblicke auf die Stadt.

Wieder auf Brückenniveau kann man eines der ehemaligen Wärterhäuschen besichtigen. Spätestens hier wird deutlich, welche – vor allem menschliche – Koordination nötig war, um zu Zeiten des florierenden Schiffsverkehrs die Brücke bis zu 50mal täglich hochzuziehen. Der Eingang zum Museum und zum Überweg befindet sich auf der Towerseite der Brücke. Die alten Betriebsräume mit Pumpen, Kohleöfen und Dampfmaschinen sind heute ebenfalls Museum. Sie liegen etwas versteckt am Südufer der Themse, gleich an der Brücke links.

Unter der Brücke führt am Wasser entlang ein Pfad zum größten Kreuzer der britischen Marine: der **HMS** (›Her Majesty's Ship‹) **Belfast** ㉜, 11 000 t schwer, 1937 vom Stapel gelassen, 1938 in Dienst gestellt und im 2. Weltkrieg eines der erfolgreichsten Schiffe der Briten. U. a. war es 1943 bei der Versenkung des deutschen Großschiffes ›Scharnhorst‹ dabei und 1944 bei der Landung der Alliierten in der Normandie. 1963 wurde es außer Dienst gestellt und erhielt als Museumsschiff seinen Platz am Südufer der Themse.

Wer sich mehr für Design als für die technische Ausrüstung von Kriegsschiffen interessiert, sollte unbedingt einen Abstecher zum nahegelegenen, 1989 eröffneten *Design-Museum ㉝ machen (*Butler's Wharf*; auf *Shad Thames* vom Südeingang der Tower Bridge östlich am Fluß entlang, dann rechts), das sich der Dokumentation moderner Produkt-Designs (Wechselausstellungen) und der Präsentation neuer

Produkt-Designs verschrieben hat. Der Gründer, Sir Terence Couran, wollte einerseits die bewußte Wahrnehmung von Design stimulieren und andererseits Anregungen für neue Entwürfe bieten. Die Umgebung, *Butler's Wharf* mit seinen ehemaligen Lagerhäusern aus dem 19. Jh., ist derzeit stark – wie der gesamte Londoner Osten (zu den Docklands *s. S. 230ff.*) – im Umbruch begriffen. Durch Modernisierung bzw. Umbauten versucht man, die alten Gebäude mit neuem Leben zu erfüllen; Wohnungen, Büros, Geschäfte, kleine Betriebe, Restaurants entstehen.

* St Katherine's Docks ㉞ (U-Bahn: Tower Hill)

Das gilt auch für das gegenüberliegende Nordufer, zu dem der Rundgang nun zurückführt. Nachdem London lange zu einem der größten Häfen der Welt gehört hatte, zeichneten sich ab den 60er Jahren rückläufige Tendenzen ab; immer mehr Hafenanlagen mußten geschlossen werden und verfielen langsam. Die in der Nähe des Tower liegenden St Katherine's Docks sind ein gutes Beispiel dafür, wie man auch solche Hafenbereiche wiederbeleben und städtebaulich nutzen kann. Mit ihnen begann London in den 60er Jahren sein ehrgeizigstes und das größte europäische Stadtentwicklungsprojekt, das bis heute in den Docklands *(S. 230ff.)* noch nicht abgeschlossen ist.

Von der Towerbrücke kommend, trifft man am Wasser zunächst auf eine kleine Hebebrücke, die den Schleusenzugang zu den Dockanlagen überquert. Davor links, praktisch unter dem ›Tower Hotel‹ hergehend, gelangt man zum ersten Hafenbecken. Hier liegen heute viele Privatyachten. In den alten Gebäuden befinden sich keine Handelskontore und Lagerräume mehr; sie wurden umgebaut in exklusive Apartment- und Wohnhäuser sowie Läden, Galerien und einige Restaurants in den Erdgeschossen. Geht man rechts über die Brücke weiter, befindet man sich genau in der Mitte der alten Docks. Sie wurden 1824–28 ins Wasser gegraben, in jener Zeit, in der überall an der Themse bewachte Hafenbecken entstanden, um des Unwesens der Schmuggler und Warendiebe Herr werden zu können. Die St Katherine's Docks wurden zu einem großen Teil von napoleonischen Gefangenen ausgehoben, nachdem vorher das alte St Katherine's Hospital und ca. 1000 Häuser des umliegenden Armenviertels abgerissen worden waren. Einen schönen Blick über die Anlage, deren erstes Becken 1825 eröffnet wurde (Entwurf Thomas Telford), bietet die obere Galerie des malerischen ›Dikkens Inn‹, im vorigen Jh. Sitz eines Warenhauses und einer Brauerei.

Mit den St Katherine's Docks beim Tower begann in den sechziger Jahren die ▷
Sanierung des Londoner Eastends

*** **Der Tower of London** ㉟ **(U-Bahn:** Tower Hill)

Geschichte: Als *Wilhelm der Eroberer* 1078–98 vor den Toren Londons und direkt an der Themse seine Hauptfestung anlegen ließ, mußte sie mehrere Funktionen gleichzeitig erfüllen: Sie hatte die Hauptstadt zu schützen, die Schiffahrt zu sichern und den Palast, die Schatzkammern, das Gefängnis, die Münze und ein Waffenlager uneinnehmbar unterzubringen. Das Kernstück der Anlage, der im 11. Jh. unter dem normannischen Benediktinermönch Gundolf gebaute ***White Tower***, hat deshalb 5 m dicke Mauern, die sich nach oben auf 3,50 m Mauerstärke verjüngen.

Spätere Königsgenerationen bauten – ähnlich wie in Windsor – die Anlagen immer weiter aus. Ende des 12. Jh. ließ Richard I durch einen Graben, der vom Wasser der Themse gespeist wurde, die Sicherheit erhöhen. Im 13. Jh. wurde der Innenhof rundum durch eine Mauer mit 13 Türmen begrenzt; der größte Teil dieser Ausbauten wurde unter Henry III errichtet. Der enge Außenhof entstand im 14. Jh., überwiegend unter Edward I, durch die Mauerbegrenzung mit den sechs Türmen zur Themse hin und den beiden halbrunden Bastionen an den Eckpunkten der gegenüberliegenden Seite. Damit war der Bau der eigentlichen Festungsanlagen Ende des 14. Jh. abgeschlossen; nur im Innern kamen später noch Zweckbauten hinzu.

Und noch ein Kuriosum ist aus der Geschichte zu berichten: Sollten Sie auf Ihrem Rundgang irgendwo einem oder mehreren **Raben** begegnen, wundern oder erschrecken Sie sich nicht. Laut königlichem Statut sind sie ›official members‹ des Towers; denn seit jeher ist die Geschichte der Festung eng mit den Raben verbunden, die – so der Aberglaube – drohendes Unheil, Unglück oder sogar Tod verkünden. Gemäß einer Sage, wonach ein keltischer Kriegsgott vor über 2000 Jahren in einen Raben verwandelt wur-

de, wird die Krone stürzen, sollten die Raben jemals den Tower verlassen... (Deshalb sind reichlich Fleischhappen für die Vögel im Tower-Budget eingeplant; der Fütterungsplatz ist am *Wakefield Tower*, **H.**)

Der **Eingang** zum Tower befindet sich heute im westlichsten Turm an der Themse, dem *Middle Tower* (**A**), der 1307 unter Edward I erbaut und im 18. Jh. umgebaut wurde. Früher hatte man, wenn man hier ankam, schon eine Zugbrücke überquert und war beim sog. ›**Löwentor**‹ (**B**) in den Festungsbereich eingetreten, der etwas vorgelagert gewesen war und vom 14. Jh. bis 1834 die königliche Menagerie beherbergt hatte, die dann in den Londoner Zoo umzog. Heute befindet sich an seiner Stelle der ›*Bookshop*‹.

Der **Zugang von der Tower Bridge** führt am *Tower Wharf* entlang (unter der Brücke durchgehen!), dem im Mittelalter großzügig angelegten Kai der Festung. Die Kanonen aus dem 18. und 19. Jh., die links zum Wasser stehen, werden mehrmals im Jahr zu Salutschüssen genutzt: am 6. 2. (Thronbesteigung), dem 21. 4. (Geburtstag der Queen), dem 2. 6. (Krönungstag), dem 10. 6. (Prinz Philipps Geburtstag) und dem 4. 8. (Geburtstag der Königinmutter) jeweils um 13 Uhr (wenn die Daten auf einen Sonntag fallen, werden die Salutschüsse am Montag abgefeuert). Spätestens beim *Traitors' Gate* (**E**) begegnet man einem

der sog. ›*Beefeaters*‹, deren marinerote Uniformen (an Festtagen rote
Tudorroben) sofort auffallen. Sie gehören zu den 40 Wachmännern des
Towers, deren Spitzname eine volkstümliche Angleichung des französi-
schen ›buffetier‹ (Mundschenk) an das Englische ist und auf die Wäch-
ter der königlichen Tafel im St James's Palace zurückgeht, die heutigen
›Yeomen of the Guard‹. Seit 1510 sind jedoch die Leibwächter des
Herrschers und die Wächter des Towers unterschiedliche Garden des
Regenten. Hier im Tower sind es seit langem altgediente hochrangige
Offiziere, die Dienst tun, die ›Yeoman Warders‹.

Rundgang

Der Überweg über den äußeren Graben führt zum *Byword Tower* (**C**),
von dem aus früher eine Zugbrücke nur dann heruntergelassen wurde,
wenn vom Besucher das richtige Losungswort (›byword‹) genannt worden war. Der Turm, ebenfalls unter Edward I erbaut und im 14. Jh. verändert, hat zu beiden Seiten des Durchgangs Wachzimmer. Darüber
waren die Vorrichtungen zur Bedienung der Zugbrücke eingebaut. In
diesem Raum fand man 1953 bei Restaurierungen ein Wandgemälde
aus dem 14. Jh., das eine Kreuzigungsszene zeigt.

Am Byword Tower erwarten die ›Yeoman Warders‹ die Besucher,
die mit ihnen eine – allerdings nicht vorgeschriebene! – Führung unternehmen wollen (Beginn: ungefähr alle halbe Stunde, Dauer: ca. 1 Stunde). Dicht dahinter steht der *Bell Tower* (**D**) (Glockenturm), der
westlichste Turm der inneren Befestigungsanlagen, von Richard I um
1190 erbaut. Hier war Sir Thomas More lange eingesperrt, bevor er von
Henry VIII, dessen theologischem Alleinvertretungsanspruch der große Gelehrte sich widersetzt hatte, zum Tode verurteilt wurde. ›Nur‹
zwei Monate verbrachte dagegen die spätere Elizabeth I hier in Gefan-
genschaft – wegen Verdachts auf Hochverrat und auf Betreiben ihrer
Halbschwester, der berüchtigten ›Bloody Mary‹! Die Glocke des Turms
wird heute noch genutzt, um die Besucher gegen Abend zu erinnern,
daß der Tower schließt.

Zwischen den hohen Befestigungsmauern entlanggehend, kommt
man nun zum *Traitors' Gate* (**E**), dem Verrätertor. Eigentlich war dies
für Schiffe von der Themse aus der Zugang zum Tower: Edward I hatte
ihn anlegen lassen. Seinen Namen erhielt das Tor aber aufgrund der
vielen Gefangenen, die nach ihrer Verurteilung in Westminster hier mit
dem Schiff ankamen und als tatsächliche oder vermeintliche ›Verräter‹
in eines der dunklen Verliese gebracht wurden. Die meisten haben sie
erst zu ihrer Hinrichtung wieder verlassen. Über dem ›Verrätertor‹
wurde 1242 unter Henry III der *St Thomas Tower* (**F**) errichtet. Sein

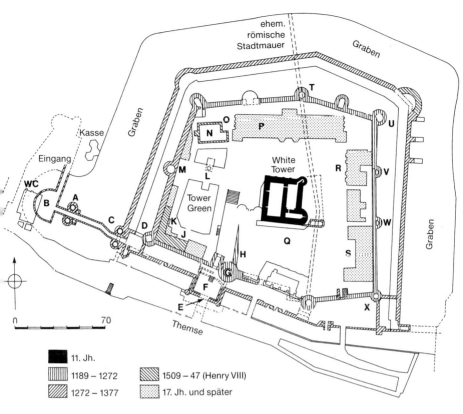

```
n          70
```

	11. Jh.
	1189 – 1272
	1272 – 1377
	1509 – 47 (Henry VIII)
	17. Jh. und später

Tower of London: Grundriß

A Middle Tower
B Ehem. Löwentor/ Bookshop
C Byword Tower
D Bell Tower
E Traitors' Gate
F St Thomas Tower
G Bloody Tower

H Wakefield Tower
J Queen's House
K Yeoman Gaoler's House
L Schafott
M Beauchamp Tower
N St Peter ad Vincula
O Jewel House (Eingang)
P Waterloo Barracks

Q St John's Chapel (im OG)
R Royal Fusiliers Museum
S New Armouries
T Bowyer Tower
U Martin Tower
V Constable Tower
W Broad Arrow Tower
X Salt Tower

Name erinnert an den 1170 ermordeten Erzbischof Thomas Becket von Canterbury, für den hier eine Gedenkkapelle eingerichtet wurde.

Gegenüber führt der Durchgang des **Bloody Tower (G)** in den großen Innenhof der Festung. Dieser Turm – der einzige ursprüngliche Zugang zum Tower, der erhalten geblieben ist, und im Mittelalter der einzige Zugang zum Innenhof – wurde unter Richard II erbaut.

Ursprünglich hieß der Turm ›Garden Tower‹; sein heutiger Name geht zurück auf eine jener Geschichten, wie sie vor allem das Mittelalter, das man in England nicht von ungefähr als ›Dark Ages‹ – ›dunkles Zeitalter‹ – kennt, geschrieben zu haben scheint: die Geschichte von der

Ermordung der beiden Söhne Edwards IV, des Prinzen Edward V und Richard, Herzog von York, im Jahre 1473. *Richard III,* der Mörder der beiden Kinder und von Shakespeare zum argen Bösewicht gemacht und dem Vergessen entrissen, verschaffte sich dadurch den englischen Thron, die Königswürde und die Macht – und dem Ort, an dem es geschah, seinen neuen Namen ›Bloody Tower‹!

Doch Richards Tat blieb kein Einzelfall. Zahlreiche andere bekannte Persönlichkeiten hat man als Verräter eingekerkert und auf dem nahegelegenen Schafott hingerichtet, weil sie dem gerade Herrschenden nicht genehm waren. *Sir Walter Raleigh* zum Beispiel, einst Günstling von Elizabeth I, berühmter Seefahrer und Forscher, verbrachte 13 Jahre (1603–16) in diesem Turm und schrieb dabei sein Lebenswerk, die ›History of the World‹ (eine frühe Ausgabe ist hier ausgestellt). Nach einer mißglückten Südamerikafahrt war er in Ungnade gefallen. Er hatte spanische Schiffe versenkt – gegen den Befehl der Königin, die sich nach jahrelangem Krieg gegen die Spanier endlich zum Frieden entschlossen hatte und nun ihren einstigen Favoriten opferte. 1618 wurde das Todesurteil vollstreckt. Die Henkersaxt übrigens, der letztmalig 1747 ein Delinquent auf dem Tower Hill zum Opfer fiel, ist im *Martin Tower* ausgestellt. Rechts folgt gleich der runde *Wakefield Tower* (**H**; Fütterungsplatz der Raben, *s. S. 222*) (hier beginnt der ›Wall Walk‹), unter Henry III erbaut, aber erst 1334 benannt nach William de Wakefield, dem Oberaufseher Richards III. Henry VI, der Gründer von Eton College *(S. 369)* und King's College in Cambridge, soll hier 1741 gestorben sein – ebenfalls gewaltsam.

Die Eckbebauung links im Innenhof, das malerische Tudorhaus *Queen's House* (**J**), entstand 1530 unter Henry VIII. Es diente Anne Boleyn, seiner 2. Ehefrau, vor ihrer Hinrichtung 18 Tage als Wohnhaus. Heute ist es Residenz des Kommandanten und nicht mehr zugänglich. Daran schließt sich *Yeoman Goalers's House* (**K**), das Haus des ehemaligen Kerkermeisters, aus dem 17. Jh. an, dessen Position heute nur noch symbolisch besetzt ist. Hier wurde 1941 Rudolf Hess festgehalten.

Bevor man sich in den ältesten Teil der Festung, den ***White Tower, begibt, sollte man links an dem kleinen markierten Platz vorbeigehen, an dem sich früher das *Schafott* (**L**) befunden hat. Hier wurden die Todesurteile an den Hochverrätern vollstreckt, die als Staatsfeinde oft genug lange Jahre in den umliegenden Kerkertürmen verbracht hatten und deren öffentliche Hinrichtung auf dem nahegelegenen Tower Hill Anlaß zu unliebsamen Protesten der Bevölkerung gegeben hätte. Ansonsten war das Schafott im Tower selbst eine Hinrichtungsstätte der Aristokratie; das gemeine Volk wurde in Tyburn, heute ›Marble Arch‹ *(S. 290)*, geköpft. Neben den Genannten endeten hier auf dem ›Tower

Er führt die Besucher durch den Tower: ›Beefeater‹ in traditioneller Uniform

Green‹ Anne Boleyn (1536) und Catherine Howard (1542), zwei der sechs Frauen Henrys VIII, außerdem die 17jährige Lady Jane Grey, die sog. Neun-Tage-Königin, und ihr Mann Guildford Dudley (1554), ebenfalls Sir Thomas More (1535), der Lordkanzler Henrys VIII. Der nahegelegene halbrunde Turm links, der *Beauchamp Tower* (**M**) (1199–1216, nach Thomas Beauchamp, dem Grafen von Warwick, benannt, der 1397–99 hier gefangen war), erzählt von diesen tragischen Ereignissen auf seine Weise: Im ersten Stock befindet sich ein Raum, in dessen Wände Lord Dudley, sein Vater, seine Frau und seine vier Brüder ihre Namen einritzten. In der etwas zurückliegenden Kirche, der Königlichen Kapelle *St Peter ad Vincula* (**N**; ›St. Peter in Ketten‹), wurden die prominentesten Opfer dann beigesetzt: Sir Thomas More zum Beispiel, die beiden Ehefrauen Henrys VIII, und auch Lady Jane Grey. Die Kirche, die nur mit einer offiziellen Führung zugänglich ist, wurde 1512 nach einem Feuer neu aufgebaut. Neben den historischen Grabsteinen sind auch das Tudor-Taufbecken und die Orgel von 1678 (erbaut von Bernard Schmidt) sehenswert.

Daneben liegt schließlich das *Juwelenhaus* (**O**), Aufbewahrungsort der weltberühmten *****Kronjuwelen** von unschätzbarem Wert. (Hier bilden sich oft lange Schlangen; es kann daher ratsam sein, erst dem Rundgang weiter zu folgen, um dann zurückzugehen, oder sich am Wakefield Tower ein ›re-entry ticket‹ zu besorgen, das am selben Tag zum Wiedereintritt berechtigt.)

Fast alle Regalia stammen aus der Zeit nach 1660; die alten Kronjuwelen waren während der Revolutionsjahre unter Oliver Cromwell bis auf wenige Ausnahmen eingeschmolzen oder verkauft worden. Im oberen Raum beeindrucken die prunkvollen Amtsstäbe, Staatsgewänder, besonders aber die ›Coronation Robes‹ (Krönungsgewänder) – hier werden Macht und Reichtum des Empire wieder vorstellbar. Zu den vielfältigen Krönungs- und Staatsinsignien gehören – neben zahlreichen Kronen – Diademe, Ringe, Zepter, Schwerter, Pokale, Sakralgegenstände und Tafelgeschirr. Hervorgehoben seien nur einige der bekanntesten Kronjuwelen:

Die **Staatskrone** ist in ihrer heutigen Gestalt 1937 für die Krönung von George VI angefertigt worden; dabei blieb die alte Form des Gestells erhalten, wurde aber unter Verwendung kostbarer alter Steine erneuert. Der älteste Stein in ihr ist wohl der Saphir Edward des Bekenners, den er als Ring getragen haben soll und der heute erhöht in dem ›cross patée‹ seinen Sitz hat. Der große Rubin, bekannt als ›Rubin des schwarzen Prinzen‹, soll diesem, Edward III, 1367 von Pedro dem Grausamen von Kastilien geschenkt worden sein. Als sein Gegenstück auf der Rückseite der Krone ist der Stuart-Saphir angebracht, der zu den Kleinodien gehört, die James II mit ins Exil nahm; seinen ehemaligen Platz vorne unter dem Rubin nimmt heute ein Diamant, der ›Zweite Stern von Afrika‹, ein, der zu einem Satz von vier Diamanten gehört, die aus dem berühmten Cullinan-Diamanten (dem größten Rohdiamanten der Welt) geschliffen wurden und ein Geschenk der Regierung von Transvaal, Afrika, an Edward VII darstellen.

Der größte dieser Diamanten, der ›Erste Stern von Afrika‹, mit 530 Karat der größte geschliffene Diamant der Welt, ziert das **königliche Zepter** in einer herzförmigen Fassung. Bemerkenswert ist auch die **Krone der Königinmutter**: Sie ziert der berühmte, 108 Karat schwere indische Diamant ›Kohinoor‹, was ›Berg des Lichts‹ bedeutet. Seine Existenz läßt sich bis zum 13. Jh. zurückverfolgen. Nach den Überlieferungen soll er männlichen Besitzern Unglück, weiblichen dagegen die Weltherrschaft bringen.

Die **Königskrone** aus purem Gold, die sog. **St-Edward-Krone**, wurde für die Krönung Charles' II erneuert bzw. vermutlich aus dem Gold der alten Sachsenkrone gefertigt. Mit ihr werden bis heute die Regenten gekrönt.

Die gesamte Gebäudeanlage auf der Nordseite, wo neben dem ›Jewel House‹ das *Museum für Waffen und Rüstungen* untergebracht ist, wurde 1845 auf Geheiß des Herzogs von Wellington erbaut: Diese *Waterloo-Kasernen* (**P**) dienten den königlichen Füsilieren bis 1962 als Hauptkaserne (heute ›Oriental Armouries‹).

*** Der ›White Tower‹ *(Farbtafel S. 269)*

Im Zentrum der Festung steht ihr beeindruckendstes Gebäude: der ›weiße Turm‹. Seine wehrhaften Mauern sind aus Caen-Stein (Normandie) gemauert; zahlreiche Schiffe hatten dieses Material aus der Heimat Wilhelms des Eroberers heranschaffen müssen, als er seine Festung an der Südostecke der alten römischen Stadtmauer erbaute. Henry III ließ das Gebäude im 13. Jh. weiß tünchen – daher der Beiname ›white‹. Das

30 m hohe Gebäude wirkt symmetrisch in seiner Anlage, jedoch haben die Seiten verschiedene Längen, und auch die vier Ecktürme sind unterschiedlich gestaltet. Im runden Nordostturm war bis 1675 die erste königliche Sternwarte untergebracht, bevor sie in Greenwich *(S. 243)* ihren Platz erhielt. Die Dächer wurden erst im 17. Jh. aufgesetzt.

Die *Innenräume* sind seit normannischen Zeiten kaum verändert worden. Sie vermitteln einen guten Eindruck von den kargen Lebensumständen in einer solchen Festung. Die Lichtverhältnisse entsprechen allerdings nicht mehr jener Zeit, denn die Fenster wurden Ende 17. / Anfang 18. Jh. bei den Renovierungsarbeiten durch Christopher Wren eingesetzt. Vorher hatte es nur paarige Lichtschlitze gegeben, von denen an der Südseite noch vier erhalten sind. Bis ins 17. Jh. hinein und noch unter James I war dieses Gebäude Palast der königlichen Familie, gleichzeitig auch lange Sitz der Regierung. Im 2. Stock befanden sich die königlichen Gemächer, im Stock darunter wurden in Repräsentationsräumen die Regierungsgeschäfte erledigt. Auf dieser Ebene befindet sich auch die hauseigene Kirche. Im *Erdgeschoß* waren Wachen und hochrangige Soldaten untergebracht. Um auch im Belagerungszustand lebensfähig zu sein, hatte der Tower einen eigenen Brunnen und in die Wände eingelassene Backöfen, Kamine und Latrinen.

Heute ist im White Tower eine der größten ****Waffen- und Rüstungssammlungen** der Welt ausgestellt, die auf Henry VIII zurückgeht. Sie zeigt Exponate vom Mittelalter bis 1914. Besonders bemerkenswert sind die vergoldete Rüstung Charles' I und vier Rüstungen Henrys VIII, die eine Vorstellung von der wachsenden Leibesfülle des Monarchen vermitteln. Zu den wertvollen Einzelstücken gehören weiter eine deutsche Pferderüstung aus dem 15. Jh. und viele kostbar verzierte Waffen, die für verschiedene Könige angefertigt wurden. Die Festungskirche ***St John's Chapel** (**Q**; 2. Stock), gebaut 1080, ist die älteste erhaltene Kirche Londons und eines der wenigen Beispiele rein normannischer Architektur, die auf der Insel erhalten sind. Das zweistöckige Tonnengewölbe ruht auf runden Säulen, deren Fuß- und Kapitellverzierungen den einzigen Schmuck der schlichten Kirche darstellen. Es fällt auf, daß der Altarraum nicht vom Hauptschiff abgetrennt ist. Die Fenster sind aus viktorianischer Zeit.

Wer von Rüstungen, Schwertern, Schilden und anderen Kriegsutensilien vergangener Jahrhunderte noch nicht genug hat, kann zwei weitere Museen besichtigen, die an der Ostseite des Innenhofs untergebracht sind. Im *Royal Fusiliers Museum* (**R**) sind Schlachttrophäen und Regimentssilber, aber auch Gemälde und Dioramen von Schlachten ausgestellt, in denen die Füsiliere gekämpft haben. Die *New Armouries* (**S**) präsentieren Waffen vom 17. bis zum 19. Jh. Ein Gang über die alten Wehrmauern der Festung bildet schließlich den Abschluß des Besuchs. Der sog. **Wall Walk** (Zugang: *Wakefield Tower*) führt an der östlichen Begrenzung vom *Martin Tower* (**U**) bis zum *Salt Tower* (**X**) und bietet sehr schöne Ausblicke.

Und schließlich noch ein letzter Hinweis: Es lohnt sich auf jeden Fall, der seit 700 Jahren unveränderten malerischen Zeremonie der **abendlichen Towerschließung** beizuwohnen. (Passierscheinbestellung nur im voraus mit Terminangaben – nicht an Hotels! – bei: The Constable's Office, HM Tower of London, EC 3N 4AB, frankierten Rückumschlag beifügen.) Beginn ist abends um 21.30 Uhr, man muß spätestens um 21.20 Uhr am Eingang sein. Das knapp halbstündige Ritual umfaßt das Verschließen der Haupttore, die Übergabe der Schlüssel an den 1. Wächter und weiter an den Towerkommandanten.

* 15 Die Docklands

Rundgang ca. 2–3 Std.; **U-Bahn:** Tower Hill (District oder Circle Line). **Bus:** Linien 15, 15, 25, 42, 78, 100. Ab Tower Hill dann mit der Hochbahn ›**Docklands Light Railway**‹ (ab ›Tower Gateway‹; Sa/So geschlossen) durch die Docklands (Endstation ›Island Gardens‹ gegenüber von Greenwich, *S. 236*). **River Bus** (ab Charing Cross, South Bank, London Bridge etc.) auch ab *Tower Hotel* (St Katherine's Docks, *S. 220*) oder Butler's Wharf *(S. 219)* möglich (bis Haltestelle ›West India Docks/Docklands Pier‹).

Das Londoner **East End**, das heißt die Gebiete östlich des Tower Hill oberhalb und unterhalb der Themse, erfreute sich bis weit ins 20. Jh. hinein eines ganz besonderen Rufs: des allerschlechtesten. ›East End‹, das war lange Zeit gleichbedeutend mit Slum, verfallenen Hafenanlagen, Arbeitslosigkeit und Kriminalität. Fast über Nacht hat sich das gewandelt: Die Docklands sind heute das Hätschelkind jener, die London zur ersten Großstadt des 21. Jahrhunderts machen möchten – lieber heute als morgen. Die Zahl der Kritiker freilich ist beträchtlich, und nicht alle von ihnen bejammern nur den Verlust einer vermeintlich ›guten alten Zeit‹ des Städtebaus. Vielmehr beklagen sie die Beliebigkeit, mit welcher der Neuaufbau vonstatten ging, und das Fehlen von Konzepten, die sowohl eine gewisse architektonische Geschlossenheit als auch eine größere Sozialverträglichkeit dieses gigantischen Projekts sichergestellt hätten.

Geschichte: Das East End ist Londons ›Waterfront‹. Hier liegt – oder lag – der Londoner Hafen, der seit dem industriellen Aufschwung des 19. Jh. wichtigste Umschlagplatz für Waren aus aller Welt. Mit der zunehmenden Bedeutung des Containerverkehrs jedoch seit den 50er Jahren unseres Jahrhunderts (für den die Londoner Hafenbecken zu klein waren) und der Auflösung

Einzug des Big Business: An einer Haltestelle der neuen Docklands Light Railway

des Empire verfielen die umfangreichen Hafenanlagen des alten ›Pool of
London‹ mit ihren Werften und Lagerhäusern zunehmend. Der Schwerpunkt des Containerverkehrs verlager-
te sich nach *Tilbury*, die Werften wurden unrentabel, mehr als 150 000 Arbeitsplätze gingen verloren. Die tradi-
tionsreichen *East India Docks* waren
die ersten, die schließen mußten
(1967); es folgten u. a. die *London* und
St Katherine's Docks 1968/69, die *Surrey Docks* schließlich 1970. Es schien,
als sollte es mit der Gegend sozial und
wirtschaftlich immer weiter bergab gehen.

In dieser Situation jedoch entdeckten die Londoner Stadtväter, immer
auf der Suche nach geeignetem Bau-
gebiet für die dringend benötigten Sozialwohnungen, Mitte der 70er Jahre
das Gebiet für sich. 1976 verabschie-
deten sie einen ›strategic plan‹ für die
ehemaligen Hafenanlagen, der unter fi-
nanzieller Beteiligung der Britischen
Regierung und der Kommunen eine
Sanierung und wirtschaftliche Neube-
lebung unter Wahrung der Interessen
der alten Bewohner vorsah. Erstmals
auch wurden jetzt die verschiedenen
Anlagen des ehemaligen Hafens, zwischen denen es früher kaum einen Zusammenhang gegeben hatte, als ein
einheitliches Gebiet begriffen: *Wap-
ping*, die *Isle of Dogs* und die *Royal
Docks* am Nordufer der Themse und
die *Surrey Docks* im Süden sollten zur
Großstadtlandschaft der Zukunft ausgebaut werden und unter dem Namen
›Docklands‹ als Musterbeispiel für die
Sanierungspolitik der Labour Party in
die Geschichte eingehen.

Mit dem Amtsantritt *Margaret That-
chers* (1979) aber, deren Wirtschafts-
politik vor allem auf der Förderung privater Initiative und weitestgehender
Zurückdrängung staatlicher Investitio-
nen beruhte, schien das Projekt wieder
gefährdet. Doch nur zwei Jahre später
wurde, besonders gefördert von Minister *Michael Heseltine*, die *LDDC*, die
London Docklands Development Cor-

poration gegründet. Sie sollte, freilich
nun unter völlig veränderten Voraussetzungen, die Sanierung des Hafen-
gebiets vorantreiben: als – weitgehend – privatwirtschaftliches, nicht
aber staatsgelenktes Projekt. Unter
der Ägide der LDDC sollten die Infra-
struktur verbessert, Baumaßnahmen
vorangetrieben, Wohnraum geschaffen, Investoren gelockt und damit auch
Arbeitsplätze geschaffen werden. Um
die Durchsetzung dieser Ziele zu erleichtern, wurde die LDDC mit sehr
weitreichenden Befugnissen ausgestattet: Sie erhielt die alleinige Pla-
nungshoheit in den betreffenden Gebieten und konnte auch zwangsweise
Enteignungen durchführen. Während
beim Ausbau der Verkehrsverbindungen vor allem auf öffentliche Gelder
zurückgegriffen werden konnte, sollten
für die übrigen Ziele durch großzügige
Förderungsmaßnahmen hauptsächlich
private Investoren gewonnen werden.

Gelockerte Bauvorschriften, be-
schleunigte und erleichterte Planungs-
verfahren sowie der Verzicht auf ansonsten übliche lokale Steuern lockten
denn auch binnen kurzem zahlreiche
Unternehmen in die Docklands. Ehemalige Lagerhäuser wurden zu großzügigen Apartmenthäusern umgewandelt, und mit der computergesteuerten
Hochbahn *Docklands Light Railway*,
dem *Dockland Mini-Bus* und dem *River Bus* entstand ein relativ weiträumi-
ges Netz öffentlicher Verkehrsmittel,
das die bereits erschlossenen Bereiche der Docklands heute miteinander
verbindet. Sogar ein eigener Flughafen, der *London City Airport*, wurde
geschaffen.

Hieraus wird bereits deutlich: Am erfolgreichsten war die LDDC beim Ausbau der Transportwege. Trotz mancher verbliebener Engpässe – vor allem die nach wie vor schlechte Anbin-
dung an die City wird beklagt – funktioniert das Netz der öffentlichen Verkehrsmittel relativ gut, zumal die Docklands durch den Ausbau der Jubilee
Line auch an das U-Bahn-Netz ange-

schlossen werden sollen. Doch auch die privaten Unternehmen versagten den Docklands nicht die gewünschte Resonanz; zahlreiche Firmen bezogen hier ihren neuen Sitz. Vor allem einige der großen Zeitungshäuser, denen es in der City zu eng und zu teuer geworden war, suchten in den weiträumigen und erschwinglicheren Gefilden der Docklands neue Domizile – etwa die *Financial Times*, der *Daily Telegraph* oder der *Guardian* (alle auf der Isle of Dogs).

Dennoch: Die schöne neue Welt der mit 22 Quadratkilometern Ausdehnung zur Zeit größten Bauotelle der Welt hat auch ihre – deutlichen – Schattenseiten. Mit der versprochenen Schaffung von Arbeitsplätzen etwa ist es nicht weit her; denn die meisten Firmen brachten ihre Angestellten ja bereits mit, und nur wenige der eigentlichen Bewohner der Docklands fanden, etwa in neu entstandenen Dienstleistungsbetrieben, eine neue Arbeit. Ähnliches gilt auch für den Wohnungsmarkt. Zwar wurde bei vielen Sanierungsarbeiten durchaus Rücksicht auf vorhandene Bausubstanz genommen, gerade die alten Lagerhäuser entlang der Themse hat man fast liebevoll restauriert. Was dabei entstand, waren jedoch fast ausschließlich Luxuswohnungen: Apartments und hochmoderne Studio-Wohnungen, die sich der weit überwiegende Teil der Bevölkerung schlicht nicht leisten konnte. Mehr noch: Die Wohnsituation der alten Bewohner der Docklands verschlimmerte sich noch, da nun auch die Kosten für alten, ehemals erschwinglichen Wohnraum in astronomische Höhen kletterten. Doch auch die offensichtlich anvisierte Zielgruppe der gut verdienenden Yuppies mußte bei Monatsmieten bis zu £ 2000,–

häufig passen. Obwohl das Wohnen an der ›waterfront‹ als äußerst schick gilt, stehen heute viele der Luxusapartments leer, zumal in den letzten Jahren auch an den Themseufern westlich der Albert Bridge *(S. 327* in traditionelleren Wohngebieten zahlreiche – allerdings nicht unbedingt preisgünstige – Wohnungen mit Themseblick entstanden.

So widerfuhr den Docklands in kurzer Zeit das, was andre Großstädte, die aus ihren Zentren reine Arbeits- und Einkaufs- (statt Wohn- und Lebens-)zonen gemacht haben, ebenfalls erlebten: Nach Büroschluß sterben sie aus. Selbst in den Pubs und Geschäften, in denen in den Mittagsstunden Büroangestellte für einen einigermaßen lebhaften Betrieb sorgen, herrscht gähnende Leere, von vereinzelten und verunsicherten Touristen vielleicht einmal abgesehen. Gerade in den frühen Abendstunden, wenn das Licht der untergehenden Sonne den Horizont grau-rot färbt und die Themse träge dahinzieht, bekommt dieses Stück neu erschlossenen Londons etwas Unwirkliches, Bizarres und bisweilen sogar Bedrohliches. Das kunterbunte Sammelsurium unterschiedlichster Tendenzen zeitgenössischen Bauens verwirrt dann noch zusätzlich. Denn u. a. durch das Fehlen fast jeglicher Bauvorschriften dominiert in den Docklands ein postmodernes ›anything goes‹, d. h. in diesem Fall ein unkoordiniertes Nebeneinander gelungener Einzelbauten und einfallsloser Überflüssigkeiten. Besonders bei den Repräsentations- und Funktionsbauten der großen Firmen verlor man zu oft auch das Gespür für den Unterschied zwischen architektonischer Innovationskraft oder auch Kühnheit und blanker Gigantonomie.

Rundgang

Wer sich ausführlich über die Konzeption und Geschichte des Projekts, über Erreichtes und Geplantes informieren möchte, der findet im **Docklands Visitor Centre** auf der *Isle of Dogs* (an *Limeharbour/East*

›Schöne neue Welt‹ zu vermieten . . .: Am Canary Wharf

Ferry Road gelegen und mit der Hochbahn – ab Tower Gateway – oder dem Mini-Bus zu erreichen) reichlich Anschauungsmaterial. Für rechtzeitig angemeldete Besucher organisiert das Centre Führungen und Informationsfahrten durch das gesamte Sanierungsgebiet; Broschüren und Informationsmaterial erhält jeder Besucher kostenlos.

Einen präzisen Rundgang durch die Docklands vorschlagen zu wollen, wäre vermessen. Denn so vieles ändert sich hier ständig, daß man zuverlässige Auskünfte über Wege und Verbindungen nur sehr bedingt geben kann. Einige Fixpunkte jedoch seien genannt – alles andere wird jeder Besucher für sich entdecken, bestaunen oder verwerfen wollen.

Wer mehr als nur einen flüchtigen Eindruck von den Docklands gewinnen möchte, konzentriert sich am besten auf die **Isle of Dogs** (Hochbahn-Haltestelle *Canary Wharf*; River Bus-Haltestelle *West India Docks/Docklands Pier*). Die Herkunft des Namens der Halbinsel ist bis heute ungeklärt; der Volksmund führt ihn darauf zurück, daß zu Tudorzeiten die Monarchen hier ihre Hundegehege hatten. Wahrscheinlicher aber ist wohl, daß mit ›dogs‹ der dänische Begriff ›dijk‹

(Deich) gemeint ist; die nur knapp über dem Meeresspiegel liegende Halbinsel war nämlich in früheren Zeiten häufig überflutet.

Bester Ausgangspunkt einer Docklands-Erkundung ist **Canary Wharf**, das Kernstück des industriellen Neubaugebiets der Isle of Dogs und inmitten der ehemaligen *West India Docks* gelegen. Der stahlglitzernde *Canary Wharf Tower**, mit 245 m das zweithöchste Gebäude Europas, überragt hier sämtliche umliegenden Gebäude. Diese, zum Teil mit deutlichen Anklängen an die viktorianische Backsteinarchitektur errichtet, bilden mit dem stählernen Turm einen zusammenhängenden Komplex. Ein einziges Architekturbüro besitzt hier das Planungs- und Baurecht; nach Fertigstellung soll die Anlage auf über 1 Mill. m^2 Büroräume beherbergen, in denen etwa 50 000 – in Worten: fünfzigtausend – Menschen täglich ihrer Arbeit nachgehen sollen. Auch an vielfältige Erholungs- und Freizeitangebote für diese Menschen ist gedacht und natürlich an eine integrierte Hotelanlage. ›New Manhattan‹? Oder ›Wall Street-on-the-Water‹? Alle Versuche, das Unbeschreibliche dieses Giganten durch den Vergleich mit dem Vertrauten wenigstens verbal in den (Be)Griff zu bekommen, wirken hilflos.

Südöstlich von Canary Wharf (auf der Hochbahn zwei Stationen bis *South Quay*, dann auf der Straße *Marsh Wall* in östlicher Richtung bis kurz vor das Ufer der Themse und dann rechts in die *Folly Road*) liegt ein weiteres Stück eindrucksvoller Docklands-Architektur: die **Pump Station**, ein hohes, tempelähnliches Gebäude, dessen riesige Pumpenanlagen für die ständige Entwässerung des gesamten Gebiets sorgen. Über die *East Ferry Road* geht es von hier hinunter zum **Informationszentrum** (an der Ecke mit *Limeharbour*; *s. oben*). An der Ecke *Limeharbour* (in nördlicher Richtung zurück) /*Marsh Wall* schließlich erheben sich unübersehbar die zwei funkelnden Glastürme der **Harbour Exchange** am Ufer der *Millwall Inner Docks*. Hier befand sich einst der wichtigste Umschlagshafen für Getreide und Holz, ehe die Millwall Docks als letzte aller Hafenanlagen 1984 ihren Betrieb endgültig einstellen mußten.

Über *Millharbour* (gegenüber der Hochbahn-Haltestelle ›South Quay‹) kann man, vorbei am neuen Gebäude des **Guardian**, hinunter in einen Bereich gehen, in dem sich zumindest teilweise noch ein kleines Stück der alten Docklands erahnen läßt. In der rechts abzweigenden **Mellish Street** jedenfalls könnte man für kurze Zeit fast vergessen, wo man sich befindet. In dieser ältesten erhaltenen Häuserzeile der Docklands reiht sich wie in jeder englischen Industriestadt ein schmales Haus an das andere: dunkel, ein wenig schäbig fast, aber auch – im Angesicht der glitzernden Riesen, die sich die Insel inzwischen erobert haben – eine wohltuende Abwechslung.

235

Von der *Mellish Street* und den nahegelegenen Millwall Docks aus führt die *West Ferry Road* hinunter zur Südspitze der Isle of Dogs: zu den **Island Gardens**, die auch die Endstation der Hochbahn sind. Von diesem kleinen Park aus hat man einen wunderbaren Blick auf Greenwich und die ›Wasserfront‹ des *Royal Naval College (S. 240). Wer sicher ist, daß er nicht an Platzangst leidet, kann den Weg durch den **Fußgängertunnel** (hinüber nach Greenwich unter der Themse hindurch!) wagen; ein ›Erlebnis‹ ganz eigener Art. Von Greenwich aus kann man dann mit Bus oder Boot die Rückfahrt ins Zentrum antreten. Wer jedoch noch einmal zurück durch die Zukunft gleiten will, kann sich natürlich auch auf der Hochbahn zurück zum Ausgangspunkt am Tower Hill bringen lassen.

** **16** Greenwich: Royal Naval College · National Maritime Museum · Royal Observatory

Dauer des Rundgangs: ca. 3 Std.; **Besichtigungen:** ca. 3 Std.; **U-Bahn/Hochbahn:** Tower Hill, ab dort die ›Docklands Light Railway‹ bis Island Gardens und im Fußgängertunnel *(s. oben)* nach Greenwich. **Boot:** Ab Westminster Bridge oder Charing Cross (Fahrzeit ca. 90 Minuten) **Bus:** Linie 188 *(S. 245)*.

Greenwich, dessen Namen man auf das angelsächsische Äquivalent von ›green village‹ (›grünes Dorf‹) ebenso zurückgeführt hat wie auf die dänische Entsprechung von ›green reach‹ (›grünes Ufer‹), sollte zum unverzichtbaren Bestandteil eines jeden Londonaufenthalts gehören. Schon die *****Anreise mit dem Boot** zu diesem etwa 10 km vom Zentrum Londons entfernten historisch gewachsenen Vorort am Südufer der Themse läßt sich zu einem Erlebnis gestalten: In halbstündigem Ab-

Das Royal Naval College, Herzstück

stand verläßt einer der altgedienten Ausflugsdampfer die Piers in *Westminster* oder *Charing Cross*, und in weniger als 90 Minuten legt man neben der atemberaubenden ›Wasserfront‹ des *Royal Naval College* ② am *Greenwich Pier* an. Dazwischen liegt eine gemächliche Fahrt, bei der man das Panorama der links und rechts der Themse entstandenen Londoner Sehenswürdigkeiten noch einmal in aller Ruhe an sich vorüberziehen lassen kann: *South Bank* und *Cleopatra's Needle*, *Somerset House* und *The Temple*, die Kuppel von *St Paul's* und die Bürokathedralen der City, *Tower Bridge* und der *Tower* – vom Wasser aus betrachtet, vermitteln sie ein beruhigendes Gefühl der Distanz zu ihnen, obwohl man ja eigentlich immer noch mitten in der Stadt ist. Und manche Ensembles entfalten ihre architektonische Wirkung zum Teil erst richtig, wenn man ihre ›waterfront‹ auch wirklich als ›Wasserfront‹ erlebt.

Greenwich selbst war in seiner langen **Geschichte** stets sowohl ein Ort der Ruhe und Beschaulichkeit als auch ein Schauplatz monarchischer Repräsentation. Seit Humphrey, Duke of Gloucester, 1426–37 direkt am rechten Ufer der Themse seinen Herrensitz *Bella Court* errichtet hatte, war das Gebiet, das vermutlich schon in römischer Zeit besiedelt wurde, Anziehungspunkt für stadtflüchtige Adlige, die dennoch nicht allzu weit vom Ort des politischen Geschehens entfernt sein wollten. Unter Henry VII ging Bella Court in den Besitz der Krone über. Der völlig umgestaltete Palast, der jetzt den nicht weniger wohlklingenden

Namen *Palace of Placentia* trug, wurde zu einem der beliebtesten Aufenthaltsorte der Tudorkönige. Die einflußreichsten Tudormonarchen, Henry VIII und Elizabeth I, erblickten hier ebenso das Licht der Welt wie Elizabeths Vorgängerin Mary. Der kleine Bruder der beiden Halbschwestern, Edward VI, starb hier 1553 in noch jungen Jahren nach nur sechsjähriger Herrschaft, und Anne Boleyn trat von hier aus ihren Weg zum Schaffott im Tower an.

Elizabeth I verlegte während der Sommermonate ihren Hof fast vollständig hierher. Es war in diesem Palast, wo sie 1573 die *Maundy Ceremony* wiederbelebte, bei der der Monarch

von Greenwichs ›waterfront‹

respektive die Monarchin armen Frauen die Füße wusch – nachdem diese freilich vorher bereits dreimal von anderen ›vorgewaschen‹ worden waren. Hier spielte sich auch die berühmte Szene ab, in der Walter Raleigh seinen Mantel über eine Pfütze breitete, um zu verhindern, daß auch nur die Schuhe seiner jungfräulichen Monarchin durch einen Spritzer befleckt würden. Doch auch das Todesurteil für ihre Rivalin, die schottische Königin Mary Stuart, unterzeichnete Elizabeth in Greenwich (1587).

Schon die ersten Stuartnachfolger auf Elizabeths Thron planten einen Neubau des Palastes. Nach Plänen von *Inigo Jones (S. 80f.)* wurde mit dem Bau von ***Queen's House* ④ südlich des alten Palastes begonnen. Die Bürgerkriegsunruhen und die nachfolgende Zeit des Cromwell-'schen Protektorats setzten diesen Plänen ein vorläufiges Ende; es schien, als sollte Greenwich als Königsresidenz verfallen. Doch unter Charles II wurde unter Einbeziehung der früheren Neubaupläne eine völlige Umgestaltung in Angriff genommen, und nach Plänen von John Webb, dem gelehrigen Schüler von Inigo Jones, wurde mit dem Neubau begonnen. Geldmangel und der Krieg gegen Frankreich jedoch (1689 bis 1697) führten zu einer erneuten Revision des ursprünglichen Entwurfs; unter den neuen Architekten *Christopher Wren* und *Nicholas Hawksmoor* sowie deren Nachfolgern (zu denen u. a. John Vanbrugh gehörte) entstand statt des ursprünglich geplanten massiven dreigliedrigen Palastes eine symmetrisch komponierte Anlage aus vier, jeweils um einen Innenhof gruppierten Gebäudekomplexen, deren gedachte Symmetrieachse den Blick auf das hinter der Anlage auf einem kleinen Hügel thronende Queen's House freiließ. Entsprechend der Wünsche von Queen Mary wurde der einstige Palast jetzt auch einem neuen Zweck übergeben: Nach dem Vorbild des Chelsea Hospital *(S. 325)* wurde hier 1705 das Veteranenheim des *Royal Naval Hospital* eingerichtet. Die ausgedienten Seebären freilich fühlten sich hier in ihrer vornehmen Umgebung nie so recht heimisch, und nachdem das Versorgungssystem zugunsten der Auszahlung von Pensionsgeldern ohnehin geändert worden war, wurde das ›Hospital‹ 1869 geschlossen. Nur vier Jahre später dann zog ein Teil der Marineausbildung hier ein. Der ehemalige Palast wurde so zum *Royal Naval College*, in dem noch heute angehende Marineoffiziere einzelne Abschnitte ihrer Ausbildung absolvieren.

Die Einheit des im späten 17. und frühen 18. Jh. angelegten Ensembles wurde bis heute gewahrt, auch wenn inzwischen eine recht belebte Straße die College-Anlage vom Bereich des Queen's House trennt. Die Gesamtwirkung der Anlage erschließt sich am besten vom Wasser aus oder, noch schöner, von den *Island Gardens* der gegenüberliegenden *Isle of Dogs (S. 236)*.

Der **Rundgang** beginnt natürlich am **Greenwich Pier**. Er führt über **Royal Naval College* ② und *St Alfege's Church* ④ zu ***Queen's House* ⑤, heute Teil des ***Nationalen Schiffahrtsmuseums* ⑥, und dem alten **Royal Observatory* ⑦. Und danach kann man sich – je nach Lust und Wetter – im herrlichen ***Park* von Greenwich ausruhen und vergnügen.

Gleich beim Pier thront auf der rechten Seite des *King William Walk* ein Relikt aus dem 19. Jh.: die ***Cutty Sark** ①, ein 1869 auf dem damals höchsten Stand der Schiffsbautechnik entstandenes großes Segelschiff,

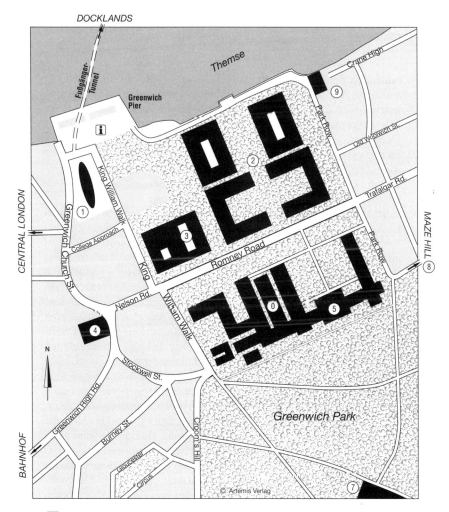

DOCKLANDS

Themse

Fußgänger-Tunnel

Greenwich Pier

Crane High

Park Row

Old Woolwich St.

Trafalgar Rd.

King William Walk

College Approach

Greenwich Church St.

Romney Road

King William Walk

Nelson Rd.

Park Row

Stockwell St.

Greenwich High Rd.

Burney St.

Gloucester

Croom's Hill

Greenwich Park

CENTRAL LONDON

BAHNHOF

MAZE HILL

N

© Artemis Verlag

16 Greenwich

* ① Cutty Sark *(S. 239)*
* ② Royal Naval College *(S. 240)*
  ③ Seamen's Hospital *(S. 240)*
  ④ St Alfege's Church *(S. 240)*
*** ⑤ Queen's House *(S. 242)*

** ⑥ National Maritime Museum
  (S. 242)
* ⑦ Old Royal Observatory *(S. 243)*
  ⑧ Vanbrugh Castle *(S. 244)*
  ⑨ ›Trafalgar Tavern‹

das als letztes der großen Teeclipper etwa bis zur Jahrhundertwende
seinen Dienst tat. Seit 1954 liegt das Schiff nun in Greenwich im
Trockendock und vermittelt den Angehörigen des Motor- und Düsen-
zeitalters einen letzten Eindruck von jener Art der christlichen Seefahrt, die mit zum Aufbau des britischen Empire beigetragen hatte.
Nachdem die ›trockengelegte‹ Cutty Sark ursprünglich nur den auszu-

239

bildenden Seeleuten als Anschauungsobjekt hatte dienen sollen, ist heute die Ausstellung von alten Galionsfiguren und sonstigen marine-geschichtlich interessanten Gebrauchsobjekten im Unterdeck öffent-lich zugänglich. Apropos Galionsfiguren: Der spärlich bekleideten Dame am Galion des Seglers verdankt die ›Cutty Sark‹ ihren Namen. Der schottische Poet *Robert Burns* hat ihn erfunden; er bedeutet soviel wie ›kurzes Hemd‹. – Neben der Cutty Sark liegt, fast etwas unschein-bar, die **Gipsy Moth IV**, der kleine Einhandsegler, mit dem *Sir Francis Chichester* 1966/67 die Welt umrundete.

Schräg gegenüber befindet sich der Eingang zum *****Royal Naval College** ②, das der allgemeinen Öffentlichkeit nur beschränkt zugäng-lich ist: An allen Nachmittagen außer donnerstags können die *Chapel* und die *Painted Hall* besichtigt werden. Die Painted Hall im *King William's Block* – dem südwestlichen Teil der Anlage – wurde nach Plänen von Wren erbaut und zu Zeiten des Veteranenheims als Refek-torium genutzt. Namengebend wurden die eindrucksvollen Wand- und Deckengemälde von *James Thornhill*, der in üppig ausgeschmückten Allegorien den Sieg des protestantischen England über den katholi-schen Absolutismus Frankreichs verherrlichte. Im gegenüberliegenden *Queen Mary's Block* sollte man einen kurzen Abstecher zur *Chapel* nicht versäumen. Nachdem die ursprünglich von Wren entworfene Kirche bei einem Brand zerstört worden war, wurde sie 1789 nach Plänen von *James Stuart*, der nicht umsonst den Beinamen ›Athenian‹ pflegte, in griechisch-klassizistischer Manier neu erbaut. Das Holz für Altar und Kanzel der 1955 renovierten Kirche stammt aus den alten Dockanlagen von Deptford, das Altarbild ist von Benjamin West.

College Approach, die kleine Seitenstraße gegenüber dem **Seamen's Hospital** ③, führt vorbei an **Greenwich Market**, wo samstags Antiquitä-ten und Kunstgewerbliches erstanden werden können. Überhaupt kann man in den zahlreichen Antiquariaten und Antiquitätenläden entlang der schmalen Straßen in der Umgebung so manche Entdeckung machen – sofern man ein Auge hat, das geschult genug ist, um Ramsch von einem wirklichen ›bargain‹ unterscheiden zu können.

Nach links in die *Greenwich Church Street* einbiegend, steht man nach wenigen Minuten vor **St Alfege's Church** ④, in deren Vorläuferbau schon Henry VIII getauft wurde. Der heutige Bau entstand ab 1712 nach Entwürfen von Nicholas Hawksmoor, der spitz zulaufende Turm wurde 1730 von John James bei der Fertigstellung des Hawksmoor-Entwurfes hinzugefügt. Die Apsis wird von perspektivischen Gemälden James Thornhills ausgeschmückt; sie wurde nach ihrer schweren Zer-störung im 2. Weltkrieg von Glyn Jones sorgfältig restauriert. Die reichen Schnitzarbeiten im Inneren stammen von Grinling Gibbons.

*** Queen's House ⑤/**National Maritime Museum ⑥

Durch *Nelson Road* und ihre Fortsetzung *Romney Road* kommen wir zum Eingang von *****Queen's House**, das heute das National Maritime Museum beherbergt. Queen's House wurde ab 1616 nach Plänen von *Inigo Jones* erbaut. Jones hatte dabei vor allem das Problem zu bewältigen, wie er das Gebäude an den bereits vorhandenen Garten des königlichen Palastes anschließen konnte und dabei gleichzeitig die mitten durch das zur Bebauung vorgesehene Gelände verlaufende Hauptstraße von London nach Dover, die unbedingt erhalten bleiben sollte, integrieren konnte. Jones behalf sich mit einem zweiteiligen Haus, dessen Teile im ersten Stockwerk durch eine überdachte Brücke verbunden werden sollten. Erst im Verlauf des 17.Jh. wurde das Haus auch im Bereich des Erdgeschosses geschlossen; dabei erhielt Queen's House sein heutiges quaderförmiges Aussehen.

Jones, der in besonderer Weise von der Architektur Palladios beeinflußt war *(S. 81)*, inaugurierte mit Queen's House einen Stil, der als ›palladianism‹ in die englische Architekturgeschichte einging. Er beschränkte sich auf eine relativ schmucklose Außenfassade, die ihre Wirkung vor allem aus ihrer symmetrischen Struktur bezieht. Auch im Inneren setzt sich, um die Loggia im Obergeschoß als Symmetrieachse gruppiert, dieses Gleichmaß fort. Hier dominiert die berühmte ****Tulpentreppe**, die die zentrale Rolle unterstreicht, die das Foyer in der Jones'schen Stadthausarchitektur spielte. Bei genauerem Hinsehen erweist sich freilich, daß sie ihren Namen eher zu Unrecht trägt: die Ornamentik des Geländers erinnert mehr an Lilien als an Tulpen.

1809 wurde das bestehende Queen's House durch den Anbau je eines Seitenflügels im Westen und im Osten erweitert, die beiden Flügel wurden jeweils durch einen Säulengang mit dem Haupthaus verbunden. Dieses Ensemble birgt heute die Schätze des ****National Maritime Museum**. Die Anordnung dieser zumindest für Seefahrtenthusiasten einzigartigen Sammlung – sie dokumentiert auf vielfältigste Weise die Geschichte der britischen Seefahrt und vor allem deren Bedeutung für die Weltmachtstellung Englands – verteilt sich mehr oder weniger chronologisch, beginnend mit dem Queen's House (Tudor- und Stuart-Zeit) über den Westflügel (1688 bis Napoleonische Kriege) hin zum östlichen Teil. Die Ausstellungsobjekte werden jedoch immer wieder neu arrangiert, zudem sind einzelne Abschnitte (derzeit z. B. das Queen's House) zeitweise ganz geschlossen. Im Foyer des Westflügels sind jedoch gut aufbereitete Übersichtspläne und stets aktualisierte Informationsmaterialien erhältlich; der Museum Shop gleich daneben bietet u. a. auch gut gemachte Reprints alter Landkarten an.

Zu den besonderen Höhepunkten für die Freunde der Seefahrt dürften die im Westflügel zu bewundernden alten *Schiffe und Schiffsmodelle gehören, wie etwa der Raddampfer im Erdgeschoß *(Neptune Hall)* oder die prächtige, goldverzierte *Gondel, die William Kent für den Sohn König Williams II anfertigte *(Barge Room)*. Im Kellergeschoß sind u. a. die Überreste eines angelsächsischen Schiffes, das bei Sutton Hoo gefunden wurde *(S. 258)*, sowie ein altes Wikingerboot zu sehen. Vom Foyer aus erreicht man ein Zwischengeschoß, in dem man anhand der Bilder von *William Hodges* die 2. Entdeckungsreise Captain Cooks nachvollziehen kann. Hodges begleitete Cook auf dieser Fahrt, die Bilder entstanden sozusagen direkt vor Ort und geben anschaulich die Reaktion des Malers auf die neu eröffneten Welten wieder. Der *Navigation Room* in einem kleinen, westlich angeschlosse-

nen zusätzlichen Flügel enthält eine umfangreiche Sammlung von Globen, Landkarten und nautischen Instrumenten. Zu den Prunkstücken gehören hier vier der *Chronometer, die ein gewisser John Harrison zwischen 1736 und 1764 anfertigte – der entscheidende Schritt in Richtung auf die für eine exakte Navigation so wichtige zuverlässige Bestimmung der Längengrade.

Im ersten Stock des Ostflügels ist derzeit die umfangreiche *Sammlung von Gemälden untergebracht, die alle in irgendeiner Weise mit der Seefahrt verbunden sind; sie ist sonst im Queen's House zu sehen. Neben den maritimen Szenen u. a. von *William Turner* beeindruckt hier eine Fülle imposanter Porträts, die *Kneller, Hogarth, Reynolds, Gainsborough* – um nur einige wenige zu nennen – von ihren berühmten seefahrenden Zeitgenossen angefertigt haben.

Hinter dem Maritime Museum erstreckt sich der von sanften Hügeln durchzogene **Greenwich Park. Charles II ließ ihn von *André Le Nôtre*, dem berühmten Landschaftsgärtner Ludwigs XIV., anlegen. Zahlreiche typisch englische Gartenbänke laden hier zwischen riesigen Kastanien und Eichen zu einer kontemplativen Pause ein. Auf einem der Hügel thront das *Old Royal Observatory ⑦, das 1675 für *John Flamsteed*, den ersten königlichen Astronomen, eingerichtet wurde. Wegen der zunehmenden Luftverschmutzung im Großraum London (und weil der Nachthimmel über der Millionenstadt zu hell geworden war für eine zuverlässige Sternenbeobachtung) wurde das Observatorium in den 1950er Jahren nach Sussex verlegt; das alte Gebäude beherbergt heute eine Sammlung astronomischer Instrumente. Der Entwurf für Flamsteeds Haus stammte von *Christopher Wren*; er sah über den im Erdgeschoß liegenden Wohnräumen Flamsteeds einen riesigen achteckigen Raum vor, in dem heute historische Navigationsinstrumente ausgestellt sind. Auf dem Dach eines der Türmchen von Flamsteed House befindet sich ein ›Zeitball‹, der mit der vor dem Eingangstor stehenden großen 24-Stunden-Uhr verbunden ist und der täglich pünktlich um 13 Uhr an einer Stange entlang nach unten fällt. Bis weit ins 19. Jh. hinein orientierte man sich bei der Einstellung von privaten und öffentlichen Uhren an diesem ›Zeitball‹, der freilich in seiner Exaktheit nicht mit modernen Atomuhren konkurrieren kann.

Am Nullmeridian wird auch die ›Greenwich Mean Time‹, die ›Normalzeit‹, festgelegt: Meßinstrumente am Old Royal Observatory

Im 18. Jh. wurde neben dem alten Observatorium und neben Flamsteeds Haus das **Meridian Building** errichtet. Hier sind heute astronomische Geräte aus unterschiedlichen Epochen zu sehen, u. a. diejenigen, die *Edmond Halley*, einer der berühmten Nachfolger Flamsteeds im Amt des Hofastronomen einst für seine Arbeit benutzte, für die ihm spätere Astronomen mit der Benennung eines neu entdeckten Kometen mit seinem Namen dankten. Im Garten neben dem Meridian Building markieren eine Tafel und eine Linie den Verlauf des **Nullmeridians**, auf den seit Mitte des 19.Jh. sämtliche geographischen und astronomischen Karten ausgerichtet sind. Südlich davon befindet sich in einem 1891–98 errichteten Gebäude *Caird Planetarium*, das zweite große Planetarium Londons, das 1965 in Betrieb genommen wurde.

Eine eher bizarre Sehenswürdigkeit befindet sich im Ostteil von Greenwich Park: **Vanbrugh Castle** ⑧ am *Maze Hill*, das Haus, das der Architekt, der auch an Greenwich Palace mitgewirkt hatte, für sich selbst entwarf. Dieses an eine mittelalterliche Festung gemahnende Objekt, das sich optisch so gar nicht in seine Umgebung einpassen will, wird nicht ganz zu Unrecht als ›England's first folly‹ bezeichnet: ›Follies‹ – wörtlich eigentlich ›Narreteien‹ – nennt man jene in England verbreiteten Bauwerke, die, Launen und skurrilen Phantasien ihrer Erbauer entsprungen, nur als – um einen Anglizismus zu verwenden – ›spleenig‹ bezeichnet werden können. Der indisch angehauchte Royal Pavilion im südenglischen Brighton ist das bekannteste dieser Kategorie.

Wer Zeit und Lust hat, kann sich nun noch einem ausgiebigen Spaziergang durch den südlichen Teil von Greenwich Park hingeben. Er führt schließlich in die im Vergleich zu Greenwich fast wild wirkenden Wiesenflächen von **Blackheath**. Wer aber zurück in die City möchte, dem bieten sich nun ebenfalls mehrere Alternativen. Zu Fuß hinüber zu den Docklands *(S. 230)* wäre die eine; ein kleiner Kuppelbau gleich neben *Greenwich Pier* markiert den Eingang zu dem unter der Themse zur *Isle of Dogs* hinüberführenden *Fußgängertunnel*. Eine andere Alternative könnte die Pause auf den Bänken des Piers sein. Denn nicht nur an Sonntagen, wenn die Zahl der Ausflügler besonders groß ist, kann man hier Zeuge von Szenen werden, die wie eine Dokumentation britischen Alltagslebens oder auch Exzentrikertums, aber auch britischen ›Leben-und-Lebenlassens‹ wirken. Schulklassen in ihren nach wie vor weit verbreiteten Uniformen, deren ›Miiiss‹ über den Platz hallt, ältere Damen, die unentwegt den Opernarien aus einem kleinen Transistorradio nachlauschen, ältere Herren in völlig verbeulten, aber dreiteiligen Anzügen, schließlich jüngere Sportsmänner in Karohemd und Pullunder, die im Schlick, den die Ebbe zurückgelassen hat, meist vergeblich nach Wertgegenständen suchen – sie alle sind am Pier von Greenwich anzutreffen.

Eine dritte Alternative schließlich wird derjenige wahrnehmen wollen, der auch bei einem relativ kurzen Besuch zumindest einen ersten Eindruck von Teilen Londons erhalten möchte, mit denen der Tourist sonst nicht in Kontakt kommt. Der rote **Linienbus 188**, der von Greenwich zurück nach *Euston Station* fährt, macht es möglich. Die etwa 40minütige Fahrt führt durch Gegenden wie *Deptford, Rotherhite* und *Bermondsey*, in denen den Bemühungen der Stadtväter um Entschärfung der durch Arbeitslosigkeit, Wohnungsnot und Rassenkonflikte sehr angespannten sozialen Lage bislang nur Teilerfolge beschieden waren. Auch das gehört zum ›London way of life‹ und dem Bild, das der Besucher von der Metropole nach Hause nehmen sollte. Über die *Waterloo Bridge* erreicht der Bus dann, vorbei an *National Theatre* und *Somerset House*, mit *Aldwych* und *Bloomsbury* wieder ›ruhigere‹ Gefilde.

** 17 Bloomsbury: British Museum and Library · University of London · St Pancras/King's Cross

Dauer des Rundgangs: ca. 2–3 Std.; **Museumsbesuche** zusätzlich ca. 3–4 Std. **U-Bahn:** Tottenham Court Road (Northern und Central Line); **Bus:** Linien 7, 8, 10, 14, 14A, 19, 22B, 24, 25, 29, 38, 55, 68, X68, 168, 171, 188, 196, 501, 505.

Bloomsbury ist eigentlich ›nur‹ eine Idee und ein Mythos – ein Teil Londons jedenfalls, der rein verwaltungsmäßig überhaupt nicht existiert. Im Bewußtsein der Londoner dagegen hat Bloomsbury einen festen Platz: als Intellektuellenviertel, gegen Ende des letzten Jahrhunderts entstanden, und als solches trotz aller städtebaulichen Veränderungen und trotz der Entstehung neuerer (und erschwinglicherer) Stadtteile ähnlichen Profils (wie etwa Islington) bis heute voller Glanz.

Ein Stadtteil, der als solcher nur in den Köpfen seiner Bewohner existiert, hat natürlich auch keine fest umrissenen Grenzen. Ganz allgemein aber versteht man unter Bloomsbury das – fast quadratische – Gebiet, das nach oben von *Euston Road*, nach unten von *New Oxford Street* und *Theobald's Row*, westlich von *Tottenham Court Road* und östlich von *Gray's Inn Road* begrenzt wird. Ursprünglich war dieses Karree Agrarland. Noch bis ins späte 18. Jh. hinein konnten sich die Bewohner der hier entstandenen noblen Herrenhäuser an einer unmittelbar neben ihren Häusern beginnenden unverbauten Naturlandschaft erfreuen – eine Vorstellung, die sich angesichts der ungebremsten Verkehrsströme der *Euston Road* und der *Tottenham Court Road* heute nur schwer einzustellen vermag. Dies umso mehr, wenn man sich vor Augen hält, daß das ›Domesday Book‹ – eine Art umfassendes Grundkataster aus den Tagen der normannischen Eroberung – im Zusammenhang mit Bloomsbury nicht nur von ›woods for 100 pigs‹, sondern auch von blühenden Weingärten berichtete.

Geschichte: Der Name Bloomsbury entwickelte sich aus ›Blemondisberi‹, d. h. der Bezeichnung des Besitzes eines *William Blemond*, der im 13. Jh. hier erstmals einen Herrschaftssitz errichtete. Nachdem das Anwesen in den Besitz der Krone übergegangen war, übergab Edward III das Haus gegen Ende des 14. Jh. den Mönchen des *London Charterhouse (S. 180)*, die bis zur Säkularisation frei darüber verfügen konnten. Nach der Auflösung der Klöster unter Henry VIII gelangte es in den Besitz von *Thomas Wriothesley*, der 1547 auch zum *Earl of Southampton* ernannt wurde. Einer seiner Nachkommen errichtete Anfang des 17. Jh. einen Stadtpalast, der schon bald als ›Southampton House‹ bekannt war und legte damit den Grundstein für die erste Blüte Bloomsburys. Nach dem Umzug eines weiteren Nachfolgers in ein neueres, noch weitaus prächtigeres Haus, ließ dieser um den Palast herum einen großen Platz anlegen, nannte ihn *Southampton Square* und inaugurierte damit eine Tradition, die zum einen die Architektur des 17. und 18. Jh. und zum anderen das Erscheinungsbild Bloomsburys entscheidend prägen sollte. Zwar war dies genau genommen nicht wirklich der erste ›square‹ Londons, aber doch der erste Platz, der sich an italienischen Vorbildern orientierte und sich stolz ›square‹ nannte und damit einen eigenen Charakter für sich in Anspruch nahm. »It is a noble square or Piazza – a little town«, schrieb jedenfalls John Evelyn bereits 1665. So folgten bald weitere herrschaftliche Stadtsitze reicher Bürgerfamilien, das *Thanet House* etwa in der heutigen *Great Russell Street* (Nr. 99–106) oder das Haus der Familie Montague (1678), das zum Grundstock des ***British Museum werden sollte. Ende des 17. Jh. dann heiratete die Erbin eines Earl of Southampton in die wohlhabende und mächtige *Familie Russell* ein, und mit dieser Verbindung zweier Großgrundbesitzer dehnte sich das ursprüngliche Bloomsbury der Southamptons weiter in Richtung *Covent Garden* aus *(S. 136)*, wo die Russells – die zunächst den Titel eines Earl of Bedford und später eines Duke of Bedford und Marquess of Tavistock tragen durften – ihren Reichtum entfalteten. Die Namen der Straßen und Plätze im heutigen Bloomsbury erinnern an diese Entstehungsgeschichte.

Im Laufe des 18. Jh. erfreute sich Bloomsbury zunehmender Popularität. Erst zu Beginn des 19. Jh. kam Bloomsbury bei den ›rich and beautiful‹, die inzwischen Viertel wie Kensington für sich entdeckt hatten, aus der Mode. Einer der Erben der Bedford/Southampton-Familie ließ denn auch 1800 das ehemalige Southampton House (das inzwischen *Bedford House* hieß) abreißen und an dessen Stelle eine Reihe von ›terraced houses‹ um eine großzügige Grünfläche im Zentrum des Platzes errichten. Diese für die georgianische Epoche so typische urbane Bauweise sollte von nun an das Gesicht Bloomsburys bestimmen: Diese Häuserreihen (der Begriff ›Reihenhäuser‹ hingegen wäre wohl eher irreleitend) mit ihren gleichmäßig gestalteten Schauseiten ersetzten die alten Adelshäuser.

Entsprechend änderte sich auch die Struktur der Bewohnerschaft des Viertels. Mehr und mehr zogen Literaten und andere Künstler nach Bloomsbury – in die Nähe der *Londoner Universität* und natürlich der *British Library* im *British Museum*. Für einen etwas bürgerlicheren Anstrich sorgten die ebenfalls immer häufiger anzutreffenden Rechtsanwälte, die sich in bequemer Nähe zu den verschiedenen *Inns of Court (S. 142)* angemessen häuslich niederlassen konnten. Und man blieb unter sich; denn gerade die Vielzahl der im 19. Jh. entstandenen Squares vermittelten ein Gefühl der Abgeschiedenheit vom Lärm und von den sozialen Problemen der Großstadt – ohne dabei auf die Annehmlichkeiten urbanen Lebens verzichten zu müssen. Aber wenn man wollte, zog man sich zurück: die meisten Squares konnten durch Tore verschlossen werden. Erst 1893 verfügte das Parlament, daß die öffentliche Zugänglichkeit der Plätze stets gewährleistet sein mußte.

Die ›Bloomsbury Group‹: Im Laufe des 19. Jh. hatten sich in Bloomsbury zunehmend auch öffentliche Einrichtungen wie Krankenhäuser und Bildungsinstitutionen *(University of London)* niedergelassen. Eine größere Heterogenität der Bevölkerung war die Folge. Zu Beginn des 20. Jh. verlor Bloomsbury dadurch an Akzeptanz bei den großbürgerlichen Familien, zumal sich hier in den letzten Jahren auch solche ›verrufenen‹ Repräsentanten der ›naughty nineties‹ niedergelassen hatten wie der Sexualwissenschaftler *Havelock Ellis,* der sich nicht nur für die gesellschaftliche Akzeptanz von Homosexualität eingesetzt hatte, sondern 1894 auch noch in der *Doughty Street* – dort, wo der viktorianische Lieblingsautor Dickens gewohnt hatte! – eine ›new life‹-Kommune etabliert hatte, in der er das von ihm propagierte Prinzip der freien Liebe in die Praxis umzusetzen gedachte.

Es nimmt also nicht wunder, daß die großbürgerliche Verwandtschaft **Virginia Woolfs** entsetzt aufschrie, als Virginia und ihre Brüder sich 1904 im Haus *46 Gordon Square* niederließen. Mit den Woolfs und ihren sich jeden Donnerstagabend zum *jour fixe* einfindenden intellektuellen Freunden aber wurde der letzte Bloomsbury-Mythos

Virginia Woolf (1882–1941)

geboren: der von Bloomsbury als dem Hort der Gebildeten und der Intellektuellen, der Akademiker und der Philosophen. T. S. Eliot, E. M. Forster, John Maynard Keynes, Vita Sackville-West, Clive Bell und Lytton Strachey, allen voran aber Leonard und Virginia Woolf – sie alle gehörten zur legendären ›Bloomsbury Group‹, in der die geistigen Strömungen Englands aus der ersten Hälfte des 20. Jh. zusammentrafen. Eine ganze Reihe späterer Nobelpreisträger hatte in diesem Zirkel ihre prägenden intellektuellen Erlebnisse.

Obwohl sich das Gesicht Bloomsburys durch den Abriß vieler alter Häuser verändert hat, so vermittelt die Anwesenheit sowohl von Institutionen wie der *Universität* oder der *British Library* als auch der zahlreichen erhaltenen Squares noch heute die besondere Atmosphäre jener Tage. Selbst in der Nähe der verkehrsreichen *Tottenham Court Road* oder *Southampton Row* erscheinen Plätze wie *Bedford Square* oder *Gordon Square* als ruhige Inseln, die auch den allereiligsten Londoner zu einem längeren Verweilen bewegen können. Deshalb sollte man, wenn es eben möglich ist, den Besuch Bloomsburys nicht auf eine Besichtigung des Britischen Museums beschränken.

Der hier vorgeschlagene **Rundgang** beginnt beim **U-Bahnhof Tottenham Court Road** und führt zunächst über *New Oxford Street* und *Coptic* oder *Museum Street* zum ***British Museum*** ① und der angeschlossenen *British Library*. Danach folgt zwischen *Gower Street* und *Russell Square* das Universitätsviertel. Über *Guilford Street* geht es schließlich weiter zu *The Dickens House* ⑰ in der *Doughty Street* und am Ende über die *Gray's Inn Road* hinauf zu *King's Cross/St Pancras* ⑱.

Tottenham Court Road ist eine laute und für den Spaziergänger nicht übermäßig attraktive Straße. Sie verläuft entlang einer alten Handelsstraße, die ursprünglich von der *Oxford Street* nach *Tottenham Court* und *Tottenham* nördlich von London führte. Bis ins 18. Jh. hinein führte sie durch ein Gebiet, das sich seinen ländlichen Charakter bewahrt hatte. Selbst als sich 1840 mit ›*HEAL'S*‹ das erste der größeren Möbelgeschäfte hier ansiedelte, mußten sich die Pächter noch verpflichten, genügend Unterbringungsmöglichkeiten für ›bis zu vierzig Kühen‹ bereitzustellen; erst 1877 verschwanden mit dem Abriß der Kuhställe die letzten Anzeichen agrarisch orientierter Existenzsicherung. Die Möbelgeschäfte dagegen blieben. Sie dominieren heute das Erscheinungsbild der Straße, zusammen mit neondurchfluteten Elektroläden und ›Fast Food‹ Restaurants.

Die Buchläden – für ›Second Hand‹ genauso wie für Neues – die man hier in der Nähe der Universität vielleicht erwartet, liegen – von Dillon's (*s. unten* ⑥) abgesehen – weiter unten auf der *Charing Cross Road* (*S. 141*). Aus der Buchhandelsgeschichte erzählt beredt aber auch ein

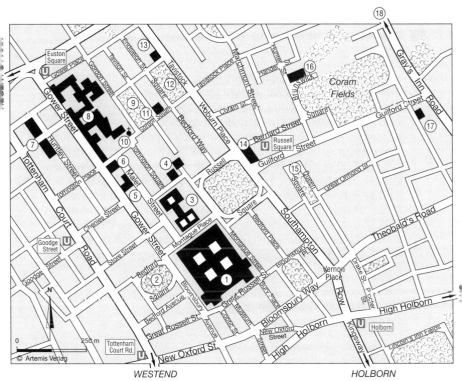

Haus in der **New Oxford Street**: In *Nr. 50* hatte *Charles Mudie* einst sein – 1852 gegründetes – Buchgeschäft. Doch nicht dadurch wurde Mudie berühmt, sondern durch die Umwandlung seines Ladens in eine Leihbücherei. Sie machte ihn zu einer dominanten Kraft in der literarischen Szene des 19. Jh. Denn die rigiden Moralvorstellungen Mudies, die er auch der Auswahl der bei ihm zu entleihenden Bücher zugrundelegte, bestimmten, was man in London las – und was nicht. Zahlreiche heute von der Literaturkritik geschätzte Werke erreichten so keinen größeren Leserkreis, und erst in der letzten Dekade des 19. Jh. wurde mit dem

249

allmählichen Rückgang des mehrbändigen (und damit unerschwinglichen) Romans der Einfluß der ›circulating libraries‹ – und damit auch der von Mudies ›circulating morals‹ gebrochen. – Im *Haus Nr. 53* ist seit 1830 das bekannteste Geschäft für jenes Utensil angesiedelt, das in London nie ganz außer Reichweite sein sollte: *James Smith & Sons* führt Schirme aller Art und jeder denkbaren Größe – garantiert echt englisch!

Bereits auf das nahegelegene British Museum verweist der Name der kleinen, aber belebten *Coptic Street*: Sie erhielt ihren Namen 1894 aus Anlaß des Erwerbs einer Sammlung koptischer Manuskripte durch das British Museum. Sehenswert ist hier vor allem *Haus Nr. 33*, das 1888 nach einem Entwurf von R. P. Wellcock als *Art-Deco*-Gebäude mit weißen Fliesen und Sonnenblumenmotiven erbaut wurde. Damals diente das Haus als Milchladen, heute – nicht weniger prosaisch – als Pizzeria.

*** British Museum/British Library ①
(U-Bahn: Tottenham Court Road)

Das Britische Museum ist ein Haus der Superlative. Es ist das größte Museum Großbritanniens und gilt mit seinen umfangreichen und die unterschiedlichsten Sammelgebiete umfassenden Objekten heute als das reichste Museum der Welt. Kaum ein Besucher kann sich rühmen, wirklich alle Ausstellungsobjekte gesehen, geschweige denn mit gleicher Intensität betrachtet zu haben. So tut wohl auch der Reisende, der sich für mehr als nur einen flüchtigen Blick auf die bekanntesten Objekte Zeit nehmen möchte, gut daran, sich auf einige ausgewählte Abteilungen oder Ausstellungsstücke zu beschränken.

Doch zunächst zur **Geschichte** dieser einzigartigen Institution: Das 1823–52 errichtete Museum verkörpert sowohl durch seine massive historisierende Baugestalt als auch durch die wissenschaftliche ›Jäger- und Sammlermentalität‹, mit der man die Bestände zusammentrug, den Geist seiner Entstehungszeit. Grundlage für den heutigen Bestand waren die privaten Schätze von drei begeisterten Sammlern aus früheren Jahrhunderten: die ›Cottonian Library‹ des *Sir Robert Cotton*, der im 17. Jh. ein bereits von seinen Vorfahren begonnenes Archiv von politischen Dokumenten und Urkunden fortsetzte und 1702 dem Staat überließ; dann die von Robert und Edward Harley, ›Earls of Oxford‹, angelegte Sammlung wertvoller Handschriften (›Harleian Collection of Manuscripts‹) und schließlich die ›Sloane Collection‹, wie die Harley-Sammlung 1753 vom Staat für eine weit unter ihrem eigentlichen Wert liegende Summe erworben wurden.

Sir Hans Sloane (S. 323), Arzt und Vorsitzender der Royal Society, wurde mit seinem Vorschlag, der Öffentlichkeit seine Sammlung zu überlassen, zum eigentlichen Begründer der Idee eines britischen Nationalmuseums. Zwar fehlten geeignete Räume dafür, doch hatte eine öffentliche Lotterie für den Zweck einiges Geld eingebracht.

1755 war es dann soweit: Das ehemalige Wohnhaus der Familie Montague wurde erworben, und vier Jahre später öffnete hier der Vorläufer des heutigen Museums seine Pforten. Allerdings nur einen Spalt, denn der Zugang zu den Schätzen war streng geregelt. Nur eine sehr kleine Schar ausgewählter Besucher durfte nach strenger Prüfung des rechtzeitig einzureichenden Gesuchs die heiligen Hallen betreten – und auch dies nur für maximal drei Stunden am Tag. Die breite Öffentlichkeit sollte dagegen noch 120 Jahre warten müssen, ehe auch sie ungehinderten Zugang zu den Früchten britischen Sammeleifers bekommen sollte.

Durch die ständige Erweiterung der vorhandenen Bestände durch weitere Schenkungen und Erwerbungen wurden immer neue Anbauten notwendig. Als Anfang des 19. Jh. auch noch die ›Royal Library‹ in den Besitz des Museums kam, wurde schließlich der komplette Abriß von Montague House und ein Neubau nach Plänen von *Robert Smirke* beschlossen. Der Chefbibliothekar *Anthony Panizzi* steuerte den Vorschlag bei, den ehemaligen Hof von Montague House mit einer riesigen Kuppel zu überdachen, und so war eines der Wahrzeichen des heutigen Britischen Museums geboren: die Kuppel des legendären ***Reading Room in der British Library, in dem fast alle Größen des britischen Geisteslebens gelesen, gearbeitet – und vielleicht auch geträumt haben. So manch ein hier entstandenes und inzwischen in Vergessenheit geratenes Werk hat der Lesesaal jedenfalls lange überlebt.

Vor dem Haupteingang des Britischen Museums in der Great Russell Street

Smirkes Bau erwartet den Besucher ehrfurchtsgebietend mit einer klassizistischen ***Fassade** mit einem langen ionischen Säulengang, der sich auch über die beiden vorgeschobenen Seitenflügel erstreckt. Durch das Hauptportal gelangt man zu einem **Informationsstand**, bei dem auch Übersichtspläne über die jeweils aktuelle Belegung der einzelnen Ausstellungsräume zu erhalten sind. Anhand eines solchen Plans und mit Hilfe der Skizzen S. 254–56 kann sich jeder selbst sein individuelles Besichtigungsprogramm zusammenstellen; auf keinen Fall verpassen sollte man aber wohl die ∗∗*Antikensammlung* mit den ∗∗∗*Elgin Marbles*, die ∗∗*Handschriftenabteilung* und den ∗∗∗*Reading Room* der Bibliothek.

British Library (Zentralbau und Ostflügel)

Zugang zum berühmten ∗∗∗**Bibliothekslesesaal** zu erhalten, ist nicht ganz einfach. Wer nicht ein konkretes wissenschaftliches Forschungsvorhaben nachweisen kann, wird sich mit dem kleinen Zugeständnis bescheiden müssen, das die Verwaltung der Bibliothek dem Wirtschaftsfaktor Tourismus macht: Jeweils zur vollen Stunde wird den Neugierigen für wenige Minuten der Blick in das Allerheiligste britischen Gelehrtentums freigegeben (in der Eingangshalle des Museums geradeaus weitergehen). So kann man wenigstens einen Moment lang die eindrucksvolle Atmosphäre dieses Leseraums in sich aufnehmen. Sternförmig um die runden Bibliothekarstische im Zentrum des Raums sind die Arbeitsplätze angeordnet. Ruskin und Dickens, Scott und Shaw haben hier gesessen, aber auch Karl Marx – während seiner Arbeit am ›Kapital‹ – und Lenin.

Wie lange dieser herrliche Saal noch seinem jetzigen Zweck dienen wird, ist ungewiß; denn die British Library platzt aus allen Nähten. Seit dem ›*Copyright Act*‹ von 1911 nämlich muß von jeder im Vereinigten Königreich erscheinenden Publikation – sei es ein Buch, eine Zeitung oder eine Zeitschrift – ein Exemplar hier abgegeben werden. Die Zeitungen und Zeitschriften sind zum Teil inzwischen nach Colindale ausgelagert worden, und in Islington neben *St Pancras' Station* hat man jetzt mit einem Neubau für die gesamte British Library begonnen. So sind auch die Tage des ehrwürdigen *Reading Room* in seiner heutigen Funktion gezählt. Für den touristischen Besucher dürfte dies jedoch die Chancen für eine allgemeine Freigabe zur Besichtigung erhöhen.

Teil der Verwaltungseinheit British Library sind auch die Schatzkammern der verschiedenen ∗∗**Manuskript- und Handschriftensammlungen** im Ostflügel des Museums (in der Eingangshalle rechts), beginnend mit der *Grenville Library* (Raum 29), in der zum Teil kostbar verzierte Handschriften aus dem 8.–16. Jh. zu bewundern sind. Allein im daran anschließenden *Manuscript Saloon* (30) kann man einen ganzen Tag damit zubringen, die Vielfalt der berühmten hier versammelten Handschriften zu bestaunen. Es gibt kaum eine aus der englischen Literaturgeschichte vertraute Gestalt, von deren Handschrift hier nicht zumindest eine Probe zu sehen ist, und auch William Shakespeare, der ansonsten biographisch so schwer zu fassende Inbegriff englischer Literatur, ist hier mit einem von ihm unterzeichneten Kreditvertrag vertreten. Zu den weiteren Schätzen dieser Sammlung gehören Schrif ten und Manuskripte von historischem Interesse wie der ›**Codex Sinaiticus**‹ (eine aus dem 4. Jh. stammende griechische Abschrift der Bibel), die berühmten ›**Lindisfarne Gospels**‹ (um 700 entstandene Abschriften der Evangelientexte), ein aus dem 8. Jh. stammendes Manuskript von Bedas ›**Kirchengeschichte**‹ oder das Exemplar der ›**Wyclif Bible**‹, der ersten englischsprachigen Bibel. Ein absolutes Muß sind die zwei (von vier insgesamt noch erhaltenen) Exemplare der **Magna Carta**, jenes ersten Schrittes auf dem Weg zur Einschränkung der Verfügungsgewalt des Königs, das von englischen Verfassungsrechtlern noch heute als das allererste Dokument einer demokratischen Entwicklung gefeiert wird. In der *Musikabteilung* sollte man das Manuskript des ersten schriftlich fixierten englischsprachigen Liedes (›*Summer Is Icumen in*‹) aus dem 13. Jh. nicht versäumen. Daneben umfaßt die Sammlung musikalischer Urschriften einen weiten Bogen der Musikgeschichte, der von J. S. Bach über Mozart und Beethoven bis zu den Beatles reicht.

Vom *Manuscript Saloon* aus führt der Weg zur ****King's Library** (Raum 32). Sie beherbergt die Bibliothek von George III, die dessen Sohn dem Britischen Museum vermacht hatte. Unter den 65 000 Bänden dieser Bibliothek sind wieder einige herausragende Inkunabeln und Erstausgaben zu nennen: eine Schriftrolle mit der chinesischen Übersetzung des ›Diamond Sutra‹ (das älteste gedruckte Dokument der Welt aus dem Jahr 868); die erste, 1455–56 gedruckte **Gutenberg-Bibel**; die erste gedruckte Ausgabe von **Chaucers** ›**Canterbury Tales**‹ (1478) und die erste **Folio-Ausgabe der Werke Shakespeares.**

** Die Antikensammlung (Westflügel)

Zurück in der Eingangshalle gelangt man durch den nach links führenden Gang (in dem u. a. Kunstpostkarten mit Abbildungen von Ausstellungsobjekten zu erwerben sind) zu den Räumen mit den Fundstücken aus der griechischen und römischen Antike. Sie haben in der jüngeren Vergangenheit des öfteren für eher negative Schlagzeilen gesorgt: So zum Beispiel, als die Regierung Griechenlands die Rückgabe von Objekten forderte, die über zwei Jahrhunderte hinweg aus ihrem Hoheitsgebiet entfernt worden waren. Die wertvollen Fundstücke, die britische Reisende, Sammler und Forscher im Lauf der Jahre mühsam, aber ohne jeden Zweifel an der Legitimität ihres Tuns zusammengetragen hatten, erschienen nun als Beutestücke rücksichtsloser Raubzüge, durch die die Mittelmeerländer eines Teils ihres kulturellen Erbes beraubt wurden. Die Verteidiger der britischen Ansprüche verweisen darauf, daß ein erheblicher Teil der Gegenstände ohne die konservatorischen Bemühungen des Museums inzwischen längst zerstört worden

**Britisches Museum:
Orientierungsplan**

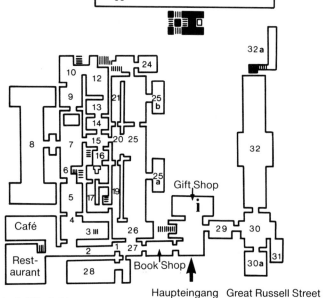

Erdgeschoß, Säle 1–34

Griechenland und Rom

1/2	Vorgeschichtliches Griechenland
3/4	Griechenland in der Frühzeit
3a	Vasen aus dem Frühen Griechenland (untere Ebene)
5	Griechenland im 5. Jh. v. Chr.
6	Bassae-Tempel (Zwischengeschoß)
7	Neriden-Standbild
8	Parthenon-Skulpturen (›Elgin Marbles‹)
9	Karyatiden-Saal
10	Payava-Saal
11	Griechische Vasen (Zwischengeschoß)
12	Mausoleum von Halikarnassos
13	Hellenistisches Griechenland
14/15	Römische Kunst (auch im oberen Geschoß 68–73 und Untergeschoß 77–85)

West-Asien

16	Khorsabad [Treppe zum Vortragssaal]
17	Assyrische Skulpturen und Reliefs
19/20	Nimrod
21	Niniveh
24	Altes Palästina
26	Assyrische Bildhauerkunst (auch im Obergeschoß 51–59 und Untergeschoß 88–89)

Ägypten

25	Plastiken (auch im Obergeschoß 60–64, 66)
27/28	[Wechselnde Ausstellungen]

Britische Bibliothek

29	Grenville-Bibliothek
30	Handschriftensaal
30a	Mittlerer Saal
31	[Wechselnde Ausstellungen]
32	King's Library
32a	Landkarten-Saal

Orientalische Sammlungen

33	[Neue Ausstellungen in Vorbereitung]
34	Islam-Galerie (auch im Obergeschoß 91–94)

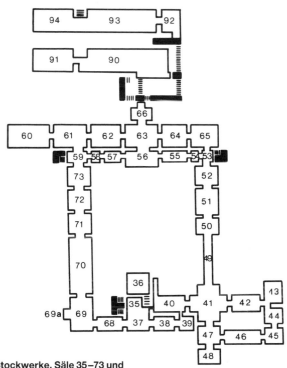

Obere Stockwerke, Säle 35–73 und 90–94

Vorgeschichte und Römisches Britannien
35   Vorgeschichte und Römisches Britannien
36   Steinzeit
37–39   Europäische Vorgeschichte
40   Römisches Britannien

Mittelalter, Renaissance und Neuzeit
41   Frühes Mittelalter
42   Mittelalter
43   Mittelalterliche Fliesen und Keramik
44   Uhren und Armbanduhren
45   Waddeson-Hinterlassenschaft
46/47   Renaissance und Folgezeit
48   Neuzeit
49   [Korridor]

West-Asien
51   Altes Persien
52   Altes Anatolien
53   Neo-Hethitische Skulpturen
54   Vorgeschichte West-Asiens
55   Schriften
56   Frühes Mesopotamien
57   Syrien
58   Nimrod-Elfenbeinfiguren
59   Südliches Arabien

Ägypten
60/61   Mumien
62   Grabmalereien und Papyri
63   Alltagsleben
64   Kleine Plastiken
65   Ägypten und Afrika
66   Koptische Kunst

Griechenland und Rom
68   Bronzen und Terracotta
69   Alltagsleben
70   Rom, Stadt und Reich
71   Italien vor dem Römischen Reich
72   Altes Zypern
73   Die Griechen in Süditalien

Münzen und Medaillen
69a   [Wechselausstellungen]
90   [Wechselausstellungen]

Orientalische Sammlung
50   China, Indien und Südostasien
91   [Wechselausstellungen]
92–94   Japanische Galerien

Plan Untergeschoß *S. 256*

wären; die Rückforderer sehen in der Verweigerung der Rückgabe Überreste spätkolonialistischen Verhaltens und verweisen auf eigene museumstechnische Erfahrungen im Erhalt antiker Wertgegenstände. Der Streit um die Rückgabe zumindest eines Teils der Gegenstände konnte bis heute nicht beigelegt werden; für den ›pragmatischen‹ Touristen hat dies den Vorteil, daß er innerhalb eines Gebäudes bequem Sehenswürdigkeiten aus aller Welt bewundern kann, ohne eine Weltreise dafür unternehmen zu müssen.

Kernstück der Antikenabteilung ist die *Duveen Gallery* (Raum 8) mit den weltberühmten ***Elgin Marbles**, die sich kein Besucher entgehen lassen sollte. Bezeichnet werden damit (›marble‹ = eigentlich ›Marmor‹) die Skulpturen der Athener Akropolis, die der Earl of Elgin während seiner Zeit als Botschafter in Konstantinopel (1802–12) bei seinen Besuchen auf dem Athener Götterberg ›entdeckte‹ und nach London brachte. Die wertvollsten Stücke dieser ›Sammlung‹ stammen aus dem Parthenon (darunter einige Meisterwerke des Bildhauers Phidias und seiner Schüler); daneben plünderte Elgin aber auch andere Bauten der Akropolis, wie etwa den Tempel des Erechtheus. Die kostbare Sammlung kam 1816 in den Besitz Großbritanniens; John Keats, romantischer Lyriker mit Neigung zur Melancholie, begrüßte ihre Ankunft mit einem seiner bekanntesten und schwermütigsten Sonette: ›On Seeing the Elgin Marbles‹ (1816).

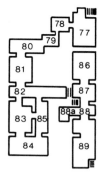

Griechenland und Rom

77	Architektur-Halle (Wolfson-Sammlungen)
78	Antike Inschriften
79/80	Frühe griechische Bildhauerei
81	Spätantike griechische Bildhauerei
82	Ephesus-Saal
83	Römischer Saal
84	Townley-Saal
85	Porträt-Saal
86/87	
88	[Wechselnde Ausstellungen]

Untergeschoß, Säle 77–89

Das Untergeschoß ist über die West-Treppe und die Säle 12, 16 und 17 zu erreichen.

West-Asien

88a	Ishtar-Tempel
89	Assyrische Bildhauerkunst und kleinere Stücke

Detail des Parthenonfrieses (›Elgin Marbles‹) im Britischen Museum

Weitere unbedingt sehenswerte Ausstellungsstücke, auf die man auch bei knapp bemessener Zeit oder Aufnahmefähigkeit nicht verzichten sollte, sind der Sutton Hoo Schatz, die ägyptischen Mumien und der **›Rosetta Stone‹. Zunächst zum letzteren; er ist zu sehen in Saal 25, der *Egyptian Sculpture Gallery*, neben verschiedenen, chronologisch angeordneten Skulpturen aus unterschiedlichen Epochen ägyptischer Geschichte. Optisch zunächst eher unscheinbar, steht der ›Rosetta Stone‹ dennoch im Mittelpunkt des Besucherinteresses. Der Stein, eine beschriftete Platte aus schwarzem Basalt, mit einer Danksagung an Ptolemaios V. aus dem Jahr 196 v. Chr., wurde 1799 in Rosetta im Nildelta gefunden. Er wurde zum Ausgangspunkt einer wissenschaftlichen Sensation; denn auf Grund der mehrsprachigen Inschrift – zwei ägyptische Fassungen (eine in der von Priestern verwendeten Hieroglyphenschrift, die andere in weltlicher, demotischer, Schrift) und eine griechische Übersetzung – gelang nun endlich die Entzifferung der ägyptischen Hieroglyphenschrift. Eines der scheinbar unlösbaren Probleme der Wissenschaft war nun endlich gelöst!

Über die Treppe gleich neben dem nördlichen Ausgang der Egyptian Sculpture Galleries gelangt man hinauf zu den *Upper Egyptian Galleries*, den Räumen 60–66 im Nordflügel des Museums. In den ersten

Der Apollon-Temple zu Bassae (ca. 400 v. Chr.) in der Ägyptischen Sammlung des Britischen Museums

beiden Sälen fasziniert eine eindrucksvolle Sammlung von ***Mumien** und Mumienschreinen, deren älteste aus dem 5. vorchristlichen Jahrtausend stammen. Nicht nur Mumien von Menschen sind hier zu bestaunen, sondern auch die von Tieren, die den Ägyptern heilig waren. Dazu gehört u. a. der Apis-Stier, auf den sich vermutlich die biblische Gestalt des ›Goldenen Kalbes‹ zurückbezieht. – Schließlich der *›**Schatz von Sutton Hoo**‹ (Raum 41, Obergeschoß), der 1939 gefunden wurde und ins Museum kam: ein Schiffsgrab mit den darin erhaltenen Grabbeigaben zu Ehren eines angelsächsischen Königs aus dem 7. Jh. (Waffen, Schmuck und ein leider nur in Fragmenten erhaltener geschmiedeter Helm; *Abb. S. 12*).

Wer sich ganz auf die faszinierende Vielfalt des Britischen Museums eingelassen hat, wird danach zu weiteren Erkundungen kaum noch in der Lage oder willens sein. Die Pubs in den umliegenden Straßen *(Museum Street, Coptic Street, Little Russell Street)* sind dann der richtige Ort für eine Pause. Wer mehr von Bloomsbury sehen möchte, der setze danach seinen Weg am besten über die *Great Rusell Street* (nach Verlassen des Museums rechts), die *Bloomsbury Street* (wiederum rechts) und deren Fortsetzung, die *Gower Street*, fort. Am Treffpunkt der beiden letzteren liegt links **Bedford Square** ②, einer der schönsten Plätze Londons und darüber hinaus der einzige, dessen georgianische Architektur sich bis heute unzerstört erhalten hat. Optischer Fixpunkt des 1775–80 angelegten Platzes sind die stuckverzierten Fronten der jeweils zentralen Häuser jeder Seite, an die sich dann jeweils nach links und rechts einfachere Backsteinhäuser mit kunstvoll gearbeiteten schmiedeeisernen Balkonen anschließen. Zwischen den Häuserreihen laden Bänke und Grünanlagen zur Pause ein.

Gegenüber, im (heutigen) *Haus Nr. 2, Gower Street* wird mit einer der zahlreichen ›blue plaques‹ (blaue Plaketten an Häusern, in denen berühmte Londoner gelebt haben) Millicent Garrett Fawcetts gedacht, einer mutigen Vorkämpferin des Frauenwahlrechts. Ein wenig weiter in nördlicher Richtung hatte *John Millais*, der viktorianische Maler, für einige Zeit Quartier bezogen.

Das Universitätsviertel

Mit der *Gower Street* (und der parallel dazu verlaufenden kleinen *Malet Street*) beginnt – soweit man bei der dezentralisierten Struktur der Londoner Universität davon überhaupt sprechen kann – das Universitätsviertel. Erstaunlicherweise kam London erst relativ spät in den Besitz einer eigenen Universität, und bis heute konnte die *University of London* den ›Oxbridge‹-Mythos ebenso wenig zerstören wie all die anderen neuen Universitäten, die den altehrwürdigen Colleges von Oxford und Cambridge – rein wissenschaftlich gesehen – längst das Wasser reichen können. Erst in den dreißiger Jahren des 19. Jh. wurde die Londoner Universität als eine Art oberste Prüfungsinstanz für die nach Religionszugehörigkeit unterschiedenen Londoner Colleges gegründet, deren wichtigste das *University College* (von und für Dissenters 1826 gegründet) und *King's College* (für Angehörige der anglikanischen Staatskirche; seit 1828) waren (*King's College* ist heute im *Somerset House, S. 123,* untergebracht). 1858 wurde sie für alle Interessenten geöffnet und 1900 auch als Lehrinstitution neu organisiert, wobei die meisten bereits bestehenden Colleges und ›Schools‹ einfach integriert wurden. Verwaltungssitz der University of London ist das **Senate House** ③ am südlichen Ende der *Malet Street.* Dessen Wahrzeichen, der massive Turm aus Portlandstein, ist auch von der Gower Street her nicht zu übersehen. Im Senate House ist auch die zentrale Universitätsbibliothek untergebracht, die besonders wegen ihrer musikhistorischen und ihrer elisabethanischen Abteilung einen ausgezeichneten Ruf genießt. Gleich dahinter hat das **Birkbeck College** ④, eines der bekanntesten Londoner Colleges, seinen Sitz.

Geht man die Gower Street weiter in nördlicher Richtung, so kommt man an der **Royal Academy of Dramatic Art** ⑤ (RADA) vorbei, die

259

immer noch als die führende Schauspielschule Großbritanniens gilt und an der zahlreiche Stars der englischen Theaterlandschaft ihre ersten schauspielerischen Schritte machten. Die RADA wurde 1904 von dem bekannten edwardianischen Schauspieler und Intendanten *Herbert Beerbohm Tree* gegründet; seit diesem Jahr hat sie ihren Sitz in der Gower Street. Zur Schauspielschule gehört auch ein bei Kennern gut eingeführtes Theater, das ›GBS Theatre‹, benannt nach dem Dramatiker George Bernard Shaw, der sich in den dreißiger Jahren sehr für den Erhalt der RADA engagiert hatte und ihr zudem testamentarisch für alle Zukunft ein Drittel seiner Tantiemen vermacht hat.

An der Ecke Gower/Malet Street und *Torrington Street* lockt einer der besten Buchläden Londons: **Dillon's University Bookshop** ⑥ hat auch dem, der schon alles zu haben meint, immer wieder eine Neuentdeckung zu bieten. Und wer hier nicht fündig wird, findet vielleicht im Antiquariat im ersten Stock genau das Buch, nach dem er schon immer gesucht hat.

Am nördlichen Ende der Gower Street stehen sich mit dem **University College Hospital** ⑦ auf der linken und dem **University College** ⑧ auf der rechten Seite zwei weitere Universitätsgebäude gegenüber. Der klassizistische Bau des University College beherbergt neben einem breiten Spektrum unterschiedlicher Fakultäten auch die renommierte *Slade School of Fine Art*, zu deren Absolventen u. a. die Maler Walter Sickert, Augustus John und Wyndham Lewis gehörten. Für einige Jahre unterrichtete *Roger Fry* – eines der Mitglieder des Woolf'schen Bloomsbury-Kreises *(S. 247)* – hier. Ebenfalls zum University College gehört die Flaxman Gallery, in der Entwürfe und Pläne des Bildhauers John Flaxman ausgestellt sind. In der Geborgenheit der dicken Mauern des Gebäudes der ›Biological Sciences‹ schrieb *Charles Darwin* 1838–42 jenes Buch über ›The Origin of the Species‹, mit dem er das Weltbild und das Selbstbild der Viktorianer (und nicht nur deren) so nachhaltig erschüttern sollte. Für Melancholiker hat dann zum Abschluß auch der südliche Flügel des College noch einen Leckerbissen zu bieten: Hier dokumentiert das – ganz im Sinne viktorianischer Moralvorstellungen bekleidet ausgestellte – Skelett des Sozialreformers *Jeremy Bentham* die Vergänglichkeit allen menschlichen Strebens und Tuns.

Über *Gower Place* und *Gordon Street* gelangt man zum **Gordon Square** ⑨. In seiner Grundstruktur blieb der Platz bis heute erhalten, auch wenn die meisten der ursprünglichen Häuser inzwischen verschwunden und durch liebevoll eingepaßte neue ›Reihen‹häuser ersetzt sind. *Virginia Woolf* und ihre Brüder lebten von 1905–07 im *Haus Nr. 46*. Vier Jahre später zog ihre Schwester *Vanessa* mit ihrem Partner *Clive Bell* hier ein; 1916 nahm für 30 Jahre der ebenfalls mit dem

Bloomsbury Kreis in Verbindung stehende Nationalökonom *John May-nard Keynes* hier seinen Wohnsitz. Im *Haus Nr. 51* schrieb Woolfs guter Freund *Lytton Strachey* seine Biographie ›*Queen Victoria*‹; heute ist hier aparterweise die Presse- und Verlagsabteilung der Universität untergebracht. Von 1918–19 lebte nur wenige Häuser weiter auch der Philosoph *Bertrand Russell*.

Die Anlage des Platzes nach Plänen von Thomas Cubitt zog sich von den 1820er Jahren bis in die 1860er Jahre hin. Heute sind die meisten Häuser von Instituten oder Abteilungen der University of London oder anderen öffentlichen Institutionen belegt. Neben der Universitätskirche **Christ the King** ⑩ im Südwesten des Platzes befindet sich heute in einem ehemaligen Studentenwohnheim das *Royal Institute for Philosophy* und die *Dr Williams Library*, die für alle diejenigen interessant ist, die sich mit der Geschichte des religiösen Nonkonformismus in Großbritannien beschäftigen. Für Liebhaber chinesischer Kunst ist das *Haus Nr. 53* ein absolutes Muß: Hier öffnet die **Percival David Foundation of Chinese Art** ⑪ dem interessierten Besucher die imposante Sammlung chinesischer Porzellan- und Keramikkunst seit dem 10. Jh. sowie eine umfangreiche einschlägige Bibliothek, die der Stifter, *Sir Percival David*, in langen Jahren zusammengetragen hatte, ehe er sie 1950 der University of London vermachte.

Parallel zum *Gordon Square* erstreckt sich der ***Tavistock Square** ⑫. Mit diesem Platz verbindet sich heute vor allem die Vorstellung von Medizinern, denn hier hat im 1938 erbauten neuen Tavistock House die *British Medical Association* ihren Sitz. Der Brunnen im Innenhof dieses Gebäudes ist dem Andenken der im 2. Weltkrieg gefallenen Angehörigen medizinischer Berufe gewidmet.

Im Haus Nr. 52 lebte zwischen 1924 und 1939 das Ehepaar Woolf. Hier hatte auch der von ihnen gegründete Verlag ›*Hogarth Press*‹ seinen neuen Sitz. Nicht nur die Romane Virginia Woolfs, sondern z. B. auch die ersten englischen Übersetzungen der Werke Freuds wurden von diesem mittlerweile legendären Kleinverlag veröffentlicht *(vgl. S. 334)*.

Auf der Nordseite des Platzes nimmt das **Woburn House** ⑬ seit 1932 die Stelle des alten *Tavistock House* ein. Hier hatte 1851–60 Charles Dickens gelebt, und hier war mit ›*Bleak House*‹, ›*Hard Times*‹, ›*Little Dorrit*‹ und ›*A Tale of Two Cities*‹ ein Teil seiner bekanntesten Romane entstanden. Im Garten hatte sich Dickens ein kleines Theater gebaut, in dem er auch selbst gelegentlich als Schauspieler agierte. Im heutigen Woburn House ist ein jüdisches Kultur- und Gemeindezentrum untergebracht, zu dem auch das sehenswerte **Jewish Museum** gehört, das anhand von mehr als 1000 Exponaten die Geschichte der englischen Juden seit dem 13. Jh. dokumentiert. Die Statue davor erinnert an

Typisch für Bloomsbury sind solche Reihenhäuser mit antikisierenden Vorhallen und schmiedeeisernen Gitterzäunen

Mahatma Gandhi; ein Kirschbaum aus dem Jahr 1967 ist dem Andenken der Opfer von Hiroshima geweiht. Auf der Westseite des in den 1820er Jahren ebenfalls von Thomas Cubitt angelegten Platzes sind noch eine ganze Reihe der ursprünglichen Häuser erhalten. In den meisten sind heute Institutionen der University of London untergebracht.

Über *Bedford Way* kommt man nun vom *Tavistock Square* zum **Russell Square**, einem großzügigen Platz, dessen Grünanlage schon fast wie ein kleiner Park wirkt. Er wurde 1800 angelegt, auf der Westseite sind noch einige Häuser aus dieser Zeit erhalten. Der Square war schon bald bevorzugter Wohnort von Anwälten, wohlhabenden Kaufleuten und anderen Angehörigen des gehobenen Mittelstandes, und so ließ denn auch William Thackeray die zwei wichtigsten Familien seines

Romans ›*Vanity Fair*‹ am Russell Square ihr Quartier nehmen. Die Häuser auf der Ostseite mußten 1898 dem **Russell Hotel** ⑭ weichen, einem noch heute als Hotel genutzten Paradestück massiver historisierender viktorianischer Architektur. Die Grünfläche bietet mit Sitzbänken und einer kleinen – wenn auch nicht unbedingt anheimelnd gestalteten – Cafeteria nicht nur den Benutzern des gegenüberliegenden Britischen Museums Gelegenheit zu einer kleinen Pause.

Bereits 1708–20 angelegt wurde der **Queen Square** ⑮, jenseits der *Southampton Row* gelegen und erster Stopp auf dem Weiterweg nach St Pancras/King's Cross. Der nach Norden hin offene Platz erfreute sich im 18. Jh. großer Popularität als besonders modische Wohngegend. Zu den illustren Anwohnern zählten die Romanautorin *Fanny Burney* und ihr Mann, der Musikwissenschaftler *Charles Burney*. Noch 1771 konnte Fanny davon schwärmen, welch wunderbaren Ausblick sie von ihrem Fenster auf die saftigen Wiesen von Hampstead und Highgate im Norden hatte *(S. 273)*. Von der Mitte des 18. Jh. an befand sich auf der Ostseite im südwestlichen Bereich des Platzes eine Art Mädchenpensionat – als ›Ladies' Eton‹ eher verspottet als beschrieben. Zu dem als lebensnotwendig erachteten Bildungsschatz, der den höheren Töchtern hier vermittelt wurde, gehörte u. a. das möglichst elegante Ein- und Aussteigen aus den nicht eben damenfreundlich konstruierten Kutschen. Zufällige Beobachter konnten sich so des öfteren an unfreiwillig komischen Kletterübungen der werdenden Damen erfreuen.

Heute sind die meisten Gebäude des inzwischen in alle Himmelsrichtungen bebauten Platzes von medizinischen Institutionen belegt. Daneben hat aber auch der renommierte Literatur- und Kunstverlag *Faber and Faber* hier im *Haus Nr. 3* seinen Sitz. *Haus Nr. 6* beherbergt die *Art Workers Guild*, zu deren Gründern der viktorianische Kunstkritiker, Verleger, Möbelfabrikant und Sozialist *William Morris* gehörte, der selbst von 1865–82 im Bereich des Square lebte. (Wer sich für Morris und sein Schaffen näher interessiert, sollte unbedingt den etwas langen Weg nach Walthamstow – Endstation der Victoria Line – zur *William Morris Gallery* auf sich nehmen, oder zur eigentlichen Morris-›Gedenkstätte‹ in *Kelmscott House* in Kensington.) Eine Eisenpumpe am südlichen Ende des Platzes erinnert an dessen ursprüngliche Nutzung: als Wasserreservoir für die Mönche des naheliegenden Greyfriars-Klosters.

Vorbei an verschiedenen Krankenhäusern gelangt man weiter durch die *Great Ormond Street* und *Lamb's Conduit Street* zur *Guilford Street*, in die wir nach rechts einbiegen. Vorbei an Coram's Fields biegt man am Ende der Straße nach rechts in die *Doughty Street* zum *Dickens House* ein. Auf Coram's Fields, heute nur noch als Spielplatz genutzt, zu dem

Erwachsenen, die nicht in Begleitung von Kindern sind, der Zutritt verboten ist, befand sich einst ein von Thomas Coram 1739 gegründetes *Foundling Hospital* (Findlingsheim). Georg Friedrich Händel (der kostenlos den Chor betreute), und William Hogarth haben – neben anderen – den Bau dieses Hauses finanziell unterstützt. 1926 aber wurde das Krankenhaus verlegt, die Gebäude wurden niedergerissen, und nur die Kolonnaden, die das Haus umgaben, blieben bis heute erhalten. Im Büro der **Thomas Coram Foundation** ⑯, gleich gegenüber am *Brunswick Square*, wurde der ursprüngliche *Court Room* des Krankenhauses originalgetreu rekonstruiert. In der Galerie dieses Hauses befinden sich bis heute einige der Werke der Künstler, die das Krankenhaus einst unterstützt hatten (Hogarth, Reynolds, Händel).

In **The Dickens House** ⑰ lebte Charles Dickens mit seiner Familie von 1837 bis 1839. Es ist als einziges seiner Londoner Häuser erhalten geblieben. Hier entstanden ›*Oliver Twist*‹ und ›*Nicholas Nickleby*‹, und die letzten Kapitel seiner ›*Pickwick Papers*‹ wurden hier ebenso geschrieben wie die ersten Kapitel von ›*Barnaby Rudge*‹. 1924 wurde das Haus von der Dickens Fellowship erworben und zum Museum umgestaltet. Neben diversen Familienporträts, Handschriften, Möbelstücken und anderen Überresten des Dickens'schen Haushalts ist vor allem die *Bibliothek* interessant. Sie ist bestrebt, sämtliche erschienenen und noch erscheinenden Publikationen, die sich mit Dickens oder seinen Werken befassen, zu erfassen und der Öffentlichkeit zur Verfügung zu stellen.

Als Abschluß des Streifzugs durch Bloomsbury bietet sich der Doppelbahnhof am Nordende von *Gray's Inn Road* an: *King's Cross und **St. Pancras** ⑱. Diese beiden viktorianischen Bahnhöfe sind die Ausgangsstationen für alle Reisen in Richtung Osten bzw. in die Midlands. King's Cross entstand 1852 nach einem Entwurf von Lewis Cubitt. Der Name erinnert an ein Denkmal für George IV, das hier an der Kreuzung mehrerer Straßen stand, ehe es 1845 abgerissen wurde. Die Uhr an dem zum Bahnhof gehörigen Turm war ursprünglich für den Crystal Palace *(S. 295)* anläßlich der Weltausstellung 1851 entworfen worden. – St Pancras wurde 1867–74 nach Plänen von George Gilbert Scott erbaut und ist auf den ersten Blick nicht unbedingt als Bahnhof zu erkennen. Mit seinen beiden (unterschiedlich hohen) Türmen und seiner gotisierenden Fassade ist er mehr ein Dokument der viktorianischen Vorliebe für pseudo-mittelalterliches Bauen als Ausdruck seiner Funktionalität.

* # 18 St Marylebone und Regent's Park: Wallace Collection · Madame Tussaud's · Regent's Park

Dauer des Rundgangs: ca. 2–3 Std.; **Besichtigungen** zusätzlich ca. 2–3 Std.; **U-Bahn:** Bond Street (Central Line); **Bus:** Linie 6, 7, 8, 10, 12, 15, 16, 16A, 36, 73, 74, 82, 88, 94, 135, 137, 137A, 274.

Das ehemals eigenständige Londoner Borough St Marylebone gehört seit der Verwaltungsreform von 1965 zu Westminster. Dennoch ist es im Bewußtsein der Londoner nach wie vor als eigenes Viertel verankert, und auch für den Touristen lohnt sich ein Abstecher. Zwar fehlen die ganz großen touristischen Glanzpunkte – die meisten Londoner denken bei der Erwähnung des Namens ›St Marylebone‹ nur an die vier hier befindlichen Bahnhöfe –, doch gehören die Wachsfiguren von *Madame Tussaud (S. 267)*, die Kanäle von **›Little Venice‹ (von wo aus man Bootspartien bis nach **Camden Lock* unternehmen kann – S. 271), die **Regency-Anlagen* im und am *Regent's Park (S. 268)* oder der *Londoner Zoo (S. 271)* durchaus zum Kreis der bekannteren ›London Sights‹. Und mit der **Wallace Collection* ist auch für Kunstliebhaber eine wichtige Institution in St Marylebone beheimatet.

St Marylebone entstand durch das allmähliche Zusammenwachsen zweier großer Landsitze. Der Name leitet sich von einer ehemaligen Kirche ab, ›St Mary on the bourne‹ (›St Mary am Fluß‹), wobei mit dem Fluß hier der alte, inzwischen längst verschwundene Tyburn River gemeint war.

** Wallace Collection (U-Bahn: Bond Street)

Ausgangspunkt des Rundgangs ist die **U-Bahn Station Bond Street** (zur *Oxford Street* siehe S. 282). Am *Kaufhaus Selfridge's (S. 282; Karte S. 281)* biegt rechts die *Duke Street* ab und führt hinauf zum *Manchester Square*, einer Ende des 18. Jh. angelegten umbauten Grünfläche. An der Nordseite des Platzes befindet sich im *Hertford House* eine der bedeutendsten Privatsammlungen der Welt: die **Wallace Collection**. Sie wurde im 19. Jh. vom 4. Marquess of Hertford und dessen Sohn, Sir Richard Wallace, begründet und verfügt – als Schwerpunkt der Sammlung – über eine außergewöhnliche Kollektion französischer Malerei des 17. und 18. Jh. Fragonards berühmtes Rokoko-Bild von der ›Dame auf der Schaukel‹ ist hier ebenso anzutreffen wie eine ganze Anzahl bedeutender Werke von Géricault, Corot, Boucher, Fragonard, Delacroix. Daneben sind aber auch Turner, Holbein, Tizian, von Dyck, Rubens, Velázquez und Rembrandt vertreten – ein kompletter Reigen der Allergrößten also.

Fragonards wohl berühmtestes Gemälde: ›Die Schaukel‹, zu sehen in der Wallace Collection

Einige Höhepunkte der Sammlung: *Tizian*, ›Perseus und Andromeda‹ *(Raum 19)*; *Rubens*, ›Die Hl. Familie mit Elisabeth und Johannes d. T.‹ *(Raum 19)*; *Van Dyck*, Porträts von Marie de Raet und Philippe Le Roy *(Raum 19*; letzteres gilt als eines der vollkommensten Bilder des Meisters); *Velázquez*, ›Die Dame mit dem Fächer‹ *(Raum 19)*; Porträts von *Joshua Reynolds (Räume 19 und 23)* und *Thomas Gainsborough* (›Mrs. Mary Robinson – Perdita‹, *Raum 19*); *Canalettos* Venedig-Bilder *(Raum 13)*; *Rembrandts* Bildnis seines Sohnes Titus *(Raum 19)*; ›Der lachende Offizier‹, eines der berühmtesten Bilder

des Holländers *Frans Hals (Raum 19)*.

Französische Maler: *Antoine Watteaus* Bilder von Spielleuten und Fahrenden *(Raum 21)*; *François Bouchers* ›Raub der Europa‹ *(Treppenhaus)*, seine ›Herbst-‹ und ›Sommerpastorale‹ *(Treppenabsatz)* sowie seine berühmten Allegorien ›Sonnenaufgang‹ und ›Sonnenuntergang‹ *(Treppenhaus)*, die zu den beliebtesten der Sammlung zählen. Von *Jean-Honoré Fragonard* schließlich, dem dritten im Bunde der großen Franzosen des Ancien Régime, ›Der Musikwettbewerb‹, ›Das Souvenir‹ und das weltberühmte Bild ›Die Schaukel‹ *(Raum 21)*.

266

Zum Thema Frankreich haben die Besitzer auch wertvolle *Möbel* und exquisites *Porzellan* zusammengetragen; nicht ganz dazu passen will hingegen die *Waffensammlung* des Hauses.

Über die kleine *Adam Street* biegt man nun rechts in die **Baker Street** ein. Sie ist Krimifreunden aus aller Welt bekannt: durch den berühmtesten aller Detektive, **Sherlock Holmes**, den sein geistiger Vater *Sir Arthur Conan Doyle* in einer Wohnung in dieser 1790 angelegten Straße einquartierte. Von den Gebäuden jener Tage ist freilich wenig erhalten, die riesigen Schaufenster der Geschäfte, die sich hier inzwischen angesiedelt haben, dominieren heute die Szenerie. Im Haus Nr. 120 lebte Anfang des 19. Jh. der Premier *William Pitt* mit seiner unorthodoxen Nichte *Lady Hester Stanhope*.

Bei der **U-Bahn-Station Baker Street** trifft man auf die *Marylebone Road* und – mit hoher Wahrscheinlichkeit – auf eine lange Schlange von ungeduldig wartenden Menschen schräg rechts gegenüber der Kreuzung: Sie alle möchten zu **Madame Tussaud's**, dem in aller Welt bekannten Wachsfigurenkabinett. Wer nicht sehr viel Zeit mitbringt, sollte sich gründlich überlegen, ob er wirklich Wert darauf legt, den detail- und wirklichkeitsgetreuen Repliken historischer und zeitgenössischer Prominenz die wächserne Hand zu schütteln (was ohnehin verboten ist) oder im Gruselkabinett berühmte Verbrechen nachgestellt zu sehen. Zum Bild von ›Tourist London‹ gehört das Kabinett, in dem man sogar die Seeschlacht von Trafalgar mit viel Lärm und technischen Effekten nachgestellt sehen kann, jedoch dazu. Deshalb sei die Geschichte dieser ›Institution‹ auch hier kurz erzählt: Madame Tussaud kam 1802, kurz nach der Französischen Revolution, nach London. Im Koffer versteckte die Modelliererin Wachsrepliken von Köpfen, die von der Guillotine in den Korb gefallen waren – sie wurden in London zur Attraktion und blieben es bis heute.

Gleich neben Madame Tussaud's liegt das **London Planetarium**, in dem verschiedenste Sternenkonstellationen nachvollzogen werden können und in einer kleinen Ausstellung die Geschichte der Astronomie anhand des Werks bedeutender Astronomen nachgezeichnet wird. Etwas weiter östlich liegt an der rechten Straßenseite **St Marylebone Parish Church**, eine 1813–17 von Thomas Hardwick errichtete Kirche mit typisch klassizistischem Portikus. Zu den Brautleuten, die hier getraut wurden, gehörte 1846 auch das Dichterpaar *Elizabeth Barrett* und *Robert Browning*.

Nicht weit davon mündet nun rechts *Marylebone High Street* ein. Sie führt ins Zentrum des alten Ortskerns von Marylebone, von dem heute jedoch nur noch wenig zu erkennen ist. Direkt an dieser Kreuzung stand bis 1958 das Haus, in dem Charles Dickens 1839–51 wohnte. Zwei Querstraßen weiter zweigt, ebenfalls auf der rechten Seite von *Marylebone Road*, *Harley Street* ab. Hier lebte im *Haus Nr. 12* 1803–1812 der Maler *William Turner*. Bekannter ist *Harley Street* heute jedoch vor allem als die Straße der Ärzte und Chirurgen, die von Patienten aus aller Welt konsultiert werden.

* **Regent's Park** (U-Bahn: Regent's Park)

Kurz nach Harley Street öffnet sich die laute und graue *Marylebone Road* unvermutet in einen sanften Bogen eleganter weißer Reihenhäuser, deren Obergeschosse von ionischen Säulen getragen werden: Vor uns liegt ****Park Crescent**, Teil eines größeren städtebaulichen Entwurfs von *John Nash*, mit dem die neu erschlossenen Wohngebiete im Norden Londons an die übrige Stadt angebunden werden sollten. Nashs Konzept *(vgl. S. 110–12)* sah einen Neubau des königlichen Palastes vor, der in einem großzügigen Bogen vollständig von Häuserzeilen umgeben und in ein elegantes, aber funktionales Ensemble von Straßen, Plätzen, Parks und Kolonnaden integriert sein sollte. Zum Teil orientierte sich Nash dabei auch an der Architektur des südwestenglischen Bath, der Modestadt des 18. und frühen 19. Jh. Dort hatte John Wood schon 1761 begonnen, den großbürgerlichen Reihenhäusern durch die halbmondförmige Anordnung etwas mehr Eleganz zu verleihen. Nashs umfassender Entwurf wurde allerdings nur zu einem kleinen Teil verwirklicht – die kreisförmige Anlage von *Regent's Park* und die Häuserreihen von *Cambridge Terrace, Cumberland Terrace* und *Chester Terrace* an der Ostseite des Regent's Park vermitteln aber zumindest eine Ahnung von Nashs grandiosen Vorstellungen. Die moderne Verkehrsplanung nahm auf Nashs Architektur jedoch teilweise recht wenig Rücksicht: Schon *Park Crescent* wird von dem eigentlich damit verbundenen *Park Square* durch den Verkehrsstrom von *Marylebone Road* abgeschnitten.

Von *Park Square* aus betritt man nun ***Regent's Park**, den Nash 1812 auf einem Gelände anlegte, das Henry VIII noch als Jagdgebiet diente. Der Park ist mehr oder weniger nach dem Prinzip konzentrischer Kreise konstruiert. Der *Inner Circle*, der kleinste Kreis, ist umgeben von einem zumindest andeutungsweise halbkreisförmigen See, der innerhalb des *Inner Circle* ein sehr viel kleineres Äquivalent hat. Um den gesamten Park herum führt der *Outer Circle*, der heute freilich wenig mehr als eine vielbefahrene Straße ist. Vom Norden und vom Süden her sind Inner und Outer Circle durch jeweils eine Straße verbunden. Den äußersten Kreis bilden die weißen Häuserreihen der terraooo.

Von Park Square aus führt der *Broad Walk* im Inneren des Parks

Der normannische ›White Tower‹ im Herzen der Londoner Zitadelle *(S. 228)*

vorbei am **Royal College of Physicians**. Diese 1518 von dem humanistischen Gelehrten Thomas Linacre gegründete Institution fand ihre neue Heimat in diesem imposanten Neubau; 1964 nach Plänen von Denys Lasdun errichtet. *Broad Walk* trifft in nördlicher Richtung auf *Chester Road*, die zum *Inner Circle* führt. Dort befindet sich das renommierte **Freilufttheater** von Regent's Park, in dem an Sommerabenden vorzugsweise Shakespeare-Komödien zur Aufführung gelangen. Daneben erstrecken sich die *Queen Mary's Gardens* mit wunderschönen Rosenbeeten; ihnen angeschlossen ist ein Restaurant, das bei einer schönen Aussicht Gelegenheit zur Stärkung bietet.

Außer dem Restaurant im *Inner Circle* bieten in Regent's Park diverse andere ›tea houses‹ ihre Erfrischungen an, und auch als Tourist – oder gerade als Tourist – sollte man sich wenigstens ein Stündchen gönnen, um den Park so zu nutzen, wie es die Londoner tun: Unabhängig davon, ob sie Jeans oder Nadelstreifen, Blümchenkleid oder Business-Kostüm tragen, pausieren sie auf dem Gras, nehmen Tee und Sandwiches zu sich und scheinen ganz vergessen zu haben, daß das ihnen zugeschriebene Nationalitätenstereotyp Steifheit und Korrektheit von ihnen verlangt. Und wenn man seinen Lagerplatz günstig genug gewählt hat, hat man vielleicht auch einen Blick auf die schimmernde Kupferkuppel der **London Mosque** (Moschee) neben dem *Hanover Gate*, dem westlichen Zugang zum Park.

Den nordöstlichen Teil des Parks nimmt seit 1847 der ***Londoner Zoo** ein. Er gilt als der umfangreichste Zoo der Welt, für Schlagzeilen im vermischten Teil der Zeitungen sorgt er regelmäßig durch die vergeblichen Versuche, zu Nachwuchs bei den Pandabären zu kommen. Obwohl die Londoner selbst recht stolz auf ihren Zoo und dessen umfangreichen Tierbestand sind, so muß man bei einem Vergleich mit anderen derartigen Einrichtungen doch sagen, daß die Präsentation der Tiere kaum etwas von einem Tierpark oder Tiergarten hat, die meisten Abteilungen erscheinen doch eher als eine Tierausstellung und reine Exotenschau.

Eingänge zum Zoo befinden sich am *Broad Walk* und in der *Prince Albert Road*, der Haupteingang liegt im *Outer Circle*.

** Bootspartie nach Camden Lock

Wer den Zoo ausgiebiger bei einem gesonderten Besuch besichtigen möchte, könnte das Exotische mit dem Romantischen verbinden, indem er sich für die nicht unbedingt übliche Anreise auf dem Wasserweg entscheidet.

◁ Robert Adams Bibliothek im Kenwood House in Hampstead *(S. 276)*   271

In Camden Town

Ausgangspunkt dieser besonderen kleinen Exkursion, die ja nicht unbedingt mit einem Zoobesuch verbunden sein muß, ist **Little Venice**, ein verträumt-romantischer Abschnitt des *Grand Union Canal*. Hier, etwa fünf Gehminuten von der *U-Bahn Station Warwick Avenue* entfernt, verästelt sich zwischen *Warwick Avenue* und *Harrow Road* der Kanal und bildet schließlich ein ruhiges Becken. Hier liegen malerische Hausboote vor Anker, auf deren Dächern Geranien gezüchtet werden. Auf einigen Hausbooten haben sich kleine Restaurants und kunstgewerbliche Läden etabliert, am Kanal entlang führt ein bequemer Fußweg, links und rechts des Kanals laden Bänke zum Verweilen ein – genug Angebote für einen geruhsamen Tag also.

Ab ›Little Venice‹ starten auch in kurzen Abstände kleine Boote zu einer Fahrt nach **Camden Lock** mit Zwischenhalt am Zoo in Regent's Park. Das Boot gleitet auf dem ruhigen Kanal, der ab hier *Regent's Canal* heißt, an den edlen Villen von *St John's Wood* vorbei, gibt am Zoo Gelegenheit zum Ein- und Aussteigen und endet in Camden Lock (oder auch umgekehrt) in der Nähe von *Chalk Farm Road (U-Bahn: Chalk Farm)*. Die Gegend um Camden Lock, die alte Schleuse, wurde inzwischen zu einem neuen Künstlerviertel, das sich besonders auf das

Kunstgewerbe spezialisiert zu haben scheint. In einer Vielzahl von kleinen Läden und Ateliers kann man den Künstlern noch bei der Arbeit zusehen und ihre Produkte preiswert erwerben. Samstags und sonntags wird an der Schleuse ein *Trödelmarkt* abgehalten, der wirklich noch ein Trödelmarkt im engeren Sinne dieses Wortes ist, auf der Jagd nach unter Preis verkauften Antiquitäten wird man hier kaum fündig werden.

> Nächster **U-Bahnhof:** Camden Town oder Chalk Farm, Northern Line.

** `19` **Hampstead und Highgate** *Karte Buchumschlag hinten*

Halbtages- oder Tagesausflug: Ausgangspunkt ist die **Bahnstation Hampstead Heath** (mit den regelmäßig und in kurzen Abständen verkehrenden Zügen der *London Midland Region* leicht zu erreichen; Abfahrtsbahnhof *St Pancras; Abfahrtszeiten und eventuelle Änderungen bei der telephonischen Reiseauskunft S. 385* erfragen).

Hampstead ist einer der ältesten – er war vermutlich schon in prähistorischer Zeit besiedelt – und schönsten Vororte Londons. Trotz seiner steten Ausdehnung hat er sich einen gewissen dörflichen Charakter bewahrt. Immer wieder hat es für Londoner, die der lauten Großstadt überdrüssig waren, sich aber dennoch nicht allzu weit von der kulturellen oder politischen Szene der Metropole entfernen wollten, als Fluchtort gedient; Hampstead stellte für sie die ideale Synthese zwischen städtischem und ländlichen Wohnen dar. So wurde aus dem Dorf allmählich eine ›Suburb‹ – Vorstadt –, in der sich Künstler und Intellektuelle niederließen, die, anders als die Künstler, die nach Chelsea zogen *(S. 322 ff.)*, vor allem ›Gediegenheit‹ suchten. Auch die nicht unbedingt reiche, aber wirtschaftlich sehr gut gestellte Mittelschicht fand und findet im vornehm zurückhaltenden Hampstead ein ideales Ambiente, um jenseits von protziger Zurschaustellung oder lautstarker Selbstinszenierung ihren *way of life* zu pflegen.

Das alte Dorf Hampstead liegt auf einem Hügel am Rande von **Hampstead Heath**, einer weiträumigen Parklandschaft mit vielfältigen Freizeitmöglichkeiten. Hierher ›flüchten‹ gerade am Wochenende auch viele Londoner zu einem traditionellen Picknick oder einem ausgedehnten Spaziergang.

> Für den folgenden **Rundgang**, der von *Hampstead* über *Kenwood* nach *Highgate* führt (ca. 6–8 Stunden) sollte man entweder sehr gut zu Fuß sein oder im Reisebudget einen kleinen Betrag für Taxikosten vorsehen. Ein Teil des Rund-›gangs‹ ist auch mit dem Bus zu bewältigen.

273

In der nördlich des **Bahnhofs** ① beginnenden Straße *Parliament Hill* wohnte für kurze Zeit *George Orwell*, der 1949 in seinem utopischen Roman ›*1984*‹ die Schreckensvision eines totalitaristischen Überwachungsstaates zeichnete.

Wir folgen jedoch zunächst ein kleines Stück lang *South End Road* und biegen dann links in *Keats Grove* ein. Zwischen den anderen gut erhaltenen Häusern aus dem frühen 19. Jh. mit ihrem typischen Wechselspiel von weißem Stuck und gelben Ziegeln und den ausgedehnten Vorgärten steht hier auch das ***Keats Memorial House** ②. Hier lebte 1818–20 der romantische Dichter *John Keats* in einem ›*semi-detached house*‹, in dessen anderer Hälfte *Fanny Brawne* wohnte, die bald zu Keats' Verlobter wurde. Was könnte besser zur Klischeevorstellung von einem romantischen Dichter passen als die Anekdote, die sich um den Maulbeerbaum im gemeinsamen Garten rankt: Hier soll eines der Meisterwerke Keats', die ›*Ode to a Nightingale*‹, entstanden sein. Die beiden Häuser wurden inzwischen zu einem einzigen Haus zusammengefaßt, die Inneneinrichtung von *Keats' House* wurde jedoch größtenteils in ihrem Originalzustand belassen und verschafft so nicht nur einen Einblick in das Leben des Dichters, sondern kann ganz allgemein eine Vorstellung von der Art der Ausstattung solcher Privathäuser und dem hier ablaufenden Leben vermitteln.

Keats Grove mündet schließlich in *Downshire Hill*, in die wir links einbiegen. *Rosslyn Hill*, auf die wir bald danach stoßen und in die wir rechts einbiegen, wird nach wenigen Metern zu *Hampstead High Street*, mit der man sich mitten im Zentrum des alten, hügeldurchzogenen Hampstead befindet. Hier reiht sich ein wunderschönes Bürgerhaus aus dem 18. Jh. an das andere. Auch wenn sich in den Erdgeschossen inzwischen hauptsächlich Läden eingenistet haben, so halten sich diese doch meist vornehm zurück, und der Charakter des geschlossenen Ensembles wird kaum durch schrille Werbeaktionen gestört. – *High Street* trifft schließlich auf *Fitzjohn's Avenue*.

Wer Zeit und Lust hat, macht einen kurzen **Abstecher** zurück zur *Maresfield Road*, die parallel zu *Fitzjohn's Avenue* verläuft. Hier wurde im *Haus Nr. 20*, in dem *Sigmund Freud* sein letztes Lebensjahr verbrachte, ein kleines **Freud Museum** ③ eingerichtet; zu besichtigen sind das original erhaltene Arbeitszimmer des Psychologen sowie seine Bibliothek.

An der Kreuzung von *High Street, Heath Street* und *Fitzjohn's Avenue* biegt links die kleine ****Church Row** ab, die wohl schönste Straße Hampsteads mit einer geschlossenen Reihe gut erhaltener und gepflegter Wohnhäuser aus dem frühen 18. Jh. Den Abschluß dieses Nostalgie weckenden Ensembles bildet **St John's Church** ④, die Gemeindekirche

Sigmund Freuds Brille, zu besichtigen im Freud-Museum von Hampstead

Hampsteads. Hier liegt der Maler *John Constable* begraben, einer der Bürger Hampsteads, in dessen Bildern die Landschaft um Hampstead häufig ein zentrales Motiv darstellt. Im neueren Teil des Friedhofs etwas weiter nördlich liegen mit dem Schauspieler und Theatermanager *Herbert Beerbohm Tree* und dem Londoner Lokalhistoriker *Walter Besant* zwei weitere der vielen Berühmtheiten Hampsteads begraben.

Rechts von der Kirche führt *Holly Walk* hinauf zum *Holly Hill* und *Holly Bush* und damit zu einem gut erhaltenen, pittoresken Teil des alten Dorfes, den man einfach auf sich wirken lassen sollte. Links biegt in *Holly Bush* zwischendurch *Mount Vernon* ein, wo 1874 der Romancier *Robert Louis Stevenson* sein Haus hatte. Rechts von *Holly Bush* erstreckt sich *Hampstead Grove*, eine Straße, die mit **Fenton House** ⑤ ein weiteres Glanzstück Hampsteads birgt.

Dieses Ende des 17. Jh. entstandene ehemalige Herrenhaus aus schlichten roten Ziegeln ist vor allem für Musikliebhaber und für Freunde wertvollen Porzellans interessant. Das heute vom National Trust verwaltete Gebäude nennt neben alten Meistern – u. a. ist hier Brueghel vertreten – auch die *Möbel- und Porzellansammlung der Lady Binnings* und die *Benton Fletcher-Sammlung*, eine Sammlung historischer Tasteninstrumente, sein eigen. Zu den besonderen Kostbarkeiten gehört ein Cembalo aus dem Jahr 1612, auf dem schon Händel musizierte. Fenton House hat heute jedoch nicht nur musealen Charakter. Besonders im Sommer finden hier auch Konzerte statt, die sich in erster Linie um die Pflege der Barockmusik bemühen.

275

Hampstead Grove mündet schließlich in *Heath Street*, die sich kurz danach in *North Way* und *Spaniard's Road* gabelt. Hier, am Schnitt mehrerer alter Straßen, hat man vom **Whitestone Pond** ⑥ aus einen herrlichen Blick über die Parklandschaft von Hampstead Heath. Gleich hinter der Kreuzung kann man an ebenfalls historischem Ort allerdings auch andere Sinne befriedigen, denn hier befindet sich ein altbekanntes Gasthaus, dessen Besuch zu den angenehmen Pflichtübungen eines Hampstead-Besuchs gehört. Schon 1381 soll hier Jack Straw, neben Wat Tyler einer der Anführer des Bauernaufstands *(S. 179)*, seine Leute versammelt haben. Im Gedenken daran heißt das Lokal noch heute **Jack Straw's Castle** ⑦. Schon Charles Dickens und William Thackeray gehörten hier zu den Stammgästen, und Washington Irving verewigte die fast zur Institution gewordene Lokalität in seinen › *Tales of a Traveller*‹. – Auch am anderen Ende von *Spaniard's Road*, der nach rechts führenden Straße, wartet ein traditionsreiches Lokal auf uns: das *Spaniard's Inn ⑧, ein holzgetäfeltes Lokal aus dem frühen 18. Jh.

Gegenüber von Spaniard's Inn liegt **Kenwood House** ⑨, die nächste Station, entweder über die *Spaniard's Road* oder über die mehr oder eher weniger gerade an ihr entlang führenden Spazierwege von Hampstead Heath zu erreichen.

Kenwood House besucht man vor allem wegen seiner von *Robert Adam* gestalteten ***Bibliothek *(Farbtafel S. 270)*; allein schon ihretwegen würde sich eine Bus- oder Taxifahrt von der U-Bahn Station Hampstead hierher lohnen. Mitten im satten Grün von Kenwood (das sich nördlich an Hampstead Heath anschließt) gelegen, erscheint das strahlende Weiß des 1767–69 von Adam für den Earl of Mansfield neu errichteten Herrenhauses. Die besondere Außenwirkung basiert nicht zuletzt auf dem Kontrast zwischen der freien Natur der Parklandschaft und der streng gegliederten Symmetrie der klassizistischen Fassade. Hier gelang es Adam, die bereits vorhandene Orangerie auf der linken Seite in einer Weise in den Neubau zu integrieren, die nie den Verdacht aufkommen ließ, das Gebäude sei nicht als Einheit entworfen worden. Adams erhöhte den mittleren Gebäudeteil etwas und versah die Front mit einer Reihe von Pilastern, die in sich wieder symmetrisch verteilt waren und so die Gliederung des gesamten Gebäudes unterstrichen. Als Gegenstück zur Orangerie entstand auf der rechten Seite die Bibliothek, die allgemein als *das* Meisterwerk Adams' gilt. Im Inneren der Bibliothek experimentierte Adams kunstvoll mit verschiedenen Kreis- und Rechteckformen, die Bildtafeln umschlossen, die von Antonio Zucchi mit Motiven der klassischen Mythologie bemalt worden waren. Diese symmetrisch über den Raum und vor allem die gewölbte Decke verteilten Elemente kontrastieren mit dem hellblauen Grundton der

276

Wände und der Decke und mit dem strahlenden Weiß der Stuckverzierungen. Die Symmetrie des Raumes wird unterstrichen durch die beiden Apsiden, die zur Unterbringung der Bücherregale dienen.

Sehenswert ist neben der Bibliothek auch die umfangreiche *Sammlung von Gemälden* des 18. und frühen 19. Jh., die über die verschiedenen Räume verteilt sind. So gibt es hier u. a. Vermeers ›Gitarrenspielerin‹ und eines von Rembrandts ›Selbstporträts‹ *(vgl. S. 107)* zu bewundern (beide im *Dining Room*). Direkt neben Kenwood House steht *Dr Johnsons einstiges Sommerhaus*, das 1967 von seinem ursprünglichen Standort am *Streatham Place* hierher gebracht und sorgfältig wiederaufgebaut wurde.

∗ **Highgate** (U-Bahn: Highgate oder Archway, Northern Line)

Von Kenwood House geht es nun weiter nach Highgate, entweder mit dem Bus, der uns bereits nach Kenwood gebracht hat, über *Hampstead Lane* oder zu Fuß durch die Parkanlagen. Man geht dabei von Kenwood in südöstlicher Richtung die *Millfield Lane* entlang, vorbei an den **Highgate Ponds** ⑩, und erreicht über *Merton Lane, Holly Lodge* und *Oakshott Avenue* schließlich *Swain's Lane*, die zwischen den beiden Teilen des Friedhofs von Highgate verläuft, für den der Ort in aller Welt Berühmtheit erlangt hat.

∗∗**Highgate Cemetery** ⑪ wurde 1839 unter Mitwirkung des Gartenbauarchitekten David Ramsay eingerichtet. Schon bald wurde der Friedhof zu einem beliebten Ausflugsziel der Londoner, die die schöne Aussicht, die sich von den sanften Hügeln bot, genossen. Diesen eher spektakulären Charakter bewahrte sich der Friedhof auch nach 1945, als er in seiner ursprünglichen Funktion geschlossen wurde. In den 60er Jahren schien es zunächst, als ob der inzwischen arg vernachlässigte Friedhof ganz geschlossen werden müßte. Doch einem 1975 gegründeten Freundeskreis, der sich bis heute um die fachkundige Restaurierung und Konservierung

Ein melancholischer Ort:
Grabskulptur auf dem Friedhof
von Highgate

der alten Grabmäler kümmert, gelang die Rettung. Da in Highgate Cemetery viele Berühmtheiten ihre letzte Ruhe fanden, zieht vor allem der westliche Teil auch noch heute Touristen an (der östliche Teil ist frei zugänglich, während der westliche nur mit offiziellen Führungen an bestimmten Tagen besichtigt werden kann). Im westlichen Teil liegen u. a. der Physiker *Michael Farraday* und die Lyrikerin *Christina Rossetti* begraben, im östlichen Teil u. a. die Romanautorin *George Eliot* und der Philosoph *Herbert Spencer*. Hier befindet sich auch das **Grab von Karl Marx**, das seit 1956 von einer überdimensionalen, von Lawrence Bradshaw angefertigten Büste markiert wird. Das Grab von Marx war im Verlauf unseres Jahrhunderts auch ein Gradmesser für politische Stimmungen: Während des Kalten Krieges häuften sich die Anschläge ebenso wie die Ehrenbezeugungen, zu denen – wenn man es auch auf Grund anderer eigener ästhetischer Maßstäbe kaum vermuten möchte – auch Bradshaws Skulptur gehören sollte. Das deutlicher werdende Ende des Kalten Krieges brachte für Marx zwar weiterhin Besucherscharen aus dem Ostblock, jetzt aber auch verstärkt andere neugierige Touristen. Die politische Entwicklung der letzten Jahre jedoch ließ den Besucherstrom zunehmend verebben; eine fast beschauliche Ruhe ist heute hier eingekehrt.

Durch **Waterlow Park** ⑫ gegenüber dem westlichen Friedhofabschnitt kommt man zur steil abfallenden Straße *Highgate Hill* (rechts einbiegen). Gleich neben dem Eingang zum Park steht **Lauderdale House** ⑬, ein prächtiges Gebäude aus dem frühen 17. Jh., in dem einst *Nell Gwynn*, die Geliebte Charles' II, gewohnt hat. In dem 1963 nach einem schweren Brand sorgfältig restaurierten Haus finden heute meist Konzerte und Ausstellungen statt. Das 1638 erbaute **Cromwell House** ⑭ schräg gegenüber, dessen Name in keiner direkten Verbindung mit dem ehemaligen Lord Protector steht, gilt als das schönste historische Gebäude von *Highgate Hill* und der daran anschließenden *High Street*.

Kurz vor dem Ende von *Highgate Hill* an der *U-Bahn Station Archway* (von wo aus man nach Central London zurückfährt) liegt rechts der **Whittington Stone** ⑮. Er wurde 1821 an die Stelle jenes Steines gesetzt, auf dem Dick Whittington gesessen haben soll, als er die Glocken von St Mary-le-Bow *(S. 191)* hörte, die ihn aufforderten:»Turn again, Whittington, thrice Mayor of London«. Der arme Lehrling Whittington tat, wie ihm angeblich geheißen, und die Prophezeiung wurde von der Geschichte oder der Legende noch übertroffen: Whittington wurde viermal Bürgermeister.

Eine der Hauptverkehrsadern des Westends ist Oxford Street ▷

* **20** **Mayfair**

Dauer des Rundgangs: ca. 3 Std. mit Kirchenbesichtigungen. **U-Bahn:** Oxford Circus (›Central Line‹ und ›Bakerloo Line‹); **Bus:** Linien 3, 6, 7, 8, 10, 12, 13, 15, 15B, 15X, 16A, 25, 53, 53X, 73, 88, 94, 113, 135, 137, 137A, 159, 176, C2.

Den Londoner Stadtteil Mayfair, im Karree zwischen *Oxford Street*, **Regent Street*, *Piccadilly* und der Ostseite von **Hyde Park* gelegen, könnte man mit dem dunkelblauen Straßenzug beim ›Monopoly‹ vergleichen: Er ist die teuerste Wohngegend der Stadt. Der Geldadel, aber auch die traditionelle Titelaristokratie, zeigen hier ihren Reichtum und frönen dem Luxuriösen und dem Eleganten – allerdings stets auch mit deutlichem Traditionsbewußtsein und typisch britischem Understatement. Abseits der ausgetretenen Pfade des Massentourismus finden sich in Mayfair aber auch fast noch kleinstädtisch wirkende Oasen – die Gegend um *Shepherd Market* ⑩ etwa ist eine solche.

Geschichte: Bis ins frühe 18. Jh. hinein fand in Mayfair der Londoner Vieh- und Getreidemarkt statt; um 1690 war er von Haymarket *(S. 108)* hierher verlegt worden. Besonderer Beliebtheit erfreuten sich die alljährlichen Mai-Festivitäten – der eigentliche ›May Fair‹ –, bis der Markt insgesamt dem Aufbau eines noblen Wohnviertels weichen mußte. Als sich um St James's Palace *(S. 92)* ab ca. 1700 zunehmend die Aristokratie ansiedelte, wurde – praktisch in der Nachbarschaft – Mayfair durch die *Grosvenor-Familie*, die hier sehr viel Landbesitz hatte, zu einem neuen eleganten Wohngebiet ausgebaut. Zwischen 1720 und 1740 entstanden die Grundzüge eines neuen Stadtteils, dessen Kennzeichen bis heute erhalten sind: großzügige Plätze, breite Straßen, repräsentative Villen, exklusive Geschäfte. Gegen Ende des 18. Jh. waren weitere Besitzungen adeliger Landbesitzer großflächig in das aristokratische Wohnviertel integriert; diese Familien sind bis heute in den Straßennamen wiederzufinden: Hugh Audley, Lady Berkeley of Stratton, Thomas Bond, Sir Nathaniel Curzon, Lord Chesterfield, Lord Dover, die Grosvenors.

Rundgang

Erste Station des Rundgangs ist, einen Steinwurf von der **U-Bahn Station Oxford Circus** entfernt, *›Liberty's‹* ① in der *Regent Street:* ein Anfang der 20er Jahre im Pseudo-Tudorstil gebautes Kaufhaus. Seine schöne Fachwerkfassade mit zahlreichen Erkern und bleiverglasten Fenstern (gestaltet mit Hölzern der beiden letzten Holzschiffe der Royal Navy ›HMS Hindustan‹ und ›HMS Impregnable‹) erhält im Inneren beträchtliche Konkurrenz: durch die verschwenderischen Dekorationen, die das Haus, das um einen Innenhof mit mehreren Holzgalerien gebaut ist, zu viel mehr als ›nur‹ einem Kaufhaus machen. Das 1875 gegründete Geschäft, das mit einem Angebot orientalischer Möbel und Teppiche sowie chinesischer Porzellane begann, begründete seinen

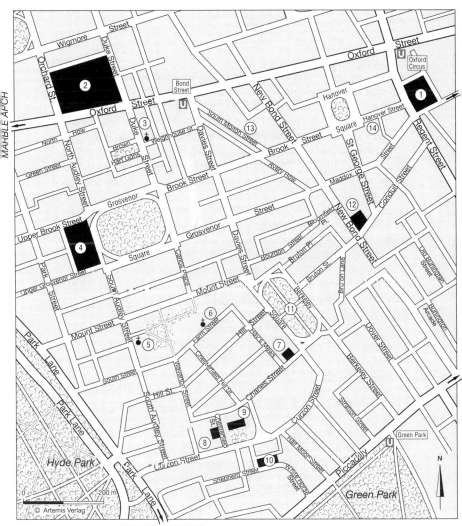

20 Mayfair

281

Weltruhm in den 20er Jahren. Damals bot es erstmals jene künstlerisch bedruckten Stoffe an, die den ›Liberty Style‹ – und bis heute die Innenwelt eines typischen englischen Landhauses – prägen sollten.

Eine exklusive Shopping-Adresse also bildet den Auftakt dieses Spaziergangs durch Mayfair – und mit einem Mekka für Ladenbummler, der weltberühmten **Oxford Street**, geht es weiter. Zwar besitzt wohl keines der großen Kaufhäuser und ›Department Stores‹, die heute das Bild von Oxford Street bestimmen, den Charme von ›Liberty's‹, jedoch dürfte sich für (beinahe) jeden Käufergeschmack zwischen Oxford Circus und Marble Arch etwas finden. Und wer wirklich alles unter einem Dach haben möchte, der stöbere am besten in den endlosen Hallen und Gängen von **Selfridge's** ② herum, einem wahren ›Klassiker‹, wenn es so etwas gibt, unter Londons Kaufhäusern.

Schräg gegenüber von Selfridge's führt die *Duke Street* ins Herz von Mayfair. Gleich an der nächsten Straßenecke *(Weighhouse Street)* trifft man auf die ehemalige Kapelle für das ›Königliche Haus mit öffentlicher Waage‹, einem von Alfred Waterhouse 1888–91 errichteten, reich gegliederten Ziegelbau, der heute als **Ukrainian Catholic Cathedral** ③ dient. Weiter geradeaus, rechter Hand vorbei an einem kleinen Umspannwerk von 1905 mit den dahinter gelegenen *Brown Hart Gardens*, gelangt man zum **Grosvenor Square**, einem der größten Stadtplätze Londons. Wer sich für *G. F. Händel* interessiert, kann ein Stück links in die *Brook Street* einbiegen, wo ›Handel‹ (wie die Engländer, die den Komponisten als einen der ihren betrachteten, ihn nennen) in *Nr. 25* 30 Jahre bis zu seinem Tod 1759 lebte und u. a. den ›Messias‹ komponierte. In der Nordostecke des *Grosvenor Square*, dort wo man ihn betritt, lebte in *Nr. 9 John Adams*, der spätere 6. Präsident der USA. Dieser große Platz – wegen seiner Anwohner auch immer wieder als ›Little America‹ bezeichnet – wurde 1725–31 angelegt und zog namhafte Reiche an, die hier ihre Residenzen errichteten. Leider ist von den georgianischen Häusern aus dieser Zeit praktisch nichts erhalten; die **Botschaft der USA** ④, 1956–59 vom finnischen Architekten Eero Saarinen erbaut, beherrscht vielmehr den Platz und seinen Park. Wenn man diesen durchquert, kommt man an der Bronzestatue eines weiteren Amerikaners, des 32. US-Präsidenten *F. D. Roosevelt*, vorbei (von William Reid Dicks). Der riesige Bronzeadler auf dem Dach der Botschaft, der gerade bedrohlich zu einem Beuteflug anzusetzen scheint, veranlaßt manche vielleicht, diesen Ort möglichst schnell wieder zu verlassen – am besten nach links in die *South Audley Street* mit ihren schönen Häusern aus dem 18. Jh. An der Ecke *Mount Street* macht mit königlichem Wappen der Waffenhersteller ›Purdie & Sons‹, der traditionell handgefertigte Pistolen anbietet, auf sich aufmerksam.

Nicht weit entfernt folgt links die ***Grosvenor Chapel** ⑤, die 1730/31 erbaute Privatkapelle der Grosvenor-Familie, der bis heute weite Bereiche dieses Stadtteils gehören. Der Unternehmer Benjamin Timbrell, der mit J. Gibbs an der Kirche St Martin-in-the-Fields *(S. 99)* gearbeitet hatte, setzte viele Anregungen, die er dabei erhalten hatte, hier baulich um. Der Bauherr, Sir Richard Grosvenor, wollte mit eigener Kapelle neue Anwohner bzw. Bauherren motivieren, nach Mayfair zu ziehen. Der von außen schlichte Ziegelsteinbau besticht innen durch seine Helligkeit: klare Fenster, weiß getünchte Wände und eine schlichte Ausstattung, die J. N. Comper 1912 besorgte, wobei er dem Altarraum zentrale Bedeutung zukommen ließ. Sehenswert sind das königliche Wappen von George II an der Westgalerie, das elegante Orgelgehäuse von Abraham Jordan (1632 gefertigt, Orgel von 1990), die eiserne georgianische Kommunionbalustrade sowie das weiße Marmortaufbekken von 1841. Berühmte Kirchgänger der Kapelle waren u. a. der Herzog von Wellington und Florence Nightingale.

Wer sich für Glas und Porzellan interessiert, sollte unbedingt ein paar Schritte weitergehen zu ›*Thomas Goode*‹, einem der schönsten Porzellangeschäfte der Welt, wo in 1875–91 entstandenen prachtvoll ausgestatteten Räumen ein einzigartiges Angebot offeriert wird. Hinter der Grosvenor Chapel erstreckt sich ein kleiner Park bis zur ***Farm Street Church** ⑥, die man hier von der Rückseite aus betreten kann. Diese neogotische Kirche wurde 1844–49 als Hauptsitz der Jesuiten in Großbritannien erbaut und der ›unbefleckten Empfängnis‹ geweiht. Der Architekt *A. W. Pugin*, der Hauptvertreter des neogotischen Baustils in England und Mit-Schöpfer der Houses of Parliament *(S. 55)*, hat hier ein in Aufbau, Gliederung und Lichtverhältnissen höchst kunstvolles Bauwerk geschaffen. Die schönsten Blicke bieten sich, wenn man vom Garteneingang aus an den Seitenkapellen vorbei geradeaus zum Haupteingang geht: Von ihm aus schaut man direkt auf den ebenfalls von Pugin geschaffenen Altar, der nicht durch einen Lettner abgetrennt ist – was traditionell bei Ordenskirchen üblich war –, sondern, den Eindruck von Weite unterstützend, zum Kirchenraum hin offen blieb. Während die Seitenkapellen in gedämpftem Licht liegen, erhält das Hauptschiff Helligkeit durch die hohen Fenster und die lichte Deckengestaltung: Die aufgemalte Kassettendecke ist auf weißem Grund mit Christusinitialen in roten und blauen Kreisen verziert. Grüner Marmor aus Genua, Alabaster aus Nottinghamshire und ein venezianisches Mosaik, das 1875 hinzugefügt wurde, zieren den reich ausgestatteten Altarraum.

Die *Farm Street* beherbergte früher die Versorgungsgebäude der Aristokratie in der Nachbarschaft. Schräg gegenüber der Kirche steht das im Tudorstil gebaute ›*Farm House*‹. Links der Straße bis zum Ende folgend, beginnt rechts *Hay's Mews*, früher – entsprechend dem Namen – eine Gasse mit Pferdeställen, Kutschenhäusern und Wohnungen für Personal. An ihrem Ende liegt links auf der Ecke das historische Pub ›**I am the only Running Footman**‹ ⑦. Innen verweisen ein großes Gemälde und eine Schrifttafel darauf, was einen ›running footman‹ ausmachte: Als Angestellter eines Wohlhabenden lief er – bis Ende des 18. Jh. – der Kutsche seines Herrn voraus, um durch die Bezahlung aller Zoll- bzw. Benutzungsgebühren auf dem Weg dessen Fahrt zu erleichtern und zu beschleunigen; im Dunkeln ging er oft mit einer Lampe voraus oder dirigierte in schmalen Straßen Kutschen aneinander vorbei. Im 19. Jh. war das Lokal Treffpunkt vieler Bediensteter der umliegenden ›high society‹-Haushalte.

In der rechts abbiegenden *Charles Street*, wo vor manchen Häusern noch die alten eisernen Lampenfassungen hängen, wohnte der Herzog von Clarence bis zur Fertigstellung seines neuen Hauses, Clarence House (1828) am St James's Palace *(S. 94)*. Links in der *Chesterfield Street* liegt das große **Ancaster House** ⑧, das der 35jährige Bankier Adrian Hope 1873 für seine 6köpfige Familie und 18 Bedienstete erbauen ließ. Es besitzt angeblich den größten privaten Ballsaal in London und soll 1987 für 10 Millionen £ verkauft worden sein.

Nun gelangt man in die *Curzon Street*, die um 1720 von Sir Nathaniel Curzon angelegt und ausgebaut wurde; sie hat bis heute ihren Stil des 18. Jh. bewahrt. Links – etwas zurück in einer schönen Gartenanlage – liegt **Crewe House** ⑨, das Edward Shepherd sich 1730 erbauen ließ. Es ist eines der wenigen erhaltenen Beispiele für die luxuriöse Bebauung von Mayfair im 18. Jh.; seine Stuckfassade erhielt das Haus erst 1831. Sein Erbauer Edward Shepherd war derjenige, der um 1730 auch das ehemalige Marktgebiet gegenüber in ein dörflich geprägtes Geschäftsviertel umwandelte, das bis heute seine schmalen Gassen mit kleinen Läden und Kopfsteinpflaster, enge Höfe sowie malerische Durchgänge erhalten hat: *Shepherd Market ⑩. Trebeck Street* führt rechts in diese Idylle. Sie ist vor allem Sammlern von Zinnfiguren ein Begriff, auf die hier mehrere Spezialgeschäfte warten. Rund um den kleinen Marktplatz (links ab in der *Shepherd Street*) laden verschiedene Restaurationen zum Verweilen. Besonders gut sitzt man an der Ecke im Pub ›*Bunch of Grapes*‹ (1882), wo gute Biere gezapft werden. Links erwarten den Besucher in der Straße *Shepherd Market* weitere historische Häuser und Geschäfte, so etwa die Parfümerie ›*Mary Chess*‹, die als Hoflieferantin wirbt. Eine alte schmale Passage führt aus dem ›Dorf‹ hinaus wieder in die *Curzon Street*, der man rechts im großen Linksbogen folgt, vorbei an Häusern verschiedener Jahrhunderte und Baustile, bis links *Fitzmaurice Place* abgeht und zum **Berkeley Square** ⑪ führt. Dieser Platz wurde

Bond Street in Mayfair ist ein Paradies für Kunstsammler

1739 angelegt und ca. 1790 mit Platanen bepflanzt; bis heute strahlt er eine vornehme Atmosphäre aus. Von den ursprünglichen Häusern seiner aristokratischen Anwohner sind nur auf der Westseite einige Bauten aus dem 18. Jh. erhalten; besonders schön ist *Nr. 44:* 1742–44 von William Kent für Lady Isabella Finch erbaut, beherbergt das Gebäude heute hinter der schlichten Fassade den ›Clermont Club‹, so daß das prunkvolle Interieur nur noch Mitgliedern zugänglich ist. An der Ostseite, am Eingang zur *Bruton Street*, baute man das ›*Berkeley Square House*‹ um das Gebäude herum, in dem Königin Elizabeth II geboren wurde.

Die Bruton Street führt direkt in die exklusive Geschäftswelt der **Bond Street**. (Wer diese Welt lieber auf etwas verschlungenen Pfaden erreichen möchte, sollte den *Berkeley Square* an der Nordostecke durch die Gasse *Jones Street* verlassen. Man gelangt in die ehemaligen ›Hinterhöfe‹ der Residenzen, wo die Bediensteten wohnten und kleine Handwerkerbetriebe angesiedelt waren. Die Aufhängungen für die Seilzüge sind bei fast allen Häusern noch im Giebel funktionstüchtig erhalten.)

Sotheby's ⑫, jedem Kunst- und Antiquitätenliebhaber ein geheiligter Name, hat hier eine Versteigerungshalle (*Bond St / Ecke Bloomfield Place*; geöffnet Mo–Fr, 9–16.30 Uhr; ab 11.00 Uhr Versteigerungen von Büchern, Münzen und Schmuck) und seinen Hauptsitz. 1744 von

285

Samuel Baker gegründet, gilt Sotheby's, das aus einem Antiquariat hervorgegangen ist, als das älteste Auktionshaus der Welt. Im Haupthaus wie auch um die Ecke in der *Conduit Street* sind einzelne Abteilungen (z. B. Porzellan und Gemälde) untergebracht, die alle zu den obigen Zeiten öffnen bzw. versteigern. Es empfiehlt sich, sich vorab über Termine und Angebote zu erkundigen (Tel. 071-493 80 80). An der Straßenecke gegenüber *(Bruton/Bond Street)* lohnt ein Blick nach oben: Die Balustrade des *Time and Life Building*, 1952 vom Architekten Michael Rosenauer erbaut, gestaltete Henry Moore. Das *Westbury Hotel* auf der anderen Seite wurde 1955 von demselben Architekten errichtet.

Auf Bond Street hat Luxus Tradition. Schon immer zog die seit den Zeiten der Hannoveraner Könige im 18. Jh. berühmte Einkaufsstraße die finanzkräftigen, eleganten und/oder aristokratischen Kunden an. Heute bietet *Old Bond Street* (im Süden) mehrere Kunstgalerien, aber auch Namen wie ›Marlborough‹ und ›Agnew‹. In *New Bond Street* (im Norden) locken u. a. Namen wie ›Cartier‹, ›Gucci‹ oder ›Versace‹ sowie ›The Fine Art Society‹. (Wer ein exquisites Mitbringsel aus England sucht, hier findet er es!) Für Modebewußte und Avantgardisten ist die **South Moulton Street** ⑬ eine Alternative zur King's Road in Chelsea *(S. 328)*. Immer mehr Trendsetter und modische Newcomer etablieren sich hier; die Fotografen, Models, Showleute und Modejournalisten folgen ihnen. Wer es etwas gediegener mag, kann in der *Brook Street* ins *Claridge Hotel* gehen, das ein Treffpunkt der ›high society‹ ist. Diejenigen, deren Appetit auf Luxus noch nicht gestillt ist, sollten das **London Diamond Centre** ⑭ *(Hanover Street Nr. 10)* nicht versäumen, wo nicht nur eine Ausstellung über Gewinnung und Verarbeitung von Diamanten, sondern auch die Vorführung mikroskopisch feiner Schleifarbeiten die Besucher – und potentiellen Käufer – locken.

Weiteres Programm ab hier: Rundgang ⒆ *(St Marylebone* und **Regent's Park)*, der beim Kaufhaus Selfridge's beginnt, oder Rundgang ⒄ durch *Bloomsbury* (***Britisches Museum und Universitätsviertel), dessen Ausgangspunkt, *St Giles Circus*, man über die Oxford Street nach Osten erreicht. Nächster **U-Bahnhof** ist *Oxford Circus* an der Kreuzung *Oxford Street/Regent Street*.

Kathedrale des Konsums und Top-Sehenswürdigkeit: ▷
Das Kaufhaus Harrods in Knightsbridge *(S. 320)*

Hyde Park-Szenen (oben Speaker's Corner, *S. 290*)

** 21 Hyde Park und Kensington Gardens: Marble Arch · Hyde Park Corner · Kensington Palace

Dauer des Rundgangs (ohne eigene Wege im Park): ca.2 ½ Std.; Besichtigungen zusätzlich ca. 1 ½ Std. **U-Bahn:** Marble Arch (Central Line); **Bus:** Linien 2A, 2B, 6, 7, 8, 10, 12, 15, 16A, 36, 73, 74, 82, 88, 94, 135, 137A, 274.

Mitten in der Millionenstadt die ›grüne Lunge‹ von 3 km² Ausdehnung: Auf Hyde Park und Kensington Gardens, die größten der vielen Grünflächen, die die Metropole besitzt, sind die Londoner zu recht stolz und die Bewohner mancher anderer Großstädte neidisch. Ein Sonntagnachmittag im Grünen, vielleicht sogar ein ausgedehntes Picknick, eine Bootspartie auf ›The Serpentine‹ oder auch nur ein Spaziergang in der Mittagspause für die Londoner gehört dies zum Leben in der City unverzichtbar dazu. Denn die Briten und ihre Parks – sogar das kann man sagen – bilden eine unzertrennliche Einheit, und der Besucher, der den Mut zum Plausch auf der Parkbank hat, wird vielleicht bald spüren, warum dies so ist.

> Der Ausgangspunkt des folgenden **Spaziergangs** ist *Marble Arch* am Ende der *Oxford Street*, wo sich jahrhundertelang die öffentliche Hinrichtungsstätte befand. Viele Wege führen von hier durch den großzügigen ****Hyde Park** zum See (›*Long Water*‹ und ›*Serpentine*‹), über den eine schöne Brücke in die **Kensington Gardens* führt. Hier lohnt sich der Besuch der *Serpentine Gallery* und des *Albert Memorials* (des pompösen Denkmals für Königin Victorias Prinzgemahl), um dann dem *Flower Walk* zum ****Kensington Palace (S. 296)** zu folgen, wo repräsentive königliche Räume aus dem 16. bis 19. Jh. besichtigt werden können. Danach bieten sich in *Kensington*, einem eleganten Wohn- und Einkaufsviertel, individuelle Möglichkeiten, den Spaziergang ausklingen zu lassen.

Aus der **U-Bahn-Station Marble Arch** kommend gelangt man durch *Ausgang 3* auf die heutige Verkehrsinsel mit dem funktionslos gewordenen **Marble Arch**. 1828 hatte ihn John Nash als Haupteinfahrt für Buckingham Palace *(S. 95)* im Stil des römischen Konstantinbogens erbaut. Nachdem die Palastanlage aber verändert worden war, blieb für den Torbogen zu wenig Platz; außerdem hatte sich seine Durchfahrt als zu schmal erwiesen. So wurde er auf Wunsch Victorias 1851 an die Oxford Street verlegt, um als Eingangstor zum Hyde Park seine Dienste zu tun. Schon seit 1908 aber wird der Verkehr um das Bauwerk herumgeführt. Vom 12. Jh. bis 1783 hatte sich hier die öffentliche Hinrichtungsstätte außerhalb der Stadt befunden: Tyburn war achtmal im Jahr Schauplatz des ›hanging day‹; Lehrlinge hatten an diesen Tagen frei! Zehntausende, später über 100 000 Menschen (1724 sollen es fast

200 000 gewesen sein) säumten dann den Prozessionsweg der Verurteilten vom Newgate-Gefängnis *(S. 175)* bis nach *Tyburn*, wo für die Zahlungskräftigen Tribünen aufgebaut waren, damit sie dem Geschehen möglichst nahe sein konnten. Der genaue Standort des Galgens, der auf der Kreuzung *Tyburn Roads* (heute Oxford Street) und *Tyburn Lane* (heute Park Lane) stand, ist auf der Straße mit einem dreieckigen Stein gekennzeichnet worden. – Um in den Hyde Park zu gelangen, sollte man wieder die Unterführung benutzen (Schilder ›Hyde Park/ Speakers' Corner‹).

Geschichte: Die gesamte Fläche der Parkanlagen einschließlich *Kensington Gardens* gehörte ab dem Mittelalter zum Besitz von Westminster Abbey. 1536 beschlagnahmte Henry VIII im Zuge der Säkularisation auch die Ländereien der Abtei und nutzte sie fortan als Wildpark. Bis weit ins 17. Jh. hinein wurden hier Jagden veranstaltet.

Charles I machte den Park 1635 der Öffentlichkeit zugänglich. In vielen Bereichen war er aber wilde Naturlandschaft geblieben, in der noch lange nach 1700 Kriminelle Unterschlupf fanden und entsprechend Reisende bei der Durchfahrt Geleitschutz benötigten. Im Laufe des 18. Jh. wurde die Umgebung des Parks immer mehr bebaut: Schon ab 1689 war Kensington Palace offiziell Privatresidenz der englischen Monarchen geworden, so daß sich das Dorf Kensington als eleganter Wohnort in Palastnähe entwickelte. An der Ostseite hatten sich in Mayfair und St James's schon seit längerem die Residenzen der Reichen ausgebreitet. Damit wurde Hyde Park im 17. und 18. Jh. zu einem der gesellschaftlichen Treffpunkte Londons: Während man in St James's Park *(S. 87)* mehr promenierte, zeigte man sich hier mit Pferd und Wagen sowie seiner Begleitung in möglichst prunkvoller Ausstattung. Heute hingegen ist Hyde Park ein Freizeitpark für jedermann; die ›oberen Zehntausend‹ schicken allenfalls noch ihre Kindermädchen mit den Kleinen her.

Von Marble Arch kommend, liegt vor einem die ›**Speakers' Corner**‹ *(Farbtafel S. 288)*, seit 1872 nicht nur in England ein Inbegriff für das Recht auf freie Rede, das in vielen verbotenen und mehrfach niedergeschlagenen Demonstrationen seit 1866 erkämpft worden war. Bis heute ist dies der Ort, an dem jeder sagen kann, was er will, und sei es noch so abwegig. So hört man hier flammende Reden zu gesellschaftlich relevanten Themen, aber auch Predigten zu den skurrilsten Dingen – selten in der Woche, aber immer sonntags, und manchmal ergreifen auch samstags Redner das Wort. Bei gutem Wetter entwickelt sich oft ein spannendes Spiel von Rede und Gegenrede; bei schlechtem Wetter jedoch kann es auch passieren, daß außer einem Stadtstreicher, der zu (s)einem Hund spricht, keine ›speakers‹ da sind – es sei denn, man macht sich selbst dazu . . .

Auf dem Gang durch den Park ist es erlaubt, von den Wegen ab- und über das Grün zu gehen. Schrägt rechts liegt ein kleines Vogelschutzgebiet, das **Bird Sanctuary** des Parks. Von hier aus geht es weiter zum See,

dessen Anlage (1730–33) Königin Karoline, Gemahlin von George II, anregte, die auf diese Weise die Palastgärten vom öffentlichen Park abtrennen wollte. Bis heute heißt der Teil des Sees rechts der Brücke *Long Water* und der links *The Serpentine* – jeweils vom Hyde Park aus gesehen.

Auf der Straße *The Ring*, die rechts ab zum *Lancaster Gate* hinausführt und von Charles I um 1640 als befestigter Weg angelegt wurde, zeigte sich früher die Gesellschaft in ihren Kutschen. Samuel Pepys beschreibt dies mehrfach in seinem Tagebuch; einmal, so schätzt er, waren es über 1000 Kutschen, die hier ihre Kreise zogen. Und aus einer herrschaftlichen Kutsche heraus wurden seiner Frau bewundernde Blicke zugeworfen . . .

Am **Long Water**, wo man sich dann schon in den *Kensington Gardens* befindet, gibt es einen sehr schönen Badeplatz. Ausladende alte Bäume bieten Ruheplätze im Halbschatten, und die Bootsvermietung lädt zum Ausflug bis in die andere Seehälfte. Am Nordufer liegen vier große Springbrunnen, ›*The Fountains*‹, mit einem Pavillon, umgeben von einem schönen Garten im italiensichen Stil, den J. Pennethorne 1861 anlegte. Nicht weit davon entfernt, am *Victoria Gate*, finden Tierbesitzern einen Pilgerplatz: Von 1880 bis 1915 war es den – zumeist reichen – Tierbesitzern erlaubt, hier auf dem ›*Cemetery*‹ ihre toten Lieblinge zu bestatten (sehr eigenwillige Steine und Inschriften!). Am Westufer des Long Water kommt man dann an der – vor allem bei Kindern sehr beliebten – *Peter Pan-Statue* vorbei, einem Werk George Framptons von 1912. Weiter am Ufer entlang – von hier kann man den für Königin Karoline angelegten *Temple* liegen sehen – führt der Weg zur **Serpentine Gallery**, wo im ehemaligen ›Tea Room‹ von 1908, erbaut von Henry Tanner, Kunst des 20. Jh. ausgestellt wird.

Schließlich ›**The Serpentine**‹, der größere Teil des Sees: An der breiten Promenade *(Serpentine Road)* gibt es immer viel zu sehen – z. B. sonntags, wenn am *Band Stand* Orchester- oder Kapellenkonzerte gegeben werden.

* **Hyde Park Corner** (U-Bahn: Hyde Park Corner)

Wenn man, am Band Stand vorbei, der *Serpentine Road* nun noch ein Stückchen weiter bis zum Parkausgang folgt, ist man auch schon an Hyde Park Corner angekommen, einem riesigen Verkehrsknotenpunkt (120 Fahrzeuge pro Minute!) mit U-Bahnhof, Straßentunnel und gigantischem Kreisverkehr samt krönenden Monumenten. An der Parkseite steht hier *Apsley House *(s. unten),* einst Wohnsitz des *Herzogs von Wellington,* des Siegers von Waterloo. Der gegenüberliegende Platz, zu erreichen durch das Fußgängertunnellabyrinth von Hyde Park Corner *(Ausgänge 6, 7, 10, 14, 15)*, trägt ebenfalls den Namen des ›eisernen Herzogs‹, der, auf seinem Schlachtroß ›Copenhagen‹ sitzend, vom Platz zu Apsley House hinüberblickt. Der mächtige Triumphbogen auf dem Platz – einst *›Constitutional Arch‹* genannt, dann aber in ›**Wellington Arch**‹ umbenannt – sollte einmal als Nordportal zu Buckingham Palace seinen Dienst tun. Decimus Burton schuf ihn 1827/28; die Pferdegruppe aus Bronze mit der Symbolfigur des Friedens (von Adrian Jones) wurde erst 1912 auf dem Bogen angebracht. Auch die anderen Statuen und Denkmäler auf dem Platz kamen später hinzu: die vier Figuren, die die Ecken des Monuments bewachen (ein engl. Grenadier, ein schottischer ›Highlander‹, ein walisischer Füsilier und ein nordirischer Dragoner) zu den Palastgärten hin das *›Machine Gun Corps Memorial‹* von 1927 mit einer Statue des biblischen Königs David; und nicht weit entfernt das 1928 aufgestellte *›Royal Artillery War Memorial‹* für die Artilleristen des 1. Weltkriegs. Wenn abends der Triumphbogen angestrahlt wird, wirkt dieser Platz, umtost vom modernen Verkehr, wie eine verlorene Insel der Vergangenheit.

Nun aber zurück *(Tunnelausgang 8)* zum ****Apsley House**, das lange als *›No. 1, London‹* bekannt war, weil es am westlichen Zollschlagbaum an der Grenze von London lag. 1771–78 von Robert Adam aus rotem Ziegelstein für Baron Apsley errichtet, war es 1817–52 die Residenz des Herzogs von Wellington. 1828/29 beauftragte dieser Benjamin und Philip Wyatt mit dem Umbau: Sie verblendeten das Gebäude mit Bath-Stein, errichteten die Halle mit korinthischen Säulen und bauten den Westflügel mit seiner 30 m langen *Waterloo Gallery* an. 1830–52 fand hier jährlich in Erinnerung an die große Schlacht das pompöse ›Waterloo-Bankett‹ statt.

Der 7. Herzog von Wellington schenkte das Haus 1947 der Britischen Nation. 1952 wurde es als *Museum* für den Sieger von Waterloo eröffnet, in dem viele seiner persönlichen Gegenstände, seine *Waffen* sowie seine berühmten *Gemälde- und Porzellansammlungen* ausgestellt sind. Neben der Ausstattung der repräsentativen Räume mit ihren reichen Decken- und Wandgestaltungen, kostbaren Spiegeln und ausladenden Leuchtern, Lüstern und Kandelabern sind besonders sehenswert: die große Napoleonstatue von Canova im Vestibül; der riesige Tafelaufsatz aus massivem Silber, der im Zentrum der festlichen Waterloo-Tafel stand; kostbare, individuell für den Herzog gefertigte Porzellane, die ihm europäische Herrscherhäuser zum Geschenk machten; Gemälde von Goya, Rubens, Murillo, Velázquez und aus der Schule Caravaggios. Links vom Eingang sind kostbare Präsente aus Silber ausgestellt und ein ca. 6×1 m großer Tafelaufsatz aus Sèvres-Porzellan, der ›en miniature‹ die Tempelanlage von Luxor darstellt (1810–12 für Kaiserin Josephine von Frankreich gefertigt; 1818 als Geschenk Louis' XVIII von Fankreich in Wellingtons Besitz gelangt).

Nordöstlich von Apsley House schließlich, wieder im Hyde Park, steht eine große *Achillesstatue* mit interessanter Geschichte. Sie wurde von der weiblichen Bevölkerung Großbritanniens durch Geldspenden finanziert und 1822 hinter dem Haus des Herzogs aufgestellt. Die Frauen hatten sie aus französischen Kanonen gießen lassen, die Wellington während seiner erfolgreichen Schlachten erbeutet hatte.

Südlich des ›Serpentine‹-Sees führt nun der Reitweg ›**Rotten Row**‹ Richtung Kensington Gardens. Der Name, eine amüsante Verballhornung der französischen Bezeichnung ›*Route du Roi*‹, berichtet von der ursprünglichen Funktion: Dies war der Weg, den der Monarch nahm, wenn er von seiner Privatresidenz nach Whitehall oder Westminster zu den politischen Geschäften gelangen wollte. (Auf dieser Seeseite befindet sich übrigens mit ›*The Lido*‹ die einzige öffentliche Badeanstalt des Londoner Zentrums.)

* Kensington Gardens

Die 1728–31 unter Aufsicht von Königin Caroline in ihrer heutigen Form angelegten Gärten von Kensington – sie waren 1689, als **Kensington Palace* Privatresidenz der Monarchen wurde, dem Palast als Garten zugeschlagen worden – sind ganz anders gestaltet als der Hyde Park. Während jener überwiegend als Landschaftspark belassen wurde, zeigen *Kensington Gardens* deutliche Züge einer geplanten Anlage mit Anpflanzungen, überschaubaren Einzelgärten sowie verschiedenen kleineren Bauten, die der Anlage den Charakter eines Privatparks geben. 1841 öffnete Queen Victoria ihn der Öffentlichkeit.

Victoria und ihr Prinzgemahl Albert haben sich sehr für die Verbesserung der Kulturlandschaft in der Hauptstadt eingesetzt, um sie für Großbritannien, aber auch im gesamten ›Empire‹ – wenn nicht gar weltweit – zu *dem* Kulturzentrum überhaupt zu machen. Als Albert 1861 plötzlich 42jährig starb, fiel die Königin in jahrzehntelange Trauer. Für ihren Mann (der zu seinen Lebzeiten nicht zugelassen hatte, daß man ihm ein Denkmal setzte) ließ sie 1863–76 im Park, gegenüber der nach ihm benannten Konzerthalle **Royal Albert Hall (S. 310)*, das **Albert Memorial** erbauen. Sie selbst enthüllte es 1876: Es war das größte Denkmal Londons geworden, im neogotischen Stil von dem Hauptvertreter dieses Baustils, *George Gilbert Scott*, erbaut. Entsprechend dem damaligen Zeitgeschmack ist das Monumentalwerk reich an Ornamenten und im Stil eines überdimensionalen Reliquiars errichtet. Albert (von Foley in Bronze gegossen, 5 m hoch) sitzt unter einem mit Mosaiken, Türmchen und Figuren geschmückten 54 m hohen Baldachin. Der Sockel des Denkmals ist mit einem Marmorrelief verziert, das 178 berühmte Persönlichkeiten aus Kunst und Wissenschaft unterschiedlichster Epochen zeigt. Über den Eckpunkten erheben sich Figurengruppen, die die Bereiche darstellen, in denen in viktorianischer Zeit die meisten Fortschritte erzielt wurden: Industrie, Handel, Ingenieurskunst und Landwirtschaft. Die freistehenden Skulpturen an den Eckpunkten des Stufenaufgangs symbolisieren die Kontinente Europa, Asien, Afrika und Amerika. Der Figur des Prinzgemahls ist der Katalog der Weltausstellung von 1851 in die Hand gelegt; dieses Ereignis hatte Albert mitinitiiert und -organisiert. Die riesige Ausstellungshalle *Crystal Palace* stand anfangs hier im *Hyde Park*, bevor sie 1852 nach Süd-London (Sydenham) verlegt wurde, wo die imposante Stahl-Glaskonstruktion 1936 leider abbrannte. Aus den Einnahmen der Ausstellung (250000 £) kaufte Albert 35 ha Land, um darauf die von ihm geplanten Institute und Museen errichten zu können (Rundgang **21**).

Viktorianismus pur: Das Albert Memorial in den Kensington Gardens

Der Spaziergang durch *Kensington Gardens* folgt nun dem *Flower Walk*, den – entsprechend seinem Namen – reich bepflanzte Blumenbeete säumen. Er trifft auf die breite Promenade *(Broad Walk)*, die entlang der Ostseite des Schlosses verläuft. Auf ihrer rechten Seite liegt der *Round Pond*, der Anfang des 18. Jh. von Henry Wise und Charles Bridgman als Mittelpunkt der Palastgärten angelegt wurde. Heute ist er Treffpunkt der Modellbootfahrer. Linker Hand liegt vor Kensington Palace der *Sunken Garden*. Eingefaßt von miteinander verflochtenen Linden ließ Königin Anne diesen Garten anlegen; seine heutige Gestaltung geht auf das Jahr 1909 zurück.

** **Kensington Palace** (U-Bahn: High Street Kensington)

Geschichte: Kensington Palace entstand ursprünglich als Nachfolger eines 1605 hier errichteten Landhauses, das der Graf von Nottingham zu seinem Landsitz ausbaute. 1689 kaufte William III ›Nottingham House‹, wie es hieß, um es durch *Christopher Wren* zu seiner Privatresidenz außerhalb der Stadt – deren Luft ihm als Asthmatiker sehr zu schaffen machte – ausbauen zu lassen. Dies blieb es bis 1760; seitdem nutzen Mitglieder der ›Royal Family‹ es als Wohnsitz (z. Zt. Prinz Charles und seine Familie, Prinzessin Margaret und Tochter sowie Prinz Michael von Kent). Wren fügte 1689–96 dem schlichten Backsteinbau eine repräsentative neue Fassade an, setzte als Verzierung eine Balustrade auf, baute Wirtschafts- und Stallungsgebäude und gestaltete mehrere Innenräume um. Sie sind meist anhand der großflächigen Holzvertäfelungen zu erkennen, während die späteren An- und Umbauten unter George I durch die verschwenderischen Dekorationen auffallen, für die *Colen Campbell* als Architekt (1718–21) und *William Kent* als Innenausstatter (1722–27) verantwortlich zeichnen.

Die **Besichtigung** des Palastes (Eingang an der Nordostecke) beginnt im *Erdgeschoß* mit einer Ausstellung zur Kleidermode bei Hofe mit vielen schönen und wertvollen Exponaten. Die einzelnen Räume sind nach der Epoche und großen Anlässen eingerichtet, von 1750 bis heute – letzteres repräsentiert durch das *Brautkleid von Prinzessin Diana*. Gleichzeitig bewegt man sich auf Victorias Spuren, die in einem der Räume am 24. 5. 1819 geboren wurde und bis zum 20. 6. 1837, dem Tag ihrer Thronbesteigung, mit ihrer Mutter hier lebte.

Rundgang (Führung):

Zutritt zu den **State Apartments** erhält man über *The Queen's Staircase*, einen schlichten eichenen Treppenaufgang, der 1691 von Wren gebaut wurde. Es folgt *Queen Mary's Gallery*, ebenfalls von Wren, mit schönem Blick über ›Sunken Garden‹ und ›Round Pond‹. Hier, wie an der Ostseite überhaupt, sind die Originalfenster erhalten. Die Holzvertäfelung stammt wiederum von Wren, der Kamin von Thomas Hill und darüber der Spiegel mit vergoldeten Schnitzereien von Gibbons; bemerkenswert sind die Gemälde von Kneller (›Zar Peter der Große‹, 1698) und Lely (›Duchess of York‹,

1662). – *Queen Mary's Closet* gehört zu den kleineren Privatzimmern des Palastes. – In *Queen Mary's Dining Room* ist die schlichte Holzvertäfelung wieder von Wren; niederländische Gemälde des 17. und 18. Jh. hängen hier. – *Queen Mary's Drawing Room* wurde 1940 durch Bomben schwer beschädigt, nach dem Krieg wieder restauriert. Das Barometer von Thomas Tompion ist vermutlich aus dem Jahr 1695; an den Wänden Porträts von Kneller und ein van Dyck (›Christus mit dem Hl. Johannes‹). – *Queen Mary's Bedchamber* wurde 1940 ebenfalls schwer beschädigt, so daß von Gibbons' kostbaren Holzschnitzarbeiten nichts erhalten ist; hier stehen ein hoher, reich verzierter Kabinettschrank und das prunkvolle Bett, noch mit den originalen Vorhängen; es war das Bett von Marys Vater, James II.

Man wird nun in die Räume geführt, die unter George I im Stil des frühen italienischen Klassizismus eingerichtet wurden: Das *Privy Chamber* diente kleineren Audienzen; bemerkenswert die Mortlake-Wandteppiche (1623/24), die je einen Monat darstellen, hier Februar, Juli, August und November;

Deckengemälde von William Kent (Verherrlichung von George I und Queen Caroline als Mars und Minerva). Der Raum bietet Einblick in den großen Uhrenhof, den Wren gestaltete. – *Presence Chamber* (Audienzzimmer): Deckenbemalung von Kent, der hier in England 1724 die erste dekorative Bemalung im arabisch inspirierten italienischen Stil des 16. Jh. schuf. *The King's Grand Staircase:* kunstvolles Geländer von Jean Tijou; Bemalung in venezianischer Manier von Kent, der ein Illusionsgemälde gestaltete: eine Galerie mit großer Kuppel, an der Balustrade zahlreiche Zuschauer (einige sind deutlich als zeitgenössische Höflinge zu erkennen) eines imaginären Vorgehens. – Die 32 m lange *King's Gallery* entstand 1604; die Holzverzierungen von Gibbons; Decke mit 7 mythologischen Darstellungen aus der Sage von Odysseus; über dem Kamin ein Windanzeiger, der mit der Wetterfahne auf dem Dach verbunden ist (1694, von Robert Morden); hier hängt die berühmte *Sammlung Williams III*, u. a. Gemälde von Rubens (›Satyre und schlafende Nymphen‹) und van Dyck (›Cupid und Psyche‹).

Höflinge beobachten ein imaginäres Vorgehen: Illusionsgemälde von William Kent im Grand Staircase des Kensington Palace

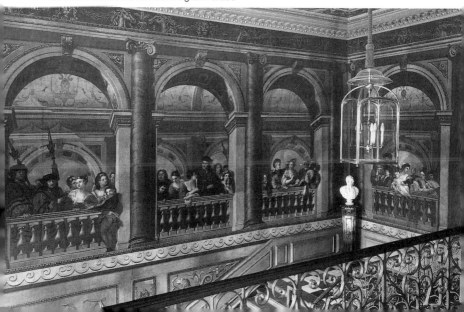

Die nächsten Räume (1834–36 für Prinzessin Victoria und ihre Mutter, die Duchess of Kent, umgestaltet) spiegeln in ihrer Dekoration und Einrichtung den viktorianischen Geschmack wider, der sich prägend für die folgenden Jahrzehnte durchsetzte: schwere Stoffe, viele Möbel, jede Stellfläche auf und in Schränken, Vitrinen, Sekretären etc. ist angefüllt mit Ausstellungs- und persönlichen Erinnerungsstücken. Zum Beispiel: eine aus dem 17. Jh. stammende Wiege aus Deutschland, die Victoria 1843 kaufte *(Duchess of Kent's Drawing Room)*; ein Puppenhaus für Victorias älteste Tochter *(Ante Room)*; oder das Kinderbett im orientalischen Stil, in dem alle neun Kinder Victorias gelegen haben *(Queen Victoria's Bedroom)*. – *King's Drawing Room* (1718) beeindruckt durch seine großartige Deckengestaltung von Kent, den Kamin (1724) von James Richards, die große, reich verzierte Uhr, die, von Charles Clay begonnen, 1743 von John Pyke vollendet wurde, (ursprünglich mit einer Spieluhr, die Melodien von Händel, Corelli und Germiniani ertönen ließ). – Das *Council Chamber* präsentiert Exponate zur Weltausstellung von 1851 und einen Elfenbeinthron (ca. 1850), ein Geschenk des Maharadschas von Travancore, Indien, an Victoria. Als Höhepunkt der Besichtigung erwartet den Besucher schließlich den quadratische *Cupola Room*, der Staatsempfängen diente und dem Kent durch die geschickte Nutzung von Perspektive bei der Bemalung des Koffergewölbes einen imposanten Raumeindruck verlieh. Die Wände erhalten Höhe durch die ionischen Säulen, in deren Zwischenräume gold-braune Trophäen gemalt sind, die sehr plastisch wirken. In den Nischen stehen vergoldete Statuen römischer Götter, über dem Kamin ein Relief von Rysbrack (›Römische Hochzeit‹).

Nördlich des Palastes steht die **Orangerie** von Kensington Palace, 1704/05 für Queen Anne erbaut. Lange Wren zugeschrieben, gilt sie heute als Werk seines Schülers Nicholas Hawksmoor. Innen beeindrucken die Schnitzereien von Grinling Gibbons. Den *Broad Walk* zurückgehend, an der *Victoria-Statue* vorbei (von ihrer Tochter Prinzessin Louise, 1887 anläßlich des goldenen Thronjubiläums Victorias von den Bürgern Kensingtons gestiftet), kommt man rechts zur klar gegliederten Südfront des Palastes. Hier steht eine Skulptur Williams III, ein Werk des deutschen Bildhauers Baucke, das Kaiser Wilhelm II. Edward VII 1907 schenkte.

Außerhalb des Parkareals trifft man nun auf die Privatstraße **Kensington Palace Gardens**, von der aus man ein Stück rechts hinuntergehend einen sehr schönen Blick auf das um 1825 geschaffene Säulenportal des Palastes mit dem dahinterliegenden Wrenschen Uhrenturm hat. Die etwa 2 km lange Allee, 1843 von James Pennethorne angelegt, säumen repräsentative Villen, die überwiegend 1844–70 entstanden und heute als Botschaftsgebäude oder exklusivste Privatresidenzen dienen. Deshalb hat diese Häuserzeile auch den Beinamen ›*Millionaire's Row*‹ erhalten. Links hinuntergehend kommt man am *Palace Gate* vorbei, wo auf der Ecke, *No. 2 Palace Green*, das Haus steht, das Frederick Hering 1860–62 für *W. M. Thackeray* erbaute: Durch seinen

Roman ›*Vanity Fair*‹ (1847/48), ein ironisches Porträt der viktorianischen Gesellschaft, die besonders Kensington ihren Stempel aufdrückte, wurde er weltberühmt. Ein Stück links die *Kensington Road* hinauf – die dann in die Geschäftsstraße *Kensington High Street* übergeht – liegt auf der gegenüberliegenden Straßenseite der Zugang zur *Derry Street* und hier rechts der Eingang zu einem der ungewöhnlichsten Restaurants Londons: ›**The Roof Garden**‹. Ein Dachgarten mit Palmen, exotischen Blumen, Rasenflächen, auf denen Flamingos stolzieren, Säulengängen, erfrischenden Springbrunnen, Lauben und einem sehr guten Restaurant erwarten den Besucher – eine überraschende Insel über den Dächern Londons (1938 von dem Landschaftsarchitekten Ralph Hancock entworfen) und bestens dazu geeignet, den Spaziergang durchs Grüne auch ›im Grünen‹ zu beenden.

> **Weiteres Programm:** Wer gerne in Antiquitätengeschäften stöbert, wird in der *Kensington Church Street* (rechts der Kensington High Street) auf seine Kosten kommen. **Nächster U-Bahnhof** ist *High Street Kensington*. Zum Ausgangspunkt von Rundgang 23 (***Museen von South Kensington) fahren ab hier die **Busse** 9, 10, 52 und C 1.

✳ 22 Notting Hill und Holland Park

Dauer des Rundgangs: ca. 2½ Std.; Besichtigungen zusätzlich ca. 1½ Std. **U-Bahn:** Notting Hill Gate (Central oder District Line). **Bus:** Linien 12, 27, 28, 31, 32, 70, 94

›Notting Hill Gate‹ ist tatsächlich immer noch – oder wieder – ein ›Tor‹: zu einer anderen Welt. Zwar sind die Übergänge fließend und nicht ohne weiteres wahrnehmbar, jedoch sind die nördlich an Kensington anschließenden Stadtteile Notting Hill und Bayswater bereits Terrain von Commonwealth-Einwanderern und ihrer buntgemischten Kultur. Vor allem aus der Karibik hergezogene Neu-Londoner bestimmen das Bild; jedes Jahr Ende August feiern sie hier eines der schillerndsten Feste, das die Metropole bietet: den ›*Notting Hill Carnival*‹ *(S. 301)*.

Notting Hill ist aber auch die Welt der Trödler und Flohmarkthändler. ✳✳**Portobello Market** ①, der längste Straßenmarkt Großbritanniens (Titelbild dieses Buches), ist hier zuhause. Augen, die das ganze Angebot kaum erfassen können, und Füße, die immer noch eine weitere Nebenstraße ›abgrasen‹ wollen, werden überanstrengt wie meistens auch der Geldbeutel, der angesichts verlockender Waren immer wieder hervorgeholt wird. Da tut es gut, dem Gedränge des Marktes durch die wieder ruhigeren Villenstraßen zu entfliehen, die

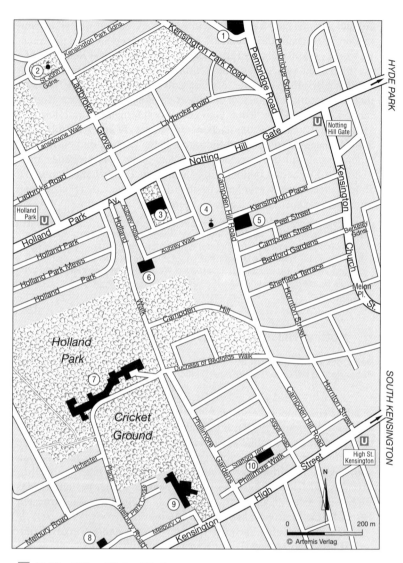

22 **Notting Hill und Holland Park**

** ① Portobello Market *(S. 299, 302)*
② St John's Church *(S. 304)*
③ Campden Hill Square *(S. 304)*
④ St George's Church *(S. 304)*
⑤ ›Windsor Castle Pub‹ *(S. 304)*

⑥ Aubrey House *(S. 304)*
⑦ Holland House *(S. 305)*
* ⑧ Leighton House *(S. 306)*
⑨ Commonwealth Institute *(S. 307)*
⑩ Linley Sambourne House *(S. 307)*

sich um den nahegelegenen Holland Park legen – wieder ein Areal der Yuppies und derjenigen, die es werden möchten.

Die **U-Bahn-Station Notting Hill Gate** ist Ausgangspunkt des Rundgangs. Hinweisschilder auf die *Portobello Road* leiten zum Ausgang, wo rechts die *Pembridge Road* abzweigt, die direkt zum Marktgeschehen führt, selbst aber auch schon Second-Hand-Läden, Antiquariate, Antiquitätengeschäfte sowie verschiedene Restaurants mit exotischen Speisekarten bietet. Sie gehören zum Gesicht dieses Wohnviertels, das eine sehr wechselvolle Geschichte hinter sich hat.

Geschichte: Bis ins 19. Jh. hinein war das gesamte Gebiet nördlich von Kensington ländlich bestimmt, u. a. durch die *Notting Hill Farm*. Sie wurde um 1820 an *James Weller Ladbroke* verkauft, auf den noch mehrere Straßennamen des Viertels hinweisen. Ladbroke war einer der ersten, die von dem Bauboom profitierten, der nach dem Sieg bei Waterloo ab 1815 einsetzte: Viele wohlhabende Bürger bauten außerhalb Londons in guter ländlicher Luft ihre Villen in eine landschaftlich reizvolle Umgebung, die durch die Nähe zum *Kensington Palace* bald zu einer noblen Wohngegend wurde. Nach dem 1. Weltkrieg entstanden ganze Straßenzüge mit ›Council houses‹ der Stadt; vor allem irische Arbeiterfamilien ließen sich hier nieder. In den 50er Jahren erlebte der Stadtteil einen großen Einwandererzuwachs aus der Karibik, deren Bewohnern die britische Regierung Arbeitsplätze und gute Verdienste geboten hatte. Das Bevölkerungsgemisch und die Gegensätze zwischen Arm und Reich führten häufig zu Protesten und Konflikten bis zu Gewaltaktionen. Besonders zur Zeit des Karnevals (vor allem in den 60er und 70er Jahren) ist Notting Hill immer wieder Schauplatz von Krawallen gewesen, ausgelöst durch die sozialen Probleme der Einwanderer (Arbeitslosigkeit, Drogen- und Alkoholkonsum). Notting Hill wurde aber nicht nur durch seinen Karneval immer bekannter, sondern zunehmend auch durch die hier ansässige Musikszene aus der Karibik, die mit der Etablierung des Reggaes in der internationalen Musikwelt an Bedeutung gewann. In dieser Zeit wurde *Ladbroke Grove*, eine Parallelstraße der *Portobello Road*, zur sog. ›frontline‹, an der sich Hippies und Dealer trafen, Pubs, Spielhöllen, Bars und Clubs lockten und wo Sänger und Bands auftraten, die später nicht selten internationale Berühmtheit erlangten. ›Pink Floyd‹, Bob Marley, ›Hawkwind‹ oder die ›Sex Pistols‹ sind nur einige von ihnen. Zunehmend wurde dadurch auch der ›Notting Hill Carnival‹ ein gesellschaftliches Ereignis; er lockt heutzutage über 1 Million Besucher an. Die diskrete Präsenz von ca. 10 000 Bobbies und das Bemühen der Veranstalter und Teilnehmer, ein ausgelassenes Fest zu feiern, haben dazu geführt, daß in den letzten 10 Jahren Konflikte praktisch vermieden werden konnten.

Notting Hill Carnival: Jedes Jahr im August (in Verbindung mit dem ›Bank Holiday‹) brodelt es am Notting Hill. Drei Tage lang wird in den Straßen nach heißen Rhythmen getanzt und in mitreißender Stimmung gefeiert. Der karibische Karneval, als farbenprächtiges Straßenfest gefeiert, läßt die oft ärmlichen, trostlosen und schmutzigen Nebenstraßen vergessen: Das bunte temperamentvolle Programm, Stände vor den Häusern (wo Reis und Bohnen, eingelegter Fisch, geröstete Bananen und andere exotische Köstlichkeiten angeboten werden), die nicht endende Musik der ›Steelbands‹ mit ihrem durchdringenden Klang und den typischen Rhythmen (Reggae, Salsa,

Karibik an der Themse: Beim Notting Hill Carnival

Cumbia, Samba) vermitteln das Gefühl – vor allem an heißen Augusttagen –, tatsächlich in die Karibik versetzt zu sein. Hier wie dort beeindrucken die Farbenpracht der Kostüme, die mitreißende Fröhlichkeit der Menschen und die Vielfalt der Gruppen, die untereinander Wettbewerbe um die schönsten Kostüme und die besten Bands, Sänger sowie Tänzer veranstalten. Kurz: ein Fest, das man miterleben sollte.

Die längste Zeit des Jahres wird das Viertel jedoch vom Markt bestimmt, der in der ****Portobello Road** ① stattfindet, die links von der *Pembridge Road* abgeht. Dieses ›Mekka‹ der Flohmarktfans und Sammler aller Richtungen ist aus einem traditionellen Wochenmarkt hervorgegangen. Ursprünglich war die Straße ein einfacher Sandweg, der zur ›Porto Bello Farm‹ führte, die ihr Gründer nach dem 1739 errungenen Sieg von Admiral Vernon über die Spanier bei Puerto Bello, Mexiko, benannt hatte. Spätestens ab ca. 1870 fand an der Straße ein Zigeunermarkt statt, auf dem mit Pferden und Kräutern gehandelt wurde. Um 1890 etablierten sich erste Stände, die samstags Markt abhielten – überwiegend mit Obst und Gemüse. Ab 1948 kamen vermehrt Antiquitätenhändler, nachdem der große ›Caledonian Market‹ am *King's Cross* geschlossen worden war (später südl. der Themse als ›Bermondsey Market‹ wiedereröffnet). Heute bauen nicht nur samstags die Händler ihre Stände in der Straße auf, sondern viele Häuser beherbergen mittlerweile Antiquitätengeschäfte, von denen knapp 90 auch in der Woche geöffnet haben (ca. 10–17 Uhr). Wer das Gewühl nicht so mag und eine reduzierte Zahl von geöffneten Läden in Kauf nimmt, kann wochentags in Ruhe umhergehen, aussuchen, sich mit den Händlern unterhalten und vielleicht sogar das eine oder andere Lager durchstöbern, das samstags aufgrund der Hektik und Kundenfülle geschlossen bleibt.

Der Markt beginnt gegen 5.30 Uhr, wenn die Händler ihre Stände aufbauen und meist unter sich die ersten Geschäfte tätigen. Spätestens um 8 Uhr haben auch alle Geschäftsinhaber ihre Läden geöffnet. Ab 10 Uhr sind dann meist sowohl in den Geschäften als auch an den Ständen nur noch Schieben und Geschobenwerden möglich – bis ca. 14 Uhr. Danach wird es bis gegen 17 Uhr etwas ruhiger. Mittlerweile beschränkt sich das unübersehbare Angebot des Flohmarkts nicht mehr nur auf die Portobello Road. Auch einige Nebenstraßen bieten interessante Stände und Geschäfte. Eine regelrechte Ausdehnung hat der Markt in die Seitenstraße *Westbourne Grove* erfahren, wo sich über 60 Geschäfte im Laufe der Zeit etabliert haben. Auch die Parallelstraße *Ladbroke Grove* lohnt einen Blick, wo sich am Nordende bis hinunter zur Eisenbahnunterführung und in den dortigen Nebenstraßen ein neuer Flohmarktbereich entwickelt hat, der weniger Antiquitäten, aber mehr Second-Hand-Ware anbietet und nicht ganz so überfüllt ist wie die Portobello Road. Um die Orientierung nicht zu verlieren und einen gewissen Überblick über das Angebot zu bekommen, sollte man sich den ›*Antique Market Official Guide*‹ besorgen, der in vielen Geschäften ausliegt oder samstags beim Informationsbüro erhältlich ist (*Ecke Portobello Road / Westbourne Grove* rechts, dort linker Hand). Dort ist man auch gerne behilflich, wenn Sie als Sammler spezielle Stände oder Läden suchen.

Typisch für viele Geschäfte ist, daß sich einzelne spezialisierte Händler (bis zu 60!) zusammengeschlossen haben, die dann unter einem Dach mit einem sehr vielfältigen Angebot aufwarten, die die oft verwinkelten Räumlichkeiten der alten Häuser gut zu nutzen wissen und so ihre eigene Marktatmosphäre entwickeln. Viele Angebote sind inzwischen sehr touristisch (Andenken, Schmuck, Mode); das bezieht sich auch auf teilweise überhöhte Preise. Deshalb sollte man immer handeln, worauf sich Verkäufer schon freuen. Die Pubs des Viertels sind an Markttagen meist hoffnungslos überfüllt, ebenso wie die kleinen Cafés und Snackbars. Es empfiehlt sich daher, in letzteren oder auf dem Obst- und Gemüsemarkt für ein Picknick einzukaufen, das man im nahegelegenen Holland Park einnehmen könnte.

Der Weg zum Holland Park führt zunächst durch die *Kensington Park Road* bzw. die *Chepstow Villas* zur Straße *Kensington Park Gardens*, die zwischen dem gleichnamigen kleinen Park und den *Stanley Gardens* verläuft. An der Ecke *Ladbroke Grove*, wo der Weg links weiter geht, steht die Kirche **St John's** ② von 1845 mit ihrem markanten Turm. Der Bau auf der rechten Seite, 1933 von Walter Gropius und Maxwell Fry erstellt, zeichnet sich durch seine interessante Konstruktion mit Ziegeln, Stahl und Kacheln aus. *Ladbroke Grove Nr. 42–44* soll J. W. Ladbroke für sich selbst gebaut haben. Auf dem Weg zur *Holland Park Avenue* bieten sich rechts schöne Aussichten über den Park, den man auf direktem Weg unten an der Ecke rechts und dann links in die Straße *Holland Park* einbiegend erreicht.

Wer Lust hat, über einen kleinen Umweg ein malerisches Viertel kennenzulernen, sollte die *Holland Park Avenue* überqueren und geradeaus den **Campden Hill Square** ③ betreten. Er wurde 1826–50 von J. F. Hanson angelegt, entsprechend seinem *Regency Square* in Brighton. Eine der großzügigen Privatvillen (Nr. 2) bewohnte Hanson selbst. Links an der Schmalseite des Platzes entlanggehend, gelangt man geradeaus in die *Hillsleigh Road*, die rechts zum *Aubrey Walk* führt. Hier liegt ein Stück weiter links, auf dem *Campden Hill*, die Kirche **St. George's** ④ von 1864, die durch die Geschichte von Peter Pan gewisse Berühmtheit erlangte: Sowohl der Autor, *Sir James M. Barrie*, als auch die *Llewellyn-Kinder*, für die der Roman geschrieben wurde, wohnten am *Campden Hill Square* und besuchten diese Gemeindekirche.

Der Blick von hier oben auf das Londoner Häusermeer ist ebenso beeindruckend wie ein Besuch im ›**Windsor Castle Pub**‹ ⑤, Nr. 114 der geradeaus kreuzenden *Campden Hill Road*. Dieses Pub von 1835 hat seinen Charakter eines dörflichen Treffpunkts bewahrt. Von hier soll man früher bei gutem Wetter angeblich eine Aussicht bis Windsor Castle *(S. 357)* gehabt haben.

Der Weg führt zurück zum *Aubrey Walk*, vorbei an ehemaligen Kutschen- und Gesindehäusern, die früher zum **Aubrey House** ⑥ gehörten, das am Ende der Straße liegt. Es wurde 1698 angeblich über einer Heilquelle errichtet, 1745–66 umgebaut und stellt heute den einzigen erhaltenen georgianischen Landsitz in Kensington dar. Die *Aubrey Road* führt weiter hügelabwärts; auch hier wieder malerisch am Hang gelegene Häuser verschiedener Jahrhunderte. Wenn man der *Holland Park Avenue* links ein Stück folgt, geht links die Straße *Holland Park* ab. An ihr stehen – als Parallelstraße angelegt mit einer dazwischen verlaufenden schmalen Kutschenstraße – 87 prachtvolle *viktorianische Villen* mit schmiedeeisernen Gittern, herrschaftlichen Säuleneingängen und breiten Treppen, pastellfarbenen Fassadenanstrichen, bunten Blumenkübeln und gepflegten Vorgärten. Die Villen wurden ab 1866 von den Architekten William und Francis Redford erbaut.

Pubs sind eine urbritische Institution (mehr dazu *S. 393*): Hier das ›Prince Edward‹ am Prince's Square in Notting Hill

✳✳ Holland Park (**U-Bahn:** Holland Park)

Der mit einem Wappen verzierte Eingang zum Park befindet sich geradeaus in der Rechtskurve (links in der Mauer). Der ca. 20 ha große Landschaftsgarten ist berühmt wegen seiner vielen verschiedenen Baumarten. Besonders schön ist er im Frühjahr zur Tulpenblüte und im Mai, wenn die Kastanien und Rhododendren und Azaleen blühen. Viele, auch seltene Vogelarten sind hier heimisch und werden durch ein Wildgehege mit Emus und Pfauen bereichert. Im Park folgt man dem Weg, nicht den Stufen. An der Weggabelung nimmt man den Weg, der am weitesten links herumführt. Der erste Pfad, der dann rechts abbiegt, bringt den Besucher zum Denkmal des 3. Barons von Holland, *Charles James Fox* (1773–1840). Er machte **Holland House** ⑦ berühmt, indem er es zum gesellschaftlichen Treffpunkt der ›Whigs‹ machte; nicht nur Victoria und Albert verkehrten hier, sondern auch die Politiker Palmerstone und Macaulay sowie die Dichter Scott, Wordsworth und Dickens. Das Schloß wurde im 2. Weltkrieg weitgehend zerstört, so daß nur noch der Ostflügel – heute Domizil einer der besten *Jugendherbergen* der Stadt – und einige Nebengebäude erhalten sind. Ursprünglich 1606/07 als ›Cope Castle‹ von Walter Cope, dem Schatzkanzler James' I erbaut, war es bis Mitte des 20. Jh. der einzige erhaltene E-förmig gebaute

305

jakobäische Herrensitz in London. Copes Nachfahren wurden im 17. Jh. als Grafen von Holland in den Adelsstand erhoben, entsprechend änderten sie den Namen ihres Schlosses. Im 18. Jh. als Barone geadelt, pflegten die Nachfahren bis ins 20. Jh. hinein einen höchst aufwendigen Lebensstil. Der schöne, 1950 für die Öffentlichkeit zugänglich gemachte Park läßt einiges von der vergangenen Pracht erahnen.

Vom Denkmal aus kann man schon die – allerdings etwas unansehnliche, von einer Mauer begrenzte – Nordansicht der ehemaligen Anlage erkennen. Dort, wo rechts die Mauer endet, führt ein überrankter Durchgang in den ›Rose Garden‹; weiter geradeaus liegt der ›Dutch Garden‹, der besonders im Frühjahr sehenswert ist; an der Sonnenuhr links gehend, kommt man in den malerischen *Iris-Garten*, der durch den Springbrunnen und den dahinterliegenden Arkadengang südländische Atmosphäre vermittelt. Die Orangerie rechts wird heute manchmal für Ausstellungen sowie Konzerte benutzt und beherbergt eine kleine Restauration. Durch den Arkadengang läuft man geradeaus auf das Café zu. Linker Hand liegt das malerische ›Ice House‹ aus dem 18. Jh., das heute ebenfalls kleinen Ausstellungen dient. Etwas weiter entfernt, im *ehemaligen Ballhaus* von 1840, das aus alten Stallungen umgebaut worden war, befindet sich das elegante, aber auch teure ›Belvedere Restaurant‹. Am Café vorbei führt der Hauptweg weiter zur Südseite der Schloßruine. Die Schönheit der früheren Anlage ist noch zu erkennen. Der Hof aus dem 17. Jh. dient jedes Jahr im Juli/August als *Freilichtbühne*, wo vor dieser imposanten Kulisse im Sommertheater ›leichte Kost‹ geboten wird (Infos Tel. 0 71 - 9 37 25 42).

Auf dem Hauptweg zurück – und dann links am *Cricket Ground* entlanggehend – folgt man geradeaus der Straße *Ilchester Place*, die in die *Melbury Road* übergeht. Hier und in den Nebenstraßen hatten sich im vorigen Jahrhundert viele Künstler niedergelassen, von denen sich einige mit ihren Häusern exotische Träume realisierten. Etwa *Nr. 31*: Hier lebte der Maler *Luke Fildes*, der Architekt des Hauses war Norman Shaw. *Nr. 29, ›Tower House‹*, erbaute sich William Burges 1876–81 im sog. ›gothic style‹. Rechts in der *Holland Park Road* fällt ein weiteres ›gothic house‹ auf, das ›South House‹, das sich der Maler Val Princep vom Architekten Philip Webb entwerfen ließ.

Daneben steht **Leighton House* ⑧, von außen schlicht, aber innen mit beeindruckender Ausstattung. Der Genre- und Historienmaler *Frederick Lord Leighton*, 1878–96 Präsident der Royal Academy *(S. 115)*, ließ es sich 1864–66 von seinem Freund, dem Architekten George Aitchison, bauen, der Leightons Pläne zur Gestaltung des Hauses und zur Anlage des Gartens realisierte. Die Inneneinrichtung

und -dekoration spiegelt nicht nur den zeitgenössischen Hang zur Präsentation wider, sondern besonders auch Leightons Vorliebe für die
Exotik fremder Länder und Kulturen, die er auf seinen ausgedehnten
Reisen kennengelernt hatte. Am beeindruckendsten – neben seinem
großzügigen Studio unter dem Dach – ist der zentrale Raum im Erdgeschoß, die sog. ›arabische Halle‹. Dieser malerische, orientalisch
geprägte Raum mit seinem Kuppeldach wurde 1877–79 dem Haus
angefügt: zum einen, um die Stimmung einer arabischen Nacht evozie-
ren zu können, zum anderen, um die Sammlung von Kacheln aus dem
15. und 16. Jh., die Leighton u. a. in Kairo, Damaskus und auf Rhodos
zusammengetragen hatte, angemessen zur Geltung zu bringen. Die
märchenhaft-arabische Illusion, die diese Halle hervorruft, ist perfekt:
grau-weißer Mosaikfußboden, ein plätschernder Springbrunnen (hergestellt aus einem Marmorblock), breite, in die Wände eingelassene
Ruhebänke, wunderschön gekachelte Wände (Blau-Grün-Töne dominieren bei den alten Kacheln, deren ornamentale Muster bzw. Blumen-
und Vogelmotive vollendete Kunst erkennen lassen), ein von Walter
Crane gestalteter Mosaikfries darüber (vor allem die goldfarbenen
Steine erhöhen die Pracht der Halle), die Ornamentik der Nischen und
der Kuppel sowie das reich verzierte Holzgitter vor der sog. ›Frauen-
empore‹ (sie bietet von oben eine schöne Perspektive in die Halle)
tragen dazu bei. In den anderen Räumen des Hauses sind ständig ca. 300
Gemälde (Leighton und Zeitgenossen) ausgestellt, die aus dem reichen
Bestand der Sammlung immer wieder ausgewechselt werden.

Über *Melbury Road* und *Melbury Close* erreicht man nun das imposante Gebäude des **Commonwealth Institute** ⑨; über 40 Masten mit
bunten Fahnen kündigen es an. Aus dem 1887 gegründeten ›Imperial
Institute‹ hervorgegangen (das zu viktorianischen Zeiten ein besseres
Verständnis zwischen dem Mutterland und seinen Kolonien schaffen
sollte), dient das Institut heute als Kultur- und Bildungszentrum der
Öffentlichkeit. In dem 1960–62 von den Architekten Robert Matthew
und Johnson-Marshall erstellten Gebäude mit seiner auffallend spitzen
Dachkonstruktion hat jedes Mitgliedsland des Commonwealth Raum
für Dauerausstellungen zu seiner Geschichte, Kultur, Gesellschaft und
Kunst sowie über seine moderne Entwicklung. Internationale Aktivitä-
ten wie Konzerte, Ausstellungen und Festivals ziehen Besucher ebenso
an wie das hauseigene Kino, die gut sortierte Bibliothek oder das
Informationsbüro, das sogar bei Fragen zu Reisen in Commonwealth-
Länder behilflich ist.

Zwei Straßen östlich liegt das **Linley Sambourne House** ⑩ in der
hübschen Straße *Stafford Terrace*, einer im viktorianischen Stil gestalteten Straße, deren Bürgerhäuser 1868–74 entstanden. *Nr. 18* ist das

Privathaus des ›Punch‹-Karikaturisten *Edward Linley Sambourne*. Er baute es im Jahre 1874 und wohnte in ihm bis zu seinem Tod 1910. Seine Nachfahren haben sein Erbe fast vollständig und unverändert bewahrt (das bezieht sich teilweise sogar auf den Inhalt von Schränken und Schubladen!). Sie übergaben es der Öffentlichkeit, die somit die außergewöhnliche Gelegenheit hat, ein komplett eingerichtetes und erhaltenes viktorianisches Stadthaus zu besichtigen, das eindrucksvoll die Atmosphäre eines wohlhabenden, angesehenen Bürgers am Ende des 19. Jh. widerspiegelt. Gedämpftes Licht, schwere Samtvorhänge, dunkle Teppiche, polierte Möbel, dunkelgemusterte William-Morris-Tapeten, zahllose Bilder, Uhren und Bücher sowie eine Fülle liebevoll zusammengetragener und arrangierter Erinnerungsstücke – das alles prägt den Stil dieses Hauses, das seit 1958 Sitz der hier gegründeten ›Victorian Society‹ ist.

Weiteres Programm und Verkehrsverbindungen *s. S. 299.*

*** **23** ## South Kensington und Knightsbridge: Royal Albert Hall · London Oratory · Science Museum · Victoria & Albert Museum · Natural History Museum · Harrods

Dauer des Rundgangs: ca. 2–3 Std.; Museumsbesuche zusätzlich mindestens 3–4 Std. **Bus:** Linien 9, 10, 52, C1.

Südlich von Hyde Park bzw. der Kensington Gardens liegt mit South Kensington einer jener Stadtteile, die noch bis ins 19. Jh. hinein überwiegend ländlich geprägte Flurbereiche waren. Erst im Zuge der Entwicklungen nach der Weltausstellung von 1851 wurden sie ausgebaut und entwickelten sich schon bald rasant. South Kensington wurde dabei zum Hort der großen Bildungs- und Museumsinstitutionen der viktorianischen Zeit. Weitgehend stellen sie die Verwirklichung von Plänen **Prinz Alberts** dar, dem es gelang, schon zu Lebzeiten sein großes Projekt in die Tat umzusetzen. Aus dem Gewinn (ca. 250 000 £) der Weltausstellung von 1851 kaufte er rund 30 ha Land, auf dem er sein Kulturzentrum für Kunst und Wissenschaft realisieren wollte, das die Zeitgenossen zunächst oft etwas spöttisch ›Albertopolis‹ nannten. Schon im Vorfeld der ›Great Exhibition‹ und erst recht danach wurde South Kensington auch ein neues beliebtes Wohn- und Geschäftsviertel, in dem sich wohlhabende Bürger repräsentative Villen erbauen ließen, lebendige Ladenstraßen entstanden und natürlich schmalere Nebenstraßen, in denen Bedienstete und Handwerker wohnten.

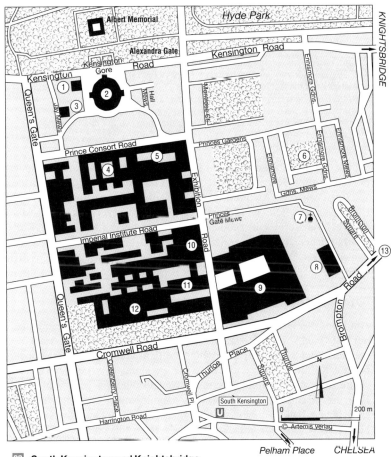

23 **South Kensington und Knightsbridge**

① Royal College of Art *(S. 310)*
** ② Royal Albert Hall *(S. 310)*
③ Royal College of Organists *(S. 312)*
④ Royal College of Music *(S. 312)*
⑤ Imperial College of Science and Technology *(S. 312)*
⑥ Ennismore Gardens *(S. 313)*

⑦ Holy Trinity Church *(S. 313)*
** ⑧ The London Oratory *(S. 313)*
*** ⑨ Victoria & Albert Museum *(S. 315)*
** ⑩ Science Museum *(S. 317)*
** ⑪ Geological Museum *(S. 318)*
*** ⑫ Natural History Museum *(S. 319)*
** ⑬ Harrods *(S. 320)*

*Knightsbridge (S. 322) erlebte eine ähnliche Entwicklung und ist heute – mehr noch als South Kensington – ein nobles Wohn- und exklusives Geschäftsviertel mit Luxushotels, in denen Geld kaum eine Rolle zu spielen scheint. Im Kaufhaus **›*Harrods*‹ ⑬ jedenfalls, dem Endpunkt dieses Spaziergangs, will man schon Kunden bedient haben, die eigens nur zum Shopping aus New York in die Brompton Road kamen . . .

Der **Rundgang** durch South Kensington beginnt in der Nähe des *Queen's Gate*, einem der Eingangstore des Hyde Park, direkt beim *Albert Memorial (S. 294).* An der imposanten ***Royal Albert Hall* ② vorbei führt er – nach einem Abstecher in ein noch aus georgianischer Zeit erhaltenes – Wohngebiet *(Ennismore Gardens* ⑥) und dem Besuch des **London Oratory ⑧ in den *****Museumsbezirk**. Wer will, kann hier Tage verbringen – wer nicht, zieht es vielleicht vor, Richtung *Knightsbridge weiterzuziehen, wo der hier beschriebene Spaziergang endet.

Schräg gegenüber dem Albert Memorial liegt das moderne Gebäude der berühmten Kunstakademie **Royal College of Art** ①. Es wurde 1962–73 von den Architekten H. T. Cadbury-Brown und Sir Hugh Casson erbaut. Die jährlichen Ausstellungen dieser Institution, die 1837 als ›Government School of Design‹ begründet worden war, unterstreichen mit den gezeigten Abschlußarbeiten der Absolventen den ausgezeichneten Ruf der Akademie und vermitteln gleichzeitig einen repräsentativen Überblick über Richtungen der jungen Kunst.

** **Royal Albert Hall** ② (Bus 9, 10, 52, C1)

Am Ende des Gebäudes eröffnet sich der Blick rechts auf einen Platz, der fast völlig von der Royal Albert Hall eingenommen wird. Auch die beeindruckende Konzerthalle gehört zu dem von Prinz Albert konzipierten Kulturzentrum und wurde ihm posthum 1867 bei der Grundsteinlegung durch seine Gemahlin Königin Victoria gewidmet. Der Entwurf, nach dem Modell eines Amphitheaters, stammt von den königlichen Ingenieuren Captain Francis Fowke und Major General Henry Scott. Bis 1871 entstand die ovale Halle, die einen Umfang von 210 m, einen Durchmesser von 91 m und eine Höhe von 51 m aufweist. Der imposante Ziegelsteinbau hat als Schmuck umlaufende Terracotta-Bandornamente, auf der zentralen Ebene hohe eingefaßte Halbbogenfenster, die von Wandsäulen getrennt sind, darüber eine Balustrade und oben an der Rotunde einen antikisierenden Fries, der den Triumph der Künste und Wissenschaften darstellt. Vor allem dieser Fries hat der Halle den Beinamen ›Wedgewood-Suppenschüssel‹ eingebracht. Die alles überragende riesige Kuppel aus Gußeisen und Glas, eine typisch viktorianische Ingenieurkonstruktion, ist in ihrer Wirkung besonders gut im 8000 Personen fassenden Innenraum zu sehen, dessen Dimensionen insgesamt beeindrucken. Hier steht auch, mit 9000 Pfeifen, eine der größten Orgeln Europas. Mitfinanziert wurde der kostspielige Bau damals durch den Verkauf von 1300 Abonnements, die zum Preis von 100 £ für 999 Jahre zu erwerben waren und seit Generationen weitervererbt werden. Leider war die Akustik aufgrund der Konstruktion sehr

Bei Musikliebhabern ein Begriff: Die Royal Albert Hall in South Kensington

schlecht; berühmte Dirigenten wie Wagner, Bruckner, Verdi oder Rachmaninow bemängelten vor allem den Echohall, der viele Zuhörer allerdings zu der süffisanten Bemerkung veranlaßte: »Das ist doppelter Genuß zum selben Preis.« Seit 1969 ist die Akustik aber entscheidend verbessert worden. Diese Halle bietet nicht nur den repräsentativen Rahmen für Konzerte renommierter Orchester und Solisten, sondern ist auch Schauplatz anderer Großveranstaltungen, z. B. von Rock- und Popkonzerten oder internationalen Sportveranstaltungen. (Besichtigungen sind meist von Juni bis Okt. möglich.)

Zu einer äußerst beliebten Tradition sind die sog. ›Proms‹ geworden: ›Promenadenkonzerte‹ mit berühmten Orchestern, Dirigenten und Solisten, die Sir Henry Wood 1895 einführte. Sie finden jedes Jahr von Juli bis zum 15. September statt, dem Jahrestag der ›Battle of Britain‹ (engl.-dt. Luftschlacht 1940). Das Programm ist so vielseitig wie seine Mitwirkenden, d. h. es kommt Musik aller Epochen bis zur Moderne und von allen Kontinenten zur Aufführung. Besonders begehrt sind die preisgünstigen Stehplätze vor der Orchesterbühne im ausgeräumten Parkett, wo sich vor allem junge begeisterte Musikliebhaber treffen. Tatsächlich ausgelassen geht es am letzten Abend zu (traditionell der 15. 9., der immer auch im Fernsehen übertragen wird), wenn das Programm leichte bzw. bekannte ›Kost‹ bietet, der Dirigent als Conférencier auftritt und die Begeisterung – vor allem vor der Bühne – solche Wellen schlägt, daß sich das Publikum im Takt der Musik bewegt oder tausende Stimmen Lieder bzw. Hymnen mitsingen, die oft genug an den Patriotismus eines ›British Empire‹ erinnern, dessen Größe längst vergangen ist. Dennoch, beeindruckend!

Rechts an der Konzerthalle fällt ein anderes Gebäude mit antikisierender Fassade auf: **The Royal College of Organists** ③. Die 1864 als ›National Training School of Music‹ gegründete Institution erhielt hier 1875 ihr eigenes Gebäude, das H. H. Cole entwarf. Die reichen Verzierungen im braunroten, blauen und cremefarbenen Graffito sind von F. W. Moody. Weiter um die Royal Albert Hall herumgehend, kommt man auf einen schönen Platz, in dessen Zentrum ein *Denkmal* (1863) für *Prinz Albert* steht. Linker Hand erheben sich die *Albert Hall Mansions*, die Norman Shaw 1879–86 als erste Vorboten eines neuen Trends errichtete, bei dem sich viktorianische Reiche anstelle eines Stadthauses eine repräsentative Wohnung in exklusiver Lage kauften. In der näheren Umgebung stehen weitere Komplexe dieses Typs: rote Ziegelsteinbauten, hohe schmale Fenster, dekorative Ziegelornamentik oder -verkleidung, hochragende Schornsteine und interessante Giebelkonstruktionen. Geradeaus führt eine breite Treppe hinunter zu historischen Bildungsinstitutionen, die ihre Entstehung ebenfalls Prinz Albert verdanken. Ein Blick zurück bietet die wohl schönste Ansicht der Konzerthalle.

Rechts gegenüber an der nach Albert benannten *Prince Consort Road* liegt das **Royal College of Music** ④. Es wurde 1863 gegründet und erhielt hier 1904 in dem von Sir Arthur Blomfield entworfenen Gebäude seinen eigenen Sitz. In ihm ist eine bemerkenswerte Sammlung von über 500 historischen Musikinstrumenten untergebracht, die als *Museum of Instruments* zugänglich ist. Hier sind u. a. Haydns Klavichord und Händels Spinett ausgestellt. In der entgegengesetzten Richtung liegt das **Imperial College of Science and Technology** ⑤, das heute Teil der Londoner Universität ist. Der kolossale Gebäudekomplex, der 1907–13 unter dem Architekten Aston Webb entstand, vereinigt heute verschiedene Institute: Basis war und ist das *Royal College of Science*, gegründet 1845 mit Albert als 1. Präsidenten; 1851 folgte die Gründung der *Royal School of Mines* und 1884 die des *City and Guilds College*.

Weiter geradeaus überquert man die *Exhibition Road*, die nach 1851 die direkte Zufahrt zum Kristallpalast der Weltausstellung kennzeichnete, und gelangt in die Straße *Princes Gardens*. Rechter Hand lädt der gleichnamige tiefer gelegene informelle Garten vielleicht zu einer kurzen Pause ein; links säumen wieder elegante viktorianische Stadthäuser den weiteren Weg.

Eine ganz andere Welt scheint man dann in den *Ennismore Gardens Mews* zu betreten. Diese schmale Straße, die rechts sofort hinter dem eingezäunten Tennisplatz abgeht, führt in die Zeit vor dem Ausbau ab 1851, d.h. hier ist ein vollständig aus der georgianischen Zeit erhaltener Wohnbereich zu sehen. Die malerische Enklave war ursprünglich die Hinterstraße der auf der anderen Seite der Häuser gelegenen noblen Wohnanlage an den **Ennismore Gardens** ⑥. Die idyllischen, teilweise nur knapp 1 m breiten ›Cottages‹ wirken wie große Puppenstuben und bezaubern mit der Vielfalt ihrer Pastelltöne und den kleinen Fenstern mit Butzenscheiben. Früher wohnten hier die Bediensteten unter sehr einfachen Bedingungen. Heute kann man das Gefühl haben, mitten in London eine Dorfstraße entlangzugehen, die zur Gemeindekirche führt.

Die Kirche, die links hinter der Biegung auf der rechten Seite liegt, ist die **Holy Trinity Church** ⑦ von Brompton. Dieser Stadtteil, der hier direkt an Knightsbridge und South Kensington angrenzt, ist aus dem mittelalterlichen Weiler an der ehemaligen ›Broom Farm‹ hervorgegangen. 1820 noch völlig ländlich, wurde er nach 1851 in der Nähe der Kulturinsel mit den Museen und Instituten bis 1870 zu einem bevorzugten Wohnviertel ausgebaut, das heute zu den teuersten der Stadt gehört. Die Pfarrkirche, die man rechts am Kirchgarten entlang über einen Fußweg erreicht, wurde 1826–29 von Thomas L. Donaldson im frühen neogotischen Stil errichtet.

∗∗ The London Oratory ⑧ (U-Bahn: South Kensington)

Die kleine Kirche steht in jeder Hinsicht und im wahrsten Sinne des Wortes im Schatten des Kuppelbaus London Oratory. Man betritt diese eindrucksvolle Kirche am Ende des Fußweges von der *Brompton Road* aus. Im italienischen Renaissancestil 1880–84 nach Plänen von Herbert Gribble erbaut, entstand sie in Anlehnung an die Gestaltung der Mutterkirche des Priesterordens vom Oratorium, der ›Chiesa Nuova‹ in Rom. Die Gemeinschaft des Oratoriums war 1575 in Rom vom später heiliggesprochenen Philip Neri gegründet worden. Sein Ziel war es, in dem Chaos der wachsenden Städte – nicht nur Italiens – voneinander unabhängige Gemeinschaften zu begründen, die durch ihr christliches Leben und ihre geistliche Erbauung Zeichen setzten. 1847 hatte Kardinal John Henry Newman diese weltliche katholische Priesterkongregation der Oratorianer in England eingeführt. 1849 beauftragte er Bruder (Frederick William) Faber damit, in London eine Gemeinschaft aufzubauen. Schon 1853 kaufte Faber den Bauplatz für das schnell wachsende katholische Zentrum Londons, das sich hier 1854–80, bevor der mächti-

ge Neubau entstand, in einer provisorischen Kirche befand. Auch nach
dem Bau von Westminster Cathedral (1903; *S. 66*) hat das ›Oratory‹
wenig von seiner Bedeutung eingebüßt. Besonders beeindruckend sind
die reiche Marmorausstattung, die kostbaren Mosaike und die 66 m
hohe Kuppel von G. Sherrin, die 1896 aufgesetzt wurde. Zunächst einmal zieht einen der weite Raum in seinen Bann, der, nach Westminster
Cathedral und dem Münster von York, das drittgrößte Kircheninnere
Großbritanniens darstellt. Das Fischgrätmuster des Parketts und das
schlichte Holzgestühl lassen die Pracht der Ausstattung an Wänden und
Decken noch deutlicher hervortreten. Die tonnenschweren Pilaster aus
Devonshire-Marmor betonen die Höhe des Schiffes, während Säulen
aus dem gleichen Material die Eingänge zu den Seitenkapellen kennzeichnen. Vor den Wandpfeilern stehen Apostelstatuen aus Carrara-
marmor von Mazzuoli (17. Jh.), einem Schüler Berninis, die hierher
gelangten, nachdem sie über 200 Jahre im Dom von Siena gestanden
hatten.

Von den **Kapellen und Altären** seien nur einige hervorgehoben: Die
2. Kapelle auf der linken Seite, die *Josefskapelle*, ist die größte der
Kirche, sie enthält den einzigen Altar, der von der provisorischen
Kirche erhalten ist. Das westliche Querschiff wird z. T. von der *Gedächtniskapelle für den Ordensgründer* eingenommen, dessen zeitgenössisches Portrait über dem Altar hängt; es ist eine Kopie des Originals
von Guido Reni, das sich in Rom befindet. An der Wand zwischen
Sakristeitür und *Altarraum* fällt der dem *hl. Sebastian Valfré*, dem
Ordensgründer in Turin, geweihte Altar von 1902 durch seine gedreh-
ten Marmorsäulen mit dem schwarzen Marmorsockel auf (Entwurf von
Thomas Garner). Im Altarraum sind das Gestühl und der Fußboden
besonders erwähnenswert, die schon die erste Kirche zierten: Schnitzereien im Renaissancestil von Siena mit Elfenbein-Einlegearbeiten bzw.
Kompositionen edelster Hölzer wie Magnolie, Pfirsich, Mahagony,
Walnuß oder Eiche.

Einen weiteren prachtvollen Altar besitzt die große *St.-Wilfried-
Kapelle* an der Nordseite des östlichen Querschiffes. Er entstand um
1710 in den damaligen Niederlanden und befand sich ursprünglich in der
Kathedrale von Maastricht. In einem Gewölbe vor dem Altar ist der
Gründer des London Oratory, Bruder Faber, begraben. Im östlichen
Querschiff steht auch der wertvollste kunsthistorische Schatz dieser
Kirche: das ***Altarblatt der Marienkapelle**. Eine seitliche Beschriftung
datiert es mit 1693 und kennzeichnet es als Werk des Bildhauers
Francisco Corbarelli sowie seiner Söhne Dominico und Antonio. Sie
verwendeten wertvollen italienischen Marmor und verzierten den Altar
reichlich mit kostbaren Edelsteineinlagen wie Lapislazuli, Bergkristall,

Perlmutt und Amethyst. Der Altar stand ursprünglich in der Dominikanerkirche von Brescia, Italien. – Die große *Orgel* schließlich mit ihren 4000 Pfeifen ist Mittelpunkt vieler Konzerte, die in dieser Kirche eine lange Tradition haben. Es lohnt sich, in der Presse auf entsprechende Termine zu achten oder sonntags der festlichen *lateinischen Messe* beizuwohnen (11 Uhr).

Die Museen von South Kensington (U-Bahn: South Kensington)

Rechts geht die *Brompton* in die *Cromwell Road* über, wo sich dann die palastartigen Museumstempel aneinanderreihen, deren Entstehung Prinz Albert nach 1851 entscheidend mitprägte und die sowohl als Sammelstellen des kulturellen und historischen Erbes Großbritanniens als auch als zentrale Informationsquellen für jedermann bis heute funktionieren. Jeder mag für sich entscheiden, welches der Museen er sich ansehen mochte, denn es ist fast unmöglich, eines dieser Museen in seiner ganzen Bandbreite an einem Tag zu bewältigen, geschweige denn gleich mehrere Museen. Es empfiehlt sich daher, jeweils Schwerpunkte auszuwählen. Die folgenden Beschreibungen und Hinweise sollen dabei behilflich sein.

*** Victoria and Albert Museum ⑨ (U-Bahn: South Kensington)

Das erste und größte ist das Victoria and Albert Museum, das 1857 gegründete Nationalmuseum für Kunst und Kunstgewerbe. Bei der Grundsteinlegung des heutigen Gebäudes (1899 von Aston Webb) durch Königin Victoria – ihrem letzten großen öffentlichen Auftritt in London – erhielt das Museum offiziell seinen heutigen Namen. Webbs Entwurf entsprechend wurde bis 1909 vor die bestehenden Gebäude eine lange Reihe von Galerien mit einer riesigen Eingangshalle gesetzt. Sie bilden zur *Cromwell Road* eine einheitliche Pseudo-Renaissancefassade mit einem markanten 56 m aufragenden Turm, vor dem sich das hohe Haupteingangstor befindet.

Die Sammlung: Die Dimensionen des Gebäudes und seiner Kunstschätze sind enorm: In über 150 Räumen, die über 10 km lange Gänge miteinander verbinden, sind Millionen von Ausstellungsstücken zu sehen, die in dieser Häufung einzigartig sind. Aus allen Ländern der Welt, ihren Epochen, Stilen und Bereichen sind hier Kunst, Kunstgewerbe sowie Antiquitäten zusammengetragen und in Sammlungen erfaßt worden, deren faszinierende Vielfalt sich aber auch fast jeder systematischen Ordnung entzieht. Das Museum wirkt deshalb auf viele Besucher unübersichtlich, wenngleich jeder Sammler bzw. Kunstinteressierte zu jedem auch noch so entlegenen Spezialgebiet hier etwas findet. Grundsätzlich kann man jedoch zwei Arten von Ausstellungsräumen unterscheiden: ›Art and Design‹ fassen Objekte

315

Michael Rysbracks ›God of Thunder‹ (1728–30) im Victoria and Albert Museum

zusammen, die die Kunst und den Stil bestimmter Epochen bzw. Länder illustrieren (z. B. Spanische Kunst, 1450–1550); ›Materials and Techniques‹ ermöglichen es, unterschiedlichste Objekte zusammen zu zeigen, die interessante Variationen eines Materials oder einer Technik sind (z. B. Keramik). Die starke Präsenz östlicher und fernöstlicher Kunstschätze verweist deutlich auf die Entstehungs- und Anfangszeit dieses Museums, das nicht nur die Kunst Großbritanniens, sondern des gesamten ›British Empire‹ demonstrieren sollte.

Wer mehr sehen möchte, als ihm die (kostenlose!) einstündige Führung bietet, hätte die Möglichkeit, sich folgende – wohl die berühmtesten – Schätze des Museums anzusehen: Ein absolu-

tes Muß sind die ***›Raffael Cartoons‹: farbige Entwürfe von Raffael für Wandteppiche, die er 1515/16 im Auftrag von Papst Leo X. für die Sixtinische Kapelle in Rom anfertigte. Die Aufteilung in 7 Kartons stammt von den Webern, die so die dargestellten Szenen aus dem Leben der Hll. Petrus und Paulus umsetzten.

Die Abteilung ›Italy, 1400–1500‹ besitzt die größte Sammlung von Skulpturen der Renaissance außerhalb Italiens. Im Zuge der Rückbesinnung auf frühere Epochen war im 19. Jh. das Sammeln von Gipsabdrücken, vor allem antiker Skulpturen, weit verbreitet; hier findet sich eine umfangreiche Ausstellung dieser ›plaster casts‹, die die Meisterwerke – wie z. B. die Trajanssäule oder Michelangelos ›David‹ – in Originalgröße realistisch darbietet.

Einen guten Überblick über die wichtigsten Stile des europäischen Mittelalters vermittelt das *›Medieval Treasury‹, das besondere Einzelstücke von 400 bis 1400 präsentiert. Die Art der Darbietung und die Ausstellungsstücke selbst sind in der *›Nehru Gallery of Indian Art‹ gleichermaßen erstaunlich. Diese umwerfende Sammlung, die größte ihrer Art außerhalb Indiens, zeigt kostbarste Ausprägungen indischer Pracht. Ebenfalls bemerkenswert ist die *›Gallery of Japanese Art‹, heute mit dem Namenszusatz des Sponsors Toshiba versehen. Die erst im Sommer 1991 eröffnete *›T. T. Tsui Gallery of Chinese Art‹ (auch hier Bezeichnung mit dem Namen des Sponsors) geht ganz neue Wege; das Konzept ist, die ausgestellten antiken Objekte so zu präsentieren, wie und wo sie früher benutzt wurden. Video und Grafiken unterstützen entsprechend eine Ausstellung, die sehr überzeugend sechs Lebensbereiche dokumentiert: Alltagsleben, Begräbnis, Tempel und Kulte, Herrscher, Sammlungen sowie Essen und Trinken.

Das frühere Restaurant des Museums, damals das erste seiner Art in England, ist heute selbst Ausstellungsstück, denn die drei Räume stellen Meisterwerke viktorianischer Ausstattung dar: Der ›*Poynter Room*‹, 1865–73 entstanden, war der ›*Grill Room*‹; der ›*Gamble Room*‹ diente ab 1866 als elegantes Restaurant, während der heutige ›*Morris Room*‹, den man 1866–69 gestaltete, als ›*Green Dining Room*‹ bezeichnet wurde. (Das moderne Restaurant befindet sich im Henry-Cole-Flügel und ist als eines der besten Museumsrestaurants Londons empfehlenswert.)

Drei weitere Ausstellungsbereiche seien Besuchern, die keine speziellen Interessensgebiete haben, empfohlen: zum einen die ****Kleidungsschau** (›Dress‹), die europäische Bekleidungsmoden seit 1600 zeigt, zum anderen die kaum überschaubare ****Silbersammlung** (›Silver‹), die die umfassendste nationale Kollektion darstellt; und außerdem die überragende ****Schmuck- und Juwelenausstellung**, die Einzelstücke aus aller Welt von ca. 2000 v. Chr. bis heute umfaßt. Und schließlich befindet sich im Museum auch die **Nationale Kunstbiblio-**thek (›National Art Library‹), die mit ihren 650 000 Bänden weltweit die größte dieser Art ist. Der schon erwähnte *Henry-Cole-Flügel*, benannt nach dem langjährigen Ratgeber Prinz Alberts und ersten Direktor des Museums, beherbergt heute die ***Gemäldesammlung** des ›V & A‹. Den Eingang umrahmen Rodin-Skulpturen, Geschenke des Künstlers. Eine kunsthistorische Kostbarkeit stellt die Sammlung von Miniaturporträts aus der Tudor- und Stuartzeit dar, die eindrucksvoll bis ins Detail Eigentümlichkeiten höfischer Kultur festhalten. Auch wenn Gemälde großer europäischer Maler, wie Botticelli, Rembrandt oder Delacroix, und britischer Künstler wie Gainsborough, Reynolds oder Turner ausgestellt sind, müssen sie in ihrer Wirkung verblassen angesichts der weltweit umfassendsten ****Constable-Sammlung**, die – nachdem die Tochter des Künstlers dem Museum seinen Nachlaß vererbte – zusammen mit zahllosen Zeichnungen und Aquarellen ein Lebenswerk einmalig dokumentieren.

** **Science Museum** ⑩ (**U-Bahn:** South Kensington)

Ein Museum, das Kinder und Erwachsene gleichermaßen begeistert, ist das Science Museum, das sich rechts in der *Exhibition Road* befindet. Dieses naturwissenschaftliche Museum (komplette Bezeichnung ›National Museum of Science and Industry‹) – man könnte es auch als Museum der Geschichte der Technologie bezeichnen – wurde schon 1857 begründet. Mit dem 1909–13 von Richard Allison errichteten Gebäude erhielt es seinen heutigen Standort. Es vermittelt einen vollständigen Überblick über die Entwicklung von Wissenschaft und Technik und zieht mit erstaunlicher Anschaulichkeit und der faszinierenden Vielfalt seiner über 200 000 Schauobjekte jeden Besucher in seinen Bann. Das Gebäude selbst erinnert in seinem Stil etwas an ein großes Warenhaus, aber die großzügigen Räumlichkeiten bieten den optimalen Hintergrund für ein überzeugendes Konzept: Komplizierte Vorgänge und Zusammenhänge sollen für jeden, auch für Kinder (für sie gibt es eine eigene ›*Children's Gallery*‹!), verständlich gemacht werden, d. h. überall kann der Besucher selbst tätig sein bzw. sehr lebendige realistische Vorführungen miterleben, wobei auch mit Effekten nicht gespart wird. Besonderer Beliebtheit bei Kindern erfreuen sich dröhnende Motoren, wirkungsvolle chemische Reaktionen oder summende und tickende Maschinen. Immer wieder können Knöpfe gedrückt und Hebel bewegt werden, die dann erklärende bzw. veranschaulichende Vorgänge auslösen. Wußten Sie zum Beispiel, was passiert, wenn die Notrufnummer angewählt wird und welche Abläufe dabei in Gang gesetzt werden?

Die gute Aufteilung und Kennzeichnung der einzelnen Abteilungen, untergebracht auf fünf Ebenen, macht es dem Besucher leicht, Schwerpunkte zu setzen, z. B. bei der Fotografie, der Elektronik, der Biochemie, der Navigation, der Optik, der Meteorologie, Radio und Fernsehen, der Astronomie, dem Schiffbau oder der Luftfahrt. Zusätzlichen Reiz erhalten die Abteilungen durch ausgestellte Originale, etwa das erste Telefon von Graham Bell, Teleskope von Galilei, Uhrwerke aus dem alten Ägypten (14. Jh. v. Chr.!), das Schiff ›Santa Maria‹ von Kolumbus, erste Röntgengeräte, das erste Segelflugzeug von Otto Lilienthal, die älteste erhaltene Lokomotive von 1813 oder Raumfahrzeuge (z. B. Apollo 10).

✳✳ Geological Museum ⑪ und ✳✳✳Natural History Museum ⑫
(**U-Bahn:** South Kensington)

Gleich neben dem Science Museum liegt das ✳✳**Geologische Museum**, das seine Ausstellungstradition bis 1835 zurückführen kann. Seit 1935 hat es seinen Standort in diesem schlichten Zweckbau, der im Innern aber eine faszinierende Präsentation der Geologie und Bodenschätze aller Länder der Welt bietet. Während im *Erdgeschoß* die Geschichte der Entwicklung der Erde im allgemeinen dokumentiert wird, ist das Obergeschoß dann dem speziellen Beispiel Großbritannien gewidmet, wo z. B. besondere Fossilienfunde oder die Öl- und Erdgasgewinnung des Landes erläutert werden. Im 2. *Stock* veranschaulichen einzelne Mineralien die Vorkommen der Welt. In der zentralen Halle empfängt den Besucher zunächst ein rotierender Globus von 2 m Durchmesser, der die Oberflächenstruktur der Erde zeigt. In den Ausstellungsräumen sind u. a. Modelle von Vulkanen und Gletschern zu sehen, deren Entstehung verständlich gemacht wird.

Auch in diesem Museum hat der Besucher die Möglichkeit, aktiv zu werden und mit den Objekten zu ›spielen‹. Beliebt ist z. B. das große Hausmodell, wo gekennzeichnete Tasten gedrückt werden können, die im Innern Impulse setzen und verdeutlichen, welche Mineralien in welchen Produkten eines Haushalts enthalten sind (z. B. in Eisschränken, Fernsehern, Uhren, Belägen, Teppichen, Autos, Telefonen) – erstaunlich viele! Sehenswert ist auch die weltweit größte ****Erz- und Gesteinsammlung**, die u. a. auch Mondgestein enthält, das die Apollobesatzung 1972 von dort mitbrachte. In der ****Edelstein- und Halbedelsteinkollektion** werden immer wieder die rohen Steine und ihre späteren Bearbeitungszustände gegenübergestellt wie auch unterschiedliche Qualitäten, etwa beim Diamanten, dem Lapislazuli oder bei Jade.

Durch einen Gang ist das Geologische Museum seit 1988 mit dem *****Natural History Museum** ⑫ verbunden. (Seit dieser Zeit bezeichnen viele interne Hinweise das Geologische Museum als ›*Earth Galleries*‹ und das Naturkundemuseum als ›*Life Galleries*‹.) Mit seinen fast 50 Millionen Objekten ist es das *größte Naturkundemuseum der Welt.* Diese Zahl relativiert sich etwas, wenn man bedenkt, das z. B. allein die präparierten Schmetterlinge mit ca. 250000 Stück darin erfaßt sind, oder die nationale naturkundliche Bibliothek, die mit ihren 500000 Bänden die größte ihrer Art in der Welt ist.

Dennoch: dieses Museum bleibt ein Ort der Superlative. Begonnen hat alles mit dem Tod von *Sir Hans Sloane (S. 323)* 1753, der dem Staat seine vielseitigen Sammlungen vermachte und dadurch die Gründung des Britischen Nationalmuseums initiierte. 1860 wurde beschlossen, die naturwissenschaftlichen Sammlungen in eigenen Räumen auszustellen. Darauf mußte die Öffentlichkeit bis 1881 warten, nachdem 1873–80 das palastartige Gebäude im romanisch-byzantinischen Stil vom Architekten *Alfred Waterhouse* errichtet worden war. Besonders imposant wirkt dieser Bau an der *Cromwell Road:* Seine 225 m lange Fassade, flankiert von zwei mächtigen Ecktürmen und in der Mitte betont durch zwei 64 m hohe mehrfach gegliederte Türme, die ein eingezogenes Bogenportal einrahmen, das von Gewände und Archivolten umgeben ist, erweckt den Eindruck einer Museumskathedrale. An der Fassade sind Terracottaplatten mit zahllosen Tierdarstellungen angebracht, die nicht nur Schmuck sind, sondern gleichzeitig auf wichtige Abteilungen des Museums hinweisen: Noch existierende Tierarten schmücken die Westfassade, hinter der die zoologische Abteilung untergebracht ist, während auf der Ostseite die ausgestorbenen Tiere die Abteilungen Geologie und Paläontologie kennzeichnen.

Die Sammlung: Die ungeheure Vielzahl der Schaustücke verteilt sich auf fünf große Abteilungen: Zoologie, Entomologie (Insektenkunde), Paläontologie (Lehre der Lebewesen in der Urzeit), Mineralogie und Botanik. Auch in diesem Museum ist es deshalb unvermeidlich, Schwerpunkte zu setzen.

Die Qual der Wahl wird dem Besucher zumindest z. T. dadurch abgenommen, daß er fast direkt zum Höhepunkt geführt wird: der zentralen Halle mit der ***Saurier- und Echsensammlung** – einer der besten der Welt! Dominierend ist das 26 m lange Skelett eines Sauriers, der vor ca. 140–60 Millionen

Jahren gelebt hat. Im Ostflügel wartet dann die anschaulich aufgebaute *Fossiliensammlung* (u. a. Skelette von Urtieren), im Westflügel schließlich eine faszinierende *Sammlung ausgestopfter Vögel*, (zu einem Großteil viktorianische dekorative Objekte!) sowie der Ausstellungsbereich zur Entwicklung der Säugetiere (u. a. das riesige Modell eines Blauwals).

Die Evolution kann man dann im 1. Stock weiterverfolgen, wo anhand von Schaubildern, Exponaten und Modellen deutlich gemacht wird, was natürliche Selektion als Grundlage der Entstehung verschiedener Arten bedeutet und welche Faktoren dabei entscheidend sind. Sehr interessante Schaustücke bietet auf der gleichen Ebene die Abteilung ›Der Platz des Menschen in der Evolution‹. Einen kurzen Blick sollte man auch in den Saal mit der ***Mineralien- und Meteoritensammlung** werfen: 75 % des Weltvorkommens an Mineralien sind hier belegt! Im 2. Stock wird speziell die *Naturgeschichte der Britischen Inseln* mit ca. 2000 Tier- und Pflanzenarten dokumentiert.

Nach der Besichtigung dieser Museumstempel braucht der Mensch einen Platz zum Ausruhen. Gegenüber dem Haupteingang des ›V & A‹, am *Thurloe Square*, den schöne viktorianische Häuser umgeben, bietet sich dazu ebenso Gelegenheit wie in den kleinen Nebenstraßen. Der nahe *Pelham Place* wirkt wie eine fast ländlich geprägten Oase mitten in der Stadt mit wunderschönen Gärten vor zurückgesetzten stuckverzierten Häusern, die 1827–30 von George Basevi, einem Soane-Schüler, angelegt wurden. Rechts geht es zur **U-Bahn-Station South Kensington**, die dann am Ende der Pelham Street liegt.

Hier kann man es sich immer noch überlegen, nur eine Station weiter bis Knightsbridge zu fahren, um doch noch bei **›**Harrods**‹ ⑬ vorbeizuschauen, Londons weltberühmtem Konsumtempel der Superlative *(Farbtafel S. 287)*. Gegründet wurde diese Institution 1849 vom Teehändler Henry Charles Harrods, dessen Nachfahren den typischen Einkaufsladen des wachsenden und eleganter werdenden Vororts immer mehr vergrößerten. 1901–05 errichteten schließlich die Architekten Stevens und Munt das pompöse heutige Gebäude, das den Übergang vom spätviktorianischen zum edwardianischen Stil kennzeichnet. Eines der größten Kaufhäuser Europas hat seitdem auch seinen Spitzenplatz in bezug auf die Qualität bewahrt, denn das vielfältige Warenangebot und der Service des Hauses genießen Weltruf. Nicht nur die Mitglieder des Königshauses kaufen hier – auch persönlich – ein. Tatsächlich kommen Kunden aus aller Welt nach London, nur um bei Harrods einzukaufen. So sollen zu den Ausverkaufterminen sogar schon gecharterte Jumbos aus New York eingeflogen worden sein. Getreu dem Slogan ›Es gibt nichts, was es bei uns nicht gibt‹ – außer einer Übernachtungsmöglichkeit – werden täglich rund 50 000 Kunden von 4000 Angestellten bedient, die auf fünf Etagen in 230 Abteilungen arbeiten. Vieles entspricht in der Ausstattung modernstem Flair, aber

›Noblesse oblige‹: Schaufensterauslage in Knightsbridge

manche Reminiszenzen an alte Zeiten sind erhalten: u. a. der edle Fußboden mit viktorianischen Fliesen (unter Denkmalschutz!); schönste Jugendstilkacheln von W. J. Neatby in den Fisch- und Fleischhallen; oder der Art-Deco-Friseurshop für Männer im Erdgeschoß. Ein Genuß – auf jeden Fall für das Auge – sind die riesige Lebensmittelabteilung, (z. B. 500 Käsesorten oder 160 Whiskymarken), die edle Parfümhalle mit grauem Granit oder auch die Kosmetikhalle, wo roter Samt und weißer Marmor dominieren. Hier, wie auch in den Restaurants der einzelnen Etagen, macht es Spaß, die Kunden zu beobachten, denn man trifft die klassisch-dezenten Traditionalisten, die reichen Noblen, die auffallenden Neureichen und die schrille Schickeria genauso wie die typischen Touristen und einfachen Durchschnittsbürger. Bei ›Harrods‹ kauft scheinbar doch jeder ein. Dennoch: Es gibt auch solche Exaltiertheiten wie den ›Warteraum für Chauffeure‹, deren Limousinen in den Nebenstraßen stehen und für die oft keine Halte- bzw. Parkverbote zu gelten scheinen.

Die wohl bekannteste der teuren und eleganten Einkaufsstraßen betritt man am Ende der Brompton Road: **Knightsbridge*. Hier sind alle großen Namen von Designern der Modewelt vertreten, und so ist Knightsbridge eine Art Laufsteg, den man schlendernd an sich vorüberziehen läßt und sich genüßlich dem ›windowsshopping‹ – dem Schaufensterbummel – hingibt.

Knightsbridge endet an Hyde Park Corner *(S. 292)*, von wo aus man in **Mayfair* (Rundgang **20**) oder ****St James's* (Rundgang **4**) nach einem Platz zum Verschnaufen suchen könnte. Eine Alternative wäre **Chelsea* (Rundgang **24**), durch das der folgende Spaziergang führt. Der **U-Bahnhof** Knightsbridge bietet die schnellsten Verbindungen nach dort.

** **24** Chelsea: Sloane Square · Chelsea Royal Hospital · King's Road

U-Bahn: Sloane Square: **Bus:** Linien 11, 19, 22, 137, 137A, 219, C1. **Dauer** ca. 3–4 Stunden.

Spätestens seit den ›swinging sixties‹, als sich, zumindest in den Projektionen von Touristen, das Leben Londons auf die Vorgänge in Chelseas King's Road zu beschränken schien, ist Chelsea als Künstlerviertel auch denjenigen ein Begriff, die noch nie hier waren. Doch Chelsea ist mehr als nur ›swinging‹, und wer sich hier als Künstler niederzulassen gedenkt, sollte trotz aller möglichen bohemienhaften Wendung gegen das Etablierte doch über ein wesentliches Kennzeichen des Establishments verfügen – er sollte gut betucht sein. Denn die Gegend zwischen **Sloane Square, Fulham Road* und *Chelsea Embankment* gehört heute trotz (oder wegen?) allen weiterhin zur Schau getragenen lässigen Lebensstils zu den teuersten bürgerlichen Gegenden Londons. Nicht umsonst tragen junge Leute, deren Hauptbeschäftigung es ist, auf das Erbe ihrer wohlhabenden Eltern zu warten, in England den Namen eines Platzes in Chelsea: ›Sloane Rangers‹ ist die – nicht immer liebevoll gemeinte – Sammelbezeichnung für diese Gruppe von Edelkonsumenten, die man am zwar lässigen, aber doch eher konservativen Outfit und am Range Rover für die Ausflüge ins elterliche Landhaus unschwer erkennt. Sie tummeln sich vorzugsweise in der Gegend um Sloane Square. Wer Glück hat – wenn's denn eines ist – kann von hier aus den sozialen Aufstieg nach ganz oben schaffen, wie jene Diana Spencer, die von Chelsea in den Buckingham Palace übersiedelte.

Geschichte: Der Aufstieg Chelseas begann, als sich Lordkanzler Thomas More im damals noch ganz ländlichen Chelsea einen Landsitz errichtete (1520). Im Laufe des 16. Jh. wurde das ehemalige Fischerdorf zum ›Village of Palaces‹; u. a. hatten hier der Duke of Norfolk und auch Henry VIII einen Herrensitz. Als Kind verbrachte auch Elizabeth I hier einige Jahre in der Obhut ihrer Stiefmutter.

Die ersten Keime für das Entstehen des Künstlerviertels Chelsea wurden bereits im 18. Jh. gelegt, als eine Porzellanmanufaktur, die Chelsea Porcelain Works, deren Produkte sich um höchsten künstlerischen Anspruch bemühten, sich hier niederließ. Besonders im 19. Jh. zog es dann immer mehr Künstler unterschiedlichster Provenienz in den Stadtteil.

Die Herkunft des Namens dieses Viertels, das bis 1963 verwaltungsmäßig unabhängig blieb und einen eigenen Bürgermeister hatte, ist bis heute ungeklärt. Ältere Formen wie ›Chelcheya‹ oder ›Chelchyte‹ legen jedoch eine Verwandtschaft zu ›Chalk Wharf‹ nahe und damit einen Zusammenhang mit den Resten von Kreideablagerungen, die bei Ebbe im Flußbett der Themse zu sehen sind.

Ein Besuch in Chelsea ist nicht in erster Linie verbunden mit der Besichtigung von Sehenswürdigkeiten im konventionellen Sinne; von ihnen gibt es relativ wenige in Chelsea. Vielmehr geht es darum, etwas von der Atmosphäre des Alten und Neuen zu spüren und ein Gefühl für das Ambiente zu entwickeln, das auch die Werke der hier ansässigen Künstler mitgeprägt hat. Der **Rundgang** beginnt am **Sloane Square* und führt hinunter zum *Chelsea Embankment*, dem wir bis zur *Battersea Bridge* folgen. Von hier geht es in nördlicher Richtung hinauf zur *King's Road*.

Sloane Square: Seit 1771 an dieser Stelle eine ehemalige Wiese trockengelegt und mit Pflastersteinen belegt wurde, hat sich der Platz, der nach dem Arzt und Besitzer von Chelsea Manor, *Sir Hans Sloane*, benannt ist, zu einem Zentrum großstädtischen Lebens entwickelt. Schicke Cafés und Bistros laden zum Verweilen und zum Schauen ein.

Uniform und Ehrenabzeichen gehören dazu: Veteran im Chelsea Royal Hospital

Auf der einen Seite bietet *Peter Jones*, ein alteingesessenes Kaufhaus, das nicht eben für billige Massenware bekannt ist, seine Waren feil. Gegenüber steht das *Royal Court Theatre*, das für die Geschichte des englischen Theaters schon mehrfach eine wichtige Rolle spielte. Hier wurden unter der Regie von Harley Granville-Barker fast alle frühen Stücke von George Bernard Shaw uraufgeführt, und Mitte des 20. Jh. sorgte hier die von George Devine gegründete *English Stage Company* mit ihren Inszenierungen der ›angry young men‹ (John Osborne, Harold Pinter, John Arden u. a.) für jenen Neubeginn, den das englische Theater in den 1950er Jahren dringend benötigte. Und zwischen allem plätschert in der Mitte des Platzes friedlich ein moderner *Brunnen* mit einer Skulptur von Gilbert Ledward.

In südlicher Richtung führt der Weg über *Lower Sloane Street* weiter, vorbei an *Sloane Gardens*, einer der zahlreichen typischen kleinen Grünflächen Chelseas. Rechts biegt dann die *Royal Hospital Road* ab. An ihr liegt das ***Chelsea Royal Hospital**, ein 1682 unter Charles II gegründetes Heim zur Versorgung von Veteranen *(vgl. S. 238)*, als Modell diente das Pariser Hôtel des Invalides. Der Entwurf für das Ensemble von Ziegelbauten, die um drei quadratische Innenhöfe gruppiert wurden und sich zur Themse hin öffnen, stammt von *Christopher Wren*. Links vom Eingang *(Royal Hospital Road)* befindet sich der alte, inzwischen aufgelassene Friedhof, in dem auch der bekannte Musikhistoriker Charles Burney, der im Hospital auch als Organist tätig war, begraben liegt.

Das Zentrum der Anlage bildet der *Figure Court*, in dem eine *Bronzestatue von Charles II* im Römergewand (von Grinling Gibbons) über das Schicksal der von ihm ins Leben gerufenen Einrichtung wacht. Jährlich am 29. Mai, dem ›Oak Apple Day‹ wird diese Statue mit einem Eichenzweig geschmückt, der daran erinnern soll, daß der König nach einer verlorenen Schlacht während des Bürgerkriegs auf der Flucht vor den republikanischen Truppen Schutz im hohlen Stamm einer Eiche fand. Im Norden wird der Hof von einem langgestreckten Gebäude mit einem von dorischen Säulen getragenen Eingangsportal begrenzt. Das Säulenbauprinzip findet in den links und rechts vom Portikus verlaufenden Säulengängen seine Fortsetzung. Zwischen Portikus und eigentlicher Eingangstür führen Stufen zur *Chapel und zur *Great Hall, die auch öffentlich zugänglich sind. Die Kapelle mit ihren schönen Holzvertäfelungen und dem Tonnengewölbe blieb seit den Tagen Christopher Wrens weitgehend unverändert. Die *Great Hall* dient, wie schon zu Wrens Zeiten, als Speisesaal für die Pensionäre. An der Stirnwand hält ein Fresko von Antonio Verrio auch hier die Erinnerung an den Gründer Charles II stets aufrecht, und ›blackjacks‹, alte lederne Bierkrüge auf den Tischen vor der Wand, lassen vermuten, wie zu Zeiten dieses Monarchen das Bier hier wohl serviert wurde.

Im Osten der den Gebäudekomplex umgebenden Grünanlage wurden die *Ranelagh Gardens* integriert, ein im 18. Jh. beliebter Vergnügungspark, der in unterschiedlich genutzten Pavillons zwischen künstlichen Seen, Springbrunnen, Wiesen und Wegen verschiedenste Möglichkeiten des Amüsements bot; bis ins 19. Jh. hinein fungierte er gleichzeitig als größter Heiratsmarkt Englands. In der zentralen Rotunde fanden Konzerte und großzügige Feste statt; hier erlebte Händels ›Wassermusik‹ seine Uraufführung, zu den ständigen Gästen gehörte auch Dr Johnson – nebst seinem Biographen James Boswell.

Westlich des Hospitalkomplexes fand 1971 das zehn Jahre vorher gegründete **National Army Museum**, das aus Sandhurst hierher verlegt wurde, eine neue Unterkunft. Anhand von Uniformen, Waffen und sonstigen militärischen Gegenständen wird hier die Geschichte der englischen Armee seit den Zeiten Henrys VII nicht nur dokumentiert, sondern nachgerade glorifiziert. – In den Gärten der gesamten Anlage findet jedes Jahr im Mai, wenn sich die sorgsam gepflegten Pflanzen besonders schön entfaltet haben, eine große Blumenausstellung statt, die *Chelsea **Flower Show**, zu der Besucher aus ganz England anreisen.

Über die links in die *Royal Hospital Road* einmündende *Tite Street* geht es nun weiter hinunter zum Embankment. So winzig ***Tite Street** auch sein mag, sie hat schon viel erlebt: Zu ihren Bewohnern zählte 1888 im *Haus Nr. 46* der Maler *James Whistler*, dessen Bilder so anregend für die Lyriker des englischen Fin de Siècle waren. Nicht weit entfernt, im *Haus Nr. 34*, erlebte eine der Skandalfiguren eben jener Zeit die Höhen und Tiefen ihrer gesellschaftlichen Laufbahn: Von 1884 bis 1895 wohnte hier *Oscar Wilde*, der von hier aus zu den Premieren seiner Komödien und zu gesellschaftlichen Anlässen eilte, zu deren Mittelpunkt er sehr schnell avancierte; von hier aus trat er aber auch seinen Weg vor die Schranken des Gerichts und ins Gefängnis von Reading an, um sich gegen den Vorwurf der ›sexuellen Deviation‹ zu verteidigen... In den Nachbarhäusern hatten die Maler *Augustus John* und *John Singer Sargent* ihr Londoner Domizil.

Am Ende der *Tite Street* biegen wir rechts in das **Chelsea Embankment** ein. Die Uferstraße ist Teil der 1874 von Joseph Bazalgette angelegten breiten Themsepromenade, die im Zuge der Eindämmung der Flußufer entstand *(vgl. S. 126)*. Auf der anderen Flußseite liegt **Battersea Park**, das Gebiet um das ehemalige Kraftwerk. Hier soll ein moderner Vergnügungspark in einer Mischform von Ranelagh Gardens und Disneyland entstehen.

Auf der rechten Seite mündet nach wenigen Metern *Swan Walk*, eine winzige Seitenstraße, in das Embankment ein. Hier befindet sich der Zugang zum **Chelsea Physic Garden**, einer der ältesten Gartenanlagen Londons. Der Garten wurde 1723 von der Apothekervereinigung erworben, die sich hier bereits seit 50 Jahren um die Anzucht seltener Pflanzen bemühte. Für Botaniker aus alle Welt war und ist dieser Garten ein wahres Schatzkästlein, selbst der amerikanische Baumwollstaat Georgia verdankt seinen Wohlstand nicht zuletzt den Baumwollsamen, die 1732 von hier über den großen Teich geschickt wurden. Gegen geringes Entgelt können auch Hobbygärtner einen Steckling aus dem Garten mitnehmen.

Kurz nach diesem kleinen botanischen Garten beginnt der leicht bogenförmige, fast parallel zum Embankment verlaufende **Cheyne**

Walk, der von sehr gut erhaltenen georgianischen und einigen viktorianischen Häusern dominiert wird. Die Liste der Bewohner dieser hinter schmiedeeisernen Zäunen versteckten Häuser liest sich fast wie ein Auszug aus einer Literatur- und Kunstgeschichte. Im *Haus Nr. 4* lebte 1861–70 der Maler *Daniel Maclise*, zehn Jahre danach zog hier für die wenigen Wochen bis zu ihrem Tod die Romanautorin *George Eliot* ein. Im *Haus Nr. 16* lebte von 1862–82 der präraffaelitische Maler und Dichter *Dante Gabriel Rossetti*, der bisweilen seine Nachbarn mit einer Sammlung exotischer Tiere im Garten erfreute oder erschreckte. Zeitweilig teilten auch die Dichter *Algernon Swinburne* und *George Meredith* das Haus mit ihm.

Hinter der ***Albert Bridge**, einer in ihrer Ornamentverliebtheit typisch viktorianischen Brücke, mündet rechts die kleine *Cheyne Row* ein, in der sich die seltene Gelegenheit bietet, eines der für diese Gegend so typischen Häuser von innen zu besichtigen: Der Historiker *Thomas Carlyle* erwarb hier mit seiner Frau *Jane Welsh* das damalige *Haus Nr. 5* (heute *Nr. 24*). Die bekanntesten Werke des ›Weisen von Chelsea‹ entstanden hier im großen Dachraum mit seinem Atelierfenster und den doppelten Wänden, die Carlyle vor dem Lärm seiner Umgebung schützen sollten.

An der Stelle, an der *Cheyne Walk* sich wieder mit *Chelsea Embankment* trifft, steht **Chelsea Old Church**. Die Kirche geht auf einen gotischen Vorgängerbau aus dem 12. Jh. zurück; sie war bereits mehrfach restauriert worden, ehe sie 1941 durch eine Mine fast vollständig zerstört wurde. Weitgehend erhalten blieb die 1528 von Thomas More neu errichtete Kapelle im südlichen Teil, ebenso ein spätmittelalterlicher Bogen mit Renaissancekapitellen, der zum Presbyterium führte. In der *More Chapel* erinnert eine Gedenktafel an *Henry James*, den anglo-amerikanischen Romancier, der 1916 in der nahegelegenen *Cheyne Row* gestorben war. Im restaurierten Presbyterium befindet sich das *Grabmal Thomas Mores*, das er ebenso wie die Grabinschrift noch selbst entwarf. Davon abgesehen gestaltete sich Mores Beerdigung allerdings doch ganz anders, als er sich dies selbst vorgestellt hatte. Nach seiner Hinrichtung 1535 wurde sein Kopf zunächst auf der London Bridge aufgepflanzt und später nach Canterbury gebracht, während der restliche Körper in St Peter's im Tower bestattet wurde. In der ebenfalls wieder errichteten *Lawrence Chapel* im Nordteil soll Henry VIII schon Tage vor der offiziellen Hochzeit die Ehe mit Jane Seymour eingegangen sein. An der Südseite des Kirchenschiffes befindet sich eine wertvolle Sammlung von ›chained books‹, alte, mit Eisenketten verschlossene Bücher, die der Kirche von Hans Sloane vermacht wurden, dessen Schätze ansonsten einen Grundstock für das British Museum bildeten

(S. 250). Das *Grab Sloanes* befindet sich im südöstlichen Teil des zur Kirche gehörigen Friedhofs.

Weiter in westlicher Richtung steht an der Ecke der *Danvers Street* **Crosby Hall**, der wichtigste Raum eines 1466 von John Crosby errichteten Palais, das 1910 von seinem ursprünglichen Standort in Bishopsgate hierher versetzt wurde. Das Gebäude wird heute als Wohnheim von der ›*British Federation of University Women*‹ genutzt. Sehenswert sind vor allem die alte Eichenbalkendecke und Holbeins Porträt von Thomas More, das hinter dem ›high table‹ hängt.

Wir biegen noch vor *Danvers Street* rechts in die *Old Church Street* ein, die hinauf zur King's Road führt. Im *Haus Nr. 143* hat der *Chelsea Arts Club* seinen Sitz, zu dessen frühen Mitgliedern auch *James Whistler* und *Walter Sickert* gehörten, die in *David Hockney* einen würdigen modernen Nachfolger gefunden haben dürften. Sehenswert ist auf der gegenüberliegenden Straßenseite auch das *Haus Nr. 66*, das nach Plänen des Bauhausarchitekten *Walter Gropius* und seines Mitarbeiters *Max Fry* entstand.

King's Road (Farbtafel S. 137): Gegenüber der Ecke, an der *Old Church Street* schließlich auf King's Road trifft, befindet sich der **Chelsea Antique Market**, besser bekannt unter seinem inoffiziellen Namen ›*Antiquarius*‹: ein riesiger Trödelmarkt, der mit seinen weit über hundert Ständen allerdings fast unüberschaubar ist. Vornehme Antiquitätenläden prägten lange Jahre ebenso das Gesicht der berühmten King's Road wie Boutiquen mit edler Designermode. Viele dieser Geschäfte siedelten inzwischen in die etwas ruhigere Fulham Road über, der Popularität von King's Road konnte dies jedoch keinen Abbruch tun. Was als ruhiger Privatweg, auf dem Charles II von Whitehall nach Hampton Court gelangte, begann, endete spätestens Mitte des 20. Jh. als ständig überfüllte, quirlige Geschäftsstraße. Eine Boutique folgt hier auf die nächste Cocktailbar, und Punks im schwarzen Outfit haben hier ebenso ihren Ort wie die Pensionäre des Chelsea Hospital in ihren roten Uniformen oder die edel gestylten Träger von Designermode.

Auf dem Weg zurück (in nordöstlicher Richtung) zum Sloane Square folgt kurz vor der Einmündung der *Chelsea Manor Street* die **Old Town Hall**, das ehemalige Rathaus der Gemeinde. Im Erdgeschoß ist inzwischen eine öffentliche Bibliothek untergebracht, ansonsten aber werden hier durchaus noch hoheitliche Aufgaben erfüllt, und so zählt eine Eheschließung, die in Chelsea Old Town Hall vorgenommen wird, für manchen, der in gewissen Dingen auf sich hält, zu den absoluten ›musts‹. Wer einen Eindruck gewinnen möchte vom zeitgenössischen

›Waiting for the train?‹ Szene im U-Bahnhof Fulham Broadway

Wohnen in Chelsea, biegt in eine der links in die King's Road einmündenden kleinen Straßen ein. Hier schlendert man zwischen schmalen Häusern mit ebenso schmalen Vorgärten und winzigen Cottages in Hinterhöfen allmählich hinauf zur Fulham Road. Die meist nur einstöckigen Cottages dienten einst der Unterbringung der Pferde und der Kutschen, heute aber werden für sie astronomische Summen bezahlt, nur um zu dem erlesenen Kreis derer zu gehören, die sich als Bewohner Chelseas und als Nachbarn irgendeines Prominenten bezeichnen können. Auf **Fulham Road** reiht sich ein In-Lokal an das andere. An der Einmündung von *Sloane Avenue* steht das ***Michelin House**, ein ornamentreiches Jugendstilhaus, das 1911 für die gleichnamige Reifenfabrik entworfen wurde, und das trotz der dem Kitsch doch recht nahe kommenden Üppigkeit seiner Dekoration sehenswert ist. Im Erdgeschoß befindet sich eines der derzeitigen In-Lokale der Szene von Chelsea.

329

Halbtages- oder Tagesausflug. Dauer der Rundgänge: Ort 3–4 Std., Park 2–3 Std.; **Verbindungen: Boot:** Westminster Pier bis Richmond Bridge, Fahrzeit ca. 3 Std.; **Zug:** Waterloo Station bis Richmond Station, halbstündig, Fahrtzeit ca. 20 Minuten; **U-Bahn:** District Line bis Richmond.

Ein Ausflug nach Richmond wird jedem etwas bieten, der für die ›Mischung‹ Natur, Geschichte sowie individuelles Einkaufen zu begeistern ist und gerne auf den Spuren historischer Persönlichkeiten wandelt. Aufgrund seiner schönen **Lage** an einer Biegung der Themse und ausgebreitet in einer sanft hügeligen Parklandschaft, hat dieser Ort seit dem 12. Jh. seine Anziehungskraft nicht verloren. Zunächst als königliche Residenz, später als bevorzugter Wohn- und Sommersitz der Aristokratie, der reichen Kaufleute und der feinen Gesellschaft Londons, ist Richmond bis heute geprägt durch seine gepflegte und elegante Atmosphäre.

Der im folgenden beschriebene Rundgang versucht, der Vielseitigkeit dieses Stadtteils gerecht zu werden. Man sollte für diesen Ausflug einen sonnigen Tag wählen, denn dann geben einzigartige Ausblicke in die Landschaft, ein Picknick im Grünen und eine Bootsfahrt dem Spaziergang durch den historischen Ort, am Fluß entlang und durch den großzügigen Park eine ganz besondere Atmosphäre. Weniger Besichtigungen stehen dabei auf dem Programm (die wenigsten historischen Gebäude sind der Öffentlichkeit zugänglich) als vielmehr Bummeltouren, auf denen man viel über die Geschichte dieser ehemaligen königlichen Residenz erfährt, sich in besonderen Lokalen verwöhnen läßt, Designermode oder Second-Hand-Kleidung erwirbt und in Antiquariaten und Antikgeschäften stöbert.

Ein Tip: Besonders bunt geht es auf dem **May Fair**, dem Frühjahrsmarkt am 2. Samstag im Mai, und Mitte Juli beim **Richmond Festival**, einem einwöchigen Straßenfest mit vielen Sonderveranstaltungen zu.

Ausgangspunkt des Rundgangs ist der **U-Bahnhof Richmond**. Schon bald, wenn man von der Station der Hauptstraße *The Quadrant* links bis zur Ecke *Duke Street* folgt, die zum berühmten *Richmond Green führt, kommt man an Geschäften, Antikläden, Pubs und Restaurants vorbei, die das Bild des Ortes mitprägen. Besonders erwähnenswert ist ›The Cricketer's Pub‹ am *Green*, der hier seit 1666 urkundlich belegt ist. Links liegt zunächst *The Little Green*, das unter Charles II als Bowling-Fläche zentral für die damaligen Einwohner angelegt wurde. Hier fallen auf der rechten Seite drei historische Gebäude auf: Das erste, *Onslow Hall*, 1857 als Kavallerieschule gebaut, wird heute als Bürogebäude genutft. Das folgende ist das *Theater von Richmond; es wurde 1899 von Frank Matcham entworfen und ersetzte das Theater, das 1765 am Richmond Green eröffnet und 1884 abgebrochen worden war. Nach seiner kürzlichen Restaurierung erstrahlt es in seinem alten Prunk mit neuem Glanz; nicht selten werden Produktionen, die später im West End sehr erfolgreich sind, hier zuerst aufgeführt. Das angrenzende Gebäude ist die *Leihbücherei* von 1880.

Wenn man das kleine Grün und dann auf dem asphaltierten Weg das große Grün überquert, läuft man direkt auf den Eingang zum alten Palast zu. Wie bei den alten königlichen Residenzen üblich (vgl. Kew Gardens, *S. 337ff.*), waren um das zentrale Grün der Palast auf der einen Seite und auf den anderen Seiten die Häuser der Höflinge gruppiert. Die ältesten Häuser hier in Richmond stammen aus der Zeit der Königin Anne (1702–14) und der folgenden georgianischen Epoche (bis 1830). Zu diesen Gebäuden gehört die mit dunklem Backstein 1724 erbaute *Maids of Honour Row*, links vom alten Palast gelegen und unter George I für die Hofdamen seines Sohnes, George II, erstellt, der damals in Richmond residierte.

*Richmond Old Palace: Vom alten Palast sind nur Reste erhalten, die letzten Zeugen einer sehr wechselvollen Vergangenheit.

Die **Geschichte** von Richmond Old Palace begann unter Henry I, der hier 1125/26 das erste Herrenhaus erbauen ließ. Edward III ließ es im 13. Jh. zum *Shene Palace* umbauen (benannt nach dem ursprünglichen Ortsnamen Shene von ›a shining place‹, ein glänzender Ort). Sein Nachfolger Richard II befahl aus Trauer über den Tod seiner Frau, Anna von Böhmen, den Abriß des Palastes. Erst unter Henry V entstand wieder eine königliche Residenz, die jedoch 1499 einem Feuer zum Opfer fiel. Henry VII konnte 1501 den neuen Tudorpalast beziehen; als Graf von Richmond (in Yorkshire) übertrug er diesen Namen seiner Besitzungen auf die neue Residenz und den Ort an der Themse. Henry VIII wohnte hier, bevor er seinen Hof nach Hampton Court *(S. 344)* verlegte. Wenig später lebte Anna von Kleve, seine 4. Ehefrau, hier. Für seine Tochter Elizabeth wurde dieser Ort, als sie Königin war, zum Lieblingsschloß; sie starb hier 1603. Der letzte residierende König in Richmond war Charles I, jedoch blieb der Palast bis ins 18. Jh. Wohnsitz von Mitgliedern der königlichen Familie. Danach wurde er bis auf wenige noch existierende Gebäude abgebrochen.

Der eigentliche Alte Palast liegt am großen Grün hinter einer Mauer. Nur wenn das Tor geöffnet ist, kann man einen Blick darauf werfen: ein im historisierenden Stil des 19. Jh. aus den Ruinen des alten Palastes errichtetes Privathaus. Unter einer alles überragenden alten Kiefer verläuft der Weg, der durch das *Tudor Gate* – das Wappen seines Erbauers Henry VII ist kaum noch zu erkennen – in den *Alten Palast-

›The White Swan‹, eines der schönen historischen Pubs in Richmond

hof führt. Von seiner ehemals geschlossenen Bebauung ist nur die linke Seite mit dem *Torhaus* und dem langgezogenen ehemaligen Lagerhaus ›The Wardrobe‹ erhalten, das heute in drei Wohnhäuser aufgeteilt ist. Geradeaus fällt der Blick auf das ›Trumpeter's House‹, das der Diplomat Richard Hill an der Stelle des ehemaligen mittleren Torbogens um 1710 erbauen ließ. Wahrscheinlich führte der damals sehr bekannte Baumeister Matthew Bankes den Auftrag aus. Das zweistöckige Backsteingebäude mit dorischem Säuleneingang hat seinen Namen vermutlich von zwei steinernen Statuen (Diener, Trompeten blasend), die am Portal gestanden haben. Das neuere ›Trumpeter's Inn‹ und die Stallhäuschen auf der rechten Seite wurden im 19. Jh. gebaut.

Der Gang zwischen den Mauern führt zur *Old Palace Lane*, die von alten Cottages gesäumt wird. Links diese Straße in Richtung Themse gehend, kommt man an dem historischen Pub ›**White Swan**‹ vorbei, dessen empfehlenswerte Küche man sowohl an der Theke als auch im Wintergarten bzw. im Sommer im Garten probieren kann. Weiter an der Straße links verweist eine Schrifttafel an der alten Mauer darauf, daß dies eine Begrenzung des Shene-Palastes war. Von hier aus kann man weiter unten schon das Wasser der Themse sehen. Der Weg links am Ufer, *Cholmondeley Walk*, führt am **Asgill-Haus** vorbei, das der Bankier und Bürgermeister Londons, Sir Charles Asgill, 1758 vom Architekten Robert Taylor erbauen ließ (Besichtigung nach vorheriger Anmeldung; siehe *S. 397*).

Der Uferweg verläuft parallel zur heute bepflanzten Begrenzung des historischen Palastes. Noch einmal hat man einen sehr schönen Blick auf die Gartenseite, die eigentliche Hauptfront des ›Trompeter-Hauses‹. Weiter am Weg links liegen, hinter Hecken versteckt, die Anlagen von **Queensberry House**, das an der Stelle gebaut wurde, an der einst der Tudorpalast stand. Die erhaltenen Reste (Ruine des achteckigen Turms und Arkaden) sieht man von der *Friars Lane* aus.

Wieder am Fluß liegen links die berühmten ***Richmond Terraces** (Abb. S. 335)* mit ihren repräsentativen Gebäuden verschiedener Epochen. etwas zurück steht zunächst das ehemalige Rathaus **Old Town Hall** von 1893, das William Ancell entwarf und das heute das *Städtische Museum* sowie das *Informationsbüro* beherbergt. Das folgende imposante Backsteingebäude wurde im 18. Jh. von Quinlan Terry erbaut; auch das angrenzende *Heron House*, das kurzzeitig Wohnsitz von Lady Emma Hamilton, Lord Nelsons Geliebter, war, ist im georgianischen Stil errichtet; das Eckgebäude mit dem Turm, *Bridge House*, wurde ca. 1850 von Henry Laxton gebaut. Die Sitzbänke an den Terrassen laden zu einer Pause ein; wer eine Stärkung braucht, dem sei ›*Henry's Coffee Bar*‹ empfohlen.

Es lohnt sich auch, die Treppen zur Stadthalle hochzugehen, um dann rechts in den großen schlichten *Heron Square* zu gelangen; durch einen kleinen Torbogen rechts kommt man über ein paar Stufen wieder an die Themse zurück zur **Richmond Bridge**. Sie wurde 1774 -77 erbaut und 1935 verbreitert; hier kommen die Themseschiffe an, und Bootsverleiher haben in der Nähe ihre Anleger.

Der Rundgang führt weiter links die *Bridge Street* hinauf, wo sich links unter den Arkaden exklusive Geschäfte befinden. An der Kreuzung geht man geradeaus in die *Ormond Road*, die auf ihrer rechten Seite eine geschlossene Bebauung aus georgianischer Zeit hat. An der nächsten Straßenecke steht links die kleine **Bethlehem Chapel** aus dem Jahre 1797. Wenn man hier links die *Church Terrace* hinuntergeht, läuft man direkt auf die alte Gemeindekirche *St Mary Magdalene zu, die unter Henry VII erbaut wurde. Der erhaltene Tudor-Glockenturm verweist noch auf die Entstehungszeit. Das Kirchengebäude selbst ist überwiegend aus dem 18. und 19. Jh., enthält aber viele ältere Kirchenschätze; besonders sehenswert sind die vielen Gedenktafeln an den Wänden, u. a. gleich links vom Eingang die Tafeln für den Dichter

James Thomson, der in Richmond beerdigt wurde, und dessen Zyklus ›The Seasons‹ (Die Jahreszeiten) Joseph Haydn vertonte, sowie den durch seine Darstellung in Shakespeare-Tragödien berühmten Schauspieler *Edmund Kean*.

Wenn man nun, von der Kirche kommend, links die *Paradise Road* hinaufgeht, trifft man auf der linken Seite nach ca. 200 m auf das 1750 als Privathaus erbaute ***Hogarth-Haus** *(Haus Nr. 34)*. Berühmtheit erlangte es, als das Ehepaar *Virginia und Leonard Woolf*, die Schriftstellerin und der Journalist, hier 1917 ihr kleines, aber sehr exklusives und erfolgreiches Verlagshaus begründeten, das sie nach dem Namen des Hauses ›Hogarth Press‹ nannten *(vgl. S. 261)*. Bis 1924 entstanden hier 32 Buchproduktionen, darunter mehrere eigene Werke (*Kew Gardens*, 1919; *Jacob's Room*, 1922) und einige Arbeiten von Dichtern, die zu den bedeutendsten englischen Autoren des 20. Jh. zählen sollten (T. S. Eliot, C. Day Lewis, John Betjeman, Robert Graves).

Die *Paradise Road* ein Stück zurück befindet sich auf der linken Seite zwischen *Vestry House* und *Premier House* der Eingang zur *Vineyard Passage*, einem alten Fußweg, der an einem Friedhof vorbei zur Straße *The Vineyard* führt. Der Name (›Der Weinberg‹) bezeugt, daß auf dieser Anhöhe vom 17. bis ins 19. Jh. hinein Wein angebaut wurde. Hier liegen zunächst auf der rechten Seite **Armenhäuser** (Almshouses), die Elizabeth I 1600 für acht arme Frauen errichten ließ. Ein Stück weiter schließen sich *Bishop Duppa's Almshouses* von 1661 an (Inschrift im Torbogen). Auf dem höchsten Punkt der Straße liegen links in einer Gartenanlage *Michael's Almshouses*, 1695 durch Hymphrey Michael, einen begüterten Richmonder, begründet und später (1811 und 1858) durch Seitenflügel erweitert. Ursprünglich waren sie für zehn alte Männer und eine sie betreuende Schwester konzipiert.

Auch die Straße, die links weiter hinaufführt, *Lancaster Park*, weist noch einen großen Bestand der alten Bebauung auf: zunächst die *Vine Row* von 1700, dann die *Lancaster Cottages* von 1850. Die Straße führt zum **Richmond Hill** hinauf, auf dessen höchstem Punkt sich eine seit Jahrhunderten gerühmte Fernsicht bietet. Um dorthin zu gelangen, biegt man rechts in die *Ellerker Gardens* und an der nächsten Ecke links in die Straße *Richmond Hill*. Hier beginnen bald auf der rechten Seite die Terrassengärten, die den Weg zur Hügelspitze säumen. Auf der höchsten Erhebung wurde im 17. Jh. die *Queen's Terrace* angelegt, von der aus man zumindest an klaren Tagen eine einmalige ****Fernsicht** auf die nähere Umgebung (etwa *Ham House* und *York House*), über das Themsetal mit seiner Parklandschaft und manchmal bis nach Windsor hat. Die Terrasse ist sowohl für viele Maler als auch für Dichter immer wieder ein Ort gewesen, durch den sie sich inspiriert fühlten: Thomson

Blick auf die Richmond Terraces *(S. 333)* an der Themse

verewigte sie in den ›Jahreszeiten‹, Turner in einem Gemälde, das heute in der Tate Gallery hängt *(S. 62)*.

Dort, wo die Promenade auf der Terrasse endet, steht rechts das Haus *The Wick*, 1775 von Robert Mylne erbaut. Es folgt *Wick House*, das Sir William Chambers Ende des 18. Jh. als Landsitz für *Sir Joshua Reynolds* errichtete, der sich hier 1772–92 häufig aufhielt. 1950 wurde es in ein Altersheim für Krankenschwestern umgewandelt, die im nahegelegenen berühmten Pflegeheim der Armee gearbeitet haben. Auf der anderen Straßenseite erhebt sich der langgestreckte Bau des *Royal Star and Garter Home* für Kriegsversehrte. Er wurde an einem der schönsten Plätze Richmonds mit Geldern eines Fonds gebaut, in den Frauen aus dem gesamten Commonwealth eingezahlt hatten – viele gaben ihren Schmuck –, um eine Pflege- und Gedenkstätte für alle Männer zu errichten, die in den Krieg gezogen waren. Sir Edwin Cooper gestaltete den Bau, den George V 1924 eröffnete, im Renaissancestil.

** Richmond Park

Lage: südlich des Ortskerns von Richmond; vom Bahnhof ca. 30–40 Min. Fußweg oder Bus Linie 65; von Richmond Bridge knapp 15 Min. zu Fuß

Richmond Park ist mit seinen 660 ha (rund 20 km²) der größte Park Londons. Sein Bestand von über 200 000 alten Bäumen und seine weiträumige natürliche Anlage bieten unendliche Ruhe. Man kann Rot- und Damwild beobachten, sogar Pilze sammeln und wirkliche Naturidylle genießen. Charles I ließ das riesige Gebiet ehemaliger Feld-, Privat- und öffentlicher Flächen 1637 einzäunen, um seinen Jagdpark anzulegen. Bis zur Mitte des 19. Jh. war der Park tatsächlich Jagdbezirk der königlichen Familie und lange Zeit überhaupt nicht zugänglich. Zuerst er-

hielten 1758 Fußgänger nach zahllosen Gerichtsterminen Zutritt, Privatfahrzeuge mußten bis 1850 warten, und 1866 durften schließlich auch Mietfahrzeuge durch den Park fahren. Die Überwegungsrechte sind bis heute eingeschränkt.

Am Star and Garter Home steht man fast schon vor *Richmond Gate*, dem Haupttor des Parks. Der Weg rechts parallel zur Straße führt direkt zu einem der Herrenhäuser des Parks, zur **Pembroke Lodge**. Bekannt wurde sie als langjähriger Wohnsitz von *Lord John Russell*, der 1846–52 und 1865/66 Premierminister war. Sein Enkel, der spätere Literaturnobelpreisträger *Bertrand Russell*, wuchs hier bei ihm auf. Heute wird die Lodge inmitten ihrer Gartenanlage und mit einer wunderschönen Terrasse als Restaurant genutzt.

In der Nähe, von der Erhöhung *Henry VIII Mound* aus, hat man einen sehr schönen Blick über die Parklandschaft. Zu einem weiteren Herrenhaus des Parks, der **Thatched House Lodge**, dem heutigen Wohnsitz von Prinzessin Alexandra von Kent, gelangt man über den ausgeschilderten Hauptweg am Teich *White Ash Pond* vorbei. Die nicht weit entfernte *Isabella Plantation* wurde 1831 bepflanzt und ist mit ihrem besonderen Baumbestand und dem in den 50er Jahren angelegten Blumenparadies einer der Anziehungspunkte des Parks.

Wer nach diesem Rundgang noch nicht zum Ausgang *Ham Gate* (auf halber Strecke zwischen Pembroke Lodge und Thatched House Lodge) strebt, dem seien noch zwei weitere Sehenswürdigkeiten im Innern des Parks empfohlen: ***White Lodge**, 1727 als Jagdhaus für George I erbaut, ist ein beeindruckendes Herrenhaus im italienischen Stil des Klassizismus, das heute die **Ballettschule des Royal Ballet** *(S. 136)* beherbergt und nur im August zu besichtigen ist. Die Naturliebhaber werden von den ***Pen Ponds** begeistert sein, die im 18. Jh. angelegt wurden und zum Angeln einladen (mit Lizenz erlaubt); die Vielfalt der Wasservögel ist bemerkenswert. *Ham Gate* führt zur *Petersham Road*, wo der Linienbus Nr. 65 zum Ausgangspunkt, der Richmond Station, zurückfährt.

Tips für das weitere Programm: Wer vor der Rückfahrt nach London den Besuch in Richmond in historischer Umgebung ausklingen lassen möchte, sollte den Busfahrer bitten, bei den bekannten Pubs ›Rose of York‹ bzw. ›The Pigeons‹ zu halten. Sehr empfehlenswert ist es auch, nur bis zu den Terrace Gardens zu fahren, um dann am Anlegepfad (›Towpath‹) entlang ins Zentrum zurückzuschlendern. Wer Lust hat auf Mode, dem seien *Hill Street* und *George Street* empfohlen; Antiquitätenfans können in den Läden des *Hill Rise* fündig werden. Auch die alten Gassen im Zentrum, die zum *Green* führen, bieten jedem etwas: Mode, Antiquitäten, Spezialitäten, Souvenirs ...

** 🔢26 Kew und Kew Gardens

Halbtags- oder Tagesausflug. Dauer der Rundgänge: Park 2–3 Std., Ort 1–1½ Std.; **Verbindungen: Boot:** Westminster Pier bis Kew Gardens Pier, Fahrtzeit ca. 2½ Std.; **Zug:** Waterloo Station bis Kew Bridge Station, halbstündig, Fahrtzeit ca. 15 Minuten; Broad Station bis Kew Gardens Station, halbstündig, Fahrtzeit ca. 20 Minuten; **U-Bahn:** District Line bis Kew Gardens.

Mit dem Namen Kew sind verschiedene Sehenswürdigkeiten verbunden. Jede einzelne von ihnen (der **Botanische Garten*, **Kew Palace* und der **alte Ort*) stellt für sich schon eine historische Besonderheit dar, aber in ihrer Gemeinsamkeit bilden sie eine beeindruckende Insel des 18. und 19. Jh., für die man sich einen Tag Zeit nehmen sollte. Fernab vom Lärm der City vermittelt die angenehme Atmosphäre dieses Vororts einen Einblick in den ›life style‹ der gehobenen Mittelschicht, der sich hier seit viktorianischen Zeiten nur langsam verändert hat: dezenter Wohlstand, gepflegte Häuser und Gärten sowie gediegene Pubs und Lokale harmonisieren mit den historischen Gebäuden und den traditionell großzügig gestalteten Grünanlagen. Die Nähe zur Themse bedeutet dann nur noch das Tüpfelchen auf dem i.

Ende März/Anfang April sollte man auf keinen Fall die **Ruderregatta zwischen den Universitäten Oxford und Cambridge** verpassen, die auf der Themse ausgetragen wird. Das Ziel ist an der *Mortlake Bridge*, die über einen schönen Fußweg an der Themse entlang zu erreichen ist. Dabei hält man sich auf der Kew-Seite am Fluß (nach der *Kew Bridge* ist es die 2. Brücke). Zur Atmosphäre dieses gesellschaftlichen Ereignisses gehören fröhliche Volksfeststimmung, laute Anfeuerungsrufe (denn die Wetteinsätze sind hoch) und britische Traditionsbezeugungen (man gibt sich als Absolvent bzw. Anhänger der jeweiligen Universität durch Embleme zu erkennen).

*** Der Botanische Garten (Kew Gardens)

Lage: Wer mit der U-Bahn anreist, geht von *Kew Garden Station* über den Bahnhofsvorplatz geradeaus durch die Lichfield Road auf *Victoria Gate* (**A**) zu, den Ausgangspunkt des hier vorgeschlagenen Parkrundgangs. Vom Zugbahnhof *Kew Bridge Station* gibt es Busverbindungen zum *Victoria Gate*.

Der Besuch von Kew beginnt mit einem Spaziergang durch den berühmten Botanischen Garten. Aufgrund seiner Größe von 120 Hektar und mit seiner abwechslungsreichen Anlage ist er eher als Park zu bezeichnen. Auf jeden Fall gehört er zu den bedeutendsten und größten botanischen Gärten der Welt. Er hat (nicht zuletzt aufgrund der fast 50000 verschiedenen Pflanzenarten, die er beherbergt) zu jeder Jahreszeit und bei jedem Wetter dem Besucher – und nicht nur dem botanisch interessierten – vieles zu bieten: u. a. 18 Glashäuser mit exotischen

Ein Meisterwerk der Ingenieur-Architektur ist das große Gewächshaus von Kew

Pflanzen aus aller Welt, verschiedene Gärten, japanische, chinesische und viktorianische Bauwerke, ausladende alte Bäume, die die weiten Grünflächen unterbrechen, verschiedene Waldungen und Gewässer. Im Sommerhalbjahr ist außerdem die Gelegenheit gegeben, den Palast von Kew zu besichtigen, der als eine der kleinsten königlichen Residenzen anzusehen ist.

Geschichte: Gründungsjahr der Botanischen Gärten von Kew ist 1759: *Prinzessin Augusta*, die Mutter von George III, ließ hier unter Leitung ihres Ersten Gärtners, *William Aiton*, einen botanischen Garten anlegen, wobei sie der Botaniker *John Stuart Bute* beriet und ihr der Baumeister *William Chambers* zur Seite stand. Von Anfang an diente die Gesamtanlage sowohl Forschungszwecken als auch der Erholung und Erbauung. Unter Augustas Sohn, *George III*, der die Besitzungen Kew und Richmond erbte, erhielt die Anlage ihre heutige Größe dadurch, daß der König Kew Gardens und Richmond Lodge zusammenlegte. Der botanische Direktor *Joseph Banks* ergänzte den Pflanzenbestand durch viele exotische Arten, die er von seinen Weltumsegelungen zusammen mit *James Cook* einführte.

Erst im 19. Jh. wurden die Gärten dem Staat übergeben. Unter ihrem Direktor *William Hooker* wurden zwischen 1841 und 1865 die Museen begründet, das Herbarium angelegt (das größte der Welt), die Bibliothek aufgebaut (heute über 100 000 Fachbände) und die damals größten Glashäuser der Welt erbaut. Bis heute gehören diese Errungenschaften zu den wichtigsten Sehenswürdigkeiten in Kew Gardens. 1987 richtete ein schwerer Sturm verheerenden Schaden am al-ten Baumbestand im Park an; viele Baumriesen tragen bis heute Spuren davon.

Der folgende **Parkrundgang** führt zu den wichtigsten Sehenswürdigkeiten und durch Bereiche, die das ganze Jahr über Naturschönheiten bieten. Zu den einzelnen Jahreszeiten sind natürlich einige Anlagen ganz besonders zu empfehlen:

Februar – April	Gebirgspflanzen ㉗
April/Mai	Rhododendron ㉚
Mai/Juni	Azaleen ㉚
Mai – August	Knollengarten ㉘
Juni – September	Steingarten, Bauerngarten ㉖
August/September	Heidekraut ⑨

Wenn man am **Victoria Gate** (**A**) dem Hauptweg links folgt, gelangt man zum **Flaggenmast** ⑥, dem mit 68,50 m höchsten in Großbritannien. Er besteht aus dem Stamm einer 371 Jahre alten Tanne, die die ehemalige Kolonie British Columbia in Kanada dem Garten im Jahre 1959 zum Geschenk machte. Anlaß war zum einen das 100jährige Bestehen der Provinz und zum anderen das 200jährige Bestehen von Kew Gardens.

Der Weg rechts führt weiter zum ****Großen Gewächshaus** ③ (Temperate House), das mit seiner Stahl-Glas-Konstruktion zu einem der schönsten Bauten der sog. Ingenieurarchitektur in Großbritannien zählt. In mehreren Etappen wurde es von dem Architekten Decimus Burton und dem Ingenieur Richard Turner erbaut, so daß es in seinen endgültigen Ausmaßen von rund 4500 m² um die Jahrhundertwende flächenmäßig das größte Gewächshaus der Welt war. Das 19,10 m hohe Mittelhaus entstand 1860–62, die beiden achteckigen Pavillons rechts und links davon 1860/61, der Südflügel 1896/97 und der Nordflügel 1897–99. Damit hatte das Glashaus eine Länge von 180,90 m und eine fast durchgehende Breite von 50,80 m. Die Pflanzen sind nach Kontinenten in den einzelnen Glashäusern angeordnet und vermitteln so einen Eindruck von deren unterschiedlichen Vegetationen. Die Vögel, die herumfliegen, sind Vertreter der Arten, die auf den Britischen Inseln heimisch sind. Den ›Gang durch die Kontinente‹ sollte man vom Mittelhaus aus gegen den Uhrzeiger unternehmen, um dann aus dem Südflügel wieder in den Garten zu gelangen.

Hier nimmt einen sofort der Anblick der **Chinesischen Pagode** ⑧ gefangen, die 1761 von W. Chambers nach einem Originalvorbild erbaut worden war. Ein wenig nördlich davon steht das **Japanische Tor** ⑩, eine Kopie des Tores des großen buddhistischen Nishi-Hongangi-

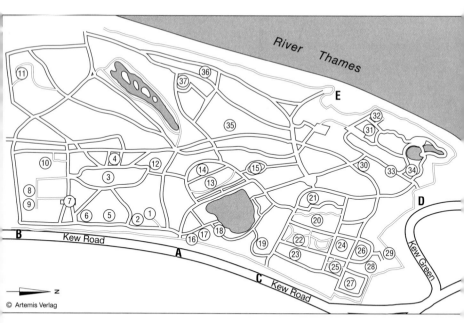

© Artemis Verlag

Der Botanische Garten von Kew

A Victoria Gate
B Lion Gate
C Cumberland Gate
D Haupteingang
E Brentford Gate

① Bellona-Tempel
② Flaggenmast
** ③ Großes Gewächshaus
④ Australisches Glashaus
⑤ Marianne North Gallery
⑥ Torbogenruine
⑦ Pavilion Restaurant
⑧ Chinesische Pagode
⑨ Heidekrautgarten
⑩ Japanisches Tor
⑪ Gartenhaus der Königin Charlotte
⑫ King William's Temple
** ⑬ Palmenhaus
⑭ Rosengarten
⑮ Wasserlilienhaus
⑯ Campanile

⑰ Arethusa-Tempel
⑱ Chinesische Löwen
⑲ Aeolus-Tempel
⑳ Gewächshaus der Prinzessin von
　　Wales
㉑ ›Ice House‹
㉒ Steingarten
㉓ Kräutergarten
㉔ Gräsergarten
㉕ Wassergarten
㉖ Bauerngarten
㉗ Alpenpflanzen (Glashaus)
㉘ Knollengarten
㉙ Kew Gardens Gallery
㉚ Orangerie
* ㉛ Kew Palace
** ㉜ Garten der Königin
㉝ Farnhaus
㉞ Aroid House
㉟ Azaleengarten
㊱ Rhododendrongarten
㊲ Bambusgarten

Tempels in Kyoto. Schräg links kann man den Schildern folgen zum **Gartenhaus der Königin Charlotte** ⑪. In dem hier waldartigen Park muß man rechts auf zwei große alte Eichen achten, die den Kiesweg zum reetgedeckten Gartenhaus markieren. Es wurde 1772 für die Gemahlin von George III gebaut, wobei die Waldungen weitgehend geschont und keine Ziergärten angelegt wurden. Die Deckengemälde mit Sommerblumen im Haus sind sehenswert. Königin Victoria schätzte diesen Ort als Picknickplatz. Durch das kleine Birkenwäldchen, das links vorm Haus liegt, führt der Weg zurück auf einen geteerten Hauptweg, dem man rechts bis zur Kreuzung folgt. Auf dem Weg links gelangt man von hier aus zum See; zutrauliche Wasservögel und Eichhörnchen wissen sich nicht nur bei Kindern hier einzuschmeicheln.

Wenn man auf der rechten Seite des Sees bleibt, führen die Wege an eine sternförmige Kreuzung. Das Hinweisschild ›Palm House‹ nennt die neue Richtung. An diesem Weg liegt rechts auf einer kleinen Anhöhe **King William's Temple** ⑫, 1837 für William IV von Jeffrey Wyatville erbaut. Die eisernen Gedenkplatten innen an den Wänden erinnern an die Aktionen der britischen Armee in der Regierungszeit von Williams Vater, George III. Den Hügel wieder hinuntergehend folgt man dem Weg geradeaus, der auf das freistehende Palmenhaus ⑬ zuführt *(s. unten)*. Bei einem Gang am **Rosengarten** ⑭ entlang, dem im Halbrund geführten Weg links folgend, kann man diese einmalige Konstruktion herrlich auf sich wirken lassen. Das fast unscheinbar wirkende **Wasserlilienhaus** ⑮ auf der linken Seite, erbaut 1852 von R. Turner, sollte man sich von Mitte Mai bis Oktober, zur Blütezeit der riesigen Pflanzen, auch von innen ansehen.

Von hier aus betritt man dann das ****Palmenhaus** ⑬ durch seinen Nordeingang. Der Architekt D. Burton und der Ingenieur R. Turner erbauten 1844–48 hier ihre erste großartige Gemeinschaftskonstruktion, die man besonders gut von der Galerie aus betrachten kann (zu erreichen über eine Wendeltreppe rechts im Haus). Die Stahl-Glas-Konstruktion wölbt sich über dem Besucher, Palmen bilden unten ein grünes Blattdickicht, feine Düsen sprühen ständig Wasser in die tropisch-feuchte Luft.

Aus dem Südausgang kommend hält man sich links, wo der **Campanile** ⑯ die Blicke auf sich zieht. Davor liegt der kleine **Arethusa-Tempel** ⑰, der 1758 von Sir W. Chambers für Prinzessin Augusta erbaut und jener Nymphe aus der griechischen Mythologie geweiht wurde, die in eine Wasserquelle verwandelt wurde. Die Gedenktafel erinnert an die gefallenen Angestellten des Parks in den beiden Weltkriegen. Geradeaus am Wasser stehen zwei riesige steinerne **Chinesische Löwen** ⑱, die Wache halten. Sie sind ein Geschenk von Sir John Ramsden aus dem

Jahre 1958 und wurden im 18. Jh. (evtl. auch früher) als Kopie der Bronzelöwen des Kaiserlichen Palastes in Peking angefertigt. Um den Teich herum (mit einer kleinen französischen Statue im Wasser, die George IV im Jahre 1826 erwarb) und am Waldgarten mit dem **Aeolus-Tempel** ⑲ vorbei kommt man zum **Gewächshaus der Prinzessin von Wales** ⑳, das Prinzessin Diana 1987 eingeweiht hat. Auf seinen 4490 m² werden 10 verschiedene Klimazonen simuliert und bieten deren Vegetationen den entsprechenden Lebensraum. Videos, Schaubilder und Beschriftungen vermitteln dazu die notwendigen Informationen.

Wem jetzt nach einer Verschnaufpause mit Erfrischung zumute ist, dem sei der Tea Room in der **Orangerie** ㉚ empfohlen. Die Orangerie von 1761 ist wieder ein Werk von William Chambers und bietet heute neben dem akzeptablen Café auch dem ›**Kew Shop**‹ (Bücher und Andenken) Platz. (Die Restaurationen im Park sind ansonsten nicht empfehlenswert, dafür bietet der Ort später mehr.) *Kew Palace ㉛, den man von der Orangerie aus in der Nähe liegen sieht, hieß früher ›The Dutch House‹ – das holländische Haus –, weil es 1631 für den Sohn holländischer Einwanderer, den Kaufmann Samuel Fortrey, gebaut worden war. Ab dem 18. Jh. benutzte es die königliche Familie als Sommerresidenz. George III und Königin Charlotte zogen 1802 mit ihrer großen Familie ein – ihre Residenz am Kew Green war baufällig geworden –, um auf den Bau eines neuen Sommerpalastes zu warten, der jedoch nie vollendet wurde. Charlotte starb 1818 im Kew-Palast, zwei Jahre vor ihrem Mann, der seit 1811 zeitweilig blind und geistig verwirrt war. Im Park, so erzählt man, vergrub er häufiger Beefsteaks – er glaubte, daß sie zu Rindern weiterwachsen würden.

Trotz dieser Ereignisse blieb der Palast bis 1837 bevorzugte Residenz der Hannoveraner Könige. Dann aber wurde er restauriert und 1899 als Museum der Öffentlichkeit zugänglich gemacht. Von dem beschaulichen Leben hier – damals noch wirklich auf dem Land, wo z. B. George II seinen Interessen für Gartenbau und Landwirtschaft nachgehen konnte – vermitteln die persönlichen Gegenstände der Königsfamilie im Palast einen Eindruck. Die kleinen, eigentlich wenig repräsentativen Räume sind angefüllt mit ihren Möbeln, Gemälden, Haushaltsgegenständen, kleinen Sammlungen und Erinnerungsstücken.

Der hinter dem Palast liegende **Garten der Königin** ㉜ wurde in den 60er Jahren nach einem Vorbild aus dem 17. Jh. angelegt, also entsprechend den Gestaltungskriterien zur Zeit des Baus von ›The Dutch House‹. Die kunstvolle Anlage mit ihren Laubengängen und buchsbaumgefaßten Beeten sowie die Gartenseite des Palastes kann man schön von dem kleinen schmiedeeisernen Pavillon aus betrachten, der auf einer Anhöhe liegt und so auch den Blick zur Themse bietet.

342

Vom Palast aus führt der breite Weg auf das 1846 von Burton erbaute *Haupttor* (**D**) zu. An diesem Weg liegt rechts das **Farnhaus** ㉝, das Farne der tropischen Wälder kultiviert; etwas weiter am Weg steht mit **Aroid House** ㉞ das älteste Gewächshaus von Kew. 1825 von John Nash als eines von vier Gewächshäusern für Buckingham Palace gebaut, 1836 dort ab- und in Kew Gardens wiederaufgebaut, beherbergte es bis zur Eröffnung des Palmenhauses tropische Pflanzen. Auch danach blieb es weiter funktionsfähig, mußte aber, weil die Feuchtigkeit den Stein sehr angegriffen hatte, schließlich geschlossen werden.

Spaziergang durch den Ort

Wenn man den Park durch das Haupttor verläßt, befindet man sich am ***Kew Green**, dem alten Ortskern von Kew. In königlichen Dokumenten unter Henry VII ist dieser Ort als ›Kai Hoo‹ (Anlegestelle) gekennzeichnet. Verschiedene Höflinge hatten sich hier, in der Nähe des Palastes von Richmond, niedergelassen. 1728 erwarb George II am Platz das sog. ›Weiße Haus‹, das sein Sohn George III jedoch wegen Verfalls 1802 zugunsten des heutigen Kew Palace aufgab. Wieder lockten die königlichen Residenzen Mitglieder des Hofes herbei, die sich am Kew Green ansiedelten. Die meisten der georgianischen Häuser jener Tage entstanden Ende des 18. Jh.; sie bestimmen bis heute das Bild.

Fast mitten in der Grünanlage liegt die Kirche **St Anne**, die mittels einer Stiftung durch die gleichnamige Königin 1714 erbaut wurde. Nach einer kürzlich erfolgten gründlichen Restaurierung ist sie wieder zugänglich. An einem Sonntag darf man nicht verpassen, hier nachmittags im Gemeindesaal Tee zu trinken und im Sommer, draußen sitzend, dem Cricketspiel auf dem Green zuzusehen. Sehenswert ist auch der alte Friedhof, auf dem u. a. die Maler *Thomas Gainsborough* und *John Zoffany* ihre letzte Ruhe fanden.

Es lohnt sich, weiter am Green entlangzuschlendern. Wenn man hinter dem Friedhof die Hauptstraße überquert und geradeaus geht, steht man vor dem Eckhaus an der *Gloucester Road*, wo *Camille Pissarro* 1892 gewohnt und gemalt hat. Weiter am Green liegt ein einfacher Pub (›The Greyhound‹); wer ein paar Snacks möchte, sollte bis zum ›King's Arms‹ an der Brücke weitergehen.

Die **Kew Bridge** über die Themse ist eine Konstruktion von 1903, die die alte Brücke von 1784–89 ersetzte, weil sie dem starken Verkehr nicht mehr gewachsen war. (Die erste Brücke an dieser Stelle stammte von 1758/59.) Direkt auf der anderen Seite der heutigen Brücke verweist rechts ein blaues Schild auf **Strand-on-the-Green**, ein Dorf in der

Stadt am alten Anlegepfad am Fluß. Schon nach wenigen Metern führen einige Stufen zu einer Terrasse, von der aus sich ein schöner Blick auf die Brücke bietet. Der Weg führt immer am Wasser entlang, wo dann bald auf der linken Seite die ersten alten Gebäude stehen. Hier beginnt der schönste Teil des ****›Riverwalk‹**: rechts immer der Fluß und links repräsentative Villen neben kleinen Cottages, Fachwerk neben Backstein, Privathaus neben Pub. Die Schilder an manchen Häusern verweisen auf ihre ehemaligen Bewohner (z. B. den Maler John Zoffany) oder die Erbauer *(›Dutch House‹)*, oder einfach auf alte Seefahrttraditionen wie beim *›Ship House‹* oder dem *›City Barge‹*. Letzteres, ein Pub, wurde nach der prächtigen Barke des Bürgermeisters von London benannt, die vor diesem Haus an der Themse im Winter ihren Liegeplatz hatte; ursprünglich war es 1484 für hier arbeitende Navigatoren gebaut worden. Weitere schöne Pubs sind ›The Bull's Head‹ und ›The Bell and Crown‹; und im *›Newman's Tea Shop‹* sollte man auf jeden Fall die ›Maids of Honour Cakes‹ probieren, ein Gebäck, das angeblich zuerst in Kew für Henry VIII gebacken wurde.

Auf dem Rückweg passiert man noch einmal die alten Häuserfronten. An der Brücke gelangt man rechts auf der Hauptstraße nach wenigen Metern zur **Kew Bridge Station**, wo halbstündig Züge zum Bahnhof Waterloo verkehren. Wer mit der U-Bahn zurückfahren möchte, geht direkt links auf die Brücke zum Bus Stop. Linie 27 oder 65 fährt zurück zum Victoria-Tor des Parks, von wo aus der Weg zur Kew Gardens Station schon bekannt ist *(S. 337)*.

*** **27** **Hampton Court**

Dauer der Rundgänge: Schloß 1–2 Std., Park 1–2 Std., Ort ca. 1 Std.; **Verbindungen: Boot:** Westminster Pier bis Hampton Court Pier, Fahrtzeit ca. 4 Stunden; **Zug::** Waterloo Station bis Hampton Court Station halbstündig, Fahrzeit 30 Minuten. **Bus:** ›Green Line‹ Nr. 718 ab Hyde Park Corner, Fahrzeit 1 Std.

Hampton Court Palace, eines der schönsten Schlösser Großbritanniens, liegt ca. 25 km südwestlich von London an der Themse in einem großzügig angelegten Park. Beeindruckend aufgrund dieser Lage und seiner Größe, lohnt dieser Park einen Besuch zu jeder Jahreszeit, zumal er auch ohne Blütenpracht in seiner Anlage vieles zu bieten hat. Die reizvolle Umgebung an der Themse macht auch den *Ort Hampton Court* zu einem lohnenden Ausflugsziel. Wer genügend Zeit hat, sollte sich – zumindest bei gutem Wetter – unbedingt für die ****Anreise mit dem Boot** von London aus entscheiden und sich direkt an den Pier unterhalb des Schlosses von Hampton Court bringen lassen. Man hat so nicht nur

Hampton Court Palace, Schauplatz zahlloser Geschichten um den berühmten Henry VIII

Gelegenheit, die vielen Themse-Brücken und verschiedenen Londoner Stadtteile an sich vorüberziehen zu lassen, (besonders schön *Kew Gardens* und *Richmond*), sondern auch, auf *dem* Weg zu der berühmten Schloßanlage zu gelangen, den schon seine königlichen Bewohnerinnen und Bewohner in ihren Barken genossen haben.

Der Rundgang führt zunächst durch den Palast und die königlichen Gemächer. Dazu gehören auch berühmte Exponate aus der kostbaren königlichen Gemäldesammlung. Dann schließt sich ein Spaziergang durch den Park mit seinen Sehenswürdigkeiten an, und ein Bummel durch den überschaubaren alten Ortskern von *Hampton Court* bildet den Abschluß.

Geschichte: Den ersten Palast in Hampton ließ *Thomas Wolsey* (um 1473–1530) bauen. Er wurde 1515 Kardinal und Lordkanzler von *Henry VIII*, damit Staatsmann und Kirchenfürst in einer Person, und wollte sich als solcher außerhalb Londons einen repräsentativen Wohnsitz errichten. Dieser Palast entstand im spätgotischen Tudorstil, dessen auffallendste

Merkmale Hampton Court Palace repräsentiert: roter Ziegelstein als wichtigstes Baumaterial, asymmetrische Gruppierung der Gebäude um Innenhöfe, der gedrückte, kielbogenförmige Tudorbogen und – als äußerer Ausdruck von Wohnlichkeit und Behaglichkeit – große Fenster und viele, reich ornamentierte Kamine.

Wolsey fiel schon bald nach Fertig-

345

stellung seines ›Hauses‹ bei Henry VIII in Ungnade, weil er dessen Bestrebungen, sich von seiner ersten Frau, Katharina von Aragon, scheiden zu lassen, nicht unterstützte. 1529 wurden Wolsey deshalb alle Güter entzogen und er selbst als Hochverräter ins Gefängnis geworfen. Der König machte sich zum neuen Besitzer des Palastes, der schon damals 280 reich ausgestattete Räume hatte und den er nun nach eigenen Vorstellungen erweiterte. Aus dieser Zeit stammen die ***Große Halle (i), die ****Königliche Kapelle* (h), die *Tennishalle* (p) und der **Uhrenhof (C). Henry VIII lebte in diesem Palast nach seiner Scheidung mit allen anderen Ehefrauen, die er hatte: Anne Boleyn, Jane Seymour, Anna von Kleve, Catherine Howard und Catherine Parr. Später hielten hier auch andere Tudors Hof, u. a. *Elizabeth I*, Henrys Tochter aus zweiter Ehe, die während ihrer 44 Jahre als unverheiratete Regentin sich gerne hier, außerhalb Londons, mit ihren Liebhabern getroffen haben soll; viele exotische Bäume und Blumen, die die Seefahrer Francis Drake und Walter Raleigh von ihren Expeditionen über die Weltmeere mitbrachten, sind hier in ihrer Zeit im Park gepflanzt worden. 1588 erhielt die Königin hier auch die Nachricht vom Sieg über die spanische Armada, der England als Weltmacht bestätigte.

Auch unter den Stuart-Königen James I, Charles I und Charles II blieb der Palast königliche Residenz. Charles II ließ die Gebäude restaurieren und den Park neu anlegen. *William III* und seine Frau *Mary II* erweiterten während ihrer gemeinsamen Regierungszeit 1688 bis 1694 die Anlage großzügig.

Mit dieser Aufgabe betrauten sie den berühmtesten Baumeister des Landes: *Sir Christopher Wren*. Sein Auftrag bestand darin, den für mittlerweile unzeitgemäß gehaltenen Tudorpalast umzugestalten; der dritte ehemalige Innenhof, um den die Tudor-Staatsgemächer gruppiert gewesen waren, mußte dem Brunnenhof und dem neuen Renaissance-Palast weichen. Die heute zu besichtigenden Königlichen Gemächer wurden nach dem Tod von Mary 1694 und dem von William 1702 überwiegend von Königin Anne eingerichtet, die bis 1714 regierte. Sie gab auch den Irrgarten bzw. das *Heckenlabyrinth im Park (q) in Auftrag, das sich bis heute besonderer Beliebtheit erfreut.

Weitere Innenausbauten wurden unter George I und George II vorgenommen. Nach dem Tod des letzteren hörte der Palast auf, königliche Residenz zu sein. Königin Victoria machte ihn 1838 das erste Mal der Öffentlichkeit zugänglich. Die Mehrzahl der ca. 1000 Zimmer wird heute von pensionierten Mitarbeitern des Königshofs bewohnt. Ein Feuer, das 1986 Dach- und Obergeschoß des Südflügels stark beschädigte, machte umfassende Renovierungsarbeiten notwendig, in deren Verlauf neue Erkenntnisse über die Geschichte des Palastes gewonnen wurden. Sie sind in einer Ausstellung im Wachraum des Königs dokumentiert.

Ausgangspunkt der **Besichtigung** ist der Platz vor der alten *Westfassade* (**A**). Der Westflügel, das ›*Wolsey House*‹ ist der einzige vom alten Palast erhaltene Gebäudeteil. In seiner Mitte befindet sich das *Große Torhaus, geschützt vom breiten Wehrgraben. Der große zentrale Erker trägt in einem Rechteck unter den Fenstern das königliche Wappen Henrys VIII. Die achteckigen Seitentürme sind durch Terracottamedaillons verziert (von dem Italiener Giovanni da Maiano), die die Reliefköpfe römischer Kaiser zeigen. An die Türme ließ Henry VIII 1536 Seitenflügel anbauen.

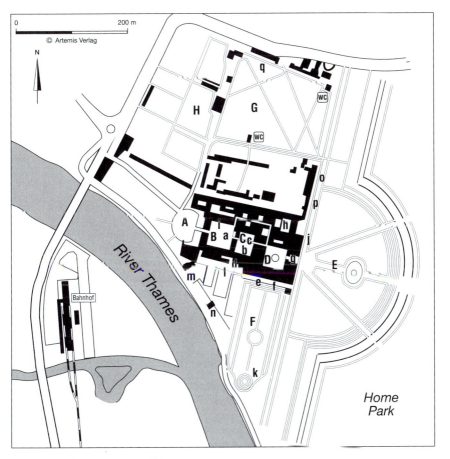

Hampton Court: Grundriß

A Westfassade/Großes Torhaus
B Vorhof
C Uhrenhof
D Brunnenhof
E Brunnengarten
F Privatgarten des Königs
G ›Wilderness‹
H Tiltyard Gardens/Restaurant

a Anne Boleyn Gate/Wolseys Kabinett
b Eingang zu den Staatsgemächern
c George II Gate
d Wolsey-Zimmer

e Audienzsäle/Cartoon Gallery
f Kgl. Privatgemächer
g Queen Mary's Gallery
h Chapel Royal
i Great Hall
j Souvenir Shop
k Tijou-Gitter
l Mantegna Gallery
m ›Old Vine‹
n Bankettháus
o Ballhaus
p Tennishalle
q Heckenlabyrinth

347

Durch das große Tor mit den eichenen Flügeln, die noch aus Tudorzeiten stammen, gelangt man in den ersten Innenhof, den *Vorhof* (**B**;
Base Court). Die umlaufenden Gänge führen zu Unterkünften, in
denen einst die Gäste und ihr Gefolge untergebracht wurden. Das
Anne-Boleyn-Tor (**a**) an der Ostseite ließ Henry während der kurzen
Zeit, in der seine zweite Frau Königin war, errichten. Der Glockenturm
auf der Spitze stammt zwar aus dem 18. Jh., aber eine seiner Glocken ist
auf das Jahr 1480 datiert. Der Torbogen selbst ist ähnlich gestaltet wie
der, der in diesen Innenhof vom Vorplatz aus führte: ein in Stein
gemeißeltes Wappen Henrys VIII hängt über dem Durchgang, an den
Seiten sieht man wieder Medaillons römischer Kaiser.

Von hier aus gelangt man in den ****Uhrenhof** (**C**; *Clock Court*), den
Haupthof des ehemaligen Wolsey-Palasts. Er leitet seinen Namen von
der *astronomischen Uhr* ab, die an dieser Seite des Anne-Boleyn-Tors
angebracht wurde. 1540 hatte Nicholas Orsain sie für Henry VIII
gebaut: Sie zeigt die Stunde an, den Monat, die jeweiligen Tage des
Monats, die seit Jahresbeginn vergangenen Tage, die Mondphase und
die Zeit der Flut an der London Bridge. Auffällig ist, daß entsprechend
den astronomischen Kenntnissen der damaligen Zeit – vor Kopernikus
und Galilei – die Sonne hier um die Erde kreist.

Links bzw. an der Nordseite liegt Henrys berühmte ****Große Halle (s.
unten S. 351)*. Der Säulengang an der Südseite gehört zum neuen
Palast, den Wren baute; hier befindet sich der *Eingang zu den Staatsge-
mächern* (**b**). Gegenüber liegt das *George II Gate* (**c**), über dessen
Bogen die Jahreszahl 1732 auf die Erstellung verweist. Der Durchgang
führt in den **Brunnenhof** (**D**; *Fountain Court*), den eindrucksvollen
Innenhof des Renaissance-Schlosses, das Wren für William III gestalte-
te. Von hier aus gelangt man, den letzten Durchgang passierend, auf die
Promenade *(Broad Walk)* und in den *Brunnengarten* (**E**; *Fountain
Garden*) des Parks.

*** Die State Apartments

Vor dem Spaziergang durch die Parkanlagen sollte man aber den
Rundgang durch die Staatsgemächer des ›englischen Versailles‹ nicht
versäumen.

Die Staatsgemächer liegen auf der 1. Etage und bestehen aus zwei
getrennten Zimmerfluchten, eine für den König und eine für die
Königin. Die Räume des Königs befinden sich im Südflügel mit Blick
auf den *Privatgarten des Königs* (**F**), während die Räume der Königin
den Ostflügel einnehmen und den Brunnengarten überblicken. Parallel
zu diesen Räumen verlaufen, jeweils mit Blickrichtung auf den Brun-

nenhof, verschiedene Galerien, Verbindungs- und Privatzimmer. Zu jeder der Zimmerfluchten mit den Repräsentationsräumen führt ein prachtvolles Treppenhaus. Die Privatbereiche sind dagegen über kleinere Aufgänge miteinander verbunden, die auch zu den unteren bzw. oberen Etagen führen, wo die Dienerschaft, Höflinge und Gäste wohnten. Als Besucher wird man so durch die Räume des Königs geleitet, wie früher auch seine Gäste Zugang zu ihm erhielten.

Durch das beeindruckende ›*Treppenhaus des Königs*‹ (um 1700; mit schmiedeeisernem Geländer von Jean Tijou sowie Decken- und Wandgemälden von Antonio Verrio) erreicht man in der 1. Etage zunächst einen *Wachraum*, an dessen eichengetäfelten Wänden ca. 3000 Waffen hängen. Es folgen die **Wolsey-Zimmer** (**d**), die sich in dem Gebäudeteil des Uhrenhofes befinden, der vom Erbauer Kardinal Wolsey noch erhalten geblieben ist, allerdings schon Spuren von Umbauten aus dem 17. und 18. Jh. zeigt. Dennoch vermitteln diese – im Gegensatz zu den späteren Staatsgemächern – kleinen Räume mit ihrer einfachen Holzvertäfelung, einem erhaltenen Kamin aus dem 16. Jh., Resten alter Bemalungen und Verzierungen sowie gestickten Wandteppichen aus dem 17. Jh. und verschiedenen Gemälden aus der Tudorzeit einen guten Eindruck von der Wohnsituation im Tudorpalast.

Zurück durch den Wachraum kommt man nun in die **Eingangs- und Audienzsäle** (**e**) des Südtrakts. Im ersten steht der Thronsessel Williams III unter einem silbern bestickten Baldachin, der mit Wappen und Motto des Königs verziert ist, ein ähnlicher folgt im zweiten Saal. Die reichen Schnitzarbeiten – Girlanden mit Blumen und Früchten – stammen aus der Werkstatt von Grinling Gibbons; unter den Gemälden (hauptsächlich Italiener des 16. und 17. Jh.) sind u. a. Tizian, Correggio und Tintoretto zu finden. Im vierten Raum in der Flucht, dem *Salon (Drawing Room) des Königs* fällt ein Kamin aus weißem Marmor auf, über dem sich in einem geschnitzten Aufsatz (wiederum aus der Gibbons-Werkstatt) ein Porträt der Erzherzogin Isabella von Österreich befindet. Im anschließenden *Königlichen Schlafzimmer* hat wieder Antonio Verrio die Decke bemalt; man sieht den schlafenden Endymion in den Armen von Morpheus, dem Gott der Träume.

Die folgenden drei kleineren Räume (das *Ankleidezimmer* und das *Schreibkabinett des Königs* sowie *Königin Marys Boudoir*) waren **Privatgemächer** (**f**), die eine Verbindung zwischen dem Königsflügel im Süden und dem Ostflügel der Königin darstellen, aber nie – im Gegensatz zu den anderen Räumen – von Besuchern mit Staatsgeschäften betreten werden konnten. Dann gelangt man in den Ostflügel: zunächst in die großzügige ›Galerie der Königin‹ – **›**Queen Mary's Gallery**‹ (**g**) –, mit über 24 m Länge einer der größten Räume des Schlosses. Auch

hier wieder wunderschöne Schnitzereien von Gibbons, herrliche Gobelins und prunkvolle blau-weiße Porzellanvasen aus der Porzellansammlung Marys II. Im anschließenden *Schlafgemach der Königin* (1715
unter George I gestaltet) zieht wieder das Deckengemälde – diesmal
von Sir James Thornhill – die Blicke auf sich. Es zeigt Aurora, die sich
mit ihrem Wagen aus dem Meer erhebt, während Nacht und Schlaf
unter ihr liegen.

Im *Salon (Drawing Room) der Königin* schließlich befindet man sich
in der Mitte des Wrenschen Ostflügels – und genießt den ****Blick** über
Garten und Park: Drei Alleen beginnen hier vor dem Schloß und
kreuzen den in einem Halbkreis angelegten Park strahlenförmig; in der
Mitte der zentralen Allee befindet sich ein großer Springbrunnen;
dahinter sieht man einen langen Weiher, ›*The Long Water*‹ genannt.

Nach Norden schließen sich nun der *Audienzsaal der Königin* (u. a.
mit Porträts der Königlichen Familie aus dem 17. Jh.) und der sogenannte ›*Public Dining Room*‹ an, (George II dinierte hier des öfteren
öffentlich), dessen Raumausstattung William Kent 1732–35 entwarf.
Die sich hinter dem Speisesaal befindende Zimmerflucht war bei Wrens
Tod noch nicht vollendet; sie wurde erst unter George II um 1736 für
seinen Sohn Prinz Friedrich und dessen Frau, Prinzessin Augusta,
ausgebaut. Hier steht im *Schlafzimmer des Prinzen von Wales* das
Prunkbett, das Robert Adams für Königin Charlotte, die Gemahlin von
George III, entwarf.

Nun wieder Richtung ***Queen's Gallery* (**g**) zurückgehend, durchquert man mehrere kleine eichengetäfelte Privatzimmer, die parallel zu
den Staatsgemächern und mit Blick in den Brunnenhof (**D**) angelegt
sind. Man sieht Porträts u. a. von Heiligen (von Domenico Feti),
marmorne Waschbecken, kunstvoll geschnitzte Kaminsimse, bevor
man (nun wieder an der Südseite des Palasts) in die *****Cartoon Gallery**
(**e**) tritt, ebenso beeindruckend wie die *Queen's Gallery*: Der Name des
35,5 m langen Saals geht auf die sog. ›Cartoons‹, Mustergemälde,
zurück, die der Italiener Raffael für Papst Leo X. als Vorlagen für
Gobelins 1515/16 anfertigte und die Episoden aus dem Leben der
beiden Hll. Petrus und Paulus darstellen. Von diesen ursprünglich 10
Gemälden hatte Charles I 1632 sieben erworben; sie hängen heute im
Victoria and Albert Museum *(S. 316)*. Ihren Platz in der Galerie
nehmen heute Stellvertreter aus dem 17. Jh. ein. Bemerkenswert ist
auch der aus verschiedenfarbigem Marmor gestaltete Kamin, über dem
geschnitzte Früchte und Blumen von Gibbons hängen.

Durch eine langgestreckte Verbindungsgalerie an der Westseite des
Brunnenhofs mit Porträts der sog. ›Windsor-Schönheiten‹, d. h. Bild-
nissen einzelner Damen am Hofe Charles' II, die Sir Peter Lely malte,

kommt man weiter zu *Wolseys Kabinett* über dem *Anne Boleyn Gate* (**a**). Dieser verhältnismäßig kleine Raum bietet, weil er fast ganz in seiner ursprünglichen Gestaltung erhalten geblieben ist, eine großartige Gelegenheit, sich einen Eindruck von der reichen Ausstattung und der Farbenpracht des Wolsey-Hauses zu verschaffen. Die Wände sind im unteren Teil getäfelt, darüber hängen Gemälde aus dem 16. Jh., die noch auf Holz gemalt sind. Die Decke ist ebenfalls getäfelt und mit Rosetten, Federn und Tudor-Rosen kunstvoll verziert. Der Fries hat ebenfalls Tudor-Embleme als Schmuck, außerdem Nixen, Wassermänner, Delphine und darunter mehrfach den Schriftzug des Wolsey-Mottos ›Dominus mihi adjutor‹ – ›Der Herr stehe mir bei!‹

Man muß zur Verbindungsgalerie zurückgehen, um von dort aus zum prächtigen *Treppenhaus der Königin* zu gelangen und weiter zur **Spuk-galerie** (›*Haunted Gallery*‹), die über dem ›Runden Küchenhof‹ liegt. Die Spukgalerie verdankt ihren Namen Ereignissen aus der Zeit Henrys VIII: Seine 5. Ehefrau, Catherine Howard, wurde 16 Monate nach der Hochzeit des Ehebruchs angeklagt und gefangengesetzt. Doch es gelang ihr, ihre Bewacher zu überlisten; sie wollte den König während seines Besuchs der Messe in der Schloßkapelle um Gnade bitten. In dieser Galerie jedoch wurde sie entdeckt, trotz ihrer herzzerreißenden Schreie wieder ins Gefängnis gebracht und drei Monate später auf dem Tower Hill enthauptet; ihr Geist soll aber in der Galerie immer wieder zu hören gewesen sein.

Rechts der Galerie geht es weiter zur ***Chapel Royal** (**h**), in die man von der Königlichen Empore aus hinabblickt. Hier ist man auch der großartigen Holzdecke der Kapelle (1535/36) am nächsten: ein hohes Fächergewölbe mit reich geschnitzten und vergoldeten Schlußstücken und blauen, sternenübersäten Kassetten. Die Innenausstattung geht auf einen Wrenschen Entwurf für Königin Anne zurück; die Ausführung der Schnitzarbeiten an der eichenen Altarrückwand besorgte wieder Grinling Gibbons.

Zurück in der Spukgalerie, die auch die Nordseite des Küchenhofes einnimmt, geht man in die ›*Große Wachstube*‹ (*Watching Chamber*; 1535/36) und schließlich in die prachtvolle ***Great Hall** (**i**), die einen Eindruck gibt vom Glanz am Hofe Henrys VIII. Beeindruckend sind auch hier wieder die kunstvoll gestalteten Decken: in der Wachstube sternenförmige Holzkassetten mit den erhabenen Wappen der Tudors und Seymours (Jane Seymour war Henrys dritte Ehefrau), in der Großen Halle ein über und über verziertes Holzgewölbe auf langen Stichbalken und mit dem Wappen Henrys und der Anne Boleyn geschmückt, die jedoch noch bevor die Halle vollendet war, enthauptet wurde... und Jane Seymour Platz machte. An der Ostseite des zweiten

Saals (32,20 m lang, 12,20 m breit, 18,30 m hoch) saß der König bei Festmahlen auf einer durch eine Stufe erhöhten Plattform mit seinen wichtigsten Höflingen und Gästen am ›hohen Tisch‹. An der gegenüberliegenden Saalseite befand sich die Musikantengalerie; schon zu Henrys Zeiten haben hier viele Aufführungen stattgefunden. Seine Tochter Elizabeth I war den Künsten besonders zugetan und ließ in der Großen Halle oft auch Schauspieler auftreten, u. a. die Königliche Truppe, zu der damals ein gewisser William Shakespeare gehörte... Und zu Weihnachten gab sie immer ein großes Fest, – eine Tradition, die auch ihr Nachfolger James I fleißig pflegte. An seinem ersten Weihnachtsfest in Hampton Court 1603 jedenfalls sollen in der Großen Halle 30 Schauspielstücke aufgeführt worden sein! Von dem Glanz dieser Feste erkennt man in der heute eher karg ausgestatteten Halle nur noch wenig.

Wenn man aus den Staatsgemächern herauskommt, sollte man das Schloß nicht gleich verlassen. In der Nordostecke des Palastvorhofs (**A**) liegt nämlich der Eingang zu den ***Königlichen Küchen und Kellern**. Diese Versorgungsbereiche nehmen große Teile des Schlosses ein, denn zu Tudorzeiten gehörten zum Hof regelmäßig rund 500 Menschen, die hier verpflegt werden mußten. Man kann den *Bierkeller* des Königs besichtigen, der heute Ausstellungszwecken dient, außerdem den neuen *Weinkeller*, den *Servierraum* und die *Große Küche*. Ihre Ausmaße (Länge 11 m, Breite 8 m), aber auch die der Feuerstelle, lassen erahnen, wieviele Bedienstete hier welche Mengen an Nahrungsmitteln verarbeitet haben müssen, um den Hofstaat zu versorgen. Die eingebauten Ziegelöfen sind natürlich jüngeren Datums, viele Gerätschaften jedoch noch aus Tudorzeiten. Durch verschiedene Nebenhöfe oder die schon vorher beschriebenen Innenhöfe gelangt man zum Ausgangspunkt des Parkrundgangs, dem Vestibül im Ostflügel, wo sich auch der *Buch- und Andenkenladen* (**j**) befindet.

*** **Hampton Court Park**

Wer auch bei der Gartengestaltung einen Gang durch die Geschichte machen möchte, sollte zunächst rechts am Schloß entlanggehen, um dann geradeaus von einer erhöhten Terrasse aus den **Privatgarten des Königs** (**F**) zu betreten. Vom Mittelweg dieses Gartens aus bietet sich der schönste Blick auf die Südfassade des Schlosses (mit Williams Orangerie); am Ende des Weges beim Themseufer schließen reich verzierte schmiedeeiserne *Gitter von Jean Tijou* (**k**) (bis zu 3,20 m hoch) den Garten ab. Von hier folgt man links einem fast 150 m langen Laubengang aus Bergulmen, an dessen Ende (wieder beim Schloß) man

Die Ostfassade von Hampton Court, vom Brunnengarten aus gesehen *(S. 354)*

links durch ein Tor die ältesten Gartenanlagen von Hampton Court betritt. Die niedrigen Steinmauern, die die einzelnen Gärten umgeben, stammen noch aus dem 16. Jh., als Henry VIII hier die ersten Gärten nach italienischem Muster anlegen ließ. Unter ihnen verläuft seit 1629 ein Wasserleitungssystem, mit dem sie regelmäßig gewässert werden können. Sehenswert sind die *Mantegna Gallery* (**l**) mit Gemälden von Andrea Mantegna (1431–1506) (›Julius Caesars Triumphe‹), die Charles I 1629 für die damals enorme Summe von 10 500 Pfund kaufte; außerdem der alte Weinstock (›*Old Vine*‹; **m**) von 1768, der in guten Jahren bis zu 700 Pfund dunkle Trauben trägt; und schließlich das kleine *Banketthaus* (**n**), das einen wunderschönen Themseblick bietet und von Wren für William III um 1700 errichtet wurde (mit schönen Wand- und Deckengemälden von Verrio).

353

Wieder zurück auf der Ostterrasse sollte man die Mittelallee durch den französischen Garten, den **Brunnengarten (E)**, gehen, den Charles I anlegen ließ. Von hier ist der Blick auf die Ostfassade des Wren-Schlosses am schönsten: die zentralen sieben Fenster sind durch die sie umgebende Steinverkleidung hervorgehoben. Die mittleren drei Fenster sind von vier korinthischen Säulen gerahmt, die ein Gesims und darüber einen spitzen Giebel tragen. Unter diesem befindet sich ein Relief, das den Triumph Herkules' über den Neid darstellt.

An der Nordostecke des Schloßes steht das **Ballhaus (o)** von Henry VIII, das Charles II umbauen ließ. Ein Stück zurück in Richtung Schloß befindet sich der Eingang zur berühmten **Tennishalle (p)**. Der ursprüngliche Bau Henrys VIII – er soll darin die Nachricht von der Enthauptung Anne Boleyns erhalten haben – wurde unter William III abgerissen. Die Initialen auf Boden und Wänden verweisen auf ihre ersten Benutzer William III und Mary II; bis heute wird hier das ursprüngliche Hallentennis gespielt.

Ein kleines Stück zurück auf der Breiten Promenade, am Ballhaus vorbei, befindet sich links das Tor, das in den englischen Garten, die ›**Wilderness**‹ **(G)**, führt. Dieser Teil des Parks wurde unter William III und Mary II von Henry Wise angelegt. Im Gegensatz zum französischen Garten an der Ostseite wirkt dieser Parkteil natürlich und ursprünglich und läßt von seiner planvollen Anlage auf den ersten Blick wenig erkennen. Besonders schön ist es hier im Frühjahr, wenn Krokusse und Narzissen die Rasenflächen in ein Blumenmeer verwandeln. Links vor dem Tor liegt das berühmte ***Heckenlabyrinth (q)**, das von Königin Anne 1714 in den Park eingefügt wurde. Seine Ligusterhecke wird auf einer Höhe von ca. 1,90 m gehalten, die Breite auf 0,50 m beschnitten. Von hier aus nun führen Hinweisschilder zum *Restaurant/Café* in den ›**Tiltyard Gardens**‹ **(H)**, dem ehemaligen Turnierplatz von Hampton Court (heute Rosengarten). Gemütlicher als in den schloßeigenen Restaurationen ist es aber im ›*Charlton Hotel*‹ (*Hampton Court Road*; ca. 3 Min. zu Fuß vom Haupteingang) oder auch in einigen der Lokale jenseits der Themsebrücke im kleinen Ort Hampton Court (vor allem in der *Bridge Road*), wo sich auch viele interessante Geschäfte finden. Im Sommer ist besonders die Terrasse des ›*Mitre Hotel*‹ an der Themsebrücke zu empfehlen, um einen letzten Blick auf Hampton Court zu genießen – bei ›cream tea and scones‹...

*** 28 **Windsor und Eton**

Dauer der Rundgänge: Schloßanlage 2–3 Std.; Ort 1–2 Std.; Park 1–3 Std.; Eton ca. 2 Std.
Verbindungen: U-Bahn: Waterloo Station bis Windsor & Eton Riverside Station, halbstündig. Fahrzeit 50 Minuten: Paddington bis Windsor & Eton Central Station (umsteigen in Slough), halbstündig, Fahrzeit 35 Minuten; **Bus:** ›Green Line‹ 700, 702, 704, 718 ab Victoria Station (Straße Eccleston Bridge) oder 705 ab Hyde Park Corner: **U-Bahn:** District Line bis Richmond, dann Zug bis Windsor.

An kaum einem anderen Ort Großbritanniens begegnet man der Geschichte des Landes von seinen Anfängen bis zur Gegenwart so direkt wie in Windsor. Das imposante Schloß – von Generationen von Königen erbaut, erweitert und befestigt – thront majestätisch auf einem Kreidefelsen hoch über der Themse. Auch wenn bis heute gegenüber der ursprünglichen Anlage viele Veränderungen vorgenommen wurden, hat sie wenig von ihrem trutzigen, aber auch ein wenig märchenhaften Charakter verloren. Bis heute ist das Schloß ›Privatwohnsitz‹ der königlichen Regenten. Regelmäßig zu Weihnachten, Ostern und im Frühsommer weht die königliche Standarte auf dem ›Runden Turm‹ und zeigt damit an, daß die Königin hier residiert. In diesen Wochen sind zwar die prunkvollen Staatsgemächer mit ihren kostbaren Kunstschätzen geschlossen, aber das größte bewohnte Schloß der Welt hat auch dann noch so viel Sehenswertes zu bieten, daß man den Besuch nicht bereuen wird.

Mit ***St George's Chapel (S. 359)* beherbergt die über drei Hektar große Anlage eines der schönsten Beispiele der englischen Spätgotik. Der *Ort Windsor (S. 368 ff.)* hat trotz der touristischen Invasionen, mit denen er fertig werden muß, sein mittelalterliches Gepräge noch nicht verloren; vor allem das erhaltene Zunftgebäude führt in die Vergangenheit zurück. Ein Spaziergang im weitläufigen königlichen ›Großen Park‹ *(S. 369)*, ein Besuch des *Königlichen Theaters (S. 356)* oder eine kurze Wanderung zum nahegelegenen berühmten ***Eton College** *(S. 369)* sind weitere Unternehmungen, die sich anbieten.

Der im folgenden beschriebene Weg durch Windsor führt natürlich zunächst in alle Winkel der Schloßanlage, die dem Besucher offenstehen. Danach locken die Gassen der Altstadt, u. a. mit der kürzesten Straße Großbritanniens. Der Rundgang endet an dem alten Bahnhof, wo Madame Tussauds Show ›Royalty and Empire‹ eindrucksvoll an das diamantene Kronjubiläum von Königin Victoria im Jahre 1897 erinnert. Individuell kann dann die Entscheidung für eine der aufgezeigten Alternativen (Stadtbummel, Spaziergang durch den ›Großen Park‹ oder kleine Wanderung nach Eton) fallen, um den Tagesausflug weiter zu gestalten.

»Welcome to Windsor Castle«

Anreise: Die schnellste Verbindung nach Windsor ist die mit der Bahn von *Waterloo Station* aus. Nach der letzten Station vor Windsor, *Datchet*, hat man linker Hand den ersten Blick auf Schloß Windsor, das schon von weitem auf einem Kreidefelsen zu erkennen ist. Vom Bahnhof **Windsor & Eton Riverside Station** überquert man dann die Straße *Farm Yard* und folgt geradeaus den braun-weißen Hinweisschildern zum Schloß. *Thames Street* führt links allmählich immer steiler zum Schloßhügel hinauf. In dieser Straße liegt rechts das ***Königliche Theater**, 1910 an der Stelle errichtet, an der 1908 ein Brand den Bau von 1815/16 zerstört hatte. Das erste Theater in Windsor, das sich ›königlich‹ nennen konnte, weil es von George III und seinem Hof besucht und unterstützt wurde, gab 1793 seine erste Vorstellung; es befand sich in der *High Street*. Es war jedoch nur während der sechswöchigen Sommerferien des nahegelegenen Eton College *(S. 369)* geöffnet, weil man damals dem Theater und seinen Schauspielern korrumpierende Einflüsse zusprach. Als das Theater 1805 von den privaten Betreibern als Kapelle an eine Sekte verkauft wurde, protestierte die Bevölkerung und ermöglichte durch eine Spendenaktion 1815/16 den Neubau. Spätestens seit 1938 hat sich das heutige Theater – vor allem durch seine Weihnachtsmärchen- und Pantomimenvorstellungen – als Traditionstheater durchgesetzt (Reservierungen Tel. 07 53-85 38 88).

*** **Windsor Castle**

Der Ort Windsor, heute eine Stadt mit ca. 30 000 Einwohnern, ist durch die Anwesenheit des königlichen Hofes seit mittlerweile neun Jahrhunderten aus einer kleinen angelsächsischen Siedlung an der Themse zu seiner heutigen Bedeutung und Größe gewachsen. Als William the Conqueror sich ca. 1078 – parallel zur Erbauung und Befestigung des Towers – um die Absicherung seines Herrschaftsbereichs bemühte, erschien ihm der Kreidefelsen an der Themse, umgeben von dichten Waldungen, als eine strategisch günstige Position, um hier eine Festung zu errichten. Von dieser ursprünglichen Anlage, die weitestgehend aus Holzgebäuden und hölzernen Palisaden als Verteidigungsschutz bestanden haben muß, ist nur noch der künstlich aufgeschüttete Hügel erhalten, auf dem sich heute der ›Runde Turm‹ erhebt. Alle nachfolgenden Regenten haben die Anlage für ihre Zwecke und nach ihrem Geschmack erweitert bzw. verändert.

Geschichte: Erste Steinbauten gehen auf *Henry I* zurück. *Henry II* ließ die hölzernen Palisaden durch Steinmauern und eckige Wehrtürme ersetzen. Weitere Wehrtürme ergänzten später diese Schutzmaßnahmen; der älteste von ihnen ist der *Curfew Tower*, der aus der Zeit *Edwards II* stammt. Unter *Edward III*, der hier das Priesterkollegium und den Hosenbandorden mit dem Schutzpatron St. Georg gründete, entstanden u. a. das *Kloster des Domherrn* und das *Normannische Tor*. *Edward IV* zeichnet verantwortlich für den Baubeginn der heutigen *St George's Chapel*, die erst unter *Henry VIII* fertiggestellt wurde. *Elizabeth I* ließ die großzügige Nordterrasse bauen. *Charles II* versuchte seine Residenzen in Konkurrenz zu Versailles überschwenglich auszugestalten: während in Hampton Court *(S. 344)* die Parkanlagen im französischen Stil angelegt wurden, ließ er hier in Windsor die alte Burg abreißen, um für das riesige neue Schloß Platz zu haben. Nach seinem Tod verfiel die Residenz fast und wurde erst unter *George III* ausgedehnten Renovierungen unterzogen, um sie wieder bewohnbar zu machen. Sein Sohn *George IV* investierte Unsummen in die Umgestaltung des Schlosses, die sein Architekt *Jeffrey Wyatville* geplant hatte: Die einheitlich wirkende Gesamtanlage als romantische Komposition von Festung nach außen und prachtvollem Palast nach innen entstand. Wyatvilles stabiler Ausführung ist es zu verdanken, daß bis heute wenig Restaurierungen durchgeführt werden mußten. Seit der Zeit von Königin Victoria ist das Schloß – zumindest zeitweise im Jahr – Familienwohnsitz geblieben.

Äußeres

Am *Castle Hill* unterhalb des Schlosses passiert man zunächst ein *Victoria-Denkmal*, das Sir Edgar Boehm gestaltet hat. Von hier aus bietet sich ein guter Blick auf den runden Eckturm, den *Salisbury Tower* (**A**), und dahinter den *Garter Tower* (**B**). Der Eingang zum Schloß liegt links: *Henry VIII Gate* (**C**), erbaut 1510 unter dem Namensgeber, war

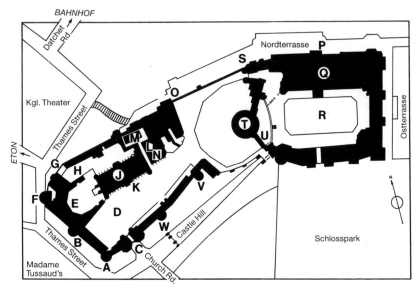

Windsor Castle: Grundriß

A Salisbury Tower
B Garter Tower
C Henry VII Gate (Eingang)
D Unterer Paradehof (Lower Ward)
E Horseshoe Cloister
F Curfew Tower
G Kleine Terrasse
H Canon's Residence
J St George's Chapel
K Südfassade der St George's Chapel
L Dean's Cloister

M Canon's Cloister
N Albert Memorial Chapel
O Winchester Tower
P George IV Tower
Q State Apartments
R Oberer Paradehof (Upper Ward)
S Norman Gate
T Round Tower
U St George's Gate
V Henry III Tower
W Garter House

ursprünglich der einzige Zugang zu der Anlage, an deren niedrigstem Punkt es sich befindet und am weitesten entfernt von den Königlichen Gemächern – beides wichtige strategische Gesichtspunkte. Der sog. Tudorbogen verweist ebenso auf die Entstehungszeit des Tores wie das Emblem Henrys VIII darüber. Der Durchgang führt durch die dicken alten Wehrmauern, hier aus den Jahren 1227–30.

Man gelangt in den ***Unteren Paradehof** (*Lower Ward*; **D**), wo um 10.30 Uhr der Wachwechsel der Königlichen Garde stattfindet. Wenn irgend möglich sollte man zu dieser Zeit schon im Paradehof sein, denn der Wachwechsel ist hier noch malerischer als in London und meistens sind hier weniger Besucher als dort. An der Nordseite des Hofes liegt die ***Georgskapelle (*s. unten S. 359*). Aber zunächst führt der Rundgang zu den Tudor-Fachwerkhäusern mit ihren hohen Ziegelschornsteinen. Sie gehören zum ehemaligen Kloster, das aufgrund seiner Bauweise das ›*Hufeisen-Kloster*‹ – *Horseshoe Cloister* (**E**) – genannt wird. Der Torbogen geradeaus führt in den malerischen halboffenen Innenhof des Klosters, das um 1480 für die Geistlichen der Kapelle erbaut wurde. Durch den überdachten Umgang kommt man zum Eingang des *Curfew Tower* (**F**), dem wohl ältesten Gebäude der Anlage. Erbaut 1227 auf den Fundamenten alter Wehranlagen, birgt er manches Geheimnis. So ist in einem der alten Gewölbe, die als Kerker benutzt wurden, ein begonnener Tunnel erhalten, den ein Gefangener wegen des unendlich dicken Mauerwerks nicht ans Licht führen konnte. Oder wurde er entdeckt? Niemand weiß es. Wie oft die Geheimtür (eine von drei insgesamt), deren Reste unterhalb des Turms erhalten sind, benutzt wurde, ist ebenfalls nicht überliefert. Im oberen Teil des Turms hängt das Geläut von acht Glocken (datiert 1478). Eine alte Treppe führt weiter hoch zur faszinierenden Turmuhr, deren Werk John Davis aus Windsor 1689 anfertigte. Alle drei Stunden ertönt ein Glockenspiel zum Psalm Davids.

Wieder unten im Innenhof führt links ein Durchgang in einen kleineren Hof. Geradeaus ein paar Stufen hinauf bietet die *Kleine Terrasse* (**G**) einen ersten schönen Blick über Windsor bis hinüber nach Eton. In dem hier angrenzenden Gebäude zur Linken befindet sich die *Kapitelbibliothek*, während rechts die Gebäude liegen, die zur *Residenz des Domherrn* (**H**) gehören. Faszinierend hier wie auch beim Hufeisen-Kloster, in dessen Innenhof jetzt der Weg zurückführt, ist die gemauerte Ziegelsteinornamentik zwischen dem Fachwerk der Häuser.

Eine ganz andere Wirkung geht von der ****Westfassade der Georgskapelle** (**J**) aus, die von hier aus am besten zu betrachten ist. Die für den Spätstil der englischen Gotik typische Betonung der Vertikalen kommt durch die beiden schlanken Türme besonders zum Ausdruck, aber auch durch die enge Anordnung der senkrechten Stäbe im Maßwerk des riesigen Fensters, das aus 75 schmalen Einzelfenstern besteht. Das Portal darunter wirkt dagegen klein und zierlich. In den Nischen über dem Fenster stehen drei Figuren aus dem Jahre 1799, die nach einem Entwurf von John Bacon gestaltet wurden und die drei Patrone der Kirche darstellen: St. Georg mit dem Drachen, Maria mit dem Kind und Edward the Confessor (Anfang 10. Jh.).

*** St George's Chapel (J)

Wieder zurück im Unteren Paradehof steht man vor der Südseite der Kapelle, der Schaufront der Kirche. Sie wird immer wieder als *das* Bauwerk gekennzeichnet, in dem die englische Spätgotik (*perpendicular style*, ca. 1340–1520) ihre höchste Ausprägung gefunden hat.

359

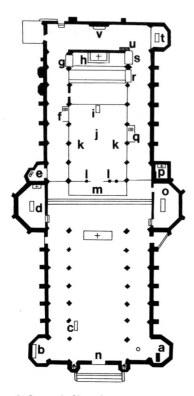

a Beaufort Chapel
b Urswick Chapel
c Grabmal George V und Queen Mary
d Rutland Chapel
e George VI Memorial Chapel
f Hastings Chantry
g Grabmal Edwards IV
h Tudor und Renaissance Galleries
i Abdeckung der Königs-
  gruft George III, George IV,
  William IV
j Gruft von Henry VIII, Jane
  Seymour und Charles I
k Chorgestühl
l Königliches Gestühl (›Royal Stalls‹)
m Orgelboden
n Westfenster
o Bray Chapel
p Oliver King's Chantry
q Oxenbridge Chantry
r Grabmal Henrys VI
s Grabmal Edwards VII
t Lincoln Chantry
u Eingang zur Königsgruft
v Henry II Door (Ostportal)

St George's Chapel

Mit ihrem Bau wurde 1475 unter Edward IV begonnen, vollendet wurde sie erst 1528 unter Henry VIII. Sie ersetzte ein früheres Bauwerk, das baufällig geworden war und abgerissen werden mußte, gab aber den 1348 von Edward III begründeten Institutionen, dem Priesterkollegium von St George und dem **Hosenbandorden** *(Order of the Garter)*, dessen Schutzpatron der hl. Georg ebenfalls war, wieder ihre eigene Kirche. Mit beiden Gründungen hatte Edward III dafür gesorgt, daß Windsor weit über seine Grenzen hinaus bekannt wurde als Wallfahrtsort und geistliches Zentrum. Außerdem waren beide Gründungen von Anfang an eng miteinander verwoben. Das Priesterkollegium setzte sich zusammen aus einem Dekan, 12 Domherren, 13 Priestern, 4 Patres, 6 Chorsängern, einem Kirchendiener und 26 armen Rittern. Letztere waren die Vertreter der Mitglieder des Hosenbandordens bei den täglichen Messen in der Kapelle des Schutzpatrons. Die Ordensstatuten besagten, daß die 26 Ritter des Hosenbandordens, einschließlich des Herrschers, sich gegenseitig mit Treue und Freundschaft begegnen sollten, wobei das zu tragende blaue Hosenband äußeres Symbol dafür sein sollte. Dieser Ritterorden war nämlich auch ein Versuch, den Niedergang ritterlicher Tugenden aufzuhalten; dadurch, daß Edward III politische Gegner in diesen Orden erhob, sorgte er außerdem dafür, daß durch diese Mitgliedschaft, persönliche Begegnungen und das hohe Ansehen, das diese Auszeichnung genoß, die Gefahr politischer Konflikte sehr reduziert wurde.

Um das Symbol des Ritterordens, das blaue Iosenband, ranken sich viele Legenden. Die wahrscheinlichste ist wohl diese: Auf dem Gründungsfest des Priesterordens verlor die Gräfin von Salisbury beim Tanz mit Edward III ihr blaues Strumpfband. Der König hob es auf und meinte zu den spöttelnden Edelleuten:»Honi soit qui mal y pense.« (Schande dem, der Schlechtes dabei denkt.) Dieser Ausspruch wurde das Motto des bald darauf begründeten Hosenbandordens und auf seinem äußeren Ehrenzeichen, dem blauen Hosenband, angebracht. Männer tragen es unter dem linken Knie, Frauen am linken Oberarm.

Die typisch spätgotische Betonung der Vertikalen kommt an der **südlichen Schaufront** (**K**) vor allem durch die vielen Strebepfeiler mit ihren Türmchen zum Ausdruck, aber auch durch die geradlinige Ornamentik, die im Innern noch viel deutlicher gestalterisch genutzt wurde. Auffällig sind außen zunächst die drei erkerartig hervortretenden vieleckigen Stifterkapellen; weiterhin die wunderschön gestalteten Geländer, die oberhalb des Hauptschiffs und der Seitenschiffe verlaufen; und schließlich auch die vielen Fenster, die fast den gesamten Raum zwischen den Strebepfeilern einnehmen. Besonders wirkungsvoll sind auch die langgestreckten, fast zierlich erscheinenden Strebepfeiler, die die Symmetrie des Gebäudes deutlich betonen. Die auf ihm stehenden Figuren (jede von ihnen ca. 1,40 m hoch) stellen Wappentiere bzw. sog. Schildträger dar, die zu den Häusern York und Lancaster gehören, aus denen Edward III stammte. Sie verweisen somit zum einen auf seine Abstammung, zum anderen korrespondieren sie auf dem Chorschiff mit den hier begrabenen Herrschern: Henry VI aus dem Hause Lancaster ist rechts vom Hochaltar begraben, entsprechend sieht man auf der südl. Schaufront die Lancaster-Tiere Löwe, Einhorn, Schwan, Antilope, Panther, Yale und roter Drache; auf der Nordseite stehen daher, praktisch über dem Grab Edwards IV aus dem Hause York, der links vom Hochaltar begraben ist, seine ›Haustiere‹ Falke, Hirsch, Stier, schwarzer Drache, weißer Löwe, Hirschkuh und Windhund. Auf den anderen Kirchenschiffen sind die Tierfamilien gemischt. Die heutigen Figuren eretzten 1930 die, die Christopher Wren im 17. Jh. aus Sicherheitsgründen hatte entfernen lassen. Die Strebepfeiler auf der Schauseite haben außerdem Nischen, in denen weitere Figuren stehen (die 11 Wohltäter der Kirche). Aus dem 19. Jh. stammen viele der grotesken Wasserspeier rund um die Kirche.

Der **Innenraum** der Kirche ist überwältigend schön. Entsprechend den Vorstellungen der englischen Spätgotik ist er schlicht gehalten, die Vorliebe für geradliniges Ornament bestimmend. Durch die vielen Fenster wirkt er wie ein lichtdurchfluteter gläserner Saal, dessen Sachlichkeit durch das hohe Fächergewölbe mit seiner phantastischen und phantasievollen Ausgestaltung aufgelockert wird. Hier das gesungene

Abendgebet zu hören (außer mittwochs täglich 17.15 Uhr), ist ein seltener Hochgenuß, denn in dieser Umgebung glaubt man tatsächlich, Sphärenmusik zu erleben. Das Mittelschiff der Kirche entstand 1503–11; es ruht auf schlanken Säulen. Links im Westen liegt die *Beaufort Chapel* (**a**) von 1506 mit dem marmornen Grabmal des 1. Earl of Worcester († 1526) und seiner Frau Elizabeth († 1514). Das ungewöhnliche Gitter ist eine Arbeit von Jan van den Einde aus Mechelen. Die Marienstatue mit Kind, eine spanische Arbeit, stammt aus der Zeit um 1250. Von der Westseite der Kirche aus bietet sich eine der schönsten Kircheninnenansichten Englands: Die Gestaltung des herrlichen *****Fächergewölbes** ist von hier aus (unterstützt durch einen Spiegel) besonders gut zu studieren. Im Zentrum zwischen den Fächern, die aus den Säulen jeweils mit 13 Fächerrippen hervorkommen, verlaufen parallel drei Längsrippen, deren Zwischenräume durch kleinere Rippen sternförmig gestaltet sind. Zentrale Kreuzungspunkte entlang den Längsrippen sind durch bunt bemalte Rosetten bzw. Wappen betont. Sie verweisen auf Henry VII, Mitglieder seiner Familie und des Hofes, vor allem auf Sir Reginald Bray, der mit einer Stiftung dafür sorgte, daß das Mittelschiff vollendet werden konnte.

In der Nordwestecke liegt die *Urswick Chapel* (**b**) von 1507. Sie erinnert an ihren Stifter, den Dekan Christopher Urswick (1496–1505). Das Gebet für seine Seele, das am Gitter angebracht ist, wurde früher morgens und abends von den Chorknaben gebetet. Der große Gedenkstein aus weißem Marmor erinnert an Prinzessin Charlotte, Tochter von George IV, die 1817 im Kindbett starb. Als Kirche des Königsschlosses von Windsor beherbergt St George's Chapel viele Grabmale ehemaliger Könige, gleich rechts das erste für *George V und Königin Mary* (**c**). Die nächste Kapelle links ist die *Rutland Chapel* (**d**), die nur selten zugänglich ist. Hier steht eines der schönsten Grabmale der Kirche, der *Sarkophag* aus Alabaster von George Manners mit dem *11. Lord Ros* († 1513) *und seiner Frau Anne*, deren Nachfahren die Herzöge von Rutland waren. Die Gedächtniskapelle mit dem *Grabmal von George VI* (**e**) schließt sich direkt an. Das Zitat rechts an der Wand ist aus seiner Weihnachtsansprache 1939 im ersten Weltkriegsjahr. Rechts, an der Wand zum Chorraum, ist eine Tafel angebracht, auf der alle Dekane der Kirche seit 1327 chronologisch verzeichnet sind. Etwas weiter rechts befindet sich die kleine *Hastings Chantry* (**f**). Sie erinnert an Lord Hastings, den Richard III 1483 hinrichten ließ. Vorbei am Eingang zum Chorraum liegt rechts an der Chorwand das *Grabmal Ewards IV* (**g**). Er war der Initiator dieses Kirchenbaus; das große reichverzierte Tor von 1482 sollte sein Grab schützen.

Ein Höhepunkt des Perpendicular wie die Lady Chapel in Westminster Abbey
(S. 49) ist die St George's Chapel in Windsor

Die nächsten Schritte führen in den berühmten Chorraum der Kirche: überdacht von einem noch prächtigeren Gewölbe mit reich verziertem Chorgestühl und darüber den Bannern der gegenwärtigen Ritter vom Hosenbandorden. Alle anderen Sehenswürdigkeiten werden dadurch zunächst in den Hintergrund gedrängt – die beiden *Erker* (**h**) im Altarraum links etwa, ein hölzerner im Tudorstil (von Henry VIII, für seine erste Frau, Katharina von Aragon, eingerichtet) und ein Steinerker aus der Zeit des Übergangs von der Gotik zur Renaissance.

Im Mittelgang passiert man die *Abdeckung zur Königsgruft* (**i**), in der *George III, George IV* sowie *William IV* und *George V* mit Familienmitgliedern beigesetzt wurden. Ein Stückchen weiter verweist eine große *Grabplatte* (**j**) im Boden auf die letzte Ruhestätte von *Henry VIII* und seiner dritten Frau *Jane Seymour* sowie von *Charles I* und einem Kind von Königin Anne. Der schwarz-weiße Marmorboden ist übrigens eine Stiftung von William Child, der 1632–97 Organist der Kirche war.

Das kunstvolle *Chorgestühl* (**k**) wurde 1478–84 aus Windsor-Eichen geschnitzt, überwiegend unter der Leitung des Meisters William Berkeley. Weit mehr als 26 Plätze sind hier vorhanden, weil neben den regulären Rittern des Hosenbandordens immer noch beliebig viele Ehrenritter in den Orden aufgenommen werden konnten. Über 900 Ritter (›Knights‹) und 70 Ladies haben seit der Gründung 1348 diese Auszeichnung erhalten. Ihre Plätze, die sie während der Ordenszugehörigkeit einnahmen (immer auf Lebenszeit), sind bis heute durch Kupfer- bzw. Bronzeplatten mit ihren Wappen gekennzeichnet. Einige der ältesten und schönsten datieren aus der Zeit um 1420. Die Plätze zum Altar hin werden heute von Rittern aus Großbritannien und dem Commonwealth eingenommen, die rückwärtigen Plätze sind für Mitglieder aus anderen Ländern bestimmt. Die über den Plätzen angebrachten Wappen, Schwerter und Banner verweisen auf die jetzigen Ritter und Platzinhaber. – Bevor man den Chorraum verläßt, sollte man bei der *Orgel* den Blick nach oben richten: Das prächtige Gewölbe ziert hier das Wappen *Henrys VIII* und seiner Ritter; 1506–09 unter der Leitung von John Hylmer und William Vertue erstellt, wurde es an dieser Stelle über der Orgel 1528 mit dem letzten Stein geschlossen. Besonders gestaltet ist das *Königliche Gestühl* (**l**): links der mit einem geschnitzten Baldachin versehene Stuhl des Königs, rechts der etwas schlichter verzierte Stuhl des Prinzen von Wales.

Man steht dann unter dem beeindruckenden *Orgelboden* (**m**), den Henry Emlyn entworfen hat. Er leitete 1782–92 umfangreiche Renovierungen in der Kirche, wobei er die Kunst des Mittelalters so kongenial nachempfand, daß Horace Walpole beim Anblick des Orgelbodens von einer ›schwerelosen und harmonischen‹ Konstruktion sprach.

Schön ist der Blick von hier auf das *Westfenster* (**n**); 1503–09, wo in 60 von 75 Einzelfenstern das alte Glas aus dem 16. Jh. erhalten ist. Links liegt dann die *Bray Chapel* (**o**), heute leider als ›bookshop‹ genutzt. Hier befindet sich das *Grab des Stifters Reginald Bray* († 1503). Sein Wappenzeichen, die Hanfbreche, ist zehnmal oben an der Zwischenwand gestaltet. Innen steht der Alabaster-Gedenkstein für Giles Tompson, Anfang des 17. Jh. Bischof von Gloucester und einer der wichtigsten Bibelübersetzer Englands. Rechts schließt sich direkt die *Oliver King's Chantry* (**p**) an. King war 1480–1503 Domherr in Windsor. Die Portraits der vier Könige, denen er in dieser Zeit als Sekretär diente, hängen an der Wand gegenüber: Edward IV, Edward V (schon als Kind ermordet), Richard III und Henry VII. An der Außenwand der *Oxenbridge Chantry* (**q**), die dann links an die Chorwand gebaut wurde, hängt das fast 2 m lange *Schwert Edwards III*, des Begründers des St.-Georg-Kollegiums und des Hosenbandordens. Die Kapelle von 1522 birgt das Grab des Domherrn Oxenbridge, dessen Name über der Eingangstür durch einen Ochsen (›Ox‹), ein ›N‹ und eine Brücke (›bridge‹) dargestellt ist.

Links weiter, am Gitter zum Chorraum, liegt das Grab des Gründers der Colleges von Eton und Cambridge: *Henry VI* (**r**); er wurde 1484 hierher umgebettet. Direkt hinter der Säule befindet sich das *Grab Edwards VII und seiner Königin Alexandra* (**s**). Die realistische Grabsteingestaltung schließt die Darstellung des königlichen Lieblingshundes ›Caesar‹ zu Füßen des Königs mit ein. Die *Lincoln Chantry* (**t**) rechts in der Südostecke beherbergt das Grab des Stifters, des Earl of Lincoln († 1585), und seiner dritten Ehefrau Elizabeth Fitzgerald. Er ist als Admiral der englischen Flotte in seiner Rüstung dargestellt. Links hinter der Altarwand ist der *Eingang zur Königsgruft* (**u**). Am *Ostportal* (**v**) schließlich sind schöne alte Eisenbeschläge von 1240 erhalten, signiert vom Schmied Gilebertus.

Beim Verlassen der Kirche gelangt man in den Kreuzgang des **Dekansklosters** (**L**; *Dean's Cloister*). Das Kloster selbst wurde schon um 1240 gebaut, das wunderschön gearbeitete Maßwerk aber erst um 1350 begonnen und 1356 vollendet. Es gehört zu den Arbeiten, die von dem Architekten Edwards III, *John de Sponlee*, erhalten sind. Links hinuntergehend liegt an der nächsten Ecke links, etwas versteckt, eines der ältesten Gebäudeteile: die *Ehrenpforte, 1353 unter Edward III als Haupteingang zu seiner großartigen Klosteranlage gebaut. Mit ihrem sternförmig gestalteten Gewölbe gilt sie als eines der frühsten Beispiele des ›perpendicular style‹ und als eine Vorstufe zum Fächergewölbe. Geradeaus in den Kreuzgang gehend bietet sich ein Blick in das **Kloster des Domherrn** (**M**; *Canon's Cloister*), das 1353 fertiggestellt wurde und im massiven Fachwerkstil gebaut ist. Man verläßt die Klosteranlage zurück durch den Kreuzgang und durch die sog. ›Galiläapforte‹ von 1240–43 mit Wandmalereien. Das Portal links führt in die **Albert Memorial Chapel (N)**. Das Bauwerk entstand an der Stelle, wo unter Henry III die erste Kirche errichtet worden war, die Edward III später als Kapelle des Ordens und des Priesterkollegiums benutzte. Die heutige Kapelle ließ Henry VII als seine Begräbniskapelle erbauen; er wurde jedoch in Westminster Abbey beigesetzt. Königin Victoria veranlaßte 1863–73 nach dem Tod ihres Gemahls Albert († 1861) die Umgestaltung in seine Grab- und Gedächtniskapelle. So erhielt der spätgotische Bau mit (typischem Fächergewölbe) eine typisch viktorianische überladene Innenausstattung. Der Sarkophag des Prinzgemahls steht am Ostende der Kapelle. Den Komplex verlassend, trifft man linker Hand auf den **Winchester-Turm (O)** von 1356, in dem der Dichter Geoffrey Chaucer 1390–92 wohnte, als er sich als höfischer Angestellter in Windsor aufhielt. Er beaufsichtigte die Restaurierungsarbeiten an der ersten Georgskapelle, die dann später doch abgerissen werden mußte. Geradeaus durch den Torbogen betritt man die riesige **Nord-Terrasse**, die Elizabeth I anlegen ließ – mit Ausblick über den Park nach Eton und in die Themselandschaft. Vor allem an Sonntagnachmittagen sollte man weiter um das Schloß herum zur **Ost-Terasse** gehen, wo dann Platzkonzerte stattfinden und wo sich ein schöner Blick über die Ziergärten bietet.

** **Die Innenräume des Schlosses**

Der *Eingang* zu den Innenräumen des Schlosses befindet sich an der Nord-Terrasse beim **King George IV Tower (P)**. Die von außen nüchtern wirkenden Gebäude überraschen den Besucher im Innern durch überschwenglichen Reichtum und Prunk. Zu ihren Schätzen gehören eine Unzahl berühmter Gemälde großer Meister – die Königin von England besitzt eine der größten Privatsammlungen der Welt!

Den Auftakt bilden die Zeichnungen der Sammlung, u. a. mit Arbeiten von Leonardo, Raffael, Michelangelo und Holbein. Ein Kuriosum ist *Queen Marys Puppenhaus*, das in einem großen Glaskasten ausgestellt ist und so von allen Seiten eingehend betrachtet werden kann. 1923 von vermögenden Bürgern Queen Mary übergeben, sollte dieses Modell eines Hauses mit zeitgenössischem Inventar im Maßstab 1:12 bei Ausstellungen Geld für die in Wohltätigkeitsorganisationen engagierte Königin einbringen. Faszinierend ist die unglaubliche Detailtreue, mit der selbst Vasen, Leuchter, Bücher, Gemälde, Geschirr oder Wasserhähne hier nachgebildet wurden.

Wesentlich beeindruckender aber sind die ****Staatsgemächer** (**Q**) *(State Apartments)*, zu denen man durch das *Porzellanmuseum* Zutritt erhält. Von den 16 zu besichtigenden Räumen geht die heutige Gestaltung in der Mehrzahl auf den Architekten von George IV, Jeffrey Wyatville, zurück, der großzügige, aber auch stabile Renovierungen im französisch geprägten Schloß Charles' II vornahm.

Aus der Vielzahl der zu besichtigenden Objekte soll hier nur eine Auswahl der wichtigsten gegeben werden – in der Reihenfolge des **Rundgangs:** *Großes Treppenhaus (Grand Staircase)* von 1866: Statue von George IV von Sir Francis Chantry; davor die Rüstung Henrys VIII, ebenso sein mit Goldeinlagen versehenes Schwert. *Großes Vestibül (Grand Vestibule):* Erinnerungsstücke an verschiedene Kriege und Schlachten, u. a. die Kugel, die Lord Nelson bei Trafalgar tötete, sowie ein Umhang Napoleons. ****Waterloo Chamber** (überdachter ehemaliger ›Horn Court‹): Gemälde aller an dem Sieg von Waterloo (18. 6. 1815) Beteiligten von Sir Thomas Lawrence; überdimensionaler Teppich aus Agra (einer der größten nahtlosen Teppiche Europas), ein Geschenk an Königin Victoria; Schnitzereien von Gibbons. *Thronsaal des Hosenbandordens (Garter Throne Room):* lebensgroße Regentenporträts von George I bis zu Victoria und Albert. *Großer Empfangssaal (Grand Reception Room):* Französische Einrichtung und Wandgobelins mit der Geschichte Jasons aus dem 18. Jh. ****St George's Hall:** Wappen aller über 950 Ritter des Ordens an Decke und Wänden; Regentenporträts von Kneller, van Dyck und Lely. *Wach-*

raum (Queen's Guard Chamber): Teile der Königlichen Waffensammlung, u. a. Reiterrüstung aus dem 16. Jh. *Empfangszimmer (Queen's Presence Chamber):* Allegorische Deckengemälde von Antonio Verrio; französische Gobelins (10. Jh.); Kamin von Robert Adam; Büste G. F. Händels, dessen Musik hier häufig aufgeführt wurde. *Audienzzimmer (Queen's Audience Chamber):* Deckengemälde von Verrio (Katharina von Braganza in einem von Schwänen gezogenen Kampfwagen); Schnitzereien von Gibbons. *Ballsaal (Queen's Ball Room):* Gemälde von Canaletto, van Dyck und Gainsborough. *Salon der Königin (Queen's Drawing Room):* Porträt der Kinder Charles' I von van Dyck. *Kabinett des Königs (King's Closet):* Gemälde von Hogarth, Canaletto, Reynolds. *Ankleidezimmer (King's Dressing Room):* Werke von Holbein, Rubens, Rembrandt, Dürer, van Dyck (Porträt Charles' I in drei verschiedenen Positionen). *Königliches Schlafgemach (King's State Bed Chamber):* Rokoko-Bett von George Jacob, Gemälde von Canaletto. *King's Drawing Room:* ›Hl. Familie‹ von Rubens. *King's Dining Room:* Deckengemälde (mythologisches Festgelage) von Verrio; besonders schöne Schnitzereien von Gibbons.

Wenn man die Staatsgemächer verläßt, steht man in einem kleinen Hof, der den Blick freigibt in den großzügigen **Oberen Paradehof** (**R**; *Upper Ward*), der nur bei Staatsanlässen genutzt wird, zumal hier auch der *offizielle Staatseingang* zu den Staatsgemächern liegt, von denen ja nur ein Bruchteil gerade besichtigt werden konnte. Die große Reiterstatue, die ganz in der Nähe steht, das *Denkmal Charles' II* von 1679, ist ein Geschenk von Thomas Rustat (›a page of the backstairs‹) an seinen damaligen Herrn und König. Wieder zurück in den kleinen Hof gehend, gelangt man zum **Normannischen Tor (S**; *Norman Gate*), das 1359 unter Edward III entstand. Es diente damals als Gefängnis und bewachte außerdem den Zugang zum Oberen Paradehof und dem ›Runden Turm‹, den Herzstücken der gesamten Anlage. Links vorm Tor befindet sich der Zugang zum ›**Round Tower**‹ (**T**), einem der ältesten Türme hier auf dem Felsen. 1170 von Henry II erbaut, behielt er bis ins 19. Jh. sein wehrhaftes Aussehen. Unter George IV sorgte Wyatville für entscheidende Veränderungen: Er stockte die Zahl der Stufen auf 220 auf, damit er auf die etwas erhöhte Plattform gelangen konnte; die Erhöhung und die Steinkrone, mit der der Turm umgeben wurde, sollten dafür sorgen, daß der Turm in seinen Proportionen zu den anderen Gebäuden entsprechend hoch wirkte und den nach Wyatvilles Plänen romantischen Eindruck erwecken, aber auch die Vorstellung einer harmonischen Gestaltung hervorrufen sollte. Der Gang und Aufstieg durch das düstere, jahrhundertealte Gemäuer lohnt die Mühe, denn der ****Rundumblick** von der Platform ist einzigartig. Der Rückweg führt durch **St George's Gate** (**U**) und den kleinen Mittleren Paradehof unterhalb des ›Runden Turms‹, weiter in Richtung Unterer Paradehof, vorbei am **King Henry III Tower** (**V**) aus dem 13. Jh. und dem einstigen **Garter House** (**W**), das für die Ritter vom Hosenbandorden gebaut worden war.

Der Ort Windsor

Wer nach Verlassen des Schlosses eine Pause einlegen möchte, findet in der gegenüber beginnenden *Church Road*, einer der hübschesten Ecken von Windsor, verschiedene Möglichkeiten dazu (alte Gasthöfe mit Teestuben oder Restaurants). Am Ende der Straße rechts ab liegt links im *›Engine House‹* von 1830 ein alter Durchgang, der direkt auf den Kirchhof der **Gemeindekirche von Windsor** führt, die 1822 Johannes dem Täufer geweiht wurde. Das Gemälde von Margret Yardley, das vorm Altar rechts hängt, zeigt, wie die frühere Kirche (erste Erwähnung 1110) um 1760 ausgesehen haben könnte. Viele kostbare Kunstwerke aus der alten Kirche sind erhalten geblieben. Dazu gehören im Vorraum zunächst der dorisch gestaltete Gedenkstein für ›Mrs Pagett of Reading‹ von 1666 und die Büste eines jungen Mannes von Peter G. Scheemakers, der u. a. auch die Gedenkbüsten von Shakespeare, Dryden und Pope in der Westminster Abbey schuf *(S. 44 ff.).* Im Kircheninnern hängt über dem Eingang ein großes Gemälde (›Das Abendmahl‹), das Franz Clein aus Rostock zugeschrieben wird, der unter James I Hofmaler war. Ein schöner Marmorgedenkstein von 1605 ist rechts vom Altar an der Westwand zu bewundern: Edward und Elynor Jobson sind mit ihren namentlich genannten sechs Söhnen und vier Töchtern im jakobäischen Stil abgebildet: einheitliche Kleidung, nach Geschlecht und Größe bzw. Alter und Bedeutung geordnet. Das geschnitzte Eichengitter, das den Altarraum begrenzt, ist von 1898. Dahinter fallen die beiden erhöhten Gebetsstühle auf, Geschenke von Prinzessin Augusta, einer Tochter von George III. Sie sind königlichen Besuchern vorbehalten.

Draußen führen ein paar Stufen zur *High Street*, wo rechts hoch das reich verzierte Gebäude der Zünfte, die **Windsor Guildhall** liegt. 1686 von Christopher Wren fertiggestellt – der als Sohn eines Dekans von Windsor hier seine Kindheit verbracht hatte –, dient es heute Ausstellungen zur Lokalgeschichte. Nur wenige Schritte weiter geht rechts die *kürzeste Straße Großbritanniens* ab, die Queen Charlotte Street. Hier stehen auf knapp 18 m Länge einige der ältesten Fachwerkhäuser der Stadt. Weiter geradeaus der Straße folgend, liegt dann bald links im ehemaligen Bahnhof eine der neueren Besucherattraktionen von Windsor: **Madame Tussauds** Show ›*Royalty and Empire*‹, die an das 60jährige Kronjubiläum von Königin Victoria 1897 erinnert. Weit über 100 Wachsfiguren, alte Bahnwagen und ein Nachbau des Königlichen Salonwagens, viktorianischer Pomp in Kleidung und Ausstattung stellen das historische Ereignis lebensecht nach.

Wer weiter auf königlichen Spuren wandeln möchte, sollte sich die Ausstellung der Geschenke, die Elizabeth II bislang als Regentin erhalten hat, und der königlichen Kutschen ansehen. Dazu muß man südlich vom Schloß in die *St Alban's Street* gehen (braun-weiße Hinweisschilder). Lohnend ist auch ein Besuch im ****Windsor Great Park**, der südlich vom Schloß eine Fläche von über 800 ha einnimmt. Der Weg dorthin führt über die *High Street* noch an der Gemeindekirche vorbei, dann links in die *Park Street*, die direkt auf den 4,5 km langen ****Long Walk** führt, den Charles II anlegen ließ. Von dort bietet sich links ein phantastischer Blick zurück auf die Südfassade des Schlosses und rechts auf den *Snow Hill* mit seinem pompösen Reiterstandbild von George III. In diesem riesigen Park mit großem Rotwildbestand sind die *Savil and Valley Gardens* von besonderer Schönheit: Der großzügig angelegte Waldlandgarten beherbergt die größte Rhododendronpflanzung der Welt – ist aber auch zur Azaleen- und Rosenblüte sehr sehenswert

*** **Eton College** (zu Fuß von Windsor ca. 25 Minuten)

Eine Alternative zu den obigen Naturschönheiten ist nach dem Besuch von Madame Tussauds ein Spaziergang zum Eton College. Dazu folgt man links ein Stück der *Thames Street* und biegt dann in der Kurve links in die kleine Passage ein. Hier wurde 1918 ein Kachelbild angebracht, das eine Ansicht von Windsor Castle aus dem Jahr 1663 wiedergibt. Einige Stufen führen in die Allee *The Goswells*, von wo aus sich am Ende ein schöner Blick auf die Schloßkulisse bietet. Die *Goswell Road* rechts führt direkt zur Themse, weiter rechts die *Thames Avenue* verläuft am Fluß entlang bis zur *Windsor Bridge*, die links über den Fluß nach Eton führt. Der ausgeschilderte Weg bringt den Besucher zu einem anderen Höhepunkt der englischen Spätgotik, der *****Eton College Chapel**. Sie gehört zu dem vom damals 18jährigen Henry VI gegründeten Eton College aus dem Jahr 1440. Er stiftete hier einen Ort der Marienverehrung und eine Lateinschule, die das traditionsreichste College und eine der exklusivsten Schulen der Britischen Inseln wurde. Eine Bronzestatue des Gründers, 1719 von Francis Bird gestaltet, steht im Schulgarten. Bis heute leben immer 70 Kollegiaten kostenlos in der Schule und können hier ohne Gebühren studieren. Henry VI hatte dies für die Besten ihrer Klassen in seiner Gründungsurkunde festgelegt. Die 1100 externen Studenten sind in Eton in Studentenheimen sowie Pensionen untergebracht und bestimmen angesichts der Überschaubarkeit des Ortes sein Bild, nicht zuletzt durch ihre Uniform: Cut und gestreifte Hose. Der Gebäudekomplex aus rotem Backstein ist um zwei Höfe gruppiert mit einzelnen Schulbauten, die noch aus der Tudorzeit stammen. Besonders sehenswert ist die *Kapelle* von 1441, die eigentlich als Chorraum einer größer geplanten Kirche angelegt ist: beeindruckend das Fächergewölbe mit seinem Gitterwerk und die 1928 wiederentdeckten Wandmalereien mit Mariendarstellungen aus dem 15. Jh. Beim *Lupton-Turm* von 1520 mit der Schuluhr führt eine Passage zum berühmten ****Kreuzgang** von 1450. Hier wie überall in der Anlage sind illustre Männer gewandelt, die in der englischen Geschichte ihre Spuren hinterlassen haben, wie z. B. Percy Shelley, der Herzog von Wellington oder William Gladstone.

Der Rückweg ist immer ausgeschildert durch Hinweise auf ›Windsor‹ bzw. ›Windsor & Eton Riverside Station‹. Wer noch Einkäufe machen möchte, findet in der *Peascod Street* die Hauptgeschäftsstraße. Empfehlenswert ist hier das Tee- und Kaffeegeschäft ›*Importers*‹, wo man sich sehr individuell eigene Teemischungen zusammenstellen lassen kann oder der Kaffee dem eigenen Geschmack entsprechend geröstet wird. Das Café dahinter wird diesen besonderen Ansprüchen nicht gerecht. Falls die Abfahrt des Zuges noch etwas auf sich warten läßt, empfiehlt es sich, die Wartezeit im gemütlichen Pub ›*The Royal Oak*‹ gegenüber dem Bahnhof zu verbringen.

Kunst und Architektur

Die wichtigsten Baustile und Epochen auf einen Blick

Römisch (1. bis 4. Jh.)

Merkmale: massives Mauerwerk mit Ziegelbändern; kleine Rundbogenfenster
Beispiele: Forum und Stadtmauerreste (1. Jh.) auf dem Tower Hill *(S. 200, 217)*; Mithras-Tempel (2. Jh.; *S. 196*)

Angelsächsisch (500–1066)

Merkmale: schweres Mauerwerk; kleine Fenster mit runden Bögen
Beispiele sind in London nicht mehr erhalten. Man weiß jedoch, daß St Clement Danes *(S. 157)* und St Bride's *(S. 164)* auf die angelsächsische Zeit zurückgehen.

Normannisch (1066– ca. 1200)

Der normannische Baustil ist die englische Form der Romanik. Er entstand zunächst nach dem Vorbild der Kirchen in der Normandie, der Heimat von William the Conqueror, der England im Jahre 1066 eroberte.
Merkmale: schweres Mauerwerk; Fenster mit Rundbögen, im Übergangsstil (›Norman Transitional‹) leichte Spitzbögen; Zickzackornamente; Würfelkapitelle (ohne Schmuck sowie in der Blütezeit mit reichen Verzierungen, z. B. Palmenblättern oder Grotesken); Kreuzgratgewölbe. Kathedralen haben zumeist eine zweitürmige Westfassade und einen Vierungsturm.
Beispiele: Grundanlage von Southwark Cathedral *(S. 209)*; White Tower (darin besonders die St John's Chapel, *S. 229*); St Bartholomew-the-Great *(S. 178)*

Gotik (ca. 1189– ca. 1307)

Early English (Frühgotik; ca. 1189– ca. 1307)
Merkmale: Lanzettfenster; Kreuzrippengewölbe; steile Dächer; Turmhelme anstelle des flachen normannischen Turms; Verlängerung des Kathedralenchors durch eine Marienkapelle (›Lady Chapel‹); Hundszahnornamentik (›dog tooth‹); Blattkapitelle

Beispiele: Temple Church *(S. 154)*; Westminster Abbey *(S. 40)*; Chor und Lady Chapel von Southwark Cathedral *(S. 212)*

Perpendicular (Spätgotik; ca. 1377–1485)
Merkmale: flachere Bögen und Dächer; Besetzung der vertikalen Linien; extensive Verwendung von Strebebögen; großflächige Fenster; Fächergewölbe; Wandgliederung durch gitterartiges Netzwerk
Beispiele: St Andrew Undershaft *(S. 194)*; St Giles Cripplegate *(S. 184)*; Lady Chapel von Westminster Abbey *(S. 47)*; St George's Chapel von Windsor Castle *(S. 361)*

›Tudor Gothic‹ und ›Elizabethan‹ (ca. 1485– ca. 1603)
Merkmale: U- oder E-förmige Grundrißanlage; roter Ziegel mit weißem Band; hohe schlanke Kamine mit üppigem Zierat; im Hausbau Verwendung von schwarz-weißem Fachwerk
Beispiele: Torhaus von St James's Palace *(S. 92)*; Staple Inn *(S. 143)*; Hampton Court *(S. 344)*

Klassizismus und Palladianismus (ca. 1620–1650)

Merkmale: Ab Beginn des 17. Jh. wird die englische Architektur stark von der Rezeption der Werke des Italieners Andrea Palladio (1508–80) bestimmt. Sein Hauptschüler in England ist Inigo Jones (1573–1652). Palladios Vorstellungen zielten vor allem auf Symmetrie und die Einhaltung harmonischer Proportionen sowohl im Gesamtaufbau als auch bei der Fassadengestaltung.
Beispiele: Banqueting House *(S. 80)*; Lindsay House *(S. 147)*; Queen's House *(S. 242)*

Ein Schlüsselwerk des Palladianismus in England ist das Banqueting House von Inigo Jones *(S. 80)*

Barock (2. Hälfte 17. Jh.)

Merkmale: In seiner spezifisch englischen Ausprägung kann man vom frühen 17. (Jones) bis zum frühen 18. Jh. (Nicholas Hawksmoor, Christopher Wren, John Vanbrugh) von einem ›English Baroque‹ sprechen. Typisch ist die Dominanz geschwungener Linien, die reichliche Verwendung von Stuck, die Einbeziehung von Lichteffekten (u. a. durch die Variation veschiedener Fensterformen) sowie eine Vorliebe für kostbare Materialien wie Marmor und Gold. Beim Bau von Privathäusern machte sich im 18. Jh. auch ein Einfluß der holländischen Architektur bemerkbar, der seinerseits gewisse Anklänge an palladianische Konzeptionen aufwies. Typisch ist das bewußte Spiel mit den Kontrasten zwischen hellen Natursteinen und dunklen Backsteinen sowie die Vorliebe für klare Linienführung und Symmetrien.

Beispiele: St Paul's Cathedral (teilweise klassizistisch; *S. 168)*; St Maryle-Bow *(S. 190)*; St Bride's *(S. 164)*; St Alfege's *(S. 240)*; St Mary-Woolnoth *(S. 195)*; Royal Naval College *(S. 237)*; Lincoln's Inn Fields *(S. 146)*; Fenton House *(S. 275)*

›Queen Anne‹ und ›Georgian Style‹ (frühes 18. bis frühes 19. Jh.)

Merkmale: zum Teil noch palladianisch beeinflußte Bauweise, die eine ›vernünftige Einfachheit‹ des Bauens propagiert; Verzicht auf geschwungene Formen zugunsten einer geraden Linienführung; Zurückdrängung der Fassadengestaltung zugunsten einer großzügigeren Gestaltung von Innenräumen; typisch auch die Entstehung des großbürgerlich-aristokratischen Stadtreihenhauses (›terrace‹)

Beispiele: Burlington House *(S. 115)*; Bedford Square *(S. 258)*; Kenwood House *(S. 276)*; Somerset House *(S. 122)*

Regency (ca. 1810–1830)

Merkmale: Während der Regentschaft des Prince Regent (ab 1810) und späteren Königs George IV (1820–30) wurde in Erweiterung des Georgian Style der Fassadengestaltung (Symmetrie, Spiel mit Wechsel von Natur- und Backsteinen) wieder mehr Aufmerksamkeit geschenkt. Im Gesamtkonzept wurde die gerade Linienführung wieder etwas zugunsten der Verwendung geschwungener Linien zurückgedrängt. Typisch ist die Entstehung der ›Crescents‹, der halbmondförmigen Straßenabschnitte mit ihren geschlossenen Häuserreihen.

Beispiele: Regent Street *(S. 110–112)*; Regent's Park *(S. 268)*; Sir John Soane's House *(S. 148)*; Carlton House Terrace *(S. 88)*

Historismus (Ende 18. Jh. bis ca. 1925)

Merkmale: Wiederaufleben aller bisherigen Stilrichtungen bis hin zur Übernahme ausländischer und exotischer Stilrichtungen, wobei die Neugotik (Neo-Gothic) den breitesten Raum einnimmt. Die berühmtesten Baumeister des ›Gothic Revival‹ waren A.W.N. Pugin, George Gilbert Scott und Charles Barry.
Beispiele: British Museum *(S. 250)*; Palmenhaus von Kew Garden *(S. 341)*; St Pancras Station *(S. 264)*; Royal Courts of Justice *(S. 151)*; Victoria & Albert Museum *(S. 315)*; Houses of Parliament *(S. 55)*

›Neue Sachlichkeit‹ (›Modernism‹; seit ca. 1920)

Merkmale: Dominante Baurichtung des 20. Jh., die vor allem Wert auf klare Formen und funktionales Bauen unter weitgehendem Verzicht auf schmückende Details legt
Beispiele: Daily Express Building *(S. 164)*; Haus Nr. 66 Old Church Street, Chelsea *(S. 328)*

Zeitgenössisches Bauen (›Postmodernism‹ u. a.)

Merkmale: Ein Kennzeichen neuester Architektur ist die bewußte Mischung von Elementen unterschiedlichster Stilformen und kultureller Traditionen. Andere Richtungen setzen auf die Funktionalität rein sachlichen Bauens unter Einbeziehung neuer Materialien und Raumkonstellationen.
Beispiele: Clore Gallery *(S. 66)*; Sainsbury Wing der National Gallery *(S. 105)*; Lloyd's-Gebäude *(S. 195)*; Pump Station in den Docklands *(S. 235)*; Canary Wharf Tower *(S. 235)*

Verzeichnis der Farbtafeln

Abbildungsnachweis
Gunda Amberg, Gröbenzell: 143, 371. Leonore Ander, München: 262. Anthony Verlag, Starnberg: Farbtafeln S. 52, 156, 287. Bavaria Bildagentur, Gauting: Farbtafel S. 85. Markus Benk, Esslingen: 19, 97, 110, 165, 227; Farbtafeln S. 104, 288 oben. Bodo Bondzio, Köln: 118, 140, 244, 324; Farbtafel S. 86. Christine Boving, Münster: 127, 332, 335. Britisches Fremdenverkehrsamt Frankfurt/M.: 151. Britisches Museum, London: 12. Gesche-M. Cordes, Hamburg: 5 unten, 78–79, 137, 180, 183, 193, 222–23, 231, 234. Courtauld Institute, London: 124. Franz Frei, Otterfing: 4 unten, 218, 302, Farbtafel S. 34. Geopress, Hubertus Kanus, München: 70, 109, 345, 353. Anthony Kersting, London: 15, 39, 46, 49, 59, 67, 73, 82, 93, 100, 113, 132, 153, 169, 173, 214, 236–37, 295, 297, 311, 338, 356, 363; Farbtafeln S. 51, 155, 269, 270. Knut Liese, Ottobrunn: 31, 130, 177, 221, 241, 279; Farbtafeln S. 35, 137, 288 unten. Mainbild, Frankfurt/M.: Farbtafel S. 103 oben. Peter Mertz, Innsbruck: Farbtafel S. 103 unten. Marion Müllmayer, München: 204, 251, 257, 258, 275, 277, 316; Farbtafel S. 138. National Gallery, London: 107. Elke Schwender, Bielefeld: 4 Mitte, 5 oben, 6, 25, 84, 91, 158, 194, 272, 285, 305, 321, 329. Tate Gallery, London: 22, 65. Wallace Collection, London: 266. Verlagsarchiv Artemis & Winkler, München: 63, 175, 186, 207, 247, 291. Christoph Wegener, München: 152.

Die Farbkarten, alle Stadtteilpläne und der Grundriß S. 347 wurden von Berndtson & Berndtson, Fürstenfeldbruck, gezeichnet; die übrigen Grundrisse wurden vom Geographischen Institut der Rheinisch-Westfälischen Technischen Hochschule, Aachen, erstellt.

Hinweise zur Benutzung

Das ARTEMIS-Nummernsystem und die ARTEMIS-Pläne
Alle in diesem Buch beschriebenen Sehenswürdigkeiten sind Teile von Spaziergängen. Diese **Spaziergänge** (deren ungefähre Dauer jeweils am Anfang angegeben ist) sind auf der Übersichtskarte vorne im Buch mit einer Nummer von **1** bis **28** markiert. Den Auftakt macht Westminster, von wo aus es durch Central London ostwärts Richtung City geht, dann weiter in die Außenbezirke im Osten und Norden, dann zurück bis nach Kensington und Chelsea und schließlich in Ausflügen nach Richmond, Kew, Hampton Court und Windsor.

Zu den meisten dieser Spaziergänge sind zusätzlich **Detailkarten** der jeweiligen Stadtteile in diesem Buch enthalten – wo, das sagt Ihnen jeweils die Kopfzelle auf jeder Seite bzw. die Markierung in der Übersichtskarte. Innerhalb dieser Spaziergänge sind einzelne Stationen zusätzlich einer Ziffer im Kreis zugeordnet, die Sie auch in den dazugehörigen Ausschnittplänen mühelos wiederfinden werden. Natürlich ist auch der nächste Bus Stop oder die nächste U-Bahn-Station bei allen wichtigen Sehenswürdigkeiten angegeben, so daß Sie sich auch leicht eigene Routen zusammenstellen können. (U-Bahn-Plan hinten im Buch!)

Alles, was Sie auf den Karten nicht auf den ersten Blick lokalisieren können, finden Sie am schnellsten über das **Orts- und Objektregister** am Ende dieses Bandes.

Das ARTEMIS-Bewertungssystem
Wenn Ihnen für Ihre Besichtigungen nur begrenzte Zeit zur Verfügung steht, wird Ihnen das Drei-Sterne-Bewertungssystem eine zusätzliche Hilfe sein. Je nach Bedeutung sind besonders sehenswerte Gebäude, Plätze und sonstige Sehenswürdigkeiten mit bis zu drei Sternen bewertet – eine hin und wieder durchaus auch persönliche Empfehlung, die Ihnen die Auswahl erleichtern soll.

Die ARTEMIS-Reiseinformationen
Ausführliche aktuelle Informationen wie Veranstaltungshinweise, nützliche Anschriften und Rufnummern, Öffnungszeiten, Tips zu Theater, Konzert und Nightlife, Empfehlungen zur Unterkunftsbuchung usw. finden Sie auf den folgenden Blauen Seiten.

Reiseinformationen

Hinweis: Alle Anschriften sind im folgenden ohne die Kennbuchstaben ›GB‹ für ›Großbritannien‹, alle Rufnummern ohne die internationale Vorwahl (0044) angegeben.

Erste Auskünfte: Anschriften und Rufnummern

Informationen vor Antritt der Reise bieten: in Deutschland die *Britische Zentrale für Fremdenverkehr / British Tourist Authority (BTA)*, Taunusstr. 52–60, 60329 Frankfurt/M., Tel. 069/ 238 07 11, und in der Schweiz (auch für Österreich zuständig) die *Britische Zentrale für Fremdenverkehr / British Tourist Authority*, Limmatquai 78, 8001 Zürich, Tel. 01/47 42 77. In London selbst kann man sich schriftlich vorab informieren bei der *British Tourist Authority*, Thames Tower, Black's Road, London W6 9EL.

Auskünfte in London erhalten Sie bei den Filialen des *Tourist Information Centre* (mit Publikumsverkehr), die ein breit gefächertes Serviceangebot (Hotelreservierungen, Organisation von Tagesausflügen, Stadtpläne, Informationsblätter zu Veranstaltungen etc.) für den Touristen bereithalten.

Die Filialen sind: Victoria Station Forecourt, SW 1 (gleich neben dem Eingang zu Victoria Station; geöffnet tgl. 9–20.30 Uhr); Kaufhaus Harrods in Knightsbridge, SW 1, 4. Stock (geöffnet zu den Geschäftszeiten des Kaufhauses); Kaufhaus Selfridge's an der Oxford Street, W 1, Erdgeschoß (geöffnet zu den Geschäftszeiten); Tower of London am Tower Hill, EC 3 (am Haupteingang auf der Westseite; geöffnet zu den Öffnungszeiten des Tower – *S. 396* – von April bis Oktober); Flughafen Heathrow (Heathrow Central Underground Station, geöffnet tgl. 9–18 Uhr). Telefonisch kann man sich auch beim *London Visitor and Convention Bureau / London Tourist Board Centre*, 26 Grosvenor Gardens, SW 1, Tel. 071/ 730 34 88 erkundigen. Informationsmaterial speziell über die City hält das *City of London Information Centre*, St Paul's Churchyard, EC 4, bereit (geöffnet Mo–Fr 9.30–17 Uhr, Sa 9.30–16 Uhr bzw. im Winter bis 12.30 Uhr).

Auskünfte über öffentliche Verkehrsmittel, kostenlose U-Bahn- und Buspläne sowie Informationen über Fahrkarten und Sondertarife (vgl. *S. 384*) erhalten Sie in den Büros des *London Transport Travel Enquiry Office* in den

U-Bahnhöfen St James's Park, Piccadilly Circus, Oxford Circus, Euston und King's Cross sowie den Zugbahnhöfen Victoria und Waterloo. Im *British Rail Travel Centre*, 4–12 Lower Regent Street, W 1, Tel. 071/7 30 34 00 (Mo–Sa 9–18.30 Uhr, So 12–16 Uhr) gibt es außerdem Informationen über alle Zugverbindungen mit den anderen Städten des Landes und dem Kontinent; auch telefonische Buchungen können hier vorgenommen werden.

Telefonische Informationen über alle Arten von Veranstaltungen sind über die Nummern 2 46 80 41 (in englischer Sprache) und 2 46 80 45 (in deutscher Sprache) erhältlich. Ansonsten ist die wohl wichtigste Quelle für aktuelle Informationen die jeweils neueste Ausgabe der **Stadtzeitungen:** ›Time Out‹, ›City Limits‹, ›Where to go‹ oder ›What's on in London‹, die an jedem Kiosk zu haben sind, gehören zum London-Besuch dazu wie die ›red buses‹ oder eine Fahrt im ›black cab‹ ...

Einreisebestimmungen

Personaldokumente: Für Deutsche Staatsbürger genügt der Personalausweis, bei Kindern unter 16 Jahren ein Kinderausweis bzw. der Eintrag im Ausweis der Eltern. Schweizer und österreichische Staatsbürger benötigen jedoch zusätzlich zum Ausweis eine rosafarbene Besucherkarte, die bei *BTA* in Zürich (*S. 378*) erhältlich ist. Bei einem Aufenthalt von mehr als drei Monaten Dauer ist ein Reisepaß erforderlich; wer länger als ein halbes Jahr bleiben möchte, muß eine Genehmigung beim *Home Office*, Immigration and Nationality Department, Lunar House, Wellesley Road, Croydon, Tel. 081/6 86 06 88, einholen.

Autofahrer müssen Führerschein und Fahrzeugschein mit sich führen; Vorschrift ist auch das Nationalitätskennzeichen am Wagen.

Zollbestimmungen: Broschüren, die über Einfuhrbeschränkungen und Zoll-

bestimmungen aufklären, kann man sich bei der Einreise nach Großbritannien in den *Duty-Free-Shops* der Fährschiffe und Flughäfen besorgen. Waren, die in Großbritannien (GB) bleiben oder verkauft werden, müssen angemeldet werden. Nach Einführung des Europäischen Binnenmarktes wird keine Zollerklärung mehr verlangt, wenn Sie ihre Reise in einem Land der EG beginnen und direkt nach GB reisen. Sollten Sie aus einem Land außerhalb der EG anreisen, sind weiterhin alle Waren zu verzollen, die die erlaubten Freimengen überschreiten oder auch alle Waren, die Sie in GB verkaufen oder hinterlassen möchten. Für Waren, die zoll- und steuerfrei an Bord eines Schiffes oder eines Flugzeugs in der EG gekauft wurden, oder Waren, die außerhalb der EG erworben wurden, bestehen folgende Freimengen: 200 Zigaretten oder 100 Zigarillos oder 50 Zigarren oder 250 g Tabak; 1 l alkoholische Getränke (über 22 % vol.) oder 2 l alkoholische Getränke unter 22 % vol. oder 2 weitere l Tafelwein. 50 g (60 ml) Parfüm, 250 ml Eau de Toilette sowie andere Waren im Wert von £ 32, aber nicht mehr als 50 l Bier oder 25 mechanische Feuerzeuge.

Einreise mit Tieren: Da es in Großbritannien keine Tollwut (›rabies‹) gibt, herrschen bezüglich der Einfuhr von Tieren sehr strenge Bestimmungen. Alle einzuführenden Tiere müssen eine sechsmonatige Quarantäne in speziellen Tierheimen durchlaufen, bevor sie endgültig oder vorübergehend ins Land eingeführt werden dürfen. Für diese Quarantäne ist eine besondere Landeerlaubnis notwendig, die das Landwirtschaftsministerium auf Antrag ausstellt (*Ministry of Agriculture*, Hook Rise, South Tolworth, Surbiton, Surrey, KT 6 7 NF, Tel. 081/33 76 11).

Anreise nach London

Wer mit dem Auto nach London reisen möchte (siehe dazu aber unten

S. 382), wird sich vielleicht schon auf die für 1993 geplante Fertigstellung des Kanaltunnels von Frankreich nach England gefreut haben. Bis es aber endlich soweit ist, werden auch Autofahrer sich weiterhin damit abfinden müssen, daß zwischen dem ›Kontinent‹ und den Britischen Inseln eine oft stürmische Wasserstraße (oder, wie Winston Churchill meinte, eine »Weltanschauung«), der Ärmelkanal, liegt.

Fährverbindungen (Auto- und Passagierfähren) existieren zwischen folgenden Orten: Calais–Dover, Zeebrügge/Ostende–Dover, Boulogne–Folkestone, Vlissingen–Sheerness, Dünkirchen–Ramsgate, Hoek van Holland–Harwich und Hamburg–Harwich. Die schnellste Fährverbindung mit ca. 35 Min. Fahrzeit ist die Strecke Calais–Dover (mit dem Luftkissenboot). Von Harwich und Dover sind es dann noch jeweils ca. 120 km bis nach London.

Eine Broschüre (mit Preisen) verschicken die *Britischen Zentralen für Fremdenverkehr* in Frankfurt und Zürich (Anschriften *S. 378*). Vorausbuchungen (besonders während der Ferienmonate unbedingt zu empfehlen!) sind auch direkt bei den Büros der Fährgesellschaften in Deutschland, Österreich und der Schweiz möglich:
Hoverspeed (Luftkissenboot), Oststr. 122, 40210 Düsseldorf, Tel. 0211/3613021.
Olau, Immermannstr. 54, 40210 Düsseldorf, Tel. 0211/353388; Mattenwiete 8, 20457 Hamburg, Tel. 040/3601442–446.
P&O European Ferries, Graf-Adolf-Str. 41, 40210 Düsseldorf, Tel. 0211/387060.
Sally Lines, Münchner Str. 48, 60329 Frankfurt a. M. 1, Tel. 069/250197.
Scandinavian Seaways, Jessenstr. 4, 22767 Hamburg, Tel. 040/038903–71.
Sealink Stena Line, Immermannstr. 65A, 40210 Düsseldorf, Tel. 0211/9069930.

Seatours International, Seilerstr. 23, 60313 Frankfurt a. M., Tel. 069/1333–210.
Zuständig für **Österreich** sind u. a. die Gesellschaften *P&O European Ferries*, Bahnhofstr. 42, Postfach 357, CH-8600 Dübendorf, Tel. 01/8220388/89 und die *Sealink Stena Line* (*s. oben*).
Fährgesellschaften in der **Schweiz:** Hoverspeed (Luftkissenboot), ACS Reisen AG, Wasserwerkgasse 39, 3000 Bern 13, Tel. 031/224722.
P&O European Ferries, Bahnhofstr. 42, Postfach 357, 8600 Dübendorf, Tel. 01/8220388/89.
Scandinavian Seaways, c/o Ouboter Reise AG, Pelikanplatz 15, 8022 Zürich, Tel. 01/2113911.
Sealink Stena Line, Peco Tours AG, St. Galler Str. 96, 8352 Räterschen, Tel. 052/362621.

Mit der Bahn/Fähre Eisenbahnfähren nach England verkehren zwischen Ostende und Dover sowie Hoek van Holland und Harwich. Von Dover fährt der Zug weiter bis Victoria Station, von Harwich bis Liverpool Street Station. Auskünfte über Preise, Sondertarife, Fahrpläne etc. erteilen die DER-Reisebüros und British Rail, Neue Mainzer Straße 22, 60311 Frankfurt/M.

Mit dem Bus: Der Bus ist das preisgünstigste Verkehrsmittel für eine Reise nach London. Wer über ein schmales Reisebudget verfügt, sollte sich im Reisebüro oder bei der *Deutschen Touring*, Am Römerhof 17, 60486 Frankfurt/M., Tel. 069/79030/31, erkundigen. Organisierte Busreisen bieten: in Deutschland *Winkelmann-Reisen*, Schulstr. 2, 29308 Winsen/Aller, Tel. 05143/8028; in Österreich *Kneissl Touristik*, Linzer Str. 4–6, 4650 Lambach, Tel. 07245/2401, und das *Raiffeisen-Reisebüro*, Alserbachstr. 30, 1090 Wien, Tel. 0222/31750123; und in der Schweiz *Fröhlich Reisen AG*, Fabrikstr. 50, Postfach, 8031 Zürich, Tel. 01/2712222, sowie das *Reisebüro Marti*, 3283 Kallnach, Tel. 032/822822.

Mit dem Flugzeug: London ist mehrmals täglich Ziel von Direktflügen von den großen deutschen Flughäfen. Direkte Flugverbindungen existieren auch zwischen Zürich – London und Wien – London. Nähere Auskünfte über Abflugzeiten und Tarife erhalten Sie in jedem Reisebüro. In (bzw. außerhalb von) London gibt es vier Flughäfen: *Heathrow* (Linienflüge, Tel. 081/ 7594321), *Gatwick* (hauptsächlich Charterflüge, Tel. 0293/28822), *Luton* (Charter, Tel. 0582/405100) und den neuen Flughafen *Stansted* im Norden Londons, der hauptsächlich Weiterflüge in andere Städte Großbritanniens bedient (Tel. 0279/502520). Ein fünfter Flughafen, der *London City Airport* in den Docklands (Tel. 071/4745555), kann nur kleine Maschinen aufnehmen und dient daher vorläufig ausschließlich dem ›*business travel*‹.

Verbindungen zwischen Flughäfen und Central London: Bis auf den City Airport liegen alle Flughäfen der Metropole weitab vom Zentrum. Von *Heathrow* aus kommen Sie entweder mit dem Bus (Linien A1 bis Victoria Station, A2 bis zum Russell Square in Bloomsbury; Nachtbus N97, Info-Tel. 071–2221234, Preis ca. £5, Fahrtdauer ca. 65 Min.), mit der U-Bahn (Stationen Heathrow Central und Terminal 4, ca. £5, Fahrtdauer ca. 45 Min. bis Piccadilly Circus) oder mit dem Taxi (mindestens £20) ins Zentrum.

Von *Gatwick* aus existiert eine Bahnverbindung (Fahrtdauer ca. 30 Min.) zur Victoria Station (Abfahrt viertelstündlich, nachts stündlich, Preis ca. £5). Die Veranstalter von Charterflügen bieten ihren Kunden in der Regel kostenlose Bustransfers in die City. Für die Taxibeförderung ab Gatwick ist mit mindestens £25 zu rechnen.

Über Verbindungen von und nach *Luton* sowie *Stansted* informieren die Busunternehmen *Green Line* (Tel. 081/6687261) und *National Express* (Tel. 071/7300202).

Unterkunft

Eine Stadt wie London verfügt natürlich über ein breites Spektrum an Unterkunftsmöglichkeiten unterschiedlichster Preisklassen und Qualitätsansprüche. Man sollte jedoch beachten, daß Vorstellungen über angemessene Ausstattungen variieren, und sich im Zweifelsfall für eine etwas höhere Kategorie entscheiden. Dabei sollte man sich keinen Illusionen hingeben: ›Billige‹ *Hotels* sind in London kaum zu haben. Zur unteren Kategorie gehören auch noch Hotels, die £50 für das Einzelzimmer verlangen, ›gehobene‹ Klasse‹ beansprucht man erst für Zimmer ab £120. Günstiger kommt man in einem ›*Guesthouse*‹ (Pension), einem ›*Bed & Breakfast*‹ (Privatpension, Zimmer mit Frühstück) oder *Apartment* unter; sie sind in den unten angegebenen Verzeichnissen aufgelistet.

Buchungen nimmt man am besten schon vor der Abreise vor. Auch wer seine Anreise selbst organisiert, kann auf die Hotelangebote der diversen Veranstalter von ›Städtereisen‹ zurückgreifen. Wer völlig freie Auswahl haben möchte, sollte rechtzeitig Informationsmaterial bei den Fremdenverkehrszentralen anfordern – etwa den umfangreichen Führer ›Where to Stay in London‹ beim *London Tourist Board*, 26 Grosvenor Gardens, London SW1, Tel. 071/7303450, oder beim *Britischen Fremdenverkehrsamt* in Frankfurt bzw. Zürich (*S. 378*) die Broschüre ›*London Hotels & Inexpensive Accommodation*‹ (Schutzgebühr 3,–DM). Das *London Tourist Board* verschickt außerdem ein jährlich neu erscheinendes Verzeichnis von ›*Budget Hotels*‹, das Unterkünfte unter £55 nennt.

Telefonische Vorbuchungen sind ebenfalls beim *LTB* möglich (Tel. 071/ 8248844) – gegen Angabe einer Kreditkartennummer und mindestens sechs Wochen vor Ankunft in London.

Wer eine rechtzeitige Buchung versäumt hat oder sich auf sein Glück verlassen will, der wende sich an eine der Zimmervermittlungsagenturen in London. Die wichtigste dürfte der *Hotel Booking Service* des offiziellen *London Tourist Information Centre* direkt an Victoria Station sein (tgl. 9–20.30 Uhr geöffnet). Ebenfalls in Victoria Station befinden sich das *Hotel Reservation Centre* (neben Bahnsteig 7/8) und die Agentur *Hotel Tourist Bookings* (neben Bahnsteig 9). Daneben gibt es an allen Londoner Flughäfen Zimmervermittlungen sowie eine Reihe weiterer Agenturen, die unschwer dem Telefonbuch zu entnehmen sind.

Interessant für studentische Besucher dürfte außerdem der **Student Accommodation Service** sein, der (gegen Studiennachweis) während der Semesterferien Zimmer in regulären Studentenwohnheimen vermittelt (67 Wigmore Street, W1, Tel. 071/6373250).

Jugendherbergen finden Sie in London unter folgenden Adressen: 84 Highgate West H1 N6, Tel. 081/3401831; 38 Bolton Gardens SW6, Tel. 071/3737083; Holland House, H.P. W8, Tel. 071/9370748 und 14 Noel Street W1, Tel. 071/7341618.

Mit dem Auto in London

Zunächst eine eindringliche Warnung: Es ist jedem Reisenden nachdrücklich davon abzuraten, London mit dem Auto erkunden zu wollen. Wegen der extrem hohen Verkehrsdichte ist mit dem Wagen in London praktisch kein Vorwärtskommen möglich (1990 betrug die Durchschnittsgeschwindigkeit für den Autoverkehr in London 21 km/h, zu Stoßzeiten verringerte sie sich sogar auf 10 km/h). Für den, der trotzdem nicht auf das Auto verzichten möchte, sind nachstehend die wichtigsten britischen Verkehrsregeln aufgeführt (zu den notwendigen Fahrzeugpapieren siehe oben *S. 379*):

In Großbritannien herrscht **Linksverkehr**, d.h. es wird auf der linken Straßenseite gefahren und somit rechts überholt. Vorsicht ist für Kontinentaleuropäer vor allem beim Linksabbiegen und im Kreisverkehr geboten. Trotz Linksverkehrs gilt die Vorfahrtsregel ›rechts vor links‹!

Höchstgeschwindigkeiten: In geschlossenen Ortschaften 30 Meilen (48 km/h), auf Landstraßen 50 Meilen (80 km/h) und auf Autobahnen 70 Meilen (112 km/h). Generell gilt Anschnallpflicht, auch auf den Rücksitzen.

Parken: Parkplätze sind in London, wie in jeder anderen Großstadt, Mangelware. Wenn möglich, sollte man den Wagen in der Hotelgarage oder auf den Parkplätzen der an den äußeren Randbezirken gelegenen U-Bahnhöfe stehenlassen. Parkhäuser (*car parks*) gibt es zwar jede Menge in London, doch weil sie sehr stark frequentiert sind, ist das Parken hier auch teuer. Rund um die Uhr haben nur die Parkhäuser in der Innenstadt geöffnet. Das Parken an Parkuhren ist leider auch keine billige Alternative mit 20 bis 50 p (je nach Stadtviertel) für eine Viertelstunde. – Kostenfreie Parkplätze am Straßenrand sind selten unbesetzt, und das Parken auf Gehwegen ist prinzipiell verboten. Daneben gilt: Auf Fußgängerüberwegen und im Bereich einer doppelten gelben Linie entlang des Gehsteiges besteht Halteverbot, im Bereich einer einfachen gelben Linie, auf den Zickzacklinien vor Zebrastreifen und in Anwohnerparkbereichen (›permit holders only‹) ist auch das Parken verboten. Die Beachtung von Parkverboten ist dringendst zu empfehlen, denn die Londoner Verkehrspolizei und die mit ihr verbundenen Institutionen machen von ihren Abschlepprechten oder der Verwendung der ›Parkkralle‹ (›wheel clamp‹) ohne Rücksicht auf die Herkunft des Wagens Gebrauch.

Pannenhilfe leisten die Straßenwacht oder die beiden großen Automobilclubs, die auch Gegenseitigkeitsabkommen mit den meisten ausländischen Automobilclubs haben: *Automobile Association (AA)*, Fanum House, Leicester Square, WC2, Tel. 071/954737 oder 0345/500600 (Mo–Fr 7–17 Uhr und Sa/So 8–18 Uhr), Pannenhilfe Tel. 0800/887766; *Royal Automobile Club (RAC)*, 83–85 Pall Mall, SW1, Tel. Pannenhilfe 081/9233555 (nördl. der Themse) und 6813611 (südl. der Themse). Pannenhilfe Tel. 0800/887766.

Der **Notruf** bei Unfällen ist 999 (an öffentlichen Telefonzellen kostenlos).

Treibstoff wird häufig noch in ›gallons‹ (1 gallon = 4,5 l) gemessen, die Abrechnung in Litern setzt sich aber immer mehr durch. Bleifreies (›unleaded‹ oder ›loadfree‹) Benzin ist inzwischen an den meisten Londoner Tankstellen erhältlich, ansonsten wird zwischen ›two star‹ oder ›regular‹ (Normalbenzin), ›three star‹ (Mischung aus Normalbenzin und Super; entspricht dem in Deutschland als ›Super‹ verkauften Treibstoff) und ›four star‹ oder ›premium‹ (Super) unterschieden. Auch Dieseltreibstoff (›Diesel‹ oder ›DERV‹) ist allgemein erhältlich.

Mietwagenservice: Die internationalen Leihwagenfirmen sind mit z.T. mehreren Büros in London vertreten. Der Fahrer muß ein Mindestalter von 21 Jahren haben und den Führerschein schon mindestens ein Jahr besitzen. Vorausbuchungen von zu Hause aus sind billiger. Preislich ist mit ca. £30 oder mehr pro Tag bzw. ca. £150 pro Woche zu rechnen.

Öffentliche Verkehrsmittel

London verfügt über ein sehr weit gespanntes, vorbildliches Netz öffentlicher Verkehrsmittel. Zwar sind Busse, Bahnen und Taxis auch nicht gerade preiswert, jedoch ist man – zumindest im Londoner Kernbereich – kaum jemals mehr als zehn Minuten Fußweg von der nächsten Bus- oder U-Bahn-Haltestelle entfernt. Leider jedoch gibt es zwischen U-Bahn und Bussen noch kein Verbundsystem, so daß man für jede Fahrt einen neuen Fahrschein erwerben muß.

U-Bahnen (*London Underground;* ›The Tube‹): An jedem U-Bahnhof erläutert eine übersichtliche Graphik das System der verschiedenen – jeweils mit einer spezifischen Farbkennung versehenen – U-Bahnlinien (Plan in der Innenklappe dieses Buches!). Fahrkarten sind in jedem U-Bahnhof entweder aus dem Automaten oder an den Tikket-Schaltern zu erwerben. Mit Hilfe der Karten öffnen sich die Schranken zu den Bahnsteigen; auch beim Verlassen des Bahnhofs muß die Karte in den Schrankenautomaten gesteckt werden. Darum also: unbedingt die Karte bis zum Schluß der Fahrt aufbewahren! Wer versehentlich zu weit gefahren ist oder eine falsche Linie bestiegen hat, kann jedoch umsteigen oder zurückfahren, ohne die Fahrscheinkontrolle passieren und ein neues Ticket erwerben zu müssen. Wer eines der länger gültigen ›tourist tikkets‹ benutzt (*siehe unten*), passiert die Schranke bei einem der Bediensteten. Wichtig auch hier: Auch wenn man den sicheren Eindruck hat, daß der betreffende Kontrolleur die passierenden Fahrgäste ohnehin nicht wahrnimmt – die Karte muß auf jeden Fall gezückt werden, denn der Eindruck täuscht häufig, und spätestens dann, wenn der Kontrolleur vermutet, einen Schwarzfahrer vor sich zu haben, erwacht er häufig zu ungeahnter Lebendigkeit.

Die U-Bahnen verkehren im allgemeinen etwa bis Mitternacht, die Abfahrtszeit der jeweils ersten und letzten Bahn ist an jedem Bahnhof angegeben. Einige Bahnhöfe sind an Wochenenden geschlossen (aus dem Übersichtsplan ersichtlich).

Busse: Die roten Doppeldeckerbusse Londons sind fast ein weiteres Wahrzeichen der Stadt geworden – auch wenn sie in den letzten Jahren zunehmend von einstöckigen Bussen abgelöst werden. Eine Übersicht über das

Busnetz ist bei den auf *S. 379* angegebenen Informationsstellen erhältlich. Neben den traditionellen ›Red Buses‹ verkehren auch die ›Green Buses‹ für längere Fahrten mit weniger Stops und zu Fahrten in die Vororte sowie die ›Night Buses‹, die nur nachts in größeren Abständen als die Tagesbusse verkehren (zwischen 23 und 6 Uhr).

Bushaltestellen sind durch das Schild ›Bus Stop‹ gekennzeichnet. Wenn diese Bezeichnung in einem schwarzen Balken steht, handelt es sich um eine Haltestelle, an der die aufgeführten Busse in jedem Fall halten. Steht *Bus Stop* dagegen in einem weißen Balken, so wird der Bus hier nur auf Ihr deutliches Handzeichen halten (›request stop‹). Auch das Aussteigen muß dem Fahrer per Knopfdruck angezeigt werden. Wer unsicher ist, wann er aussteigen muß, kann den Schaffner oder Fahrer um Hilfe bitten – Londoner Busfahrer wirken zwar manchmal etwas mürrisch, sind in der Regel aber sehr hilfsbereit.

Fahrkarten löst man im traditionellen doppelstöckigen Bus noch beim Schaffner, dem man sein Fahrtziel nennt und dann entsprechend bezahlt. Für die neuen Doppel- und Eindecker gilt hingegen: »please pay driver« – der Fahrer verkauft das Ticket (Kleingeld bereithalten!).

Verbilligte Fahrkarten für Touristen sind bei allen U-Bahnhöfen sowie bei Informationsstellen von *London Transport (S. 379)* erhältlich. Sofern man mehrere Tage in London verbringt, lohnt es sich, eine Mehrtageskarte (*London Explorer*, für 3, 4 oder 7 Tage) zu kaufen. Diese Karte ermöglicht die Benutzung von Bus und U-Bahn beliebig oft für den jeweils gültigen Zeitraum. Einen Billig-Tarif gibt es für die sogenannten ›off-peak‹ Zeiten, also die Nicht-Stoßzeiten. (Mit einem derartigen Ticket darf man beispielsweise morgens erst ab 9.30 Uhr fahren). Der *Central Tube Rover* dagegen berechtigt für einen Tag zu beliebig vielen

Fahrten mit der Central Line und zu einigen Anschlußfahrten im Bereich des Zentrums. Das *Cheap Day Return Ticket*, eine weitere Spezialfahrkarte, ist ein reguläres Bahn Ticket, das nach 10 Uhr erworben werden kann und zur Hin- und Rückfahrt für ein bestimmtes Fahrziel berechtigt.

Für die Ausstellung von **Mehrtageskarten** wird ein aktuelles Paßfoto benötigt. Achtung: Die *one day travel cards* sind nicht für die Londoner Nachtbusse gültig. Neben diesen Spezialangeboten stehen dem Touristen natürlich auch die regulären verbilligten Angebote wie Wochen- oder Monatskarte zur Verfügung, die er in der Regel jedoch nicht ausschöpfen können wird. Genaueste Informationen über all diese Discount-Tickets, die Zoneneinteilung, Fahrpläne und allgemeine Tarife liefert Ihnen die Broschüre ›Underground Tickets‹ des *London Regional Transport*, die Sie an folgenden U-Bahnhöfen bekommen: Euston, Heathrow Central (auch in allen Auskunftshallen), King's Cross, Victoria, Piccadilly und Oxford Circus.

Ein besonderes Kapitel öffentlichen Nahverkehrs in London sind natürlich die berühmten Londoner **Taxis**. Auch wenn es zunehmend Funktaxis gibt, die wie ganz normale Pkws aussehen, so wird das Taxigeschäft immer noch vorwiegend von den schweren schwarzen (seltener auch weinroten) Luxusgefährten, den sogenannten ›black cabs‹, bestimmt, die man aus unzähligen Filmen kennt. An Bahnhöfen, Flughäfen, vor Hotels und gelegentlich auch vor Theatern reiht man sich in die Reihe der Wartenden ein – Vordrängeln (›queue jumping‹) ist in England nach wie vor verpönt. Von diesen Sonderfällen abgesehen, hält man ein freies Taxi (erkennbar durch das erleuchtete Schild ›for hire‹ auf dem Wagendach) einfach durch deutlich sichtbares Handheben vom Straßenrand aus an. Das Gepäck wird in der Regel im vorderen Teil des Wagens neben dem Fahrer deponiert. Der Fahrgast nimmt im Fond Platz. Der Fahrpreis ist gut sichtbar auf dem Taxameter angezeigt und beginnt bei £1 für die erste Meile. Jede weitere Meile wird mit 20 p berechnet, sofern die Distanz nicht mehr als sechs Meilen beträgt. Hinzu kommen 20 p pro Person, 10 p für ein großes Gepäckstück und ein Zuschlag von 40 p nach Mitternacht und an Sonn- und Feiertagen. Taxifahrer erwarten in der Regel ein Trinkgeld (etwa 10–20% vom Fahrpreis). Hat man Grund zur Beschwerde über einen Fahrer, so wende man sich an das *Public Carriage Office*, 15 Penton Street, London N 1.

Neben diesen traditionellen Taxis hat sich inzwischen auch eine Reihe von **Funktaxiunternehmen**, die sog. *Minicabs*, etabliert. Die Wagen dieser Gesellschaften kann man nur telefonisch bestellen und nicht vom Straßenrand aus anhalten. Vorsicht ist geboten bei nicht gekennzeichneten Taxis an Flughäfen und Bahnhöfen. Unter ihnen finden sich manchmal auch sog. ›Piraten‹, vor denen die Polizei warnt. Die Rufnummern der seriösen Gesellschaften finden Sie in den Gelben Seiten (*yellow pages*) unter dem Stichwort ›Minicabs‹.

River Bus: Dabei handelt es sich nicht etwa um einen Bus, sondern um eine regelmäßige Schiffsverbindung auf der Themse zwischen Westminster Pier und Greenwich. Der River Bus stellt eine interessante Möglichkeit dar, London – besonders bei gutem Wetter – vom Wasser aus zu erleben. Abfahrtszeiten: 10.20–16.00 Uhr (alle 30 Minuten), im Winter nur bis 15 Uhr.

Themsefahrten stellen eine weitere Möglichkeit dar, London auf dem Wasserweg zu erkunden. Diese finden von April bis September/Oktober statt. Startpunkt ist ebenfalls Westminster Pier. Auf dem immer schmaler werdenden Fluß durch mehrere Schleusen hindurch wird dem Fahrgast ein abwechslungsreicher Ausflug u. a. zu den berühmten Residenzen und Palästen oder eleganten Vororten Londons geboten. Abfahrtszeiten (normalerweise) 10.30–16.00 Uhr. (Nachfragen unter Tel. 071/730 48 12 ist zu empfehlen, da sich die Abfahrtszeiten manchmal aufgrund des Wasserstandes bzw. Gezeitenunterschiedes ändern.)

Docklands Light Railway: Eine Fahrt in dieser modernen Hochbahn, die zwischen Tower Gateway und der Isle of Dogs und Stratford verkehrt, verschafft Ihnen einen ersten Einblick in die Docklands (Tel. 071/222 12 34, Sa/So geschlossen).

Eisenbahn: Das *Network South East* von *British Rail*, das London mit dem Umland verbindet, ist integriert in den öffentlichen Nahverkehr Londons. Die Travelcards gelten auch hier. Züge, die in den Süden und Osten Englands und Richtung Europäisches Festland fahren, starten an den Bahnhöfen Charing Cross, Waterloo, Victoria und Liverpool Street (Tel. 071/928 51 00; 24 Stunden). Für Bahnfahrten in die Midlands, den Norden von Wales, den Nordwesten Englands und den Westen Schottlans startet man von den Bahnhöfen St. Pancras oder Euston (Tel. 071/387 70 70; 24 Stunden). Züge nach West Yorkshire, in den Nordosten Englands und den Osten Schottlands fahren ab Bahnhof King's Cross (Tel. 071/278 24 77; 7–23 Uhr). Ab Bahnhof Paddington rollen die Züge Richtung Westen und Südwesten Englands sowie nach Süd-Wales (Tel. 071/262 67 67; 24 Stunden). Fahrkarten sind erhältlich an den Schaltern und Automaten in den Bahnhöfen. Für längere InterCity-Reisen empfiehlt sich eine Reservierung (Gebühr £ 1).

Praktische Tips von A bis Z

Ärztliche Versorgung wird in Notfällen auch für Touristen kostenlos geleistet. Für besonders dringende Fälle gilt der allgemeine kostenlose **Notruf 999**. Eine Liste der zugelassenen Ärzte und Zahnärzte liegt in allen Polizeidienststellen und öffentlichen Bibliotheken aus.

Apotheken in dem Sinne, wie wir sie kennen, gibt es in Großbritannien nicht. Frei verkäufliche Medikamente bekommt man in drogerieähnlichen Läden, den ›chemists‹. Verschreibungspflichtige Arzneien werden nur von den speziellen, sogenannten ›dispensing chemists‹ verkauft. Einige der Filialen der großen Drogerieketten in Großbritannien haben bis spät in die Nacht bzw. rund um die Uhr geöffnet (*Boots* und *Underwood*). Eine durchgehend geöffnete Filiale von Boots befindet sich am Piccadilly Circus. Ebenfalls durchgehend geöffnet: *H. D. Bliss*, 50 Willesden La., NW6, Tel. 071/ 6248 00 00 an der U-Bahn Willesden Green.
Lange geöffnet sind: *Bliss*, 5 Marble Arch, W1, 9–24 Uhr; *V. J. Hall*, 85 Shaftesbury Avenue, W1, 9–23 Uhr bzw. am Sonntag bis 22 Uhr; und die *Underwoods-Filialen* 205 Brompton Road, SW3, 9–22 Uhr, 27 Queensway, WC2, 9–22 Uhr und 115 Gloucester Road, SW7, 9–18 Uhr (Mo–Sa), bzw. 10–17 Uhr (So).

Banken (s. auch unter ›Geld‹): Öffnungszeiten Mo–Fr 9.30–15.30 Uhr. Die Bankschalter in den Flughäfen *Heathrow* und *Gatwick* sind 24 Stunden geöffnet. Daneben gibt es in vielen von Touristen frequentierten Gegenden kleine Wechselstuben, die auch an Wochenenden und bis spät in den Abend geöffnet sind. Bei diesen muß man allerdings ungünstigere Wechselkurse und eine vergleichsweise hohe Gebühr in Kauf nehmen, kann aber nicht nur Bargeld tauschen, sondern auch Euro- und andere Reiseschecks

eintauschen. Günstiger als die kleinen Wechselstuben sind die Geldautomaten. Bei den immer weiter verbreiteten, mit dem ›ec‹-Signet gekennzeichneten internationalen Automaten kann man auch mit deutschen ec-Karten und der üblichen Geheimnummer rund um die Uhr Geld abheben. Bei zahlreichen Postämtern kann man auch von einem deutschen Postsparbuch zu den üblichen Öffnungszeiten Geld abheben.

Diplomatische Vertretungen: Botschaft der Bundesrepublik Deutschland, 21–23 Belgrave Square, SW1, Tel. 071/235 50 33. Schweizer Botschaft, 16–18 Montague Pl., W1, Tel. 071/723 07 01, Österreichische Botschaft, 18 Belgrave Mews West, SW1, Tel. 071/235 37 31.

Einkaufen: London bietet für jeden Geldbeutel und für jeden Geschmack etwas. Exklusive Läden finden sich in der Bond Street, Burlington Arcade, Knightsbridge, der Regent Street, Piccadilly, South Molton Street und der Sloane Street. Der Pflege des ›lifestyle‹ haben sich die Geschäfte in der Fulham Road, der Brompton Road und South Kensington verschrieben. Für die kleinere Reisekasse bieten sich eher Oxford Street, wo sich viele Kaufhäuser befinden und Kensington High Street an, die mit Antiquitätenläden lockt. Originelles, Verrücktes und Avantgardistisches findet sich in der King's Road oder in Covent Garden. Sehr attraktiv sind auch die zahlreichen Wochen- und Flohmärkte wie z. B.
Camden Lock Market, Sa/So, 10–18 Uhr, Second Hand, Schallplatten, U-Bahn-Station *Camden Town*
Portobello Road Market, tgl. Gemüsemarkt, Sa 8–17.30 Uhr, Trödel, Antiquitäten, Ramsch, U-Bahn-Station *Ladbroke Grove* oder *Notting Hill Gate*
Petticoat Lane Market, Mo–Fr 10.30–14.30 Uhr, So 9–14 Uhr, Anti-

kes, Second Hand, Ramsch, U-Bahn-Station *Aldgate* oder *Liverpool Street*
New Caledonian Market, Fr 6–14 Uhr, Second Hand, Schmuck, U-Bahn-Station *London Bridge*
Billingsgate Market, Di–Sa ab 5.30 Uhr morgens, Fische, *North Quay*, Isle of Dogs
London Silver Vaults, Mo–Fr 9.30–17.30 Uhr, Sa (nicht vor Feiertagen) 9–12.30 Uhr, kein eigentlicher Markt oder Flohmarkt, sondern vielmehr eine Ansammlung von über 50 Antiquitätengeschäften, U-Bahn-Station *Chancery Lane*
Greenwich Antique Market, Sa/So 9–17 Uhr, Antiquitäten für gehobene Ansprüche, U-Bahn-Station *Greenwich*
Camden Passage, Mi 10–14 Uhr, Sa 8–17 Uhr, Antiquitäten aller Art, U-Bahn-Station *Angel*.
Sogenannte *boot sales*, also ursprünglich Verkäufe aus dem Kofferraum, finden überwiegend sonntags statt. Sie bieten Interessantes für jeden Flohmarktfan. Meistens entdeckt man sie nur durch Zufall. Ein konkreter Tip: jeden Sonntag am *King's College Hospital*, Bahnstation *Denmark Hill*, Bus Nr. 40 und 68.

Eintrittskarten für Theater und Konzerte: Eintrittskarten für Voranstaltungen erhält man normalerweise am Veranstaltungsort selbst zu den Öffnungszeiten der Vorverkaufskassen (meist ab 10.00 Uhr). Vorverkaufsstellen gibt es auch in den beiden großen Kaufhäusern *Harrods* und *Selfridge's*, im *British Travel Centre* am Tower, am Piccadilly Circus und bei der St Paul's Cathedral. Außerdem bieten sogenannte ›*Ticket Agencies*‹ Karten mit Aufpreis an. Nur für Kurzentschlossene ist ›*Half Price Ticket Booth*‹ am Leicester Square. Hier kann man – soweit noch vorhanden – für Aufführungen am gleichen Tag Eintrittskarten zum halben Preis zuzüglich 1 £ Gebühr erhalten (Mo–Sa 12–14 Uhr für Nachmittagsvorstellungen und 14.40–18.30 Uhr für Abendvorstellungen). Tickets

kann man aber auch von Deutschland aus bestellen bei *Thomas Cook Reisebüro*, Am Ballindamm 39, 2000 Hamburg 1, Tel. 040/309080.

Elektrizität: Einen Steckeradapter sollte man unbedingt im Reisegepäck haben, denn das britische Steckersystem ist mit deutschen Steckern nicht zu bedienen. Auch beträgt die Spannung nicht immer 220 V. Es empfiehlt sich also, möglichst Geräte mitzunehmen, bei denen die Spannung umgestellt werden kann.

Feiertage sind der 1. Januar (*New Year's Day*), Karfreitag (*Good Friday*), Ostersonntag und Ostermontag (*Easter*), 1. Mai (*May Day*), letzter Montag im Mai (*Bank Holiday*), Pfingstsonntag und Pfingstmontag (*Whitsun*), der letzte Montag im August (*Bank Holiday*) sowie der 25. und 26. Dezember (*Christmas Day, Boxing Day*).

Fundbüros: Haben Sie etwas im Zug vergessen, so ist das *Lost Property Office* zuständig an der King's Cross Station, Euston Rd., N1, Tel 071/9229081 (Mo–Fr 9.15–17 Uhr); Fundsachen aus U-Bahn und Bus landen im *London Transport Lost Property Office*, 200 Baker Street, NW1 (Mo–Fr 9.30–17.30 Uhr). Ist in einem Taxi etwas vergessen worden, so melden Sie sich beim *Hackney Carriage Office*, 15 Penton Street, N1 (Mo–Fr 10–16.30 Uhr).

Geld: Zahlungsmittel ist das *englische Pfund* (£) zu 100 *pence* (p), das in unbegrenzter Höhe ein- und ausgeführt werden darf. £ 1 entspricht in etwa 2,60 DM (Stand Mai 1993); tägliche Kursschwankungen sind natürlich zu berücksichtigen.
Euroschecks kann man bis zu einem Höchstbetrag von £ 100 ausstellen. Das Zahlen per *Kreditkarte* ist in Großbritannien sehr viel verbreiteter als in Deutschland. Sogar bei kleinen Beträgen werden sie anstandslos akzeptiert.

Geschäftszeiten: In Großbritannien gibt es keine festen Ladenschlußzeiten. Im allgemeinen sind die Geschäfte jedoch von Mo–Sa 9–18 Uhr geöffnet. Einmal wöchentlich kann man bis 20 Uhr einkaufen (in jedem Stadtviertel an einem anderen Wochentag). Einige Läden haben aber auch länger bzw. auch am Sonntag geöffnet.

Polizei: Die allgemeine **Notrufnummer** ist für ganz Großbritannien einheitlich **999**. Insgesamt 234 Polizeistationen sind über ganz London (inkl. Außenbezirke) verstreut. Rund um die Uhr wird Ihnen dort im Notfall geholfen. Wer Fragen oder kleinere Probleme hat, kann sich aber auch stets an die ›Bobbies‹, die uniformierten Streifenpolizisten, wenden, die freundlich und hilfsbereit Auskunft geben, besonders wenn sie sehen, daß es sich um Ortsunkundige handelt.

Post: Die Öffnungszeiten der Postämter sind Mo–Fr 9–17.30 Uhr, Sa 9–13 Uhr. Länger (Mo–Sa 8–20 Uhr) geöffnet hat das Hauptpostamt, St Martin's Place, Trafalgar Square, WC 2. Der Tarif für Postkarten und Standardbriefe (bis 20 g) beträgt 24 p. Briefmarken erhalten Sie außer bei Postämtern auch in Zeitschriften- und Zeitungsläden.

Stadtrundfahrten und -gänge: Langjährig erprobt sind die Touren der roten und teilweise blauen Doppeldekkerbusse mit offenem Oberdeck, die von zwei Veranstaltern angeboten werden: die *Round London Sight Seeing Tours* und *The Official London Sightseeing Tour*. Erstere informieren den Fahrgast mittels Tonbandkassetten in verschiedenen Sprachen. Auf einer *Official London Sightseeing Tour* dagegen werden die Sehenswürdigkeiten von einem – in der Regel sehr kompetenten – Führer kommentiert, der auch ein offenes Ohr für die Fragen der Fahrgäste hat. Beide Arten von Rundfahrten starten an touristischen Brennpunkten wie Marble Arch, Victoria Station und Piccadilly Circus regelmäßig meist in einstündigen Abständen. Vorbestellung ist nicht erforderlich und auch nicht möglich.

Großer Beliebtheit erfreut sich auch der sog. *Culture Bus*, der regelmäßig die beliebtesten Sehenswürdigkeiten ansteuert und von 9–18 Uhr im Kreisverkehr zwischen Kensington, Mayfair, Regent's Park, Bloomsbury, City, Westminster, St James's, Piccadilly und Knightsbridge verkehrt. Das Tikket hierfür gilt den ganzen Tag, und man kann beliebig oft zu- und aussteigen. Über weitere Angebote wie z. B. die ›Guided Walks‹, geführte Spaziergänge, die dem Touristen London unter bestimmten Gesichtspunkten wie etwa ›Roman London‹, ›Shakespeare's London‹, ›London Pub‹ oder ›Silver Jubilee Walk‹ *(S. 132)* erschließen, informieren Prospekte, die die Informationsstellen, aber auch die meisten Hotels bereithalten.

Telefonieren: Das Telefonieren aus Telefonzellen ist in den letzten Jahren entschieden vereinfacht worden. Die alten Münztelefone funktionierten nur mit 5 und 10 p Münzen, und man mußte die erste Münze vor dem Wählen in den Schlitz stecken und sobald sich der angewählte Teilnehmer meldete, durch die Sperre drücken. Ein Piepton zeigte an, wann das Geld verbraucht war, zum Weitertelefonieren mußten dann Münzen nachgeworfen werden. Inzwischen sind diese Apparate in den meisten Fällen durch Geräte kontinentalen Musters ersetzt, die auch 50 p Münzen akzeptieren und in denen man auch mehrere Münzen gleichzeitig einwerfen kann. Gerade bei Ferngesprächen ist man für diesen Verzicht auf Nostalgie doch dankbar.

In grün gekennzeichneten Telefonkabinen der *British Telecom* kann man mit Telefonkarten, die man auf Postämtern und in Zeitungsläden bekommt, telefonieren. Ein Display zeigt die noch übrigen Einheiten an (eine Einheit kostet 20 p). Neben der *British Telecom* gibt es auch noch *Mercury* (blaue und graue Telefonkabinen), die ebenfalls ein Telefonnetz betreiben. Dieses ist zwar nicht so gut ausgebaut wie das der Telecom, bietet aber die günstigeren Tarife, sogar wenn Sie ins Ausland telofonieren. Wenn Sie nach Deutschland telefonieren wollen, wählen Sie 01049, anschließend die Ortsvorwahl ohne die erste Null und dann die Teilnehmernummer. Die Schweiz (01041) und Österreich (01043) erreichen Sie analog. Alle Telefonzellen können übrigens auch angerufen werden. Genaue Auskunft wie es funktioniert, gibt Ihnen ein Aushang in jeder Kabine. Der verbilligte Tarif gilt an Wochentagen von 18–8 Uhr sowie durchgehend an Wochenenden.

Trinkgeld (›tips‹): Üblich sind ca. 10 Prozent für Taxifahrer, Fremdenführer und Friseur. Im Restaurant erwartet man 10 bis 15 Prozent – sofern nicht bereits ein ›service charge‹ (auf der Speisekarte angegeben) im Essenspreis inbegriffen ist. In Pubs sind Trinkgelder unüblich.

Uhrzeit: In Großbritannien gilt die *Greenwich Mean Time (GMT)*. Diese ist der Mitteleuropäischen Zeit (MEZ) um eine Stunde hinterher. Die Sommerzeit wird erst im Oktober umgestellt. Mit Ausnahme von Oktober bleibt der Unterschied von einer Stunde somit erhalten.

Wetter: Wann Sie nach London reisen, ist – vom Wetter her gesehen – ziemlich egal. Auf jeden Fall sollten Sie den Regenschirm nicht vergessen (über 140 Regentage im Jahr). Eine Hauptreisezeit ist für London schwer anzugeben – London hat immer Saison! Lediglich der August ist als Reisemonat nicht sehr empfehlenswert, wenn Sie in der ganzen Stadt nicht nur Touristen antreffen wollen. Sollten Sie blühende Gärten besonders mögen, dann sei Ihnen die Zeit zwischen Ende April und Ende Juni empfohlen.

Zeitungen: Die Briten sind passionierte Zeitungsleser und bieten für jeden Geschmack auch die passende Tageszeitung an. Da sind zum einen die Boulevardblättor *The Sun, Daily Mail, Daily Mirror* und *The Star.* Konservative bevorzugen *The Times* oder den *Daily Telegraph,* Liberale *The Guardian* und *The Independent,* Linke lesen den *Morning Star.* Außerdem erscheinen sonntags noch die *Sunday Times,* der *Sunday Telegraph,* der *Observer, Sunday Express, Sunday Mirror, Sunday Independent, News of the World* und *The People.*

What's on? Musik, Theater, Kinos in London

Über aktuelle Programme informieren am besten die Stadtzeitungen (›Time Out‹ etc.; *S. 379*)

Theater
Adelphi, Strand, WC2; Tel. 071/8367611; U-Bahn *Charing Cross*; leichte Muse
Albery, St Martin's Lane, WC2; Tel. 071/8071115; U-Bahn *Leicester Square*; Komödien
Ambassadors, West St. WC2; Tel. 071/8366111; U-Bahn *Leicester Square*
Her Majesty's, Haymarket, SW1; Tel. 071/8392244; U-Bahn *Piccadilly Circus*; Musicals

ICA Theatre, The Mall, W1; Tel. 071/9303647; U-Bahn *Piccadilly Circus, Charing Cross*; Avantgarde-Theater
Old Vic, Waterloo Road, SE1; Tel. 071/9287616; U-Bahn *Waterloo*
Royal National Theatre, South Bank, SE1; Tel. 071/9282252; U-Bahn *Waterloo*; drei verschiedene Bühnen (*Lyttelton,* Proszeniumsbühne; *Olivier,* mit offener Bühne; *Cottesloe,* Studio)
RSC Barbican, Barbican Centre, Silk Street, EC2; Tel. 071/6388891; U-Bahn *Moorgate, Barbican*; Bühne der Royal Shakespeare Company
St Martin's, West Street, WC2; Tel. 071/8361443; U-Bahn *Leicester Square*; Agatha Christies ›Mouse-

trap‹ wird hier seit vielen Jahren gespielt
Strand, Aldwych, WC2; Tel. 071/2400300; U-Bahn *Holborn*; leichtes Boulevardtheater
Theatre Royal Drury Lane, Catherine Street, WC2; Tel. 071/8368108; U-Bahn *Covent Garden*; Musicals und spektakuläre Bühnenshows
Theatre Royal Haymarket, Haymarket, SW1; Tel. 071/9308800; U-Bahn *Piccadilly Circus*; heute meist leichte, heitere Theaterstücke

Oper und Ballett
Royal Opera House, Bow Street, Covent Garden, WC2; Tel. 071/2401066; U-Bahn *Covent Garden*; internationale Gesangsstars
London Coliseum, St Martin's Lane, WC2; Tel. 071/8363161 (bzw. für Reservierung mit Kreditkarte 071/2405258); U-Bahn *Leicester Square*; Londons größte Bühne, Opern in englischer Sprache

Konzertsäle
South Bank Centre, South Bank, Belvedere Road, SE1; Tel. 071/9283002; U-Bahn *Waterloo*; drei Konzertsäle: *Royal Festival Hall, Queen Elizabeth Hall* (Kammermusik, innovative Opern-Produktionen), *Purcell-Room* (Debütanten, zeitgenössische Musik)
Barbican Concert Hall, Silk Street, EC1; Tel. 071/6388891; U-Bahn *Barbican* (sonntags geschlossen), *Moorgate*; Heimat des London Symphony Orchestra und des English Chamber Orchestra
Royal Albert Hall, Kensington Gore, SW7; Tel. 071/5893203 (bzw. 071/5899465 für Reservierung mit Kreditkarte); U-Bahn *Knightsbridge*, High Street Kensington; Londons größter Konzertsaal, im Sommer Schauplatz der Proms, ansonsten ›leicht Verdauliches‹

Live-Musik
Rock
Astoria, 157 Charing Cross Rd, WC2, Tel. 071/4340403; U-Bahn *Totten-*

ham Court Road; Grufties und Hard-Core Bands
Borderline, Orange Yard, Manette Street, WC2; Tel. 071/2871441; U-Bahn *Tottenham Court Road*
Dublin Castle, 94 Parkway, NW1; Tel. 071/4851773; U-Bahn *Camden Town*, R&B, Blues, Country
Falcon, 234 Royal College Street, NW1; Tel. 071/4853834; U-Bahn *Camden Town*
Hard Rock Cafe am Piccadilly, U-Bahn *Green Park* – ein ›Oldie‹, aber immer noch ›in‹
Marquee, 105 Charing Cross Road, WC1; Tel. 071/4376603; U-Bahn *Tottenham Court Road*; Heavy Metal

Jazz
Bass Clef, 35 Coronet Street, 8N1; Tel. 071/7292476 bzw. 7292440; U-Bahn *Old Street*; außer Jazz auch Afro- und Latin-Bands
Bull's Head, Barnes Bridge, SW13, Tel. 081/8765241; U-Bahn *Hammersmith* und von dort weiter mit Bus 9; frischer, junger Jazz.
Duke of Wellington, 119 Balls Pond Road, N1; Tel. 071/2493729; U-Bahn *Highbury & Islington*; Free Jazz, Improvisiertes, experimentelle Klänge
Jazz Café, 5 Parkway, NW1; Tel. 071/2844358; U-Bahn *Camden Town*; zeitgenössischer Jazz
100 Club, 100 Oxford Street, W1; Tel. 071/6360933; U-Bahn *Oxford Circus*; traditioneller Jazz, R&B
Pizza on the Park, 11 Knightsbridge, SW1; Tel. 071/2355550; U-Bahn *Hyde Park Corner*; Pizza & Jazz
Prince of Orange; 118 Lower Road, SE16; Tel. 071/2379181; U-Bahn *Surrey Docks;* Latin-, Mainstream- und Swing-Bands, oft freier Eintritt
Ronnie Scott's, 47 Frith Street, W1; Tel. 071/4390747; U-Bahn *Piccadilly Circus*; eine Institution in der Londoner Jazz-Szene, nicht gerade billig
Vortex, 139 Stoke Newington Church Street, N16; Tel. 071/2546516; U-Bahn *Stoke Newington*; Café spezialisiert auf ›Jazz auf leiseren Sohlen‹

Folk-Music

Cecil Sharpe House, 2 Regent's Park Road, NW1; Tel. 071/4852206; U-Bahn *Camden Town*; britisches Zentrum des Folk

Half Moon, 93 Lower Richmond Road, SW15; Tel. 081/7882387; U-Bahn *Putney Bridge*; Folk mit Hang zum Blues und Rock

Islington Folk Club, in ›The George‹, 57 Liverpool Road, N1; Tel. 071/8375370; U-Bahn *Angel*; jeden Donnerstag, traditioneller Folk.

King's Head, 2 Crouch End Hill, N8; Tel. 081/3401028; U-Bahn *Finsbury Park*; immer donnerstags, breite Programmpalette

Discos und Nachtleben

Camden Palace, 1 Camden Road, NW1; Tel. 071/3870428; U-Bahn *Mornington Crescent*; Diskothek

Cockney, 161 Tottenham Court Road, W1; Tel. 071/4011001; U-Bahn *Warren Street*; Montag Clubnight mit vorwiegend schwarzer Live-Musik

Flynn's, Horse Shoe Yard, W1; Tel. 071/4913633; U-Bahn *Bond Street*; Disco und Begegnungsstätte für Leute mit der ›richtigen‹ Kleidung

Fridge, Town Hall Parade, Brixton Hill, SW2; Tel. 071/3265100; U-Bahn *Brixton*; bester Tanzclub im südlichen London, freitags Soul, dienstags ›Daisy Chain‹ (nioht nur für) Homosexuelle interessant

Gossips, 69 Dean Street, W1; Tel. 071/4344480; U-Bahn *Leicester Square*, Tottenham Court Road; höhlenartige Kellerdisco, für jeden Musikgeschmack etwas

Heaven, The Arches, Villiers Street, WC2; Tel. 071/8393852; U-Bahn *Charing Cross, Embankment*; größte Homosexuellen-Disco, Montag und Donnerstag auch für Heteros

Hippodrome, Charing Cross Road, Ekke Cranbourn Street, WC2; Tel. 071/4374311; U-Bahn *Leicester Square*; Anziehungspunkt für viele Touristen, Riesen-Disco

Legends, 29 Old Burlington Street, W1; Tel. 071/4379933; U-Bahn *Green Park*, Oxford Circus; durchgestylter Nachtclub, gemischtes Publikum

Limelight, 136 Shaftesbury Avenue, WC2; Tel. 071/4340572; U-Bahn *Leicester Square*; Mittwoch Jazz-Boogie

Subterrania, 12 Acklam Road (unter dem Woctway), W11; Tel. 081/9615490; U-Bahn *Ladbroke Grove*, Mo–Mi Live-Bands, Do–Sa Club-Nächte.

Wag, 33–35 Wardow Street, W1; Tel. 071/4375534; Hip-Hop

Wall Street, 14 Bruton Place, Berkeley Square, W1; Tel. 071/4930630; U-Bahn *Green Park*, Oxford Circus; Disco im Rokoko-Stil

Kino

In London gibt es unzählige Kinos, deren Besuch allerdings sehr teuer ist. Interessant ist daher, daß viele Kinos tagsüher bis ca. 15 Uhr verbilligte Preise haben. Genaue Informationen über Kinoprogramme und Anfangszeiten sind den Veranstaltungszeitungen wie ›Time out‹ etc. (s. auch *S. 379*) zu entnehmen.

Veranstaltungen und Feste

Januar

Chinesisches Neujahrsfest (pittoresker Umzug chinesischstämmiger Londoner) in Soho.

März/April

Ende März findet der *Chelsea Spring Antiques Fair*, ein großer Antiquitätenmarkt, statt; am Samstag zwei Wochen vor Ostern das traditionelle *Bootsrennen auf der Themse* zwischen den Universitäten Oxford und Cambridge (Ausgangspunkt ist Mortlake, Ziel Putney, Nähe Kew). Am Ostersonntag ist *Battersea Park* Schauplatz der *Osterparade*, und am Vormittag des Ostermontags findet die *London Harness Horse Parade*, eine Parade bzw. ein Wettbewerb der Londoner Arbeitspferde, im Regent's Park statt. Jeweils am 23. 4. wird in der Southwark Cathedral ein *Shakespeare Gedenkgottesdienst* abgehalten. Die *Royal Maundy Ceremony* erinnert an Almosenverteilungen durch Monarchen; heute werden im Zweijahresrhythmus speziell für diesen Anlaß geprägte Münzen von der Königin in der Westminster Abbey an Bedürftige verteilt.

Mai
Im Mai kann man der *Royal Windsor Horse Show* im Home Park von Windsor, ein Muß für Pferdeliebhaber und sehr britisch (Auskünfte ; Tel. 0753/ 868286), und dem *London Marathon* beiwohnen. Außerdem eröffnet die Queen die *Chelsea Flower Show*, eine Blumen- und Gartenausstellung.

Juni
Order of the Garter Ceremony im Schloß von Windsor. Wegen der Schäden des Brandes vom 20. 11. 92 konnte bei Drucklegung (Mai 93) noch nicht definitiv gesagt werden, ob diese Veranstaltung stattfindet. Bei Nachfragen wenden Sie sich an folgende Adresse, wo Sie auch die Anmeldungen für kostenlose Karten am Jahresanfang schriftlich einreichen müssen: Lord Chamberlain's Office, St James's Palace, London SW1, Tel. 0753/ 868286. Auch die *Rennwoche in Ascot* findet im Juni statt, ebenso wie *The Derby in Epsom* (Grafschaft Surrey). Am 2. oder 3. Samstag im Juni ist die offizielle Geburtstagsparade der Queen (*Trooping the Colour*). Die *Election of the Sheriffs* am 24. 6., die traditionsreiche Zeremonie der alljährlichen öffentlichen Kür der Sheriffs, findet in der Guildhall statt. Das Cricketereignis der Saison, das *Lord's Test Match*, ist ebenfalls im Juni. Das *Tennis-Turnier in Wimbledon* findet entweder im Juni oder im Juli statt, ebenso wie die traditionsreiche Ruderregatta auf der Themse, die *Henley Royal Regatta*.

Juli
Sommerausstellung der *Royal Acade-*

my. Mitte Juli beginnen die sog. *Proms*, die Promenadenkonzerte in der Royal Albert Hall. Eine Woche lang dauert das *Richmond Festival*, ein Straßenfest mit vielen Veranstaltungen, Flohmärkten, Konzerten etc. Im Juli werden auch während des jährlichen *Swan Upping* die Themseschwäne gezählt und die Jungtiere gekennzeichnet (Fortführung einer jahrhundertealten Zeremonie). Beim *Road Sweeping by Vintner's Company* fegen, entsprechend einem Brauch aus dem 14. Jh., Angehörige der Weinhändlerzunft in historischen Trachten die Straße von Vintner's Hall, Upper Thames Street, bis zur Kirche St James's, Garlickythe, für ihren frisch gekürten Meister.

August
Am 4. August feiert die Königinmutter ihren Geburtstag in Clarence House. Am letzten Wochenende findet der Karneval der Karibischen Einwanderer, der *Notting Hill Carnival*, statt (*S. 301*).

Bank Holiday Fair, ein Jahrmarkt in Hampstead Heath, ist jeweils am letzten Montag im August.

September
Election of the Lord Mayor (zeremonieller Zug des neuen Bürgermeisters durch die City zur Guildhall). Am *Battle of Britain Day* (15. September) wird mit einem Gottesdienst in der Westminster Abbey und einer Parade von Kampfflugzeugen der Luftschlacht über England gedacht. Am 14. 9. ist das letzte der Promenadenkonzerte in der Royal Albert Hall (*›Last Night of the Proms‹*). In Chelsea findet der *Autumn Antiques Fair*, ein Antiquitätenmarkt, statt.

Oktober
Judges' Service heißt die feierliche Eröffnung des neuen Gerichtsjahrs mit einer Prozession der königlichen Richter zu den Law Courts. *Costermongers' Harvest Festival* ist das traditionelle Erntedankfest der Straßenhändler. *Trafalgar Day Parade* ist eine Parade rund um die Nelson-Säule auf dem Trafalgar Square zum Gedenken an

die Schlacht bei Trafalgar. Im Oktober oder November ist auch die jährliche *Parlamentseröffnung*.

November

Am 1. Sonntag im November findet das *Oldtimerrennen London–Brighton* statt; Startpunkt ist Hyde Park Corner. 5. November ist *Guy Fawkes Day*. In der ganzen Stadt werden offizielle und private Feuerwerke abgebrannt zur Erinnerung an den gescheiterten Sprengstoffanschlag 1605 gegen James I und das Parlament. Die *Lord Mayor's Show* (feierlicher Zug des neuen Bürgermeisters in seiner golde-

nen Kutsche von der Guildhall zu den Law Courts) findet jeweils am 2. Sonntag im November statt.

Dezember

Weihnachtslieder werden am großen Weihnachtsbaum am Trafalgar Square gesungen. In allen großen Kirchen werden traditionelle *Weihnachtskonzerte* veranstaltet. Am 31., dem *New Year's Eve*, trifft sich ›halb London‹ zur Open air-Silvesterparty auf dem Trafalgar Square; in den letzten Jahren kam es dabei gelegentlich zu gewaltsamen Ausschreitungen bzw. zu Panikreaktionen.

Essen und Trinken

Pubs: Im Zuge der Eingliederung Großbritanniens in die EG haben sich die Gesetze, die die Öffnungszeiten der Pubs regeln, gelockert. Generell ist aber weiterhin davon auszugehen, daß Pubs wochentags zwischen 11 und 23 Uhr geöffnet haben. Am Sonntag gelten weiterhin die Öffnungszeiten von 12–15 Uhr und von 19–23 Uhr (›Last order‹ bereits um 22.30 Uhr!).

Die meisten Pubs bieten in der Mittagszeit kleinere Mahlzeiten oder Sandwiches an und sind – vor allem als Alternative zu den vielen Schnellrestaurants – ein angenehmer Ort, zwischen Besichtigungen und Rundgängen eine Pause einzulegen. Hier befindet man sich auch eher in Gesellschaft von Londonern als in der von Touristen. Die traditionsreiche Einrichtung des Public House als Treffpunkt ist etwas typisch Britisches. Hier wird getrunken, gegessen, diskutiert, gespielt, am Kamin gesessen, der Feierabend begonnen. Bevorzugte Getränke sind Sherry, Whisky und Bier. Meist holt man sich das Gewünschte selbst an der Theke ab und bezahlt sofort (in diesem Fall gibt man kein Trinkgeld). Die Mengenangaben erfolgen noch in den traditionellen Britischen Maßen wie *pint* (0,57 l) oder *half a pint*. Großbritannien ist bekannt für seine vielen

unterschiedlichen Biersorten. Bei den gezapften Bieren *(draught)* unterscheidet man folgende Sorten: *Mild* (kräftig, bitter), *Bitter* (hell, mit reichlich Hopfen), *Lager* (hell, entspricht deutschen Exportbieren), *Stout* (dunkles Bier mit starkem Hopfengeschmack) und *Porter* (süßliches Starkbier). Beim Einschenken von Bier sind die Briten übrigens auch eigen: Die Gläser werden bis zum Rand gefüllt. Letzte Bestellmöglichkeit vor Schankschluß wird entweder durch Glockenzeichen oder den Ruf ›Last orders!‹ angezeigt.

Restaurant-Tips zu geben, ist bei einer Stadt wie London natürlich ein riskantes Unterfangen – zum einen, weil das Angebot wirklich unüberschaubar ist, zum anderen, weil ›In-Adressen‹ ständig kommen und gehen. Deshalb an dieser Stelle nur soviel: die puritanische Mentalität, die man den Briten in Küchendingen nachsagt(e), ist mittlerweile passé. London verfügt heute über ein kulinarisches Angebot auch für gehobene Feinschmeckeransprüche (und entsprechende Geldbörsen). ›Wine bars‹, ›Brasserien‹, spanische ›Tapa Bars‹, mexikanische und kreolische Restaurants, amerikanische ›Diners‹ und sündhaft teure Sterne-Freßtempel – in London ist alles zu finden.

›Typisch London‹ sind aber immer noch die zahllosen ›Chinese Takeaways‹ und Pizza-Läden, die pakistanischen und indischen Küchen (z. B. in Soho, Brick Lane), die wohl am weitesten verbreiteten Repräsentanten dessen, was man einmal unter ›ethnic food‹ subsumierte. Gerade die chinesische, noch mehr aber die indische Küche genießt in London einen phantastischen Ruf – also nicht verpassen!

Einige konkrete Hinweise auf Pubs und Restaurants sind bei den Spaziergängen dieses Führers gegeben; ansonsten sei – die Qual der Wahl erlaubt es nicht anders – auf die jeweils jüngsten Ausgaben von Zeitschriften zu London wie ›ADAC Special‹, ›GEO-Special‹ oder ›Merian‹ verwiesen, sowie auf die Stadtzeitungen ›Time Out‹, ›City Limits‹ usw. *(s. S. 379)*, die flexibler auf jeweils aktuelle Insider-Tips reagieren können. Hochaktuell und sehr zu empfehlen ist auch der von ›Time out‹ herausgegebene Guide ›Eating and Drinking in London 1992‹ (£ 5,99), der über 1700 der besten Restaurants, Cafés, Bars, Pubs etc. von A–Z, von Fish & Chips über Pie & Mash, von Afrikanischer bis zu Vietnamesischer Küche verzeichnet.

Öffnungszeiten

Hinweis: Da Öffnungszeiten oft geändert werden, müssen die folgenden Angaben leider ohne Gewähr erfolgen. Wer ganz sicher gehen möchte, sollte deshalb telefonisch nachfragen.

Bei den Kirchen sind Öffnungszeiten nur genannt, wenn sie nicht täglich und den ganzen Tag über geöffnet sind.

Die Reihenfolge der Öffnungszeiten richtet sich nach den im Reiseteil dieses Bandes verwendeten Hauptorientierungsnummern.

1 *Westminster Abbey*, Mittelschiff und Kreuzgang, tgl. 8–18 Uhr; Ostteil mit Königsgräbern, Mo–Fr 9–16.45 Uhr, Sa 9–14.45 Uhr und 15.45–17.45 Uhr
St Margaret's Church, tgl. 9.30–16.30 Uhr
Jewel Tower, tgl. 10.30–16 Uhr, Tel. 071/2222219
Houses of Parliament:
Westminster Hall: Nur nach Sondervereinbarung direkt mit einem Unterhausabgeordneten zu besichtigen.
House of Lords: Nur während der Sitzungsperioden geöffnet. Wenn Sie eine Debatte im Oberhaus von der Besuchergalerie verfolgen möchten, stellen Sie sich Mo (nur an Sitzungstagen), Di und Mi ab 14.30 Uhr, Do ab 15 Uhr und Fr ab 11 Uhr (nur an Sitzungstagen) am St Stephen's Eingang an.
House of Commons: Das Unterhaus tagt gewöhnlich von Mitte Oktober bis Ende Juli mit Sitzungspausen zu Weihnachten und Ostern. Nur während der Sitzungsperioden geöffnet. Wenn Sie eine Debatte von der Besuchergalerie aus verfolgen möchten, stellen Sie sich Mo bis Do ab etwa 16.15 (Fr ab etwa 10 Uhr) am St Stephen's Eingang an.
Tate Gallery, Mo–Sa 10–18 Uhr, So 14–18 Uhr Tel. 071/8211313
Westminster Cathedral, tgl. 7–20 Uhr Tel. 071/8347452

2 *Imperial War Museum*, Mo–Sa 10–17.30 Uhr, SO 14–17 Uhr Tel. 071/7358922
St Mary at Lambeth/Museum of Garden History, Mo–Fr 11–15 Uhr, So 10.30–17 Uhr

3 *Cabinet War Rooms*, tgl. 10–17.15 Uhr
Banqueting House, Di–Sa 10–17 Uhr, So 14–17 Uhr

4 *Institute of Contemporary Arts*, Di–So 12–21 Uhr

Mall Galleries, Mo–Fr 10–17 Uhr, Sa 10–13 Uhr

Marlborough House, nur nach Voranmeldung unter Tel. 071/9309249 oder 9302100, 10–15 Uhr

Queen's Chapel, Ostern–August So 8.30 Uhr und 11.15 Uhr, an Feiertagen um 8 Uhr

Royal Chapel, St. James's Palace, Oktober–Ostern (die Zeiten werden auf den Hofseiten der großen Tageszeitungen bekanntgegeben)

Queen's Gallery, Di–Sa 11–17 Uhr, So 14–17 Uhr

Royal Mews, Mi/Do 14–16 Uhr

5 *National Portrait Gallery*, Mo–Fr 10–17 Uhr, Sa 10–18 Uhr, So 14–18 Uhr

National Gallery, Mo–Sa 10–18 Uhr, So 14–18 Uhr

6 *Burlington House/Royal Academy*, tgl. 10–18 Uhr

Museum of Mankind, Mo–Sa 10–17 Uhr, So 14.30–18 Uhr

7 *Somerset House/Courtauld Institute Galleries*, Mo–Sa 10–17 Uhr, So 14–17 Uhr

St Mary-le-Strand, Mo–Fr 11–15.30 Uhr

Savoy Chapel, Di–Fr 11–15.30 Uhr

Hayward Gallery, Mo–Mi 10–20 Uhr. Do–Sa 10–18 Uhr, So 12–18 Uhr

Museum of the Moving Image, Di–Sa 10–20 Uhr, So 10–18 Uhr

8 *London Transport Museum*, tgl. 10–18 Uhr

9 *Gray's Inn*, Mo–Fr 12–14 Uhr (Mai–Juli) bzw. 9.30–14 Uhr (Aug./Sept.) (gilt nur für die Gärten, sonstige Besichtigungen nur nach vorheriger schriftlicher Anmeldung), (Gray's Inn Road, WC2, Tel. 071/4058164)

London Silver Vaults, Mo–Fr 9–17.30 Uhr, Sa 9–12.30 Uhr

Patent Office, Mo–Fr 9–21 Uhr, Sa 9–13 Uhr

Lincoln's Inn, Mo–Fr 12–14.30 Uhr, Besichtigung der Halls nur mit besonderer Genehmigung

Royal College of Surgeons/Hunterian Museum (nur nach Vereinbarung: Tel. 071/4053474)

Sir John Soane's Museum, Di–Sa 10–17 Uhr, Tel. 071/4052107

The Temple, Temple Church, Mo–Sa 10–17 Uhr, So 14–16 Uhr, *Inner Temple Hall*, Mo–Fr 10.30–11.30 Uhr und 15–16 Uhr (außerhalb der Ferien), *Middle Temple Hall*, Mo–Fr 10–12 Uhr und 15–16.30 Uhr (außerhalb der Prüfungszeiten)

St Clement Danes, tgl. 8–17 Uhr

10 *Temple (s. o.)*

Inner Temple Gate/Prince Henry's Room, Mo–Fr 13.45–17 Uhr, Sa 13.45–16.30 Uhr, Tel. 071/3537323

Dr Johnson's Memorial House, Mo–Sa 11–17.30 Uhr (Apr.–Sept.) bzw. 11–17 Uhr (Okt.–März). Tel. 071/3533745

St Bride's, tgl. 9–17 Uhr

St Paul's Cathedral, Mo–Sa 8–19 Uhr, So 8–18 Uhr (bzw. –17 Uhr Okt.–März), Krypta etc., 10–16.15 Uhr (bzw. 15.15 Uhr); Führungen Mo–Sa 11 und 14 Uhr

Old Bailey; Galerie, Mo–Fr 10.30–13 Uhr und 14–16 Uhr (größere Gruppen nur nach Voranmeldung)

GPO/Postal Museum, Mo–Do 10–16.30 Uhr, Fr 10–16 Uhr

St Bartholomew-the-Great, tgl. 8.30 bis Einbruch der Dunkelheit

Central Market, Mo–Fr ab 6 Uhr

Charterhouse, (Apr.–Juli) Mi 14.45 Uhr (nur nach vorheriger Vereinbarung)

11 *Barbican Centre*, 9 Uhr bis zum Ende der letzten kulturellen Veranstaltung; *Barbican Art Gallery*, Di–Sa 10–18.45 Uhr, Sonn- und Feiertage, 12–17.45 Uhr

St Giles Cripplegate, Mo–Fr 10–14 Uhr, Apr.–Sept. zusätzl. Di, Sa, So 10–17 Uhr

Museum of London, Di–Sa 10–18 Uhr, So 14–18 Uhr

St Lawrence-Jewry, Mo–Fr 7.45–17 Uhr, Sa/So. 14–17 Uhr

Guildhall, Mo–Sa 10–18 Uhr, So (Mai–Sept.) 14–17 Uhr; Galerie und Bibliothek nur an Werktagen geöffnet

St Mary-le-Bow, tgl. 9–16 Uhr, Krypta etc. 10–15 Uhr
Bank of England, nicht zugänglich
Royal Exchange, Mo–Fr 10–16 Uhr, Sa 10–12 Uhr
Stock Exchange, Mo–Fr 10–15 Uhr
Lloyd's Gebäude, nur nach vorheriger Anmeldung
Mansion House, nur nach vorheriger Genehmigung

12 *St Margret-Pattens*, Mo–Fr 9–16 Uhr
The Monument, Mo–Fr 9–18 Uhr, Sa/So 14–18 Uhr (Okt.–März Mo–Sa 9–16 Uhr)
St Magnus-the-Martyr, Di–Fr 9.30–16 Uhr, Sa/So 9–13 Uhr

13 *Globe Museum*, Di–Sa 10–17 Uhr, So 14–17.30 Uhr
Operating Theatre, Mo/Mi/Fr 12.30–16 Uhr, August geschlossen, zeitweilig auch Dez.–Febr. (Auskunft: Tel. 071/4077600)
London Dungeon, tgl. 10–17.30 Uhr (Okt.–März tgl. 10–16.30 Uhr)

14 *Tower Bridge*, tgl. 10–17.45 Uhr (Nov.–März tgl. 10–16 Uhr)
HMS Belfast, tgl. 11–17.30 Uhr (Nov.–Febr. tgl. 11–16 Uhr)
Tower, Mo–Sa 9.30–17 Uhr. So 14–17 Uhr (Nov.–Febr. Mo–Sa 9.30–16 Uhr), Führungen beginnen halbstündig

16 *Cutty Sark*, Mo–Sa 10.30–17 Uhr, So 14.30–17 Uhr (Nov.–März) bzw. Mo–Sa 10.30–18 Uhr, So 14.30–18 Uhr (Apr.–Okt.), Tel. 081/8583445
Royal Naval College, tgl. außer Do 14.30–17 Uhr, Tel. 081/8582154
St Alfege's Church, tgl. außer Mi 10–12.30 und 14–16 Uhr
National Maritime Museum/Queen's House, Mo–Sa 10–18 Uhr, So 14–17.30 Uhr (Ostern–Okt.), bzw. Mo–Sa 10–17 Uhr, So 14–17 Uhr (Nov.–Ostern), Tel. 081/8584422
Royal Observatory, Mo–Sa 10–18 Uhr, So 14–17 Uhr (Ostern–Okt.) bzw. Mo–Fr 10–17 Uhr, Sa 10–17.30 Uhr, So 14–17 Uhr (Nov.–Ostern), Tel. 081/8581167

17 *British Museum*, Mo–Sa 10–17 Uhr, So 14.30–18 Uhr, Tel. 071/6361555
Percival David Foundation of Chinese Art, Mo 14–17 Uhr, Di–Fr 10.30–17 Uhr, Sa 10.30–13 Uhr, Tel. 071/3873909
Woburn House/Jewish Museum, Di–Fr 10–16 Uhr (Mai–Sept.) bzw. Di–Do 10–16 Uhr, Fr/So 10–12.45 Uhr (Okt.–Apr.), Tel. 071/3884525
William Morris Gallery, Di–Sa 10–13 Uhr und 14–17 Uhr sowie am ersten So jeden Monats 10–17 Uhr, Tel. 081/5275544
Thomas Coram Foundation, Mo–Fr 10–16 Uhr, Tel. 071/2782424
Dickens' House, tgl. 10–17 Uhr, Tel. 071/4052127

18 *Wallace Collection*, Mo–Sa 10–17 Uhr, So 14–17 Uhr, Tel. 071/9350687
Madame Tussaud's, tgl. 10–17.30 Uhr, Tel. 071/9356861
London Planetarium, tgl. 11–18 Uhr (Apr.–Sept.) bzw. Mo–Fr 11–16.30 Uhr (Okt.–März), Tel. 071/4861121 bzw. 071/4862242
London Zoo, tgl., 9–18 Uhr (März–Okt.) bzw. 10 Uhr bis Einbruch der Dunkelheit (Nov.–Febr.), Tel. 071/7223333

19 *Keats Memorial House*, Mo–Sa 10–13 Uhr und 14–18 Uhr, an Sonn- und Feiertagen 14–17 Uhr, Tel. 071/4352062
Freud Museum, Mo–Fr 10–17 Uhr, So 13–17 Uhr, Tel. 071/4352002
Fenton House, Sa u. Mo–Mi 11–18 Uhr, So 14–18 Uhr (Apr.–Okt.) bzw. Sa/So 14–17 Uhr (März), Tel. 071/4353471
Kenwood House, tgl. 10–19 Uhr (Apr.–Sept.) bzw. tgl. 10–16 Uhr (Nov./Dez./Jan.) bzw. 10–17 Uhr (Okt./Febr./März), Tel. 071/3481286
Highgate Cemetery, Westteil, tgl. 10–15 Uhr (bzw. im Sommer bis 16 Uhr), Zugang nur mit Führung. Ostteil, Mo–Sa 9–16.30 Uhr, So 14–16.30 Uhr (Sommer) bzw. Mo–Sa 9–15.30 Uhr, So 13–15.30 Uhr (Winter), Tel. 081/3401834

20 *Sotheby's*, Mo–Fr 9–16.30 Uhr (Versteigerungen ab 11 Uhr)

21 *Serpentine Gallery*, tgl. 10–18 Uhr
Apsley House, Di–So 11–17 Uhr
Kensington Palace, Mo–Sa 9–17 Uhr, So 13–17 Uhr
Chelsea Royal Hospital, Mo–Sa 10–12 Uhr und 14–16 Uhr, So 14–16 Uhr, Tel. 071/7300161
Chelsea Physic Garden, Mi–So 10–17 Uhr (Apr.–Okt.), Tel. 071/3525646)
Carlyle's House, Mi–So 10–17 Uhr (Apr.–Okt.), Tel. 071/3527087
Crosby Hall, Mo–Sa 10–12 Uhr und 14.15–17 Uhr, So 14.15–17 Uhr, Tel. 071/3529663

22 *Leighton House*, Mo–Sa 11–17 Uhr
Commonwealth Institute, Mo–Sa 10–17 Uhr, So 14–17 Uhr

23 *Victoria and Albert Museum*, Mo–Sa 10–17.50 Uhr, So 14.30–17.50 Uhr
Science Museum, Mo–Sa 10–18 Uhr, So 11–18 Uhr
Geological and Natural History Museum, Mo–Sa 10–18 Uhr, So 11–18 Uhr

25 Allgemeiner Informationsservice für *Richmond* unter Tel. 081/9409125
Asgill House, nur nach schriftlicher Anmeldung bei Mr. F. Hauptfuhrer, Asgill House, Old Palace Lane, Richmond
Museum of Richmond, unregelmäßig geöffnet, tel. Nachfrage unter 081/3321141
White Lodge, (nur im August) tgl. 10–18 Uhr

26 Allgemeine Information zu *Kew Gardens* unter Tel. 081/9401171
Kew Gardens, im Sommer tgl. 10–20 Uhr, sonst 10 Uhr bis Sonnenuntergang (Zeiten sind jeweils angeschlagen)
Kew Garden Palace, tgl. 11–17.30 Uhr (geschlossen am Karfreitag, am 1. Mai und Okt.–März)
Queen Charlotte's Cottage, Öffnungszeiten wie Kew Garden Palace

27 Allgemeine Informationen zu *Hampton Court* unter Tel. 081/9778441
Hampton Court Park, tgl. 9.30–18 Uhr (Okt.–März 9.30–16.30 Uhr, geschlossen 23.–26.12., 1.1. und Feiertage im Winter)
Hampton Court Palace/Maze/Great Vine, tgl. 10–17.30 Uhr (Okt.–März 10–16 Uhr)
Tennis Court/Banqueting House, tgl. 10–17.30 Uhr (im Winter geschlossen), Führungen tgl. 11.15 Uhr und 14.15 Uhr (können nicht gebucht werden)

28 Allgemeine Informationen unter Tel. 0753/868286 bzw. 831118
Hinweis: Trotz (oder gerade wegen) des Großfeuers, das am 20.11.92 in der Privatkapelle der Königin ausbrach und dann auf weitere Teile des Schlosses übergriff, ist der Besucherandrang nach wie vor ungebrochen. Mit Einschränkungen bei der Besichtigung ist, bis auf wenige Ausnahmen, nicht zu rechnen. Die Öffnungszeiten allerdings können sich ändern!
Windsor Castle, tgl. 10–17 Uhr (Okt.–März, tgl. 10–15.30 Uhr). Am 14.6. ganz geschlossen
State Apartments (geschlossen, wenn die Queen anwesend ist, d.h. normalerweise 6 Wochen über Ostern, 3 Wochen im Juni, 3 Wochen über Weihnachten), Mo–Sa 10.30–17 Uhr, So 13.30–17 Uhr (Nov.–März Mo–Sa 10.30–15 Uhr)
St George's Chapel, Mo–Sa 10–15.45 Uhr, So 13.45–15.45 Uhr (Nov.–März am So geschlossen, außer Mi 17.15 Uhr Abendgebet mit Chorgesang)
Royalty and Empire, tgl. 9.30–17.30 Uhr (Nov.–März tgl. 9.30–16.30 Uhr)
Albert Memorial Chapel, Mo–Sa 10–13 Uhr, So 14–15.45 Uhr
Exhibition of Presents and Carriages, Mo–Sa 10.30–17 Uhr, So 10.30–15 Uhr (im April So geschlossen, Nov.–März tgl. 10.30–15 Uhr)
Changing of the Guard, April–Juli tgl. 11 Uhr, August–März jeden zweiten Tag um 11 Uhr
Eton College Chapel, tgl. 14–17 Uhr

Kunstgeschichtliches Glossar

Apsis: Altarnische am äußersten Chorende

Archivolte: Bogenlauf im romanischen und gotischen Gewändeportal, der die Gliederung der Gewände fortsetzt; in der Romanik oft in Form eines Rundstabes

Arkade: fortlaufende Reihe von Bogen auf Pfeilern oder Säulen; auch: bogenförmige Stellung oder Bogengang

Barbakane: Vorwerk einer Burg

Basilika: ursprünglich vermutlich das Amtsgebäude des Archon Basileus in Athen; später römischer Markt oder Gerichtshalle mit zwei Seitenschiffen und einer Apsis; im Kirchenbau: dreigliedriger Langbau mit einem hohen Mittelschiff und zwei niedrigeren Seitenschiffen; über den Seitenschiffen verlaufen die Obergaden

Biforium: mittelalterliche Fensterform; zweiflügeliges Fenster mit Mittelsäule

Bosse: kunstvoll gestaltete Ansichtsseite grob behauener Steine in Sakralbauten oft als Schmuck unter dem Schlußstein eines Gewölbes

Chor: erhöhte Verlängerung des Mittelschiffs mittelalterlicher Kirchen

Chorschranke: Gitter oder Brüstung zur Trennung zwischen dem Chor und dem Mittelschiff in mittelalterlichen Kirchen

Crescent: halbbogenförmiger (›Halbmond‹) kurzer Straßenzug; beliebt vor allem bei den georgianischen Architekten Englands

Emblem: ursprünglich symbolische Metallverzierung, später im allgemeinen Begriff für Symbol

Gewände: schräg in die Mauerfläche eingeschnittene seitliche Begrenzung eines Fensters oder Portals

›Gothic‹: unscharfer englischer Begriff für alle mit dem Mittelalter in Verbindung gebrachten Stilformen

Griechisches Kreuz: rechtwinklige Kreuzform, bei der sich die jeweils gleichlange vertikale und die horizontale Achse jeweils genau in der Mitte treffen

Hammerbalken: eichener Stützbalken, der im rechten Winkel zu den Tragebalken einer Holzdecke hängt

Kapitell: oberer Abschluß einer Säule

Karyatiden: Statuen von Mädchenfiguren, die in antiken Gebäuden als Säulen fungieren

Lateinisches Kreuz: rechtwinklige Kreuzform, bei der die vertikale Achse deutlich länger ist als die horizontale; der Schnittpunkt der Achsen liegt etwa im oberen Drittel der vertikalen Achse

Lettner: Scheidewand zwischen dem Chor einer Kirche oder Kathedrale und dem Mittelschiff zur Trennung von Klerus und Laien

Lichtgaden: (auch Obergaden) der obere Wandabschnitt einer Basilika, der durch die Fenster des Hochschiffes beleuchtet wird

Lady Chapel: Marienkapelle

Maßwerk: Bauornament aus geometrischen Grundformen, ursprünglich als Lochformen im steinernen Bogenfeld über zwei von einem gemeinsamen Bogen überfangenen Fenstern

Obergaden: der obere, durch die Hochschiffenster belichtete Wandabschnitt einer Basilika

Pfeiler: senkrechte Stütze, kann frei stehen (›Freipfeiler‹) oder aus der Wand heraustreten (›Wandpfeiler‹)

Pilaster: flach aus einer Wand heraustretender Wandpfeiler

Portikus: Vorbau an der Haupteingangsseite, von Säulen oder Pfeilern getragen, häufig mit Dreiecksgiebel (Antike, Renaissance bis Klassizismus)

Portland-Stein: geheimnisumwitterte englische Steinmischung, deren Rezeptur inzwischen verlorenging; besonders witterungsbeständig

Präraffaeliten: Strömung der englischen Malerei des 19. Jh., die die Rückbesinnung auf ihre Interpretation der Malerei vor Raffael propagierten. Sie strebte nach klarer Linienführung und wandte sich in Abgrenzung von spektakulärer Historienmalerei bewußt detailgetreuen Alltagsszenen zu. Aufsehen erregte die Anwendung dieses Stils auf biblische Themen

Presbyterium: Priesterraum einer Langbau-Kirche beim Hauptaltar

Purbeck-Marmor: harter Marmorstein von der Halbinsel Purbeck (Dorset)

Retabel: Altaraufsatz, auf oder hinter dem Altartisch

Retrochor: Raum östlich des Altarraums englischer gotischer Kathedralen, häufig Standort des Heiligenschreins

Sanktuarium: Altarraum einer katholischen Kirche

Säule: stützendes Element eines Gebäudes

Sedilia: Dreisitz, Levitenstuhl

Schlußstein: der Stein im Scheitel eines Bogens oder im Knotenpunkt von Rippen

Square: städtebauliche Form, die sich in England im 18. Jh. besonderer Beliebtheit erfreute; eine zentrale Grünfläche wird an vier Seiten von Häusern umschlossen

Stichbalken: Dachbalken, der quer zur Achse des Hauptgewölbes verläuft (auch: Hammerbalken)

Terrace: ›Reihenhäuser‹; besondere englische Form des Stadthauses; meist ein- oder zweistöckige, relativ schmale Häuser, die Wand an Wand gesetzt werden. Im 18. Jh. elegante Wohnform, später jedoch auch typisch für kleinbürgerliche Hausbauten

Tondo: kreisförmiges Bild

Triforium: schmaler Laufgang zwischen Arkade und Obergaden, zum Mittelschiff in drei- oder mehrfacher Bogenstellung geöffnet

Tudorbogen: spezifisch englische spätgotische Bogenform mit gedrückter Mittelspitze; jede Bogenhälfte besteht aus mehreren Kreisbögen mit unterschiedlichem Durchmesser

Tympanon: Giebelfeld antiker Tempel bzw. Bogenfeld mittelalterlicher Portale

Venezianische Fenster: palladianische Form eines dreigliedrigen Fensters; ein höherer mittlerer Teil, der nach oben bogenförmig abschließt, wird flankiert von zwei niedrigeren symmetrischen Seitenteilen

Literaturhinweise

Bei der Fülle der Publikationen zu London kann es sich hierbei natürlich nur um eine kleine Auswahl handeln.

Stadtgeschichte, Kunst, Reiseliteratur:

Ashley, Maurice, *Life in Stuart England* (Batsford, 1964)

Banks, F. R., *The New Penguin Guide to London* (Harmondsworth, rev. 1984)

Barker, F./Jackson, P., *London: 2000 Years of a City and its People* (London, 1974)

Barker, T. C./Robbins, M., *A History of London Transport* (London, 1963)

Briggs, Asa, *Victorian Cities* (Harmondsworth, 1982)

Brett-James, Norman, *The Growth of Stuart London* (London, 1935)

Clayton, R., *The Geography of Greater London* (London, 1964)

Crook, James, *The Greek Revival: Neoclassical attitudes in British Architecture 1760–1870* (London, 1972)

Davis, T., *John Nash* (London, 1973)

Dalzell, W. R., *The Shell Guide to the History of London* (London, 1981)

Ellis, Aytoun, *Three Hundred years of London River* (Oxford, 1952)

George, Dorothy, *London Life in the Eighteenth Century* (Harmondsworth, 1966)

Gray, Robert, *A History of London* (London, rev. 1987)

Hibbert, Christopher, *London: The Biography of a City* (Harmondsworth, 1980)

Jones, Edward/Woodward, Christopher, *A Guide to the Architecture of London* (London, 1983)

Merrifield, Ralph, *Roman London* (London, 1969)

McKean, Charles/Jestico, Tom, *Guide to Modern Buildings in London* (London, 1976)

Morris, John, *Londinium: London in the Roman Empire* (London, 1982)

Nowel, Ingrid, *London: Biographie einer Weltstadt* (Köln, 1986)

Olsen, Donald, *The Growth of Victorian London* (Harmondsworth, 1979)

Pevsner, Nikolaus, *The Buildings of England: London* – Vol 1: *The Cities of London and Westminster;* Vol 2: *London except the Cities of London and Westminster* (Harmondsworth, rev. 1983 bzw. 85)

Piper, David, *London* (London, 1970; dt. Ausgabe München, 1991)

Saunders, Ann, *The Art and Architecture of London* (Oxford, 1984)

Summerson, John, *Georgian London* (Harmondsworth, rev. 1978)

Ders., *Sir Christopher Wren* (London, 1953)

Ders., *John Nash* (London, 1935)

Ders., *Inigo Jones* (Harmondsworth, 1983)

Trent, Christopher, *Greater London: Its Growth and Development* (London, 1965)

Weinreb, Ben/Hibbert, Christopher, *The London Encyclopaedia* (London, 1983)

Und ein weiterer Hinweis zu den **Museumsführern**: Da in diesem Buch aus Platzmangel die großen Londoner Museen nur knapp beschrieben werden konnten, gehört in diese Literaturliste auch die ausdrückliche Empfehlung der aktuellen Museumsführer, die jeweils vor Ort erworben werden können. Für Kunst-Interessierte ein Muß!

Zur literarischen Einstimmung
(Auswahl)

Anthologien:

Kohl, Norbert, *London: Eine europäische Metropole in Texten und Bildern* (Frankfurt, 1979)

Raykowski, Harald, *Reisetextbuch London* (München, 1986)

Literarische Topographie:

Voß, Karl, *Reiseführer für Literaturfreunde: London* (Frankfurt, 1977)

Einzelne Autoren (hier nur mit Erscheinungsjahr genannt, da sämtliche Texte in verschiedenen Ausgaben erhältlich sind):

Boswell, James, *Boswell's London Journal 1762–63* (Erstveröffentl. 1950)

Ders., *The Life of Samuel Johnson* (1791)

Dickens, Charles, *London Sketches* (1836)

Evelyn, John, *Diary* (1641–1706)

Fontane, Theodor, *Aufsätze und Berichte aus England* (1860)

Heine, Heinrich, *Reisebilder* (1827–31)

Johnson, Samuel, *London* (1738)

Moorcock, Michael, *Mother London* (1988)

Orwell, George, *Down and Out in Paris and London* (1933)

Pepys, Samuel, *Diary* (1660–69)

Pückler-Muskau, Hermann Fürst von, *Briefe eines Verstorbenen* (1836/37)

Personenregister

Orts- und Objektregister

Plan- und Objektnummern **Fettdruck in eckigen Klammern**, wichtige Textstellen *kursiv*, weitere Textstellen normal.

Dank

Meinen Freunden Cleo und Jim Maltman, Herne Hill, danke ich an dieser Stelle herzlich für ihre langjährige Freundschaft, die mit dazu beigetragen hat, daß ich mich in London immer wohl und heimisch gefühlt habe. Ihren Hinweisen, Erfahrungen und Empfehlungen verdankt dieses Buch sehr viel. Mein Dank für die Preisgabe besonderer Wege, Plätze und Orte Londons sowie mancher Unterlagen gilt auch Jean Stokes B.A.M.A. (Putney), Joe Harris (Bloomsbury), John Corcoran und Jean Moneypenny (Herne Hill) sowie Vivian Hitzen (Epsom). Last, but not least bedanke ich mich bei Heinz-Jürgen Myl für seine kritisch-konstruktive Begleitung auf vielen Wegen durch London – und auch für seine liebevolle Großzügigkeit auf manchem Umweg.

Christine Boving

Die Deutsche Bibliothek – CIP-Einheitsaufnahme

Quadflieg, Helga:
London / Helga Quadflieg und
Christine Boving.
München ; Zürich : Artemis & Winkler 1992
   (Artemis Kunst & Reisen)
   ISBN 3-7608-0816-6
NE: Boving, Christine:

Artemis & Winkler Verlag
© 1992 Artemis Verlags GmbH, München
»Blaue Seiten« Stand Mai 1993
Alle Rechte, einschließlich derjenigen des auszugsweisen Abdrucks und der photomechanischen
Wiedergabe, vorbehalten.
Satz: Filmsatz Schröter GmbH, München
Druck und Bindung: Paderborner Druck
Centrum, Paderborn
Printed in Germany